KB076523

아웃사이더

세상에 없던 방식으로 성공한 사람들의 비밀

조시 링크너 지음 | 이종호 옮김

아웃사이더

Outsider

세상에 없던 방식으로
커다란 성공을 일군
독창적인 사람들

추천사

다양한 경험을 지닌 기업가이자 투자자인 저자는 눈부신 영감이 혁신으로 이어지는 경우는 드물다는 사실을 잘 알고 있다. 흥미로운 이야기와 풍부한 사례를 활용해, 어떻게 작은 아이디어가 위대한 결과를 낳을 수 있는지 제대로 보여주고 있는 책이다.

— 애덤 그랜트Adam Grant(펜실베이니아대학교 와튼스쿨 교수, 《싱크 어게인Think Again》 저자)

이 책은 창의성을 일상에서 어떻게 활용해야 하는지에 관한 새로운 기준을 정립해주는 책이다. 영감 넘치는 이야기와 흥미로운 연구들이 담겨 있을 뿐만 아니라 실용성까지 갖춘 안내서이다. 이 책은 어떻게 하면 누구나 일상의 혁신가가 될 수 있는지 잘 보여준다.

— 멜 로빈스Mel Robbins(라이프코치, 《5초의 법칙The 5 Second Rule》 저자)

이 책은 일상의 혁신가 집단을 구축하고 아이디어를 실행에 옮길 수 있게 하는 명확한 길로 당신을 안내한다.

— 스티브 케이스Steve Case(레볼루션Revolution의 CEO, AOL의 공동 설립자이자 전 CEO)

이 책은 창의성 넘치는 천재의 작품이다. 저자는 세계에서 가장 놀라운 혁신을 이룰 수 있었던 비법이 무엇인지 알려주는 데 그치지 않고, 이 비법이 어떻게 활용될 수 있는지까지 알려준다.

– 에릭 슈렌버그Eric Schurenberg(〈패스트 컴퍼니Fast Company & Inc〉의 CEO)

최고의 경영대학원이 알려주려 하지 않는 비밀이 하나 있다. 누구나 혁신가가 될 능력을 지니고 있다는 사실이다. 이 책에 제시된 도구와 실행 방법을 잘 활용하면, 자신의 내면에 잠들어있는 창의력을 깨우는 법뿐만 아니라, 깨어난 창의력을 자신이 하는 일에 적용하는 법까지 배울 수 있다. 저자는 창의력을 활용해 지역 사회에 이바지하도록 우리에게 영감을 불어 넣어준다.

– 비제이 고빈다라잔Vijay Govindarajan(다트머스대학교 경영대학원 석좌교수, 《쓰리 박스 솔루션The Three-Box Solution》 저자)

대기업에 혁신 문화를 구축하는 것은 매우 중요하다. 도구와 실제 사례를 갖춘 신뢰할 수 있는 로드맵을 통해 배우는 것보다 더 나은 방법은 없다. 이 책은 모든 직원이나 비즈니스 리더들이 어떻게 하면 창의적 사고를 생각해낼 수 있는지를 실증적으로 보여준다.

– 마이크 카우프만Mike Kaufmann(카디널 헬스Cardinal Health의 CEO)

지금 당장 이 책을 읽어라! 이 책은 창의성을 창의성에 대한 모든 고정관념을 뒤바꿔 놓을 것이다.

– 세스 고딘Seth Godin(경영 코치, 《린치핀Linchpin》, 《마케팅이다This is Marketing》 저자)

이 책은 내가 이제까지 만나본 사람 중에서 가장 창의적인 사람이 들려주는 최고의 창의력 수업이다. 이야기는 설득력 있고, 단계는 명확하며, 조언은 기업과 개인을 단련시켜온 30년의 경력에서 어렵게 얻은 값진 것이다. 저자는 당신이나 나처럼 평범한 이들에게 실천 가능한 조언을 능수능란하게 제시해주고 있다.

– 존 에이커프Jon Acuff(《몸값 높이기의 기술Do Over》, 《피니시Finish》 저자)

이 책은 혁신에 관한 연구일 뿐만 아니라 혁신 실무에까지 활용할 수 있는 돌파구 그 자체다. 저자는 아찔한 변화가 벌어지는 오늘날 같은 상황에서도 성장이라는 가속페달을 밟으려는 리더들이 인간의 창의성을 손쉽고 실용적으로 활용할 수 있게 해준다.

– 마크 C. 톰슨Mark C. Thompson(세계 최고의 CEO 코치, 뉴욕 타임스 베스트셀러 작가)

나는 저자와 무대에 함께 서는 기쁨을 누린 적이 있다. 그는 정말 대단한 사람이다. 아하! 순간으로 우리를 유도하는 밝은 전구처럼 번뜩이는 아이디어를 가득 담고 있는 책이다.

– 조니 컵케익스Johnny Cupcakes
(세계 최초 고객 맞춤형 티셔츠 베이커리 조니 컵케익스Johnny's cupcakes의 CEO)

저자는 일상생활과 비즈니스에 혁신을 주입할 수 있는 로드맵을 만들어냈다. 실천 가능한 조언과 영감 넘치는 이야기뿐만 아니라, 큰 웃음을 선사하는 순간까지 가득한 책이다. 내면에 잠들어있는 창의력을 끄집어내고 싶은 사람이라면, 이 책이 제격이다!

– 피터 맥그로Peter McGraw
(콜로라도대학교 유머 연구실 이사, 《쉬틱 투 비즈니스Shtick to Business》의 저자)

이 책은 혁신적이고 성취하는 문화의 청사진을 제공해준다. 창의성을 제고하는 팀은 훨씬 더 나은 성과를 내고 훨씬 더 나은 결과까지 누리게 된다. 경쟁이 치열한 세상에서, 이 책은 경쟁우위를 갖추게 해준다.

– 존 폴리John Poley(블루 엔젤스Blue Angels 전직 선임 파일럿, 뉴욕 타임스 베스트셀러 작가)

모든 팀원이 혁신가가 될 수 있도록 하는 조직은 장기적으로는 승리하는 조직이다. 이 책은 내면에 잠들어있는 창의성을 끌어내 성장, 혁신, 지속 가능한 성공을 유도할 수 있는 강력한 체계를 제공해준다. 의심할 여지 없이 일상적인 혁신을 정의하는 새로운 기준으로 부상할 책이다.

– 던컨 워들Duncan Wardle(디즈니Disney 전 혁신 및 창의성 부문장)

모험은 해볼 만한 가치가 있다. 이 책은 매혹적인 이야기, 놀라운 연구, 실행하기 쉬운 실용적인 도구 등을 통해 일상생활에 혁신을 주입하는 방법을 가르쳐준다. 창의성을 제고하기 위한 새로운 현장 지침서이다.

– 앨리스 레빈Alison Levine
(미 육군사관학교 웨스트포인트 교수, 미국 최초의 여성 에베레스트 탐험대 팀장)

이 책은 학문적 엄격함과 현장에 적용 가능한 실용성을 이상적으로 조합해놓은 책이다. 개인의 창의성뿐만 아니라 조직의 창의성을 활용하고 극대화할 수 있는 체계적인 틀을 제공해준다. 인상적인 이야기로 가득한 이 책은 배경이나 직무에 상관없이 누구나 혁신가가 될 수 있다는 사실을 강조한다.

– 데이비드 브로피David Brophy(미시간대학교 경영대학원 교수)

저자는 기업가에 관한 이야기에 달콤한 과자처럼 달콤한 감동을 불어넣은 아주 매력적인 이야기꾼이다. 이 책은 '나는 할 수 없어!"라고 생각하는 비관론자에게 완벽한 책이다.

– 닐 패스리차Neil Pasricha(《행복 방정식The Happiness Equation》 저자)

초라하고 보잘것없는 아이디어 하나를 출발점으로 삼으면 우리는 각자 자신이 이루려는 변화를 창조할 힘을 갖게 된다. 강력하고 실용적인 조언이 가득한 이 책은 일상적인 혁신을 일으키려는 모든 이들에게 혁신이 진정으로 어떤 것인지 떠올릴 수 있게 해준다.

– 티파니 보바Tiffani Bova(세일즈포스Salesforce의 글로벌 성장 및 혁신 담당, 《그로스 아이큐Growth IQ》 저자)

이 책은 작은 것이 얼마나 큰 것인지, 보잘것없는 것이 얼마나 기발한 것인 보여줌으로써 혁신과 창의성에 관한 통찰력 넘치는 사고의 틀을 제공해준다.

– 켄트 푸치스Kent Fuchs(플로리다대학교 총장)

진심으로 그리운 두 분의 할머니에게 이 책을 바친다.

미키Mickey 할머니는 언어의 사랑을 내게 가르쳐주셨다.

로니Ronnie 할머니는 어떤 일이든 가능하다는 점을 내게 가르쳐주셨다.

"위대한 일이란

연속되는 작은 일들이 하나로 연결되어 이뤄진다"

– 빈센트 반 고흐 –

세상에 없던 방식으로 성공한 사람들의 비밀

런던의 한 남자가 사람들로 붐비는 인도 위를 항해하듯 헤쳐나가고 있었다. 다급한 와중에도 그는 거의 다 꺼져가는 담배꽁초를 길 위로 튕겨내는 아침 일과를 오늘도 어김없이 수행하려던 참이었다. 하지만 검게 그을린 담배꽁초를 발사시키려던 그 순간, 노란빛 물체가 그의 시선을 사로잡았다. 그는 버리려던 담배꽁초를 다시 손에 쥐고는 보도 가장자리로 이끌리듯 발걸음을 옮겼다. 그곳에는 노란색 상자가 눈높이에 맞게 알루미늄 기둥에 설치되어 있었다.

그 노란색 상자 위에는 커다란 글씨로 "당신이 가장 좋아하는 슈퍼 히어로는 배트맨과 슈퍼맨 중 누구입니까?"라는 질문이 적혀있었다. 영화 〈맨 오브 스틸Man of Steel〉을 굉장히 재밌게 봤던 그는 슈퍼맨에 투표하기 위해 슈퍼맨의 이름 밑에 난 구멍에 담배꽁초를 밀어넣었다. 니코틴으로 얼룩진 담배꽁초가 전면이 유리로 설치된 상자 안으로 낙하하고 착지하는 광경을 지켜보았다. 상자 안에는 다른 이들이 낙하시킨 담배꽁초들이 이미 수북이 쌓여 있었다. 자신이 좋아하는 슈퍼맨이 배트맨보다 더 많은 표를 받은 것을 보고 그의 입가에는 희미한 미소가 번졌다. 사람들로 붐비는 거리에 매일 담배꽁초를 투척하던 아침 일과를 오늘은 거른 줄도 모른 채 그는 가던 길을 서둘렀다.

담배꽁초는 그 길이가 2.5센티미터를 넘는 게 없을 정도로 작지만 영국에서는 가장 골치 아픈 쓰레기 문제를 유발한다. 런던 중심부에서만 담배꽁초를 처리하는 데에 140만 달러(약 16억 5,000만 원)가 넘는 비용이 들어가며 전 세계적으로 매년 약 45억 개의 담배꽁초가 땅에 버려지고 있다. 그렇게 버려진 담배꽁초는 유해독소를 방출한다. 이를 호기심에 집어먹은 어린이나 야생동물은 심각한 위험에 노출될 가능성이 있다. 담배꽁초는 플라스틱 빨대나 비닐봉지를 제치고 최대 해양 쓰레기 공급원으로 떠올랐다.

트레윈 레스토릭Trewin Restorick은 자신의 창의성을 지구를 구하는 데에 활용하는 환경운동가이다. 재미없는 영국식 유머를 구사하는 그는 제임스 본드를 떠올리게 하는 인물이다. 다만 값비싼 턱시도 대신 빛바랜 청바지를 입은 제임스 본드라고 해야 할 것이다. 그는 세계적으로 유명한 발명가도, 세계적으로 유명한 예술가도 아니다.

트레윈은 사실 당신이나 나와 별반 다를 게 없는 평범한 사람이다. 하지만 담배꽁초 문제는 권총 결투의 개념을 활용하면 해결될 수 있다는 걸 꿰뚫어 본 인물이다. 콧대 높은 신탁 기금이나 자비로운 후원자가 없었던 트레윈은 사람이라면 누구에게나 있는 보편적인 자원을 활용했다. 바로 '창의성'이다. 그의 발명품인 투표함은 사람들에게 '담배꽁초로 투표하라'고 촉구했다.

투표함은 노란색으로 코팅된 강철로 만들어졌다. 전면은 유리로 되어 있으며 기둥, 벽, 난간 등 어디나 설치할 수 있다. 이 파격적인 재떨이는 상황에 따라 질문을 바꿀 수도 있다. 예를 들어, "브렉시트에 찬성하십니까? 반대하십니까?", "F1 그랑프리 대회를 보시겠습니까? US 오픈을 보시겠습니까?", "가장 좋아하는 음식은 피자입니까? 햄버거입니까?", "트럼프 대통령의 머리카락이 진짜일까요? 가짜일까요?" 같은 양자택일형이면 어떤 질문이든 상관없다. 흡연자들은 자신이 고르고자 하는 답변 아래에 난 구멍에 담배꽁초를 넣으면 투표가 마무리되고, 어떤 답변이 더 많은 표를 받고 있는지 바로 알 수 있다.

담배로 인한 오염을 줄이기 위한 다른 방안들은 대체로 효과가 없었던 데 반해, 투표함은 런던 거리에 뒹구는 담배꽁초를 80퍼센트까지 줄이는 효과를 거뒀다. 런던의 빌리어스 가에 최초의 투표함을 설치하고 관찰해보니 불과 45일 만에 600만 명이 넘는 사람들이 참여했다. 이 창의적인 재떨이는 현재 27개국에서 활용되며 지구의 환경

트레윈 레스토릭이 발명한 담배꽁초 투표함.
"누가 최고의 선수인가요? 호날두? 메시?"라는 투표 항목이 적혀 있다. 출처_hubbub.org.uk

을 개선하는 데 크게 이바지하고 있다.

이 투표함은 단기간에 제작할 수 있으며 제작비가 많이 들지 않는다는 장점까지 지녔다. 이것은 연구 가운을 걸친 천재 과학자나 실리콘 밸리의 유능한 엔지니어의 작품이 아니다. '작지만 큰 돌파구(Big Little Breakthroughs)'란 바로 트레윈의 투표함 같은 것을 두고 하는 말이다.

작지만 큰 돌파구란 이처럼 소규모의 창의적 행위를 말하는 것으로, 시간이 지남에 따라 막대한 보상을 가져다준다. 작은 불씨에서 맹렬한 불길로 이어질 수 있는 스파크 같은 것이다. 때때로 육안으로는 보이지 않는 미시적인 분자들이 결합해 우리의 가장 까다로운 현안을 해결해주고 큰 기회까지 열어주기도 한다. 작지만 큰 돌파구는 미지의 영웅 같은 존재로 실질적인 변화를 바라기 힘든 지구상의 다른 영웅들보다 훨씬 더 많은 발전을 유도해줄 때가 많다.

우리는 이 책을 통해 세계를 돌며 트레윈 레스토릭 같은 일상의 혁신가들을 만나볼 것이다. 일반적인 신화와 통념을 일소하고 뚫을 수 없을 것 같은 걸림돌을 허물기 위해 최신의 연구를 검토하는 작업을 할 것이다. 우리는 또한 레이디 가가Lady Gaga, 스티븐 스필버그Steven Spielberg, 신비의 예술가 뱅크시Banksy 같은 창의성 대가들의 습관도 짚어볼 것이다. 그들의 습관에 숨겨진 비밀을 해독하고 그들의 사고방식으로부터 배움을 얻으려 노력할 것이다. 유명 기업가, 상징적인 글로벌 브랜드를 지휘하는 리더뿐만 아니라, 미치광이 과학자 같은 혁신가들이 어떤 우여곡절을 겪어왔는지 그 극적인 과정 또한 살펴볼 것이다.

산타바버라에 있는 첨단 화학 실험실, 베를린의 펑크 록 콘서트,

맨해튼에 있는 기름진 햄버거 가게를 찾아가 놀라운 진실을 밝히고 마주할 것이다. 텍사스 교도소와 뉴질랜드 요트팀도 찾아갈 것이다. 내가 이렇게 하려는 이유는 전적으로 당신 안에 잠들어있는 창의력을 끄집어낼 실용적인 사고방식을 발견하기 위해서이다.

하지만 이 책은 이야기와 과학에 관한 것만은 아니다. 이 책은 내게 개인적인 의미도 있다. 나는 어릴 적부터 늘 낯선 느낌이 들었다. 방에 20명의 아이가 있다면, 나는 적응하지 못하는 왕따 같은 존재였다. 명확한 것은, 내가 뛰어난 아이라고 느껴본 적이 없다는 것이다. 동시에 스스로를 의심하고 불안해하는 마음이 컸다. 이처럼 늘 이상한 느낌에 시달려왔다.

하지만 '창의성'을 기르게 되면서 나는 구원받았다. 창의성은 나의 성공에 힘을 실어주었을 뿐만 아니라 많은 실패를 극복하는 데도 도움을 주었다. 창의성은 나의 정체성 그 자체이다. 내가 창의성을 타고났기 때문이 아니라 시간을 두고 의도적으로 키워왔기 때문이다. 여전히 의아해할지도 모르겠지만 우리는 창의성이라는 것이 수학, 테니스, 에어로빅처럼 어떻게 습득될 수 있는지도 알아볼 것이다.

나는 거의 30년 동안 창의성에 대해 연구하고 실제 경험도 하면서 '작지만 큰 돌파구'라는 체계를 발견했다. 이를 직접 활용해 테크 회사를 창업하기도 했고, 벤처 캐피털을 설립하기도 했으며 전 세계를 무대로 재즈 음악가로 활동하기도 했고, 아름답고 별난 네 명의 자녀도 키워냈다. 우리가 함께 탐구할 작지만 큰 돌파구는 단순하고, 실용적이며, 접근하기 쉽다. 무엇보다 당신에게 분명 효과적일 것이다.

트레윈 레스토릭도 나와 마찬가지로 창의성이 넘치는 천재는 아니었다. 블랙커피를 마시며 대화를 나누던 중 그는 내게 자신의 대학

시절에 대해 말해주었다. 트레윈은 노동자 가정에서 자랐고, 어린 시절 특출한 가능성을 보여주지도 못했다. 가까스로 대학을 졸업하고 산더미 같은 학자금 대출을 짊어진 채 영국 남서부의 조선 도시이자 고향인 플리머스로 돌아왔다. 처음에는 지방 자치단체에서 임시직으로 일했다. 실업률이 높은 시기에 비숙련 노동자들이 새로운 일자리를 찾을 수 있도록 훈련하고 지원하는 일이었다. 모든 면에서 굉장히 평범한 삶을 살았다. 생활비를 벌고 한 주를 버티며 살 뿐이었다.

하지만 그의 내면에 작은 깜빡임이 있었다. 그의 삶에 더 많은 것이 펼쳐질 수 있다는 본능적 직감이었다. 당신도 지금 그런 직감을 느끼고, 자신만의 스파크를 가지고 있을지 모르겠다. 트레윈의 경우, 아주 어릴 때부터 환경보호라는 명분에 끌렸다. 자연을 매우 사랑했기 때문에 날로 오염되어가는 우리 세계를 변화시켜야 한다고 느꼈다.

환경 분야에 대한 훈련이나 경험은 부족했지만, 그는 고향을 청결하게 하는 봉사활동을 펼치기 시작했다. 그가 더 많이 관여할수록 환경운동을 자신의 업으로 삼고 싶은 마음이 더 커졌다. 직접 '허버브Hubbub'라는 작은 비영리 단체를 설립한 2013년, 그는 과감히 결단을 내렸다. "우리에게 돈은 없었지만, 뜻은 원대했습니다." 그는 회상했다. "저는 그 뜻을 펼치기로 마음먹었습니다."

트레윈의 주된 자산은 '창의성'이었다. 누구나 가지고 있지만 대부분 우리의 내면에서 잠들어있는 자원이다. 복잡한 환경 문제를 해결하는 데 금전적 기부를 받는 대신 트레윈은 상상력을 주 무기로 삼았다. "우리의 임무는 모든 사람이 부지불식간에 환경주의자가 되게 만드는 것"이라고 그는 설명했다.

트레윈은 자신의 대의를 이루기 위해 기존의 환경 자선단체를 주의 깊게 연구해 결점을 찾아 나갔다. 기존의 단체들은 후원자들이 기부할 수밖에 없도록 만들기 위해 죄책감을 활용하고 있었다. 내세우는 명분도 너무 추상적인 경우가 많아 그들의 환경운동은 대체로 성공적이지 못했다. 이와 대조적으로 트레윈은 환경운동을 재미있고, 접근하기 쉽게 만들려고 노력했다. 투표함은 유쾌하고 단순했다. 이 때문에 작은 아이디어가 그렇게 막대한 결과를 가져오게 된 것이다.

트레윈의 허버브는 작지만 큰 돌파구를 연이어 활용하면서 탄력을 받았다. 한번은 번화한 마을 광장의 공공 쓰레기통 안에 소형 스피커를 설치해 행인들이 쓰레기를 제대로 버리도록 유도한 적도 있었다. 쓸모없어진 쇼핑백을 갖다 주면 트림 소리를 내고, 낡은 커피잔을 버리면 반가운 음성으로 감사의 말을 전하는데 당신이라면 그걸 놔두고 쓰레기를 아무 데나 버릴 수 있겠는가?

현재 허버브는 100명에 가까운 정규직 직원과 수천 명의 자원봉사자를 거느리고 있다. 대기업들로부터 지원도 받으며 전 세계 30여 개국에서 환경 개선에 크게 이바지하고 있다. 하지만 우리가 잊지 말아야 할 것은 그 모든 것이 작은 항구 도시에서 살고 있는 평범한 사람에 의해 불과 몇 년 전에 시작되었다는 것이다.

매우 재미있는 사실은, 트레윈 자신도 스스로 딱히 창의적인 사람이라고 생각하지 않는다는 점이다. "창의적인 사람은 뛰어난 예술가나 연기자 같은 사람이라고 막연히 생각했습니다. 창의적인 사람들은 죄다 창의적인 산업에 종사한다고 생각했고, 저는 그런 부류가 분명 아니라는 걸 잘 알고 있었습니다." 그러나 창의적이라는 것이 무엇인지 그 정의를 확장하고 상상력의 나래를 펴 성과를 이루기 시작하자, 그의 성공은 비로소 큰 결실을 볼 수 있게 되었다.

작지만 큰 돌파구는 소프트웨어 개발자, 멋진 바지를 만드는 CEO, 후드티를 입는 테크업계의 억만장자 같은 사람들만의 전유물이 아니다. 작지만 큰 돌파구는 우리 모두가 자신만의 방식으로 혁신가가 될 수 있도록 해준다. 나이가 많든 적든, 스탠퍼드 MBA를 나왔든 고등학교를 중퇴했든, 트레윈이 비전을 실현할 수 있도록 해주었듯이 작지만 큰 돌파구는 당신이 되고자 하는 사람으로 성장하게 해준다.

우리는 혁신이 최고위 경영진, R&D 담당 최고위 임원, 마케팅 전문가의 전유물이라는 통념을 날려버릴 것이다. 창의성이라는 묘약이 어떻게 모든 역할, 모든 성가신 문제, 모든 조직에 효험을 발휘할 수 있는지 알아볼 것이다.

우리가 발견하게 될 접근법은 단지 아이비리그 학위와 유명인사 같은 천재들의 전유물이 아니다. 오히려 정반대다. 작지만 큰 돌파구라는 체계는 사실 우리 모두를 위한 혁신 그 자체이다.

작지만 큰 돌파구

- 트레윈 레스토릭을 위한 것이다.
- 자신의 기여도를 높여 승진하려는 고객 서비스 담당자를 위한 것이다.
- 승소율을 높이고 싶은 변호사를 위한 것이다.
- 대기업과 한판 붙으려는 신생기업을 위한 것이다.
- 자신의 치과를 성장시키고 더 많은 환자를 받고자 하는 치과의사를 위한 것이다.
- 다른 대기업을 누르고 경쟁우위를 확보하려는 다국적 기업을 위한 것이다.
- 지속 가능한 성장의 길로 들어서려는 가족 기업을 위한 것이다.
- 치열한 경쟁이 벌어지는 구직시장에서 두각을 나타내려는 대학 졸업자를 위한 것이다.

- 새로운 국면의 성장을 꿈꾸는 중소기업을 위한 것이다.
- 창의적인 설계를 더 많이 양산해내 업계에서 자신의 입지를 강화하려는 건축가를 위한 것이다.
- 지역 사회에 변화의 바람을 일으키려는 목회자를 위한 것이다.
- 자신을 한 단계 더 업그레이드하려는 성취광을 위한 것이다.
- 공정의 효율성을 제고하고 안전을 강화하려는 공장 관리자를 위한 것이다.
- 새로운 전술을 개발해 주 선수권 대회에서 자신의 팀을 우승으로 이끌고자 하는 고등학교 농구코치를 위한 것이다.
- 자신의 연극을 브로드웨이에 올리려는 극작가를 위한 것이다.
- 새로운 거물 고객을 유치하려는 광고 대행사를 위한 것이다.
- 잠재력이 큰 유망주를 위한 것이다.
- 고위 경영진과 중간 관리자를 위한 것이다.
- 기업가를 위한 것이다.
- 꿈 많은 행동가를 위한 것이다.
- 우리 모두를 위한 것이다.

고요한 연못에 던져진 작은 돌

1884년, 지금은 전설이 된 화가 조르주 쇠라Georges Seurat와 폴 시냑Paul Signac은 기존의 예술가들과의 단절을 선언하고 점묘법이라고 불리는 새로운 회화 기법을 개척했다. 수천 가지에 달하는 개별 색조를 섞은 물감을 우아한 붓놀림으로 캔버스에 칠했던 당시 주류의 인상파 화가들과 달리, 쇠라와 시냑은 순수하고 섞이지 않은 색조의 정밀한 점들을 활용해 혁명적 회화 기법의 기초를 탄생시켰다. 물감 혼합도, 도포 기법도 전혀 두드러진 것이 아니었다. 하지만 그 작은 점들은 창의적인 방식으로 조합한 덕에 지속해서 연구되고 칭송받는 놀라운 걸작들을 탄생시켰다.

점묘법으로 대표되는 신인상주의 운동은 작지만 큰 돌파구를 생각해볼 수 있는 좋은 본보기이다. 다양한 컬러의 점들은 사실 매우 기초적이다. 당신이나 나나, 심지어 7살짜리 아이조차도 보라색 점이나 노란색 점은 손쉽게 그릴 수 있다. 그러나 한 점이 다음 점과 결합하면서 질감, 깊이, 의미를 지닌 예술 작품으로 결합된다. 따라서 걸작이란, 수많은 작은 창조적인 요술들이 결합된 집합체이지, 고상한 영감이 눈길을 끄는 단일 작품이 아니다.

우리는 창의성을 활용해 작은 것을 덤으로 추가하는 것이 어떻게 위대한 성과를 더 위대하게 할 수 있는지 그 방법을 탐구할 것이다. 가장 큰 돌파구를 역으로 뒤집어 우리가 소화해낼 수 있는 크기의 요소로 해체하는 방법에 대해서도 알아볼 것이다. 우리의 여정이 끝날 때쯤이면 당신은 자신만의 작지만 큰 돌파구를 쉽게 찾아내고 만들어낼 수 있게 될 것이다.

조르주 쇠라의 〈그랑드 자트섬에서 바라본 풍경The River Seine at La Grande-Jatte〉(유화, 1888)에서부터 앙리-에드몽 크로스Henri-Edmond Cross의 〈블로뉴 숲의 호수The Lake in the Bois de Boulogne〉(유화, 1899)에 이르기까지, 점묘주의 대표작 상당수는 연못과 호수 등 고요한 물가를 묘사하고 있다. 누구나 작은 돌멩이를 고요한 물 위로 던지면 어떤 일이 일어나는지 알 것이다. 조약돌이 날아가다 수면과 부딪히며 그 부딪힌 지점에서 파문이 일어난다. 작은 조약돌은 저 멀리 떨어진 고요한 물가까지 원형의 물결을 일으킨다.

우리가 중학교에서 배웠듯이 '파급 효과'란 작은 교란이 단계를 거치며 대대적이고 광범위한 충격으로 커져 나갈 수 있다는 개념이다. 앨라배마의 버스에서 로사 파크스Rosa Parks가 자리 양보를 거부한 것이 대대적인 흑인 저항의 도화선이 됐듯, 역사를 통틀어 사소한 행동들은 운동이나 혁명 같은 광범위한 변혁을 일으키는 불씨가 되었다. 변화의 물결이 근원으로부터 뿜어져 나오기 때문에, 작은 행동도 거대한 성과를 낳는 불씨가 될 수 있다.

고요한 연못에 던져진 작은 돌이 멀리 떨어진 물가에 일련의 사건들을 일으킨다고 생각해보라. 하나의 사소한 아이디어를 시발점으로 삼으면 우리 각자는 자신이 추구하는 변화를 창조할 힘을 지닐 수 있게 된다. 이 책을 통해 우리는 한때 작은 조약돌에 지나지 않은 것이 고요한 호수와 충돌하면서 눈부신 성공으로 이어질 수 있다는 의미를 살펴보게 될 것이다.

가능성을 포기하지 마라

우레와 같은 박수 소리가 귀청을 찢을 것 같았다. 눈이 휘둥그레진 2,192명의 팬들과 함께 기립하자 나는 가슴을 통해 전율이 느껴졌다. 오한이 날 지경이었다.

2015년 가을, 나는 내가 역사의 현장에 있다는 것을 알았다. 장소는 뉴욕의 유서 깊은 리처드 로저스 극장이었다. 내 아내 티아Tia와 내가 〈해밀턴Hamilton〉이라는 뮤지컬을 처음 접한 곳이다.

힙합 음악, 표현력 넘치는 현대 무용, 비非백인의 역사적 인물들이 간간이 등장하는 이 숨 막히는 뮤지컬은 옳고 그름을 놓고 벌어진 대 혈전에 휘말린 미국 건국의 아버지들에 관한 이야기를 다룬다. 이 뮤지컬은 단숨에 브로드웨이에서 가장 성공적인 작품의 반열에 올라섰다.

뮤지컬 〈해밀턴〉은 토니상(Tony Awards, 미국 브로드웨이에서 수여하는 연극상) 11개 부문, 퓰리처상(Pulitzer Prize), 그래미상(Grammy), 빌보드 뮤직 어워즈Billboard Music Award 등을 휩쓸었다. 〈롤링 스톤Rolling Stone〉과 〈빌보드Billboard〉는 모두 뮤지컬 해밀턴을 2015년 최고의 작품에 올려놓았다. 〈뉴요커New Yorker〉는 이 뮤지컬을 "역사와 문화를 재해석한 역작"이라고 표현했다. 2016년 11월, 8회 공연 만에 330만 달러(약 39억 원)의 수익을 벌어들임으로써 브로드웨이 박스오피스 사상 단일 주간 흥행으로는 최고의 성적을 올리며 모든 기록을 갈아치웠다. 2020년 1월까지 브로드웨이 박스오피스 흥행 총 수익은 6억 2,500만 달러(약 7,380억 원)를 넘기며 역사상 일곱 번째로 성공한 뮤지컬이 되었다. 2020년 7월, 디즈니Disney는 '디즈니플러스 스트리밍 서비스'를 통해 이 뮤지컬을 방영해 7,500만 달러(약 885억 원)라는 수익을 벌어들였다.

〈해밀턴〉 관람 티켓을 구하기란 외야관중석에 앉아 양키스 야구 경기를 관전하면서 날아든 플라이볼을 맨손으로 잡는 것만큼이나 어렵다. 운 좋게도 관람석 한 자리를 차지할 수만 있다면 그 특권을 위해 2,500달러(약 300만 원)라는 거금을 쏟아 부어야 할 정도다.

뮤지컬 〈해밀턴〉은 앤드루 로이드 웨버Andrew Lloyd Webber나 스티븐 손드하임Stephen Sondheim 같은 브로드웨이 거장의 작품이 아니다. 이 뮤지컬이 초연될 당시 35살에 불과했던 린마누엘 미란다Lin-Manuel Miranda라는 작가의 작품이다. 그는 20대 초반에 불과한 나이에 이미 첫 번째 브로드웨이 히트작 〈인 더 하이츠In the Heights〉라는 뮤지컬 각본을 집필한 바 있다.

이렇게 어린 나이에 놀라운 성공을 거둔 미란다를 이 시대의 베토벤처럼, 태어날 때부터 창의성이라는 재능을 지니고 태어난 백만 명

중 한 명 나올까 말까 한 거장으로 생각하기 쉽다. 그의 놀라운 재능은 신들로부터 받은 것이고, 그런 재능은 우리 같은 평범한 사람들로서는 범접할 수 없는 것이라고 말이다.

하지만 그의 인생은 당신이 상상하는 그런 것이 전혀 아니다. 놀랍게도 린마누엘 미란다는 의외로 트레윈 레스토릭과 비슷한 삶을 살았다. 이민자 출신 부모 사이에서 태어난 미란다는 히스패닉계 노동자들이 많이 모여 사는 뉴욕의 인우드에서 자랐다. 그는 자신에 대한 확신이 없을 때가 많은 아이였고 자주 괴롭힘을 당했다. 여드름이 많아 놀림을 받았고 여자친구로부터 버림받기도 했다. 미식축구팀에도 3순위로 지명되었다. 줄리어드 음대를 다녀보지도 못했다. 미란다는 여러 면에서 사실 당신과 나 같은 평범한 사람이었다. 그리고 여전히 평범한 사람이다.

"각본을 쓸 때마다 수많은 단계를 거치게 됩니다. '나는 사기꾼이다' 단계와 '나는 절대 못 끝낼 것이다' 단계 같은 것들이요." 미란다는 놀라운 성공을 일군 이후인 2018년에 말했다. "각본을 쓰는 일이 내가 원하는 만큼 빨리 진행되지 않을 때가 있습니다. 각본이 써질 때까지 기다리며 자신을 자책하지 않는 것과 시간을 낭비하지 않는 것 사이에서 균형을 맞추는 건 정말 어렵습니다."

그렇다. 이 같은 창의력의 전설들도 우리처럼 고군분투를 한다. 미란다는 자신만의 목소리를 찾는 데 오랜 시간이 걸렸다. 그는 용접공이 용접 일을 배워나가듯 조금씩 그의 역량을 키워나갔다. 형편없는 음악을 작곡하기도 했다. 끔찍한 각본을 쓰기도 했다. 수백 가지의 아이디어가 실패하는 것을 지켜봐야 할 때도 있었다. 좋을 때도 있었지만 나쁠 때가 더 많아 늘 의심, 불확실성, 불안, 두려움에 시달렸다. 그는 창의적인 천재가 아니다. 창의적인 천재로 성장해나갔을 뿐이다.

그가 창의적 천재로 성장해가는 것이 가능했다면, 우리 모두는 어떻게 하면 그렇게 될 수 있을까?

가장 유명한 발명가, 기업가, 음악가, 예술가에 대한 공부를 많이 한 덕에 나는 획기적인 창의성이 마법이 아니라 마술에 가깝다는 것을 알게 되었다. 마법사는 마법의 능력을 타고난 덕에 주문을 걸며 천년을 살 수 있다. 그에 반해 마술사는 뭔가를 창조해내는 것처럼 보일 뿐, 실제로는 특별한 힘을 가지고 있지 않다. 데이비드 블레인David Blaine이 마법을 부릴 능력은 전혀 없지만 불가능해 보이는 묘기로 관객들을 매료시키는 마술사인 것처럼. 그는 높은 곳에서 선보이는 마술이 마법처럼 보이도록 기량을 익히고 연습한 것이다.

인간의 창의성이란 바로 그런 것이다. 인간의 창의성은 엄선된 소수에게만 주어지는 생물학적 우위가 아니다. 학습하고 배우는 것이 가능한 보편적인 역량이다. 비욘세Beyonce에서부터 지미 헨드릭스Jimi Hendrix, 헨리 포드Henry Ford, 일론 머스크Elon Musk, 파블로 피카소Pablo Picasso, 조지아 오키프Georgia O'Keeffe에 이르기까지 창작의 달인은 자신의 기량을 키우고 발전시킨 사람들이다. 재능을 타고나기는 했지만, 그들의 업적은 DNA가 아니라 습관과 훈련의 결과이다.

미란다가 자신의 재능을 키우지 않고 자신의 창의성을 세상에 내놓지 않았다면 얼마나 비극적이었을지 상상해 보라. 〈해밀턴〉이라는 뮤지컬도, 아카데미상도, 〈인 더 하이츠〉라는 뮤지컬도, 영화 〈모아나Moana〉의 주제곡도 없었을 것이다. 세상은 그의 눈부신 음악이 없는 곳이 되었을 것이다. 그뿐만 아니라, 그가 자신의 소명을 따르지 않았다면 얼마나 큰 낭비였을지도 생각해보라. 단지 생계를 위해 원치 않는 일을 했다면 얼마나 성취감을 느끼지 못하는 삶을 살고 있었을까. 이민자 출신으로 미국 건국의 아버지가 된 알렉산더 해밀턴이 자신의 가능성을 포기하지 않았던 것처럼, 미란다는 고맙게도 자신의 가능성을 포기하지 않았다.

작은 아이디어의 놀라운 힘

거대한 아이디어를 창출해야 한다면 그 압박감이 매우 클 것이다. 이처럼 경쟁이 치열하고 무시무시한 시대에는 과감한 혁신이 매우 중요하다는 것을 잘 알고 있지만 획기적인 사고방식을 요구받으면 얼어붙고 말 때가 많다.

가장 위대한 혁신가들은 100억 달러 규모의 IPO나 노벨상 수상을 겨냥하지 않는다. 훨씬 더 작은 것에 집중한다. 하버드대학교의 스테판 톰케Stefan Thomke 교수에 따르면, 경제성장의 77퍼센트는 급진적 혁신이 아니라 작지만 창의적인 발전과 진보 덕분이라고 한다. 세상을 바꾸는 변화는 멋있지만 작지만 큰 돌파구는 사람들의 눈에 잘 띄지 않는 대신 경제를 견인하는 원동력이 된다.

내가 5학년 때 우리 리틀 야구팀을 지도하던 코치님은 우리에게 펜스를 향해 스윙하라고 주문했다. 그런데 더 혁신적이려면 정반대의 접근 방식을 택해야 한다(이 전략을 활용했다가 나는 시즌 마지막 경기에서 삼진을 맛보며 야구 선수가 되려던 꿈을 접었다). 일상적인 습관처럼 창의성을 키우면 그것이 직관에 어긋난 길처럼 보이지만, 오히려 이상적인 길이 된다. 작지만 창의적인 행동은 우리에게 작은 승리를 많이 안겨줄 뿐만 아니라, 매일 그렇게 하면 우리가 추구하는 거대한 돌파구를 발견할 수 있는 가장 빠른 지름길이 되기도 한다.

작지만 큰 돌파구라는 체계는 잠자는 창의적 역량을 실현하기 위한 구체적이고 실용적인 접근 방식을 제공한다. 이를 통해 거칠고 위험하며 비용이 많이 드는 원대하고 야심찬 계획이 아니라, 시간이 지남에 따라 막대한 결과를 가져다주는, 작지만 일상에서 창의성을 일으키는 방법을 배우게 될 것이다. 작은 혁신을 통해 거대한 혁신을 일으키는 필수 기술과 위험을 감수하는 창의적 자신감이 어떻게 구축될 수 있는지 알게 될 것이다.

파트1에서는 인간의 창의성을 현미경으로 들여다보듯 상세히 살펴볼 것이다. 창의성이 어떻게 발현되는지 그 과정을 해부하고 규명할 것이다. 신경과학자, 억만장자, 괴짜 연구원, 심지어 유죄 판결을 받은 흉악범한테서 창의성을 배워보는 시간도 가질 것이다. 우리는 어떤 역할을 하든, 어떤 직업을 갖고 있든 창의적인 문제 해결과 창의적인 사고가 왜 필요한지 그 이유 또한 살펴볼 것이다. 창의력이라는 근육 덩어리를 조금씩 키워나가는 방법 또한 탐구할 것이다.

파트1이 마무리될 때쯤이면 기초가 수립될 것이다. 창의성이 어떤 메커니즘으로 작동하는지, 혁신이 어디서 나오는지, 어떻게 자신만의 기량을 키울 수 있는지 이해할 수 있게 될 것이다. 신화가 깨지고, 장애물이 제거되고, 안주하라는 유혹의 목소리가 사라질 것이다. 에너지가 솟구치고, 심지어 혼란스러운 느낌마저 들 수도 있다. 하지만 그렇게 되면 당신은 능력을 한 단계 끌어올릴 준비가 된 것이다.

파트2에서는 창의적인 사고와 창의적인 문제 해결을 위한 체계적인 틀을 제시할 것이다. 우리는 전설과 낙오자, 영웅과 말썽꾼 이야기를 통해 세상에 없던 방식으로 성공을 일군 아웃사이더들의 8가지 DNA에 대해 알아볼 것이다. 그들의 마음을 파헤치고, 그들의 비밀을 배우고, 그들의 전략을 훔칠, 아니 빌려올 것이다.

간단히 말해, 파트2에서는 당신이 출격하는 데 필요한 모든 도구를 제시할 것이다. 새로운 창의력 도구를 통해 영감과 즐거움을 얻고 무장하게 되면 작지만 큰 돌파구라는 강력한 경쟁우위를 확보하고 자유자재로 활용할 수 있게 될 것이다. 웃게 될 때도 있고, 깜짝 놀랄 게 될 때도 있을 것이다. 칵테일파티 때 다른 사람들에게 들려줄 이야깃거리까지 얻게 될 것이다.

우리가 앞으로 여정을 함께하는 동안 나는 당신이 스스로를 업그레이드하려는 마음을 가지고 임했으면 한다. 117만 화소 카메라가 장착된 휴대폰에서부터 착즙 믹서기에 이르기까지, 우리 생활에는 업그레이드 대상이 부지기수다. 노트북, 미니밴, 잔디 깎기도 업그레이드해야 한다. 직장에서는 생산설비는 물론 탕비실의 간식도 업그레이드해야 하며 사생활에서는 관계, 건강, 이웃을 업그레이드하려 애써야 한다. 작지만 큰 돌파구의 힘을 탐구하는 과정에서 창의력 업그레이드에 우리의 눈을 고정해보자.

하룻밤 사이에 규칙을 엄격하게 준수하는 민주시민에서 쉰 목소리에 음란하기까지 한 렘브란트로의 비약적인 변신이 해가 되듯이 당신 역시 비약적으로 변신하려는 마음으로 임하는 것 또한 권하지 않는다. 대신 5퍼센트씩만 창의력을 업그레이드해나간다고 생각해보자. 5퍼센트 정도면 누구나 해낼 수 있는 노력이다. 창의력의 용량을 5퍼센트만 확장해도 전체 성능을 획기적으로 향상시킬 수 있다. 수입을 올리는 것뿐만 아니라, 삶의 모든 영역으로부터 더 많은 것을 거둬들이는 데도 도움이 될 것이다. 5퍼센트의 업그레이드는 우리가 모두 해낼 수 있는 과업이다.

함께 신화를 허물고, 과학을 파헤치고, 창의적인 사고방식을 받아들이자. 우리가 추구하는 진보를 촉진할 작지만 큰 돌파구를 해방시켜 마음껏 뛰놀게 하자. 그리고 그 과정에서 재미도 좀 보자.

그러면 이제 진한 커피 한잔을 들고 여정을 떠나보자!

차례 〉〉〉〉〉〉〉

Part 1 세상에 없던 기회를 만드는 작은 아이디어

Chapter 1
아이디어의 탄생

Chapter 2
재능 신화를 거부한 '아웃사이더'의 시대

Chapter 3

아웃사이더를 만드는 강력한 무기 '창의력'

Chapter 4

창의력을 폭발시키는 '습관'의 힘

Part 2 아웃사이더의 8가지 DNA

Chapter 5

문제와 사랑에 빠져라: 문제 인식

Chapter 6

닥치고 시작하라: 실행력

Chapter 7

끊임없이 실험하라: 실험 정신

Chapter 8

기존 방식을 완전히 깨부숴라: 해체

Chapter 9

'또라이'처럼 생각하라: 독창성

Chapter 10
최소 비용으로 최대 효과를 달성하라: 효율성

Chapter 11
예상치 못한 지점을 공략하라: 만족감

Chapter 12
어떤 실패도 두려워하지 마라: 회복력

세상에 없던 기회를 만드는 작은 아이디어

Chapter

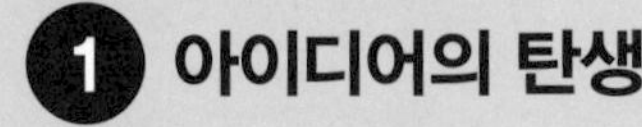

1 아이디어의 탄생

여느 날처럼 격렬한 운동을 마친 카론 프로스찬Caron Proschan은 상쾌한 게 간절했다. 운동이 가져다주는 짜릿함을 맛본 뒤라 먼저 생수를 들이켰다. 그리고는 운동 후 그녀에게 언제나 상쾌함을 선사해주던 껌에 손을 뻗었다. 하지만 왜 하필 껌인지는 그녀 자신도 이해가 가질 않았다.

카론은 건강한 삶, 유기농 음식, 환경보호라면 열성을 다하는 편이었다. 그러니 머스크향이 풍기는 운동 가방을 뒤져 구깃구깃하고 딱딱해진 껌을 꺼내고 있는 자신이 도무지 이해가 되질 않았다. 그녀가 그토록 좋아하는 것이 왜 약 1,900킬로그램의 핵탄두를 직격으로 맞고도 끄떡없을 만큼 강인한 합성수지란 말인가? 운동으로 단련된 자신의 손에 들린 껌이 네온 빛깔을 내뿜고 있는 것을 내려다보며 마치 다른 세상에서 온 물건처럼 느껴졌다. 껌이 내뿜는 에일리언 블루색은 자연에서 찾아볼 수 있는 천연색이 결코 아니기 때문이다.

청결한 삶을 중시하는 카론은 이런 껌이 마음에 들지 않았다. 상쾌함을 선사해줘야 마땅한 껌이 왜 반쯤 먹은 트윙키(노란 케이크 안에 하얀 크림이 들어있는 과자-옮긴이) 정도의 영양가밖에 없단 말인가? 아파트 계단을 서둘러 오르는 그녀 머릿속에는 인터넷을 뒤져 건강에 좋은 껌을 찾고야 말겠다는 생각뿐이었다. 유기농에다가 유전자 변형 성분이 없고, 천연 거름으로 들판에서 윤리적으로 재배된 자연적인 석류가 있다면, 껌 또한 건강에 좋은 껌이 있어야 마땅하다.

그런데 인터넷으로 건강에 좋은 껌을 검색해보고 카론은 충격을 받았다. 아무리 검색해도 찾을 수 없었기 때문이다. 그 순간 그녀에게 작은 아이디어 하나가 떠올랐다. 보드카나 칠리(콩과 다진 고기로 만든 멕시코식 매콤한 스튜 요리-옮긴이)처럼 자극적인 먹거리보다 밀싹 주스나 아사이 보울(아사이베리를 얼려서 간 음료에 견과류 등을 곁들인 디저트-옮긴이)처럼 자극이 덜한 먹거리를 선호하는 이들의 입맛과 취향을 사로잡을 수 있는, 건강에도 좋은 천연 성분의 껌을 제조할 회사를 설립하면 어떨까? 색상은 물론 성분과 환경 유해 포장에 이르기까지 260억 달러(약 30조 7,000억 원)에 달하는 전 세계 껌 산업에 천연의 것이라곤 없었다. 카론은 껌의 개념을 뒤집어놓고야 말겠다고 결심했다. 스타트업 설립이라는 꿈이 생긴 것이다. 그렇게 탄생한 기업이 바로 '심플리 껌Simply Gum'이다.

오랫동안 나는 '아하! 순간'의 신비에 내 관심을 집중시켜왔다. 아하! 순간은 세상을 바꾸는 마법의 순간이기 때문이다. 아하! 하며 탄생하는 아이디어들은 어디서 나오는 것일까? 어떤 이들은 유독 더 많은 아이디어를 탄생시키는데 그 이유는 대체 무엇일까? 비범한 천재들이나 창의적이고 기발한 예술가들에게서만 기막힌 아이디어가 탄생하는 것일까? 당신이나 나 같은 평범한 사람들은 더 독특하고,

더 기발한 아이디어를 탄생시킬 방법이 없는 것일까?

이번 챕터에서는 아이디어가 탄생하는 과정을 현미경으로 들여다보듯 상세하게 살피며 인간의 뇌가 어떻게 새로운 아이디어를 탄생시키는지 탐구할 것이다. 궁극적으로 아이디어를 탄생시키는 심리적 메커니즘을 이해할 수 있게 되고, 창의적인 구상이 실제로 어떻게 등장하는지도 배울 것이다. 인간의 아하!에 숨겨진 진리를 우리 함께 파헤쳐 보자.

껌은 왜 핵탄두도 막아내는 화학물질로 만들어질까?

그녀의 좁은 부엌에서 아이디어가 머리를 박차고 나와 생명의 숨을 처음으로 내뱉은 순간으로 돌아가 보자. 아이디어의 탄생이라는 스파크만 있었다면 그녀의 아이디어는 생명을 유지하기 힘들었을 것이다. 카론에게는 업계 경력, 자본, 제조 노하우, 유통 채널이 전혀 없었던 점을 고려하면 플래시 불빛처럼 등장한 그녀의 새로운 아이디어는 금세 기각되고 버려졌던 다른 아이디어들과 같은 운명을 걸었을 가능성이 크다.

하지만 그녀의 아이디어는 보호되고, 양육되고, 발육된 덕에 뿌리를 내릴 수 있었다. 그녀가 우선해야 할 일은 껌 산업에 대해 빠짐없이 파악하는 것이었다. 리글리Wrigley, 캐드베리Cadbury라는 양대 다국적 대기업이 전 세계 시장의 60퍼센트를 장악하고 있었다. 미국 식품의약국(FDA, Food and Drug Administration)의 느슨한 규제 덕에 껌 성분을 나열할 때 제조업자들이 '껌 기초제'라는 모호한 표현을 사용하고 있다는 것도 알게 됐다. 그런데 더 자세히 알아보니 껌 기초제라는 모호한 표현 안에는 플라스틱을 포함한 80가지가 넘는 합성수지 성분들이 정체를 숨기고 있었다. 껌에 대해 더 알면 알수록 껌은 한 조각도 삼켜서는 안 된다는 말에 고개가 끄덕여졌다.

그녀는 '건강에 좋은 껌'이라는 훌륭한 명분도 세웠다. 껌 시장의 과점구도도 파악했다. 그럼 이제 그녀에게 필요한 건 무엇일까? 거의 다 끝난 것이었을까? 아니다. 그녀에게 필요한 것이 한둘이 아니었다. 제품, 브랜드, 제조 공정, 실무를 추진할 팀, 자본, 제조 시설, 유통, 포장, 재고, 제조 설비도 필요했다. 그녀에게 에너지를 가져다줄 케일, 레몬, 셀러리, 당근을 저온 흡착한 혼합 주스를 살 수 있는 충분한 수익도 필요했다. 그녀는 이 모든 것을 동시에 헤쳐 나가야 함은 물론이고 그 과정에서 극도의 창의성까지 발휘해야 했다.

창업에 필요한 교육도 받아본 적 없고 그럴듯한 장비도 없었지만, 자신이 만들고자 하는 껌보다 그리 크다고 할 수 없는 좁디좁은 부엌에서 그녀는 과감히 실험에 뛰어들었다. 건강에 좋은 껌에 대한 아이디어는 빠르게 떠올랐지만, 그런 껌을 실제로 만드는 방법을 알아내는 데는 커피로 버티면서 밤늦게까지 일에 매진하기를 수없이 반복하며 1년이 넘는 세월이 걸렸다. 동원할 수 있는 모든 천연 성분을 동원해가며 수천 회가 넘는 실험을 진행했다.

합성수지를 지양함과 동시에 적절한 식감과 탄력까지 제공하기 위한 지속적인 개선 작업 끝에 그녀는 중앙아메리카 사포딜라Sapodilla 나무의 하얀 수액인 '치클Chicle'을 활용하는 새로운 대체방안을 찾아냈다. 다른 껌과 경쟁할 수 있을 만큼 오래 가면서 맛있고 식감도 좋은 최종 제품을 만들려다 보니 애초의 아이디어는 류머티즘 관절염을 치료하기 위한 새로운 치료법을 개발하는 것보다 더 복잡해졌다.

"저는 화학에는 문외한이에요. 요리도 거의 할 줄 모르죠. 껌을 제 부엌에서 직접 만들기로 결정한 것은 분명 무모한 짓이었어요." 카론은 탄산수를 마시며 내게 말했다. "개선하고 실험하는 작업에 그저 무작정 뛰어들었죠. 정말이지 진이 빠지는 고된 과정이었어요. 내가 뭘 하고 있는지조차 몰랐죠. 그런데 확실한 건, 1년 후 진짜 껌 맛을 내는 제조법을 개발할 수 있었다는 거예요."

그녀가 개발한 껌의 장점은 자연 분해될 수 있다는 점이었다. 어떤 경쟁 대기업도 감히 내세울 수 없는 장점이었다. 인공감미료나 유해 성분이 전혀 없어 인체나 환경에 유해하지 않다는 장점도 있었다. 수십 년 동안 혁신이라곤 거의 찾아볼 수 없던 산업에서 카론은 라이트 형제가 교통수단의 개념을 재정립했듯이 껌의 개념을 재정립해 나가기 시작했다.

그녀는 드디어 껌이라 할 만한 것을 스스로 제조할 수 있는 수준에 이르렀음을 깨닫게 되었다. 하지만 그녀의 도전은 이제 시작이었다. 혁신 과정은 마치 두더지 게임 같다. 장애물을 하나 쓰러뜨리면 새로운 장애물 세 개가 연이어 나타난다. 껌을 제조할 수 있는 기초는 정복했으니, 이제는 맛을 잡을 차례였다.

껌은 시원한 민트나 솜사탕처럼 선명하고 특이한 맛을 내는 경우가 대부분이다. 그에 반해 심플리 껌은 생강, 메이플 시럽, 펜넬(회향풀－옮긴이) 등의 원료를 활용해 천연의 맛을 제공한다. 카론은 심지어 클렌즈(자몽, 가시 배, 고춧가루, 바다 소금), 부스트(레몬그라스, 강황, 고춧가루), 리바이브(라임, 칠리, 바다 소금) 등 여러 맛을 내는 재료를 조합해 독특한 맛을 만들어냈다.

껌 자체도 훌륭했지만 맛은 더 흥미로웠다. 하지만 껌을 대량 생산하려면 주방도 널찍하고 화구도 최소 두 개는 있어야 했다. 기계, 인건비, 부동산에 드는 비용이 만만치 않다는 점을 고려할 때 확실한 해결책은 제조과정을 아웃소싱하는 것이었다. 제조과정은 안전사고와 장비 오작동이 다반사로 일어나는 골치 아픈 과정이다. 그러나 당연히 카론은 기존 관례를 거부했다. 그리고 브루클린에 있는 자신의 아파트에 자체적인 껌 제조 설비를 구축했다.

"제조 경험이 전혀 없다 보니 학습 곡선은 가파른 모습을 띨 수밖에 없었죠." 카론은 말했다. "하지만 껌을 제조하는 것은 우리 일에서 매우 중요한 부분이었어요. 그 누구도 우리와 같은 방식으로 껌을 제조할 수 없었죠. 지금도 외부업체가 껌을 제조하도록 훈련시키면 안 되는지 묻곤 해요. 그렇게 하면 분명 더 손쉽기는 할 거예요. 하지만 우리 자체의 제조 공장을 확보하면 우리가 직접 통제할 수 있다는 장점이 있어요. 껌 제조를 책임져 줄 협력사나 외부업체를 활용하면 얻을 수 없는 융통성까지 누릴 수 있게 되는 거죠. 우리는 스스로 껌을 제조하고 있다는 사실에 매우 뿌듯해요. 스스로 제조할 수 있는 것은 경쟁우위임이 틀림없어요."

이 시점에 이르러 그녀는 양질의 껌을 제조할 수 있는 수준으로까지 올라갔다. 그러나 껌 제조라는 목표만을 이루려고 사업에 뛰어든 것은 아니었던 만큼 실제 회사를 설립하기로 했다. 그에 따라 아이디어를 더 많이 창출하고 성장시켜야 했다. 그녀가 만드는 껌의 기초제는 사포딜라 나무에서 얻은 수액을 원료로 하지만 그녀의 신생기업은 상상력이라는 원료로 만들어야 했다. 다행히 그녀는 상상력만큼은 풍부했다. 더불어 이뤄야 할 혁신이 아직도 남아 있었다. 바로 포장이었다.

그녀는 디자인 교육을 받거나 직접 디자인을 해본 경험이 전혀 없었다. 하지만 매우 차별성 있고, 현대적이며, 매혹적이고, 고급스러운 외관을 원했던 그녀는 포장을 직접 디자인하기로 마음먹었다. "일용소비재(CPG, Consumer Packaged Goods) 업체에 외부 에이전시를 활용하지 않기로 한 것은 지금 봐도 참 잘한 일이라고 생각해요. 왜냐하면 외부에 맡기면 이미 시중에 나와 있는 것을 조금 변경한 것에 지나지 않는 제품과 포장이 나왔을 게 뻔하니까요." 그녀는 밝게 웃으며 말했다. "제품을 객관적인 시각으로 보고, 사고의 틀에서 벗어나 독창적으로 생각해봄으로써 기존 제품과 차별성 있으면서 우리의 의도를 잘 반영한 제품과 포장을 생각해낼 수 있었다고 생각해요. 제가 벤치마킹하려고 한 대상은 애플Apple이에요. 애플의 포장은 멋질 뿐만 아니라 남녀노소, 연령대, 인종, 성별을 안 가리고 누구나 좋아하니까요."

수백 가지에 이르는 디자인 시안을 내놓고 실패와 실수를 반복한 끝에 최종 포장은 뉴욕에 있는 현대 미술관에 전시될 만큼 멋졌다.

천연 성분으로만 만들어진 심플리 껌. 상자의 뒷면에는 4~5가지의 전체 성분들이 이미지와 함께 나열되어 있다.

출처_simplygum.com

화려하고 깨끗한 무광택 하얀 상자에 원재료를 찍은 사진 이미지를 곁들인 심플리 껌의 포장을 보면 다른 일반적인 껌과 전혀 달랐다. 제품 라벨에는 껌의 모든 성분이 나열되어 있다. 나무 패널이 덕지덕지 붙은 스테이크 하우스에서 줄무늬 정장을 차려 입은 로비스트들이 주최한 값비싼 만찬 자리에서 개발된 FDA의 모호한 용어와는 차원이 달랐다. "포장 자체에도 혁신이 있어요." 카론은 설명했다. "상자 뒷면에 작은 종이 뭉치가 끼워져 있어 껌을 다 씹고 나면 신속하고 깨끗하게 버릴 수 있어요. 사람들은 그 점을 좋아하죠. 왜냐하면 껌을 버려야 하는데 휴지를 찾을 수 없는 상황을 한두 번 겪어본 게 아니니까요."

하지만 맛있는 천연성분의 껌과 매끈한 포장을 갖췄다고 다 끝난 건 아니었다. 업계 인맥도 없는 혈혈단신의 사업가가 어떻게 마트 진열대에 자신이 만든 껌을 올릴 수 있겠는가? "타깃Target이나 크로거Kroger 같은 유통 대기업과는 연줄이 아예 없었죠. 그런 데서 시작할 수 없을 거라는 점은 이미 잘 알고 있었어요. 정말이지 열심히 바쁘게 고객을 직접 찾아 나섰죠. 가장 작은 동네 점포부터 찾아가기 시작했어요. 이곳 뉴욕의 콜럼버스 서클에 있는 홀푸드Whole Foods도 찾아갔죠. 당시 홀푸드의 지역 매장에서는 개별적으로 제품을 구매하고 있었기 때문이에요. 그 매장에 제품을 넣을 수 있도록 구매 담당자를 설득하는 데만 무려 7~8개월이 넘게 걸렸죠."

허름한 모텔에 머물며 바쁘게 움직이고 또 거부당하기를 수없이 반복하며 2년이 흐른 후, 카론은 그럴듯한 유통 채널을 구축해나가기 시작했다. 마침내 심플리 껌이 확실한 업체에 공급되고 진열되기 시작한 것이다. 하지만 카론은 기존의 사고에서 벗어난 파격적인 행보를 멈추지 않았다. 그녀의 거대 경쟁자들과는 달리 예상치 못한 매장들을 찾아다니며 직접 껌을 팔기 시작했다. 심플리 껌은 현재 어번 아웃피터스Urban Outfitters, 코스트 플러스Cost Plus, 앤트로팔러지Anthropologie 같은 고급 매장에서 취급하는 유일한 껌이다.

심플리 껌 공식 웹사이트에서도 소비자를 상대로 껌을 직판하기 시작했다. 이 같은 행보는 전통적으로 껌 업계에서는 금기시해왔던 것들이다. 그녀가 항상 관행을 거부하고 창의적인 접근 방식을 추구한 결과, 직판과 소매업체를 통한 판매라는 이중 판매 전략이 자리 잡을 수 있었다. 천연 성분의 심플리 껌이 고객들의 손에 들어가게 할 새로운 방법을 확보할 수 있다면 카론은 그것이 뭐든 반드시 찾아낼 것이다. 예를 들어, 최근에는 아마존의 프라임데이 행사 때 판매량을 1,327퍼센트 증가시키는 기염을 토했다. 그 결과 그녀의 제품은 현재 아마존에서 가장 많이 팔리는 껌이다.

2017년 카론은 박하사탕으로까지 사업을 확장했다. 박하사탕 또한 껌과 유사하게 입 냄새를 제거하고 상쾌함을 더해줄 수 있는 대안이기 때문에 이상적인 사업 확장이었다. 껌과 마찬가지로 그녀는 제품, 포장, 맛, 제조, 유통 이 모든 것들을 또다시 파악해야 했다. 창의성과 투지를 함께 발휘한 끝에, 이번에도 이 일을 멋지게 해냈다.

오늘날, 심플리 껌은 그야말로 성장 가도를 달리고 있다. 이 회사의 제품은 현재 1만 개가 넘는 소매점에서 판매되고 있다. 심플리 껌을 모방한 경쟁자들이 무수히 등장하긴 했지만, 심플리 껌은 천연 껌 부문에서 여전히 1위를 지키고 있다. 수십억 달러 규모의 대기업과 경쟁하면서도 카론은 제품을 출시하고 사업을 확장하며 끝내 승리의 길을 찾아냈다.

카론이 성공을 거둘 수 있었던 기반에는 수백 가지에 이르는 작지

심플리 껌의 CEO 카론 프로스찬. 출처_alumni.hbs.edu

만 큰 돌파구가 있었다. 건강에 좋은 껌을 만들고자 하는 초기의 아이디어는 껌 산업을 연구하고 파헤치자는 아이디어로 이어졌다. 합성수지 대신 나무 수액을 사용하자는 아이디어는 '별난 오렌지'라는 톡 쏘는 인공적인 맛 대신 커피콩 풍미가 나는 껌을 만들자는 아이디어로 이어졌다. 자체 제조를 지속하자는 원대한 아이디어는 수천 개의 작은 혁신과 함께 끝내 실현되었다. 뒤를 이어 직판과 소매점 판매를 병행해 판매하자는 아이디어, 홀푸드에 껌을 공급하자는 아이디어, 고급스럽고 멋진 포장을 직접 만들자는 아이디어, 박하사탕으로 사업을 확장하자는 아이디어 등이 연이어 이어졌다.

그녀가 수많은 작지만 큰 돌파구를 연이어 생각해낸 탓에 우리는 카론을 재능 넘치는 창의적인 천재로 생각하기 쉽다. 갓난아기였을 때, 아마도 전날인 목요일에 배운 라틴어를 유창하게 구사하고 유아용 의자에 앉아 당근 퓌레(채소를 갈아 익힌 걸죽한 소스의 일종—옮긴이)

로 멋진 바다 풍경을 그려냈을 거라고 말이다.

하지만 놀라운 성공을 거둔 후임에도 내가 그녀의 창의성을 칭찬했을 때 그녀는 여전히 자신을 창의적인 사람이라고 생각하지 않았다. "그런 말을 하시니 참 재밌네요. 사실 지금까지도 저 자신을 딱히 창의적인 사람이라고 생각하지는 않았지만, 그런 거 같기도 해요. 저는 자라면서 창의성이 그다지 뛰어난 아이는 아니었어요. 창의성을 키울 수 있는 취미를 딱히 가져본 적도 없고요. 음악, 그림, 예술 같은 데는 소질이 없었죠. 제 생각에는 제 창의성이 다른 방식으로 스스로 발현된 것 같아요. 껌을 만드는 데 말이죠. 그게 바로 제 창의성을 설명할 수 있는 길인 것 같아요. 선생님 말씀이 맞네요. 회사와 조직을 디자인하는 그 모든 것이 실제로 창의적인 시도이니까요. 이제야 비로소 그 사실을 깨닫게 된 것 같아요."

카론의 이야기는 여러 면에서 나에게 대단한 흥미를 준다. 그녀는 경력, 자본, 공식적인 교육도 없이 경쟁이 치열한 산업에 뛰어들어 큰 성공을 일구었다. 그녀는 재능도 타고나지 못했을 뿐만 아니라, 극히 어려운 역경에 맞서 스스로 해결해 나갈 수밖에 없었다. 그녀의 업적은 하나의 아이디어에서 출발해 사업의 모든 면에서 혁신을 이루었다는 점이다. 그리고 자신이 특출하게 창의적이라고 생각하지 않았음에도 불구하고 그녀가 최고 수준의 승리를 올릴 수 있었던 것은 수십 개에 달하는 작은 창의적 아이디어 덕분이었다.

껌 산업에서 큰 성공을 거둔 카론의 대단한 행보는 우리가 이제 막 떠나려는 탐구의 배경이 될 것이다. 우리는 아이디어가 실제로 어디서 형성되는지 그리고 아이디어가 어떻게 탄생하게 되는지 그 과정을 탐구할 것이다.

두뇌와 창의성의 상관관계

심플리 껌의 카론 프로스찬 같은 사업가나 린마누엘 미란다Lin-Manuel Miranda 같은 음악가라고 하면 우리는 이 사람들이야말로 우리 같은 평범한 이들에게는 없는 특별한 재능을 갖춘 사람이라고 생각한다. 신의 선택을 받아 천상의 능력을 부여받은 극소수의 사람인 것처럼 생각해버리기 쉽다. 우리는 이런 식의 이야기를 진저리 나도록 평생 들어왔지만 사실 이는 완전히 잘못된 생각이다.

지난 10년간 신경과학자들은 눈부신 연구 성과를 올리며 인간의 뇌에 관한 우리의 이해를 드높이고 있다. 이 같은 두드러진 발견이 가능했던 것은 대체로 기능적 자기공명영상(fMRI, Functional magnetic resonance imaging) 기기의 발전 같은 기술 진보 덕분이었다. 이런 기술적 진보를 발판으로 뇌의 정체와 기능을 둘러싼 미스터리를 수세기 만에 푸는 성과를 올리고 있다.

신경가소성(Neuroplasticity)은 최근 밝혀진 개념인데 현재 과학계에서는 이것을 정설로 받아들이고 있다. 최근까지만 해도 뇌는 고정되어 있다는 것이 지배적 견해였다. 뇌가 마치 전기선이 배선된 것 같은 배선형 구조를 띤다고 보았다. 그게 다였다. 뇌세포는 재생성이 안 된다거나 인지는 정지된 기계의 산물이라는 속설을 들어본 적이 있을 것이다. 이 같은 속설에 따르면 뇌는 적응하거나 성장하는 것이 불가능하다.

우리의 뇌가 중고 잔디 깎기 기계라면 1,900달러를 들여 20마력을 자랑하는 최신형으로 교체하는 방법 말고는 뇌를 개선할 방법이 없다는 논리다. 하지만 뇌는 개선하는 것이 불가능한 낡은 잔디 깎는 기계와는 전혀 다른 것임이 밝혀졌다. 오히려 잔디에 더 가깝다. 잔디는 환경의 변화, 비료, 살충제, 새로운 씨앗, 사나운 이웃집 강아지 같은 외부 요인에 반응하며 개선될 수 있다.

잔디에 물을 주지 않거나 내버려 두면, 타죽거나 끔찍한 대마밭처럼 무성해지고 만다. 하지만 새로운 씨앗, 비료, 물 등을 잘 공급하고 다듬어주면 에메랄드빛 잔디밭으로 재탄생하게 된다. 거기다 덤으로 이웃들로부터 부러움까지 살 수 있다. 잔디는 변화에 반응하며 성장할 수도 있고, 소멸할 수도 있다. 아름다워질 수도 있고, 지저분해질 수도 있다. 올바르게 관리만 하면 방치된 잔디조차도 다시 무성한 잔디로 거듭나는 것이 가능하다.

그것이 바로 뇌는 고정된 것이 아니라는 신경가소성 개념의 본질이다. 뇌는 변화하고, 적응하고, 성장할 수 있다고 보는 것이다. 내가 발견한 가장 기술적이지 않은 정의 중 하나인 이 개념은 고통스러울 만큼 지루한 과학 저널 〈프런티어스 인 사이컬로지Frontiers in Psychology〉의 2017년 청각 인지신경과학에 관한 논문에 실린 개념이다. 이에 따르면 "신경가소성은 일생에 걸쳐 경험에 반응하여 뇌의 구조와 기능 모두를 수정, 변화, 적응할 수 있는 능력을 일컫는 일반적인 포괄적 용어라고 볼 수 있다."(좋은 점: 전문적인 신경과학 논문을 읽으면 불면증을 말끔히 치료할 수 있는 길이 열린다.)

뭐 때문에 안경 낀 연구자들은 이 연구 결과를 보고 실험실 책상에서 일어나 서로 얼싸안으며 흥겨운 춤을 추었을까? 우리의 뇌가 새로운 경로, 시냅스(신경 세포의 연접부-옮긴이), 즉 연결고리를 형성할 수 있다는 증거였기 때문이다. 학습만을 이야기하는 것이 아니다. 뇌의 화학적 구성이 실제로 변화할 수 있다는 것을 이야기한다. 석탄이 다이아몬드로 변할 수 있듯 당신의 뇌는 형성되고 발전될 수 있는 존재이다.

창의성과 관련해 나는 거기서 더 나아가 새로운 용어를 만들려 한다. 바로 '혁신가소성(Innoplasticity)'이라는 개념이다. 신경가소성 개념에 바탕을 둔 이 개념은 창의성이라는 것이 두뇌와 마찬가지로 확장 가능하다는 것이다. 위의 정의에서 몇 단어를 바꾸어 말하면 혁신가소성은 '평생에 걸쳐 훈련, 개발, 경험에 대응해 창의적 역량을 수정하고, 적응 및 성장시킬 수 있는 능력을 지칭하는 용어'로 정의할 수 있다.

혁신가소성은 태어날 때, 고등학교 2학년 때, 심지어 지금보다도 창의성이 훨씬 더 확장될 수 있는 잠재력이 우리에게 있다는 것을 이르는 멋진 표현이다. 두뇌나 앞마당에 있는 잔디가 더 나은 방향으로 개선될 수 있는 것처럼, 우리의 상상력 또한 배양되고 개선될 수 있다. 카론 프로스찬이 큰 성공을 일궜듯이 당신도 그렇게 할 수 있다는 말이다. 그런데 이런 변화는 생각보다 훨씬 빠르게 일어날 수 있다.

스티브 잡스는 왜 산책 회의를 고집했을까?

누구나 등골이 오싹해지는 경외감을 마주해본 적이 있을 것이다. 이탈리아의 한 야외 카페에서 맛있는 파스타를 먹으며 경험했을 수도 있고, 무더운 여름날 캐나다에서 태양의 서커스 공연을 보며 마주했을 수도 있다. 내가 경외감을 마주한 순간은 쌍둥이 자녀 아비Avi와 탈리아Talia가 세상에 태어났을 때였다. 1킬로그램도 채 되지 않는 몸무게로 14주나 일찍 태어난 아비와 탈리아는 신생아 집중 치료실에서 104일을 버텨냈다(지금은 네 살이 된 두 아이 모두 건강하고, 신나게 잘 논다). 진정한 경외감을 마주하게 되면 영감이 솟아날 뿐만 아니라 창의성까지 북돋아준다.

이탈리아의 롬바르디아 지역의 연구자들은 경외감이 창의성에 미치는 영향을 측정하는 연구를 진행했다. 지원자들을 대상으로 2018년에 실시된 이 연구는 이탈리아 밀라노의 카톨리카 델 사크로 쿠오레 대학교와 스위스 제네바의 웹스터대학교 제네바 캠퍼스의 공동 연구 프로젝트로 추진되었다.

실험참가자 모두에게 가상현실 체험용 헤드셋을 나눠주고 짧은 영상을 보게 했다. 이때 무작위 선택을 통해 참가자를 두 그룹으로 나누었는데 첫 번째 그룹에는 멋진 자연경관, 웅장한 삼나무 숲, 부서지는 파도가 내려다보이는 아찔한 절벽 등 경외감을 불러일으키는 영상을 틀어주었다. 운이 덜 좋았던 두 번째 그룹이자 통제 그룹은 암탉이 풀밭을 돌아다니는 영상 등 정말이지 재미없기 짝이 없는 비디오를 보며 졸음과 사투를 벌여야 했다.

영상을 본 직후 참가자들은 창의성을 측정하는 표준 시험으로 널리 알려진 '토렌스 창의력 검사(Torrance Test of Creative Thinking)'의 일부를 완료하도록 요청받았다. 참가자들은 남녀 동수로 구성되었고 학벌과 경력까지 비슷해 각 그룹의 실험 성적 역시 비슷할 것으로 예상됐다. 그들 사이에는 단지 경외감 또는 지루함을 경험했다는 단순한 차이만 존재했을 뿐이다. 하지만 이 같은 단순한 차이로 인해 참가자들의 창의성은 영향을 받았다. 아니, 큰 차이를 보였다. 마치 프로 축구팀과 고등학교 신입생으로 구성된 축구팀만큼이나 검사 성적은 대조적이었다.

토렌스 창의력 검사는 유창성(Fluency), 유연성(Flexibility), 정교성

(Elaboration), 독창성(Originality) 등 창의성을 구성하는 네 가지 요소를 측정하는 검사이다. 이 실험에서 경외감을 경험해 창의성이 향상된 그룹은 유창성에서는 70퍼센트, 유연성에서는 69퍼센트, 정교성에서는 79퍼센트, 독창성에서는 무려 114퍼센트나 지루함을 경험한 그룹을 능가했다. 이를 평균을 내면, 창의적인 작업을 하기 전 가슴 벅찬 경외감을 경험한 그룹은 지루함을 경험한 그룹에 비해 점수가 83퍼센트나 더 높았다.

피실험자가 자신을 창의적이라고 인식하는지 아닌지 상관없이 의식에 약간의 경외심을 주입하는 것만으로도 창의력에 큰 영향을 미칠 수 있었던 것이다. 이런 사소한 환경의 변화가 어떻게 이토록 큰 차이를 만들어낸 것일까? 여기서 알 수 있는 핵심은 인간은 열리기만을 기다리는 창의성이라는 거대한 저장고를 이미 갖고 있다는 것이다. 영상을 본 후 창의력 테스트를 하기까지 그 짧은 시간 사이에 창의성을 습득하거나 향상시킬 수는 없는 노릇이다. 그러므로 창의성이 큰 차이를 보인다는 점은 참가자들이 창의성을 펼칠 능력을 이미 갖추고 있었음을 의미한다. 창의성은 누군가 금고를 열고 맘껏 뛰어놀 수 있게 해주기만을 기다리고 있던 것이다.

스탠퍼드대학교의 연구원들은 이미 2014년에 이와 비슷한 실험을 진행했다. 이 실험은 스탠퍼드대학교가 위치한 실리콘 밸리의 한 영웅에게서 영감을 받은 것이었다. 바로 스티브 잡스Steve Jobs였다. 스티브 잡스는 일할 때 짜증을 내는 것으로만 유명한 것은 아니었다. 잡스와 미팅을 해본 사람들은 대부분 그가 앉지 않고 선 채로 미팅을 한다는 것을 잘 알고 있다. 이에 스탠퍼드대학교 연구팀은 걷는 행위가 창의성의 향상이라는 결과로 이어지는 것은 아닌지 궁금했다. 단순히 걷는 행위가 스티브 잡스의 눈부신 업적의 비결 중 하나가 될 수 있었을까?

스탠퍼드대학교 연구팀은 바로 176명의 학생과 성인을 대상으로 걷는 행위가 창의력에 어떤 영향을 미치는지 실험했다. 걷는 시간, 주변 풍경, 날씨, 동행자 등 다양한 요인들을 도입한 걷기 실험을 진행한 것이다. 걷기가 끝난 직후 참가자들은 다양한 사고력 테스트를 받았다. 어떤 물건을 보여주고 그 물건의 불명확한 용도를 떠올리게 하는 테스트였다. 예를 들어, 타이어 사진을 본 피실험자는 그 타이어의 용도가 졸리 그린 자이언트(그린 자이언트라는 식품 회사의 마스코트–옮긴이)의 새끼손가락 반지라고 답변하는 식의 테스트였다.

연구원들은 순수하게 걷는 것이 창의성에 미치는 영향을 확인하기 위해 걷는 행위부터 다른 모든 요인이 배제될 수 있도록 했다. 그 결과, 앉아 있을 때보다 걸을 때 창의성이 평균 60퍼센트 증가했다. 6퍼센트가 아니라 60퍼센트다.

사람들에게 쾌적한 환경을 제공해주거나 걸으면서 넓은 시각으로 바라볼 수 있게 하는 것 외에도, 창의성을 올리는 인자로 작용할 수 있는 것은 뇌유래신경영양인자(BDNF, Brain Derived Neurotrophic Factor)라고 불리는 것이다.

하버드대학교의 존 레이티John Ratey 박사는 BDNF를 '두뇌를 위한 비료'라고 부른다. 운동 후 뇌에서 분비되는 단백질인 BDNF는 뇌세포와 결합해 참신함과 활력을 유지하게 해준다. 뇌의 해마 부위를 작용하게 하는 BDNF 단백질은 신경 생성을 자극한다. 간단히 말해 몸을 움직이면 BDNF 분비가 촉진되고, BDNF는 실제로 새로운 뇌세포를 성장시키는 역할을 해 상상력을 발휘하는 뇌의 핵심 부분을 자극한다는 말이다.

카론 프로스찬의 첫 번째 아하! 순간은 운동 직후에 나타났다는 사실을 기억해보자. 따라서 다량의 BDNF 분비가 심플리 껌을 화려한 성공으로 이끈 요인이라 해도 과언은 아니다.

이탈리아의 경외심 연구와 스탠퍼드 대학의 걷기 연구는 모두 한 사람의 창의성이 고정된 것이 아니라 외부 요인에 의해 영향 받을 수 있다는 사실을 보여준다. 두 연구를 비롯해 수십 종류에 달하는 관련 연구들은 창의성이 키가 아니라 체중과 같다는 사실을 연이어 보여주었다. 50세에 이른 내 키는 28센티미터나 더 자랄 수 없지만, 몸무게는 크리스피 크림의 도넛을 얼마나 많이 먹느냐에 따라 달라지는 것처럼, 창의성이라는 것은 늘 수도 있고 줄 수도 있다.

아이들의 창의력을 죽이는 완벽한 방법

긍정적인 외부 요인은 분명히 창의성을 향상시키는 요인이 된다. 하지만 우리가 예상할 수 있듯, 부정적인 외부 요인은 창의성을 고갈시키는 요인으로 작용할 수도 있다. 불행하게도 우리는 이러한 부정적인 요인들에 끝없이 노출되고, 따라서 성인들 대부분은 창의성이라는 근육을 충분히 활용하지 못하게 되는 결과가 발생하고 만다.

1968년, 조지 랜드George Land 박사는 지금은 너무나도 유명한 실험을 실시했다. 그는 NASA에서 과학자와 엔지니어를 선발할 때 혁신적인 인재를 가려낼 목적으로 시행되는 일종의 창의력 테스트를 개발했다. 그런데 랜드 박사가 이 테스트를 어린아이들을 대상으로 한 실험에 활용한 것이다. 3~5세 어린이 1,600명에게 이 테스트를 보게 한 뒤, 그 아이들이 10살과 15살이 되었을 때 동일한 테스트를 두 차례 더 보게 했다. 그렇게 하면 시간이 지남에 따라 외부 요인으로 인해 피실험자의 창의성이 어떤 변화를 보이는지 측정할 수 있었다. 그 결과는 놀라웠다.

> **3~5세 때 평균 테스트 점수: 98퍼센트**
> **10세 때 평균 테스트 점수: 30퍼센트**
> **15세 때 평균 테스트 점수: 12퍼센트**
> **28만 명의 성인을 대상으로 실시한 동일한 테스트 평균 점수: 2퍼센트**

랜드 박사는 "우리의 결론은 창의적이지 않은 행동이 학습된다는 것"이라고 썼다. 우리의 의식이 확장되며 창의성을 향상시키는 법을 배울 수 있듯이, 우리 대부분은 정반대로 창의성이 고갈되는 현상을 겪게 된다는 것이다. 알록달록한 크레파스가 가득한 채로 유치원에 입학했다가 파란 볼펜 달랑 하나 들고 고등학교를 졸업하는 참사가 벌어지고 있다는 것이다.

이런 통계를 보면 화가 난다. 그 어느 때보다도 극도의 창의성이 요구되는 세상에서 우리는 창의성이 억압되도록 놔두고 있다. 이런 일이 왜 일어날까? 여러 가지 요인들이 복합적으로 작용한 결과이다. 자녀들이 탐구하도록 이끌기보다는 그저 감싸려는 선의의 부모님, 진찰할 때 의사가 담배를 피울 수 있던 시대에 만들어진 고리타분한 학교 시스템, 위계질서에서 자신의 자리를 지켜내려다 참신함을 잃어버린 임원들. 사회적으로 창의성이 퇴보하는 근본 원인을 파고드는 것은 나중에 논의할 것이다. 하지만 이런 요인들은 상상력의 전원 스위치를 끄기에 혈안이다. 이에 맞서 싸우는 건 오직 우리 각자의 몫이다.

아이디어를 만들어내는 연금술

'혁신'이라는 단어의 의미를 두고 빚어지는 혼선에 비하면 비행기가 결항된 후 항공권 발권대에서 빚어지는 혼선은 아무것도 아니다. 이 시점에서 나는 모두가 같은 생각을 하는 것이 타당하다고 생각한다. 함께하는 시간을 최대한 활용하려면 그래야 한다고 생각한다.

상상력부터 시작해보자. 상상력은 창의성과 혁신을 이뤄낼 수 있는 원료이다. 즉 참신한 것을 생각해낼 수 있는 능력이라고 생각하면 된다. 1980년대 파스텔 색채의 다이아몬드 패턴을 뽐내며 수에즈운하 변에 자리 잡은 세계 최고층 빌딩이나 대학원 수준의 삼각법 계산을 수행할 수 있는 이상하게 생긴 염소 같은 것들을 생각해낼 수 있는 게 모두 상상력 덕분이다. 내가 아는 한, 그런 세계 최고층 빌딩이나 그런 염소는 세상에 실제로 존재하지 않는다. 그래서 내가 그런 것들을 설명하려면 상상력에 의존할 수밖에 없다.

내가 최고층 빌딩이나 염소를 상상하는 것은 어떤 효용이나 가치도 전혀 없다는 걸 알아차렸을 것이다. 둘 다 참신한 아이디어이긴 하지만, 피바디상(Peabody Award, 흔히 '방송계의 퓰리처상'으로 불리는 상으로 라디오, 텔레비전, 케이블방송 등 전자미디어 부문에서 뛰어난 성과를 거둔 개인에게 주어진다–옮긴이)을 수상할 정도는 아니다. 상상력이 먹이사슬을 거슬러 올라가 창의성으로 발전하려면 어느 정도는 내재적 가치를 지녀야 한다.

네 살 먹은 나의 아들 아비가 마치 스모 선수처럼 강력한 힘으로 피아노를 친다고 해보자. 아비는 상상력 넘치는 무언가를 하는 것이지만 그다지 창의적인 일을 하는 것은 아니다. 어쩌면 전설적인 재즈

피아니스트 허비 핸콕Herbie Hancock이 1분 동안 연주할 수 있는 것과 같은 수의 음표를 연주하는 것일 수도 있다. 하지만 카네기홀에서 연주할 정도로 허비 핸콕을 위협하지는 못할 것이다.

다음으로, 창의성은 창의적(독창적이고, 참신하고, 새로운)일 뿐만 아니라 내재적 가치까지 지니는 것으로 정의할 수 있다. 허비 핸콕은 음악의 정석을 지키며 어떤 음표를 연주할지 그리고 그 음표를 어떻게 연주할지 신중하게 선택한다. 무엇을 연주하지 않을지도 결정한다. 따라서 다른 사람들을 매료시킬 음악을 만드는 과정에서 추론과 판단을 동원하게 된다. 그에 반해 아비는 피아노를 치면서 사인펜으로 피아노에 색을 칠하고 싶다거나 땅콩버터 샌드위치가 먹고 싶다는 생각을 할 가능성이 더 크다. 그건 상상력은 넘치는 것이지만 창의적이지는 않다.

창의성이 혁신을 낳을 때는 '유용성'이라는 요소가 중요해진다. 다시 말해, 창의적 행위가 유용한 무언가를 만들어내는가 하는 것이다. 내가 아내 티아의 차에 네온 빛깔의 페인트 다섯 통을 쏟아 붓는 짓을 했다면 그건 상상력이다. 하지만 가치나 유용성이 없는 원초적인 상상력은 6개월 내내 소파에서 자는 것처럼 아무런 쓸모도 없는 것이다. 만약 아내가 레이싱카를 수놓는 불꽃 모양의 줄무늬 장식을 자신의 차에도 항상 원해왔을 뿐만 아니라 내가 그녀가 좋아할 말한 색으로 조심스럽게 그렸다면 그녀의 새로움에 대한 욕구와 나의 시원치 않은 그림 실력이 합쳐져 창의적인 것으로 인정될 수 있다. 창의성은 보는 이의 관점에 달려있다. 티아는 새로 칠한 차가 눈에 거슬린다고 생각하겠지만, 나는 그 차의 예술적 가치를 인정하는 것처럼 말이다. 음악, 조각, 시 등 다양한 모든 형태의 예술도 그렇듯이, 창의성은 확실히 주관적인 것이다.

여기서 한 단계 더 발전했다고 해보자. 만약 내가 전류에 따라 색을 바꿀 수 있는 새로운 페인트를 발명할 수 있다면, 자동차 소유자들은 매일 아침 대시보드에 있는 버튼을 통해 페인트 색상을 선택할 수 있을 것이다. 그건 혁신이라고 인정받을 것이다. 유용성이 있기 때문이다. 그리고 그걸로 돈을 벌어 내게 꼭 필요한 회화 수업을 받을 수도 있게 될 것이기 때문이다. 이처럼 혁신을 만들어내는 공식을 요약하면 다음과 같다.

상상력 = 새로운 아이디어
창의성 = 예술적 가치를 비롯해 가치가 있는 새로운 아이디어
혁신 = 유용성이 있는 창의적인 아이디어

규모 6.9와 규모 2.4 지진의 차이?

어떤 이유에선지 우리는 창의성과 혁신은 1989년 샌프란시스코 지진 규모만큼이나 굉장한 것이어야 한다고 배워왔다.

지진은 리히터 규모라는 척도로 측정되며 이 수치가 높으면 높을수록 더 큰 피해를 안겨준다. 샌프란시스코 지진은 리히터 규모 6.9에 달하는 무지막지한 지진이었다. 그렇다고 해서 2020년 1월에 푸에르토리코를 강타한 리히터 규모 5.8의 지진은 중요하지 않은 지진이라는 말인가? (모든 것이 파괴되는) 리히터 규모 9.0의 지진이든 (거의 느껴지지 않는) 리히터 규모 2.4의 지진이든 모두 같은 지진이다.

혁신과 창의성도 마찬가지다. 생명을 구하는 약물요법을 발명하는 것은 똑딱거리며 농담을 내뱉는 새로운 초인종을 발명하는 것보다 더 큰 혁신이다. 하지만 둘 다 모두 여전히 혁신으로 여겨진다. 내가 최근에 작곡한 재즈곡은 역사적으로 중요한 의미를 지니는 마일즈 데이비스Miles Davis의 '카인드 오브 블루Kind of Blue'라는 앨범에 비하면 예술성은 떨어지기는 한다. 하지만 사실 둘 다 창의적인 것이다.

창의력 연구가 제임스 C. 카우프만James C. Kaufman 박사와 로널드 베게토Ronald Beghetto 박사는 4C 모델이라고 불리는 탁월한 개념을 개발했다. 창의력을 측정하는 리히터 규모라고 생각하면 된다. 4C 모델은 창의성의 걸음마 단계인 '미니 CMini-C'로부터 시작된다. 네 살짜리 딸 탈리아가 손가락에 물감을 묻히며 그린 그림을 보여준다면, 그 그림이 루브르 박물관에 전시되지 않을 것이라는 사실에 우리는 모두 고개를 끄덕일 것이다. 이 미니 C는 정성 들여 만들어진 것이기는 하지만, 호안 미로Joan Miró의 작품처럼 객관적인 예술적 가치는 없다. 그 말은 탈리아가 유명한 예술가가 되려면 이 미니 C 단계에 불과한 그림 실력을 키워나가야 한다는 것이다.

다음 단계는 '리틀 CLittle-c'이다. 이 단계에서는 창의적인 작품은 창작자 그 이상의 가치를 지닌 것으로 인식된다. 3년 후 탈리아의 그림이 학교 신문에 실려 상을 받는다면 리틀 C 단계로 넘어가게 될 것이다. 이 단계에서는 그녀의 작품이 경매에서 17만 5,000달러에 팔려나가지는 않을 것이다. 하지만 그림 실력이 진보했다고는 할 수 있을 것이다.

그 다음 단계는 '프로 CPro-c'이다. 탈리아가 예술 전공으로 석사 학위를 취득하고 어느 정도의 상업적 성공을 거둬 기대주 신분을 면하고 예술을 전업으로 삼을 정도가 됐다고 해보자. 그녀가 창작한 작품의 질과 가치는 전문가 수준에 진입한 것임이 분명하다. 왜냐하면 그 정도가 되면 그녀는 약 50제곱미터의 스튜디오 아파트 월세도 내고 이따금 2가지 토핑이 곁들어진 피자도 시켜 먹을 수 있는 경제력이 되기 때문이다.

마지막 단계는 '빅 CBig-c'로 역사를 만드는 단계이다. 렘브란트, 칼로, 피카소의 작품처럼 전설적인 예술 작품이 탄생되는 단계이다. 재능 넘치는 전문가들도 이 단계에 이르지 못하는 경우가 태반이다. 하지만 그렇다고 해서 그들의 작품이 가치가 없다는 뜻은 아니다. 탈리아는 빅 C 단계에 해당하는 걸작을 그려본 적은 없음에도 불구하고 경제적으로 잘 살아가고 있고 의미 있는 예술 경력까지 쌓을 수 있기 때문이다. 빅 C는 확실히 화려하지만 창의적인지 아닌지 가려내기 위해 설정한 기준으로 작용할 때가 많다. 그 기준이 빈센트 반 고흐의 걸작이라면, 우리 대부분이 스스로 창의적이라고 느끼지 않는 것은 당연하다.

중요한 건, 조지아 오키프Georgia O'Keefe와 폴 세잔Paul Cezanne 같은 대가들도 처음부터 대가로 태어난 것은 아니라는 점이다. 다른 모든 예술가, 발명가, 음악가와 마찬가지로 그들도 미니 C에서부터 연습을 통해 발전해 빅 C의 단계로 올라선 것이다. 다빈치의 첫 작품은 모나리자가 아니었다. 다빈치는 먼저 그림을 그리는 법부터 배워야 했다. 모든 예술가가 한 걸음 한 걸음 발전해 나간다는 사실에서 당신은 안도감을 느껴야 한다. 우리는 모두 성장해서 우리 안에 잠재된 창의력을 완전히 꽃피워야 한다. 그 과정에서 나쁜 그림을 그릴 때도 있는 것이다.

혁신이라는 표현은 창의성이라는 표현보다 더 큰 개념으로 여겨진다. 헨리 포드의 자동차 조립라인 정도는 만들어내야 혁신이라고 할 수 있다면, 점심을 먹으려 줄을 서는 11초를 절약하겠다는 당신의 새로운 아이디어는 굉장히 보잘것없는 아이디어로 느껴질지도 모른다. 실은 두 가지 아이디어가 모두 혁신이다. 지진이라면 그 규모에 상관없이 모두 지진인 것처럼 말이다.

나는 혁신을 세 가지 형태로 구분하길 좋아한다. 대규모 혁신, 중규모 혁신, 소규모 혁신이 그것이다.

대규모 혁신은 그야말로 대단한 것이다. 전기 기타의 발명이 이에 해당한다. 파나마 운하의 건설도 이에 해당한다. 내연기관의 발명은 어떤가? 물론, 이에 해당한다. 대규모 혁신은 빅 C 단계의 창의성과 매우 유사하다. 삶을 바꾸고 역사를 만드는 전설적인 혁신이 대규모 혁신에 해당하기 때문이다. 가동 활자. 페니실린, 무선통신 등이 대규모 혁신에 해당한다.

다시 한 번 말하지만, 혁신이라고 해서 반드시 역사를 바꾸는 혁신일 필요는 없다. 대규모 혁신 다음 단계의 혁신이 중규모 혁신이다. 중규모 혁신은 일생에 한 번 볼까 말까 한 혁신은 아니지만, 일 년에 한두 번쯤 보게 되는 혁신이다. 6개월 만에 28퍼센트의 매출을 올리는 데 도움이 되는 신제품이 이에 해당할 수 있다. 13퍼센트의 비용 절감을 실현하는 새로운 공정도 이에 해당할 수 있다. 중규모 혁신은 비록 미래 세대가 책으로 쓸 정도의 혁신은 아니지만, 실속도 있고 의미도 있는 혁신이다.

인정을 제대로 받지 못하고 찬밥 신세를 면치 못할 때가 많은 혁신도 있다. 세 번째 형태의 혁신인 소규모 혁신이다. 소규모 혁신은 리틀 C 단계의 창의성과 유사하다. 가치가 없는 것으로 치부되기 쉽다. 면접을 수행하는 방식을 재설계하는 것, 지출 보고서를 제출하는 과정을 개선하는 것, 효과적이고 더 빠른 작업 방식을 찾는 것 등이 소규모 혁신에 해당할 수 있다. 이런 혁신들이 사실 작지만 큰 돌파구가 된다. 그러나 속 좁은 이들은 소규모 혁신을 무시할 때가 너무나 많다.

하지만 창의성의 경우와 마찬가지로, 소규모 혁신에는 마법 같은 힘이 있다. 혁신 중 가장 간과되고 활용도가 낮은 소규모 혁신도 똑같은 챔피언이다. 소규모 혁신은 리스크가 적고, 발견하기 쉽고, 실행 속도가 빠르다는 장점이 있다. 게다가 비용이 적게 들고 누구나 이용할 수 있다는 장점도 있다. 전설적인 예술가가 창의성의 한 단계를 정복한 뒤 다음 단계의 창의성으로 발전해가는 것과 마찬가지로, 소규모 혁신에서부터 시작해 혁신을 훈련하고 혁신 역량을 키워나가는 것이 대규모 혁신으로 발전해 갈 수 있는 최선의 길이다.

193개에 달하는 발명품을 발명해 특허출원을 해본 적이 없다거나 10억 달러 규모의 회사를 창업해본 적이 없다는 이유만으로 자신 스스로 혁신이 부족한 사람이라고 생각하고 있다면 그 생각을 당장 멈춰라. 그리고 우리의 첫 작품은 프리다 칼로Frida Kahlo나 살바도르 달리Salvador Dali에 필적하지 못했기 때문에 스스로 창의적이지 않다고 여기는 함정에 빠져 있다면 그 생각도 당장 멈춰라. 더 많이 연습하면 할수록 더 큰 규모의 혁신을 이룰 수 있다는 점을 깨닫고 어떤 단계의 창의성이든 어떤 규모의 혁신이든 소중하게 생각하자.

당신의 아이디어가 매번 퇴짜 맞는 진짜 이유

카론 프로스찬은 경쟁자인 대기업에 비하면 별 볼일 없이 작았다. 하지만 심플리 껌을 매우 성공적인 기업으로 키워냈다. 그녀가 이 같은 성공을 이룰 수 있었던 것은 상상력, 창의성, 혁신이라는 복잡한 조합을 앞서 언급한 네 가지 단계의 창의성과 세 가지 규모의 혁신을 조합해 완벽한 균형을 찾았기 때문이다.

잠시 과학으로 돌아가, '원자'라는 개념을 생각해보자. 우리는 원자를 하나의 것으로 생각하지만, 애초에 원자로 존재할 수 있게 하는 데 불가결한 입자들(양자, 중성자, 전자)이 있다. 원자처럼 여러 구성요소가 잘 융합되어야 실제적인 아이디어를 만들어낼 수 있게 된다. 아이디어의 5가지 구성요소는 입력(Inputs), 스파크(Sparks), 검증(Auditions), 개선(Refinements), 방향 설정(Slingshots)이다.

1.입력: 참신한 아이디어가 처음 세상의 빛을 보기 훨씬 전, 아이디어의 DNA는 부모에게서 물려받는다. 우리는 이를 '입력'이라고 부른다. 입력은 모든 아이디어의 기초이며 이전의 경험, 상황, 연구, 관점뿐만 아니라 위치 같은 외부적 요인들로 구성된다. 카론 프로스찬의 경우, 유기농 식품에 대한 열망과 껌에 대한 사랑이 합쳐지면서 건강에 좋은 껌을 만들자는 아이디어가 형성되었다. 그녀가 이전에 다른 스타트업에서 일했던 경험도 심플리 껌을 창업하는 데 도움을 주었다. 일반적으로 (양과 질 모든 면에서) 아이디어를 개선하려면 입력을 구성하는 기초 토대를 확장시킬 필요가 있다. 식탁에 재료가 많으면 많을수록 더욱 창의적인 요리가 완성될 것이기 때문이다.

2.스파크: 스파크는 완전한 아이디어 자체와 혼동될 때가 많다. 스파크는 올챙이에 가깝다고 보면 된다. 아이디어의 초기 단계일 뿐 완전히 개발된 아이디어는 아니라는 말이다. 스파크는 반쯤 구워진 초기의 원시적인 아이디어로, 결국 가치 있는 아이디어로 발전해 나가게 된다. 일단 카론이 껌 제조법을 연구하기 시작하자 스파크가 제대

로 꽃 피우는 데만 꼬박 1년이 걸렸다. 건강에 좋은 껌을 만들겠다는 아이디어는 수백 개의 작은 스파크들의 희생을 발판으로 끝내 살아남을 수 있었다. 수백 개의 스파크 대부분은 세상의 빛을 보지 못했다.

3.검증: 스파크가 발생한 후에는 검증의 과정을 거쳐야 한다. 검증은 스파크가 당장에 착수되어야 할지, 아니면 추가적인 연구가 필요할지 결정하는 단계이다. 카론은 건강에 좋은 껌 기초제를 연구할 때 최종 후보 명단에 오른 수십 개의 스파크를 검증하고 폐기 처분하는 과정을 거쳤다.

4.개선: 검증 단계를 통과한 스파크는 이제 더 많은 광택을 낼 수 있다. 개선 단계는 아이디어를 수정하고 개선하고 완벽하게 다듬는 단계이다. 카론은 검증을 걸친 첫 번째 스파크로 시장에 돌진하진 않았다. 그러기보다는 일관된 맛을 내는 껌 제조법을 다듬었다. 일련의 수정과 각색을 거치며 맛이 충분히 오래갈 수 있도록 만들었다. 수십 명의 사람들로부터 피드백을 받았고 그 반응을 토대로 자신의 접근 방식을 수정해나갔다. 이 단계를 거치면서 환경에 미치는 영향, 생산에 드는 비용, 건강상의 이점 등 다른 요소들도 개선했다.

5.방향 설정: 아이디어가 탄생하려면 애초의 스파크에 앞서 입력이 필요하듯이 방향 설정은 아이디어를 실험실에서 현실로 끄집어내기 위해 꼭 필요한 절차이다. 구체적인 실행 계획이 아니라 아이디어가 그 다음에 어디를 지향해야 하는지 알려주는 역할을 한다. 카론의 껌 기초제가 완성된 후 다음 단계는 맛을 풍부하게 하는 것이었다. 맛의 비밀을 푼 후 분명해진 것은 효율적인 생산 공정이 필요

하다는 것이었다. 방향 설정은 우연히 발견한 퍼즐의 한 조각처럼 한 아이디어에서 다음 아이디어로 연결해주는 연결고리 역할을 한다. 한 아이디어에서 도출된 방향 설정은 일반적으로 다음 아이디어의 입력이 될 때가 많다. 이처럼 창의적 아이디어들은 서로 연결되며 연이어 나타나게 된다.

머리에 떠오른 아이디어를 각각의 구성요소로 해체하면 훨씬 더 손쉽게 아이디어를 만들어낼 수 있다. 이런 단계별 접근 방식을 활용하면 F1 경주의 피트 크루(Pit crew, 레이싱에서 자동차 정비를 위해 피트에 나가는 스텝들)처럼 정교하게 창의성을 향상시킬 수도 있다. 카론이 생각해낸 돌파구는 모두 이처럼 아이디어에 아이디어가 꼬리를 무는 방식으로 등장했다.

경쟁자보다 눈에 띄고 멋진 포장을 원했던 카론은 그녀 자신의 취향과 선호(예를 들어, 그녀는 애플의 디자인을 좋아했다), 경쟁 제품에 대한 지식, 자연 분해 가능한 것에 대한 욕구 등이 입력으로 작용했다. 수백 개에 달하는 초기의 스파크가 떠오른 후 검증 단계에서 우승 후보가 될 아이디어로 좁혔다. 그녀는 아이디어를 수정하고 다듬어 최종적으로 그녀가 가장 마음에 드는 아이디어를 선택하고 다음 단계로 넘어감으로써 제품을 진열대에 올리는 성과를 낼 수 있었다.

소매업체로 진입하는 목표를 이루기 위해 끝내주는 포장(이전 아이디어의 방향 설정), 소매업체가 어떻게 의사를 결정하는지에 대한 이해, 목표로 할 소매점 목록이 입력으로 작용했다. 그녀는 많은 스파크들을 놓고 시도했지만 실패했다. 홀푸드 입점처럼 그중 일부만이 검증 단계를 통과했다. 개선 작업은 몇 달이 걸렸다. 그녀의 접근 방식을 조정한 끝에 마침내 그녀의 껌이 매장에 진열되도록 소매업체들을 설득할 수 있었다. 이것은 더 많은 점포로 유통을 확대하자는 그녀의 다음 아이디어로 이어지며 새로운 아이디어의 씨앗이 되었다.

당신이 생각해낸 아이디어가 있다면 그걸 생각해보라. 과거 당신에게 가장 큰 효과를 가져다준 아이디어가 있다면 그걸 생각해보라는 말이다. 원래 단일한 아하!처럼 보였던 아이디어를 아이디어의 5가지 구성요소로 해체할 수 있는지 실험 삼아 확인해보자. 아이디어라는 DNA의 염기 서열을 분석함으로써 경이로운 창의성은 놀라울 정도로 공식화될 수 있다는 것이 밝혀졌다.

양손잡이 천재들의 비밀

찌는 듯한 8월의 어느 날, 지미 헨드릭스Jimi Hendrix는 새하얀 전기 기타로 되먹임 소리와 뒤틀림 소리를 내는 사이키델릭 버전의 미국 국가를 선보이며 40만 관중을 사로잡았다. 우드스톡 음악 페스티벌 역사상 가장 큰 찬사를 받은 공연 중 하나인 이 신들린 연주는 모든 규칙을 파괴하며 사람들을 소름 돋게 만들었다. 끊어버릴 듯 기타 줄을 튕겨대던 그의 공연은 강렬했으며 신세대 미국인들의 억눌린 목소리를 대변하는 것 같았다. 50년이 지난 지금도 강렬하고 즉흥적인 그의 공연은 여전히 창의성 넘치는 명품 공연으로 인용되고 있다.

나는 기타리스트로서 지미 헨드릭스를 나의 우상 중 하나로 생각한다. 그는 기타를 능숙하게 다루면서도 음악적 기존 관례를 모두 거부했다. 그는 전례 없는 방식으로 악기가 노래하고, 울고, 비명 지르고, 울부짖도록 만들었다. 마치 너덜너덜한 기타 줄이 그의 영혼에 직접 꽂혀 그의 원초적인 감정을 배출하고 증폭시키는 것 같았다.

나는 창의적인 두뇌가 어떻게 작동하는지에 대해 깊은 호기심을 가지고 있다. 때문에 지미 헨드릭스를 자기공명 기계 안에 넣고 우드스톡 음악 페스티벌이 있었던 뉴욕의 그 무더운 여름날에 어떤 마법이 벌어졌는지 지켜봤으면 좋을 것 같다는 생각이 든다. 수십 년 전에 죽은 이 기타리스트를 놓고 현장에서 연구할 수는 없는 노릇이다. 하지만 지미 헨드릭스는 새로운 과학적 발견을 확인하는 단서를 남겼다.

지미 헨드릭스는 왼손으로 기타를 치고 식사 때는 오른손을 사용하는 양손잡이였던 것으로 밝혀졌다. 이점이 그의 당찬 창의적 유산에 한몫했을까?

자유분방하고 어디로 튈지 모르는 인간의 우뇌는 추상적이고, 비선형적이고, 창의적인 작업을 관장하는 부분이고, 정장을 차려입은 딱딱한 신사 같은 인간의 좌뇌는 논리적이고, 체계적이며, 세밀한 것을 좋아하고, 예의범절에 엄격하다고 우리는 오랫동안 믿어왔다. 그러나 새로운 증거는 이 같은 오래된 믿음이 잘못된 것임을 보여준다. 창의성은 한 부위에서 시작되는 것이 아니라 뇌의 여러 부위가 통합되어 발현된다는 것이다.

톨레도대학교의 심리학자 스티븐 크리스트먼Stephen Christman은 양손잡이의 뇌를 연구해왔다. 잘 통합된 지미 헨드릭스의 뇌가 그의 뛰어난 창의성과 어떤 연관이 있는지 궁금했다. 크리스트먼은 〈래터랠러티Laterality〉라는 학술지에 실린 논문에서 헨드릭스가 양손잡이였기 때문에 "우뇌와 좌뇌가 관장하는 행동 덕에 노래의 가사와 멜로디가 통합되고, 어쩌면 오래된 블루스와 R&B 전통이 60년대에 떠오른 포크, 록, 사이키델릭 사운드와 통합할 수 있었다"라고 기술했다.

밥 딜런Bob Dylan 역시 새로운 시적 표현을 만들어내며 2016년에 노벨 문학상을 수상하는 등 남다른 창의성을 보여준 또 다른 양손잡이 음악가이다.

밥 딜런과 지미 헨드릭스의 뛰어난 창의성은 신경과학이 최근에 밝혀낸 사실을 뒷받침한다. 즉 창의성은 자연적으로 타고난 하나의 영역이 아니라 뇌의 여러 부위가 통합적으로 움직여 만들어낸 결과물이라는 것이다. 헨드릭스와 딜런은 양손잡이였던 덕분에 남들보다 높은 수준의 창의성을 가질 수 있었다. 하지만 이 상호 연결되고 통합된 특징을 지니는 창의성을 키우기 위해서는 반드시 양손잡이일 필요가 없다는 사실 또한 밝혀졌다.

2018년, 창의성을 위주로 인지신경과학을 연구하는 로저 비티Roger Beaty 펜실베이니아대학교 교수는 163명의 참가자가 자기공명기계 안에서 창의적 작업을 수행하도록 하는 연구를 주도했다. 그 결과 전형적인 좌뇌와 우뇌에 관한 신화가 완전히 틀린 것임이 입증되었다. 대신 세 개의 뚜렷한 뇌 네트워크가 상호작용하여 창의성을 발현해낸다는 사실을 밝혀냈다.

작가 리치 해리디Rich Haridy는 이 연구를 이렇게 요약했다. "이 연구 결과는 세 개의 뚜렷한 뇌 네트워크가 창의적인 사고의 핵심이라는 사실을 밝혀냈다. 세 가지 네트워크는 브레인스토밍과 관련된 '디폴트 네트워크(Default Network)', 집중해야 할 때 활성화되는 '실행 조절 네트워크(Executive Control Network)', 환경 자극을 감지하고 실행 조절 네트워크의 스위치 역할을 하는 것으로 알려진 '현출성 네트워크(Salience Network)'이다."

로저 비티 박사는 이렇게 결론지었다. "창의성을 갖기 위해 중요한 것은 이 시스템들 사이의 동시성이다. 좀 더 유연하게 생각하고 창의적인 아이디어를 내는 사람들은 이런 네트워크들을 동시에 가동하며 더 잘 활용할 수 있는 사람들이다."

창의적 두뇌에 대해 더 많이 이해하면 할수록, 창의성을 갖추는 데 필요한 하드웨어를 누구나 가지고 있다는 것을 더 깨닫게 된다. 지미 헨드릭스가 우뇌에 특별한 회로를 가지고 태어난 것도 아니고, 밥 딜런이 성공한 원인이 독특한 뇌의 DNA 때문도 아니다. 그 증거는 사실 뇌의 유동성을 가리키고 있다. 뇌의 유동성이란, 뇌가 발달하고 적응하는 가운데 더 높은 수준의 창의적 산물을 창출할 수 있다는 개념이다. 다른 두뇌가 필요한 것이 아니라 우리 뇌의 세 가지 핵심 네트워크가 서로 협력하고 통합될 수 있도록 하는 능력을 개발해야 창의적 산물을 창출할 수 있다. 이때 혁신가소성 개념을 활용하면 창의성을 확장하는 것이 가능하다.

천재 음악가 DNA는 존재할까?

엘리자베스 헬머스 마굴리스Elizabeth Hellmuth Margulis 박사는 프린스턴대학교의 음악 인식 연구소의 소장이다. 그녀는 교수일 뿐만 아니라 뛰어난 피아니스트이기도 하다. 존스홉킨스대학교의 음악 무용 학부인 피바디 연구소에서 피아노 연주로 학부 학위를 취득했다. 음악과 신경과학 모두에 열성을 보이는 그녀는 세계적인 음악가들이 어떻게 실제로 그렇게 능숙하게 되었는지 파헤치기 시작했다.

마굴리스는 "음악가의 두뇌는 공식적인 음악 훈련을 받지 않은 사람들과는 다른 네트워크를 가지고 있다는 것을 보여주는 많은 연구가 있습니다"라고 말했다. "하지만 이것은 유전적 소질 때문일까요,

아니면 그렇게 오랫동안 악기를 연습한 영향 때문일까요? 우리는 음악적 재능에 대해서는 아직도 고풍스러운 19세기 시대의 천재성과 창의성 관념을 고집하고 있습니다."

마굴리스는 "음악적 재능에 관한 신화를 허무는 작업은 매우 강력할 수 있다"라는 믿음으로 연구하기 시작했다. 수준 높은 바이올린 연주자와 플루트 연주자들로 구성된 그룹이 음악을 들을 때의 뇌 활동을 검사했다. 두 그룹 모두 바이올린과 플루트를 주제로 한 일련의 음악 작품들을 들었고, 과학자들은 고화질 모니터로 실험 대상자들의 뇌가 밝아지는 것을 지켜보았다.

마굴리스와 그녀의 연구팀은 음악의 생성을 담당하는 뇌의 부위를 주의 깊게 관찰하고 있었다. 이 재능 있는 음악가들이 특별한 음악 두뇌를 가지고 태어났다면, 피험자의 헤드폰에 어떤 악기가 등장했든 상관없이 뇌 부위가 똑같이 밝아질 것이다. 하지만 연습을 통해 뇌가 변했다면 바이올린 연주자는 플루트 연주를 들을 때와는 달리 자신의 악기 연주를 들을 때만 다른 반응을 보일 것이다.

플루트 연주자가 플루트 연주를 들었을 때 문제의 뇌 부위가 촌스러운 크리스마스트리처럼 밝아졌다. 그러나 바이올린 음악을 들었을 때, 그 부위는 놀랄 만큼 평온했다. 바이올린 연주자들이 플루트 연주와 바이올린 연주를 들었을 때도 마찬가지였다. 마굴리스는 "바이올린 음악을 들을 때 바이올린 연주자의 뇌는 밝아졌습니다. 플루트 연주를 들을 때 플루트 연주자의 뇌도 마찬가지였습니다. 자신의 악기를 사용한 경험이 광범위할수록 이 특별한 네트워크들이 활성화된 것이죠"라고 설명했다.

"이것은 음악가를 탄생시키는 것이 유전적 재능보다는 훈련이라는 점에 확증을 더해줍니다." 마굴리스는 결론지었다. "음악가들의 뇌를 일반인과는 다른 외계인의 두뇌처럼 생각하는 경우가 많지만, 우리 연구는 음악가가 되느냐 마느냐는 살면서 겪은 경험이 좌우한다는 사실을 보여줍니다. 마법이 아니라 연습을 통해서 말입니다."

클래식 바이올린이나 플루트 음악과는 달리 재즈 음악은 대부분 즉흥적으로 만들어진다. 나는 재즈를 사랑하고 40년 이상 연주해 온 사람으로서 즉흥적으로 연주하는 재즈 음악가의 뇌 속에서 무슨 일이 벌어지는지 항상 궁금했다. 신경과학자이자 외과의이며 음악가인 찰스 림Charles Limb 박사도 같은 궁금증을 가졌다. 그래서 그는 그걸 알아내고야 말겠다고 결심했다.

"즉흥 예술의 창의성은 가장 신비로운 창의적 행위 중 하나로 여겨지고는 합니다. 신경생리학적인 기초가 모호하게 남아 있는 상태에서 의식이나 자제를 넘어선 정신상태에서 일어나는 것으로 묘사될 때가 많습니다." 찰스 림 박사는 말했다. 그는 그 과정이 신비롭지도, 모호하지도 않지만 평범한 정신 과정이 참신하게 조합되며 나온 것이라는 가정 하에서 음악적 즉흥성을 즉흥적인 창의적 행위의 원형으로 검토하기 시작했다.

워싱턴 D.C.에 있는 국립보건원에서 연구를 진행한 찰스 림 박사는 즉흥 연주자가 자기공명 기계 안에서 연주할 수 있도록 기계를 개조하고 설치하는 데 거의 2년을 보냈다. 그런 뒤 전문 재즈 음악가들을 섭외해 외워서 연주하거나 즉흥적으로 연주하는 등 다양한 형태로 연주하도록 주문했다. 그의 연구 목표는 원초적인 창의적 표현을 할 때 뇌 안에서 어떤 일이 벌어지는지 보는 것이었다.

예상대로 즉흥 연주를 할 때는 중앙 전두엽 피질이 밝아졌다. 중앙 전두엽 피질은 앞서 언급한 디폴트 네트워크를 수용하는 뇌의 영역으로 새로운 아이디어, 몽상, 기억을 담당한다. 하지만 더 흥미로운 것은 자기 검열을 담당하는 부위인 배측면 전두엽 피질은 비활성화되었다는 것이다.

"그것은 매우 독특한 조합입니다"라고 찰스 림 박사는 말했다. "일반적으로 뇌의 이 부분에서는 한 부분만 작동하고 한 부분은 작동하지 않는 현상은 볼 수 없습니다. 이게 매우 흥미로운 이유는 행동을 억제하고 검열하는 이 부위가 광범위하게 비활성화 되었다는 데 있습니다. 새로운 아이디어가 잘 흘러나오게 하려고 꺼진 것 같습니다. 뭐가 나오는지 분석하거나 판단하는 게 아니라 그냥 흘러가게 놔두는 것입니다."

다시 말해, 재즈 음악가들은 절제를 담당하는 부위를 끄고 독창적인 사고를 담당하는 부위만 활성화함으로써 두뇌를 매우 구체적인 방식으로 작동시키도록 훈련해온 사람들이라는 것이다. 재즈 음악가들은 다른 이들과 다르게 창의성을 타고난 사람들이 아니다. 필터를 끄는 능력을 키워왔을 뿐이다.

오랜 기간의 연습 덕분에 재즈 음악가들은 숨 막히는 즉흥적 연주를 선보이며 관객들로부터 박수갈채를 받을 수 있는 것이다. 재즈 음악가의 두뇌는 신의 작품이 아니라, 15분씩 연습하면서 스스로 조금씩 발달된 것이다.

당신은 생각보다 훨씬 창의적이다

신경과학자 앨런 스나이더Allan Snyder는 창의성을 연구하던 중 뇌의 한 부위를 비활성화시키자 비슷한 결론에 도달할 수 있었다. 그의 주도하에 호주 시드니대학교에서 한 실험이 시행되었다. 128명의 참가자는 창의적으로 접근해야만 풀 수 있는 퍼즐을 풀도록 요구받았다. 펜 없이 머리로만 3행 3열로 배열된 9개의 점을 모두 연결해달라는 요구사항이었다. 전형적인 창의력 테스트이다. 왜냐하면 이 퍼즐을 풀려면 고정관념에서 벗어난 사고가 필요하기 때문이다(재미있는 사실: '고정관념에서 벗어나 생각하다(Think outside the box)'라는 표현은 이 테스트에서 유래된 표현이다). 정답을 말하자면 퍼즐을 풀 수 있는 유일한 방법은 3행 3열 밖으로까지 선을 긋는 것이다. 다시 말해, 9개의 점이 들어있는 사각형의 안팎을 넘나들어야 한다.

최초의 시도에서 128명의 실험 참여자들 모두 퍼즐을 제대로 풀지 못했다. 스나이더 박사는 뇌경직류자극(Transcranial direct current stimulation)을 활용해 뇌의 한 부위를 일시적으로 비활성시켰다. 재즈 음악가들이 자연스럽게 비활성화시킬 수 있는 부위인 배측면 전두엽 피질이었다. 결과는 어땠을까? 전류로 자기조절, 공포, 충동을 조절하는 뇌의 부위를 비활성화시키자 참가자의 40퍼센트 이상이 몇 분도 안 걸려 퍼즐을 제대로 풀어버렸다.

성인 대부분이 스스로 창의적이지 못하다고 느끼는 것은 비극이

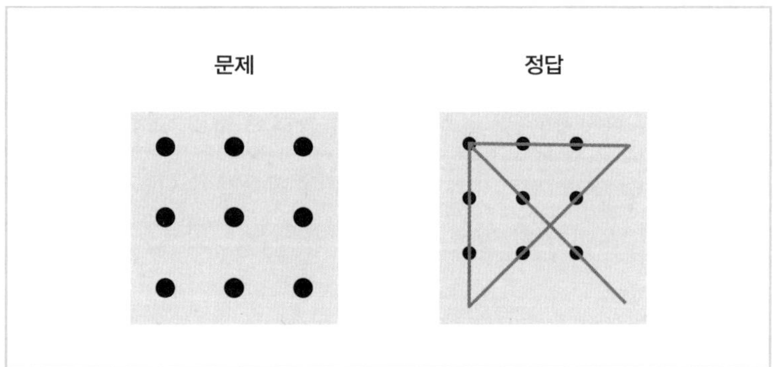

아닐 수 없다. 우리는 조각가는 창의적이지만 회계사는 창의적이지 않다고 생각한다. 그뿐만 아니라 직책의 높낮이나 훈련을 받은 정도를 창의성과 동일시한다. 그런 경향을 보이는 이유는 당신은 창의적인 사람이 아니라고 말한 부모님이나 선생님 또는 직장 상사의 이야기가 귓가에 맴돌기 때문일 것이다. 이 연구는 신경과학적으로 창의성이란 그런 게 아니라는 사실을 증명했다. 하지만 우리 대부분은 자신이 창의적이지 않다는 잘못된 생각에 여전히 사로잡혀있다.

2020년 이스라엘의 한 연구는 '창의적이지 않다'는 편견이 얼마나 광범위하게 퍼져 있는지 잘 보여준다. 연구진은 이스라엘 대학생 61명에게 다양한 사고 테스트에 참여해 창의성을 스스로 평가해보라고 요청했다. 학생들의 아이디어가 얼마나 독창적인지를 전문가 패널이 따로 평가하고 참가자들이 직접 부여한 점수와 비교했다. 이 연구를 통해 밝혀진 것을 이렇게 전했다. "아이디어의 독창성을 과소평가하는 강력하고 통계적으로 유의미한 편견이 존재한다는 사실을 확인할 수 있었습니다. 이는 자신의 창의성을 과소평가하는 경향이 얼마나 강한지 보여줍니다." 후속 실험들도 같은 결론에 도달했다. "참가자들은 자신의 아이디어의 창의성을 심하다 싶을 정도로 과소평가했습니다."

우리가 스스로 창의적이지 않다고 느낀다는 사실은 우리의 두뇌나 창의성을 확장하는 능력과는 아무런 관련이 없다. 과학은 인간의 창의성이라는 강력한 힘이 우리 개개인의 내부에 있다는 점을 분명히 보여준다. 우리가 할 일은 창의성을 풀어주고, 키우고, 맘껏 가지고 노는 것이다.

이제까지 우리는 아하! 순간을 해석하고, 아이디어가 탄생하는 과정부터 창의성과 혁신의 다양한 단계를 알아보았으며 아이디어를 해부하고, 신경과학의 최신 연구성과까지 살펴보았다. 자, 이제 우리 모두가 공유하고 있는 이 강력한 재능을 활용해 어떻게 우리의 가장 성가신 문제를 이겨내고 우리의 잠재력을 만개시킬 수 있을지 탐구할 차례이다.

Chapter

재능 신화를 거부한 '아웃사이더'의 시대

가난에 시달리던 뉴욕 출신의 한 아이는 마약왕이 되었다. 그 후 가장 친한 친구로부터 배신을 당하며 모든 것을 잃었다. 중형을 선고받고 복역한 그는 백지상태에서 재기해 피트니스 사업가로 큰 성공을 일구었다.

필라델피아 교외 중산층 출신의 한 백인 청년은 바르 미츠바(Bar Mitzvah, 유대교에서 남자의 경우 13세, 여자의 경우 12세가 되어 성년의례를 치른 사람을 가리키는 말이다. 여기에 초대받은 사람들은 18의 배수(18달러, 36달러, 54달러, 108달러, 360달러 등)로 돈을 주는 것이 관례이다-옮긴이) 때 어른들로부터 받아 모아둔 돈을 랩 뮤직비디오 제작비로 써버렸다. 그는 현재 스눕 독Snoop Dogg, 아리아나 그란데Ariana Grande, 저스틴 비버Justin Bieber와 함께 음반 작업을 한다. 유튜브 조회수는 15억 건이 넘고 자신의 삶을 주제로 한 드라마에도 출연하고 있다.

농구선수를 꿈꾸던 디트로이트 출신의 한 젊은이는 농구선수의 꿈을 접고 직원이 11명밖에 안 되는 신생기업에 입사했다. 17년 후 그는 6,300명의 직원을 거느리고 50억 달러(약 5조 9,900억 원)의 매출을 자랑하는 기업을 경영하고 있다. 회사 지분 100퍼센트를 소유한 이 전직 농구선수는 억만장자의 반열에 올랐다.

이 세 사람은 싸움꾼, 유머리스트, 언더독(승리할 기회가 희박해 보이는 참가자)에 불과했다. 하지만 각자의 분야에서 크나큰 성공을 일군 덕에 창의적인 천재로 평가받는다. 그러나 이들은 모두 초라하게 시작해야 했고, 엄청난 불이익을 감수해야 했으며, 극복할 수 없어 보이는 장애물과도 씨름해야 했다. 이들은 당신과 나처럼 평범한 사람이지만, 자신에게 주어진 도전과제를 극복하고 세상에 없던 방식으로 성과를 이루었다. 이 아웃사이더들이 견제가 심한 산업에 뛰어들어 그토록 극적으로 승리할 수 있었던 비결은 무엇일까? 어떤 창의적인 작업이 그들을 성공으로 이끌었을까?

우리는 뉴욕 빈민가에서 자란 코스 마르테Coss Marte를 제일 먼저 만나볼 것이다. 미혼모의 자식으로 태어나 살아남기 위해 싸움을 서슴지 않았던 그는 11살 때 학교를 중퇴하고 범죄의 세계에 발을 들이게 되었다.

그 다음으로, 미국 교외의 평범한 중산층 가정 출신의 유머리스트 데이브 버드Dave Burd를 만나볼 것이다. 대학을 졸업하고 직장생활에 뛰어든 그는 따분하고 특별할 거 없는 인생을 살아야 할 운명인 듯 보였다.

마지막으로, 디트로이트 출신의 평범한 남자 맷 이시비아Mat Ishbia를 만나볼 것이다. 그의 유일한 꿈은 농구선수가 되는 것이었다. 20대 초반에 이르러 그 꿈을 접고 소규모 주택담보대출(모기지) 기업에 사무직 직원으로 취직해야 했다. 따분한 회사에 앉아 고객들에게 무작위로 전화를 걸어 주택담보대출을 권하거나 대출 서류를 만드는 일을 했다. 우리는 그가 40년이 지난 후에도 비좁은 사무실에 처박혀 무료한 일상을 반복하고 있을 것이라고 상상하기 쉽다.

코스, 데이브, 맷은 부자로 태어나지도 않았다. 신동도 아니었고 어느 모로 보나 지극히 평범한 사람임이 분명했다. 연줄도 없고, 인맥도 없었다. 자신의 부모처럼 살게 될 운명처럼 보였으며, 가난의 굴레에서 벗어날 수 없을 것 같았다. 하지만 이들은 자신의 창의력을 무기로 위대한 성공을 거두었다.

이들이 겪은 인생사를 들여다봄으로써 우리는 작지만 큰 돌파구를 어떻게 활용하면 자신의 삶을 유리하게 바꿀 수 있는지 알아볼 것이다. 우리는 하룻밤 사이에 성공할 수 있다는 신화를 허물 것이다. 어떻게 정반대의 발상이 원하는 결과를 거머쥐는 발판이 될 수 있는지도 밝힐 것이다. 창의력을 잘 활용하기만 하면 대대적으로 승리할 수 있음에도 불구하고 간과할 때가 많은 '혁신 영역'이 어떤 것인지도 알아볼 것이다.

아웃사이더들이 왜 승리하는지, 그리고 우리도 이들처럼 창의적인 접근 방식을 활용해 어떻게 한 차원 높은 성과를 유도해낼 수 있는지 살펴보도록 하자.

피트니스 제국의 황제가 된 빈민가 마약왕

코스 마르테가 경찰차의 엔진 보닛에 세게 내동댕이쳐져 포박되고 검거되던 그 순간, 현장에는 거의 100명에 가까운 경찰이 있었다.

대규모 합동 작전은 마약왕 검거로 대미를 장식했고, 그렇게 1년 가까이 진행된 수사는 마무리되었다. 겉으로 보기에 코스는 선의의 인물처럼 보이지는 않는다. 유죄 판결을 받은 마약왕에게 동정심을 갖기란 어렵지만 인생이 대체로 그렇듯 그의 이야기는 보기보다 훨씬 더 복잡하다.

이민자 미혼모의 자녀로 뉴욕의 빈민가에서 태어난 코스는 걷기도 전부터 위험한 삶을 살았다. 그가 살던 곳은 갱단이 득실거리는 가난과 폭력의 온상이었기 때문이다. 대화를 시작하기가 무섭게 코스는 고통스러운 듯 나지막한 목소리로 내게 말했다. "어린아이가 절대 봐서는 안 되는 것들을 보고 자랐어요." 그가 겪은 놀라운 인생의 우여곡절을 듣고 있을 때 몸에 딱 달라붙는 그의 흰색 피트니스 티셔츠는 그의 근육질 몸매를 여과 없이 보여주었다.

"어머니는 저를 임신한 지 6개월 되던 때 도미니카공화국에서 이민을 오셨습니다. 누나 두 명은 거기에 남겨두고 오셔야 했죠. 그 덕에 저는 우리 가족 중 최초의 미국 태생 시민이 될 수 있었어요. 우리는 몇 년 동안 이모네 집 소파에서 잠을 잤어요 우리 모자의 삶은 정말 힘들었죠. 어머니는 공장을 비롯해 별의별 일을 다 하셨어요. 지하철에서 미용 제품까지 파셨죠. 어머니는 우리가 살아남을 수 있는 일이라면 그 어떤 일도 마다하지 않으셨어요." 코스는 어린 나이에 가난의 고통을 겪으며 더 나은 삶을 살기 위해서라면 무슨 일이든 하기로 결심했다.

또래 친구로부터의 부정적 영향, 성적 부진, 어려운 가정환경을 모두 갖춘 코스는 너무나 익숙한 길로 빠져들었다. 9살 때 마약에 손을 대기 시작한 것이다. 11살부터는 마약을 팔기까지 했다. "우리 동네에서 진짜 돈을 버는 사람은 마약상뿐이었어요. 그래야 출세할 수 있었거든요." 그가 말했다.

코스는 동네 모퉁이에서 중독자들에게 마약을 팔기 시작했다. 처음에는 대마초, 나중에는 코카인까지 팔았다. 그러다 동네가 고급화되기 시작하면서 새로운 고객층이 생겨났다. 코스는 술을 좋아하는 변호사와 마약에 중독된 기업 임원들로부터 큰 이익을 남기고 있었다.

그때부터 코스는 자신의 마약 판매업에 창의적인 접근법을 도입했다. 그는 헐렁한 청바지를 버리고 양복과 넥타이를 입었다. 길모퉁이를 버리고 새로운 비즈니스 모델인 마약 배달 서비스에 뛰어들었다. "저는 우버 이츠Uber Eat보다 먼저 배달 서비스에 뛰어들었습니다." 코스는 환하게 웃으며 말했다. "정신없이 바쁜 나날이었어요. 당시 휴대폰은 저장 용량이 크지 않아 연락처를 많아봐야 2,500개 정도밖에 저장하지 못했어요. 저는 휴대폰을 계속 더 많이 사야 했습니다. 고객층이 워낙 넓었기 때문에 한꺼번에 7대의 휴대폰을 굴린 적도 있었으니까요."

혼자 하던 사업이 수십 대의 차량을 거느린 24시간 배달 서비스로 발전했다. "길거리에서 영업했던 손님들과는 다른 손님을 대상으로 마약을 팔고 있었기 때문에 제가 잡힐 거라고는 생각하지 않았죠. 동네에서 가장 친한 친구에게 배송총책 일을 맡겼습니다. 그 친구에게 봉급도 주고, 고급 콘도도 사주고, 차도 사줬어요. 사치를 부리며 호화롭게 살고 있었죠. 그가 해야 할 일은 제가 준 아파트에 앉아 전화만 받으면 되는 일이었어요. 하지만 결국 그는 욕심을 부려 별도로 자기 번호를 운영하기 시작했어요." 코스는 착잡한 표정으로 내게 말했다. "제 개인 고객 중 한 명이 전화해 '이봐, 다른 물건이 시중에 나오고 있어. 무슨 일 있어? 누군가가 나한테 다른 번호가 적힌 새 명함을 줬어'라고 하더군요. 그래서 저는 그 전화번호를 받았고,

그 번호로 전화를 걸었습니다. 아니나 다를까, 제 배달 직원이 전화를 받더군요."

코스의 친구는 그를 배신했고, 현금 7만 달러(약 8,300만 원)와 그보다 몇 배의 가치가 더 나가는 다량의 마약을 들고 달아났다. 하지만 그는 그저 친구한테 사기당한 것이라며 대수롭지 않게 생각했다. 늘 유쾌했던 코스 마르테는 배신한 친구의 마약 공급 라인을 이어받았다. "그런데 제 친구가 자신의 명함을 연방 수사 요원에게 넘긴 거예요. 그의 전화기가 도청되고 있다는 것도 모른 채 그 친구의 번호로 계속 영업을 했던 거죠." 체포되었을 당시 코스는 연간 200만 달러(약 23억 7,000만 원) 넘게 벌고 있었다. 그는 23살에 불과했다.

나는 그에게 그 순간에 무슨 생각을 하고 있었는지 물었다. "제가 가장 먼저 생각한 것은 제 아들이었어요." 그는 슬픈 목소리로 말했다. "제 아들은 18개월의 갓난아기였어요. 일어나서는 안 되는 일이 일어난 거죠. 그게 가장 안타까운 점이었던 것 같습니다. 제 아들이 아빠 없이 자라야 했으니까요. 수감 기간이 길 것 같았어요."

붐비는 법정에서 판사가 판결문을 큰 소리로 읽어 내려갈 때 코스의 와이셔츠는 땀으로 흠뻑 젖었다. 그는 그렇게 자신의 운명을 들어야 했다. 그는 징역 7년형을 선고받았다.

코스는 수감된 후 건강마저 나빠졌다. 당시 코스의 몸무게와 높은 콜레스테롤 수치를 본 교도소 주치의는 5년 안에 심장마비가 올 가능성이 크다고 말해주었다. 그는 거울을 보며 이 순간이 자신의 구역질나는 몸매를 보는 마지막이 될 것이라고 결심했다. 코스는 그의 어린 아들을 생각하며 감옥에서 죽지 않겠다고, 완전히 다른 길을 걷겠노라고 맹세했다.

그는 땀을 더 많이 흘리기 위해 쓰레기봉투를 뒤집어쓰고 그 위에 겉옷을 입었다. 그 상태로 교도소 운동장을 달리며 하루에 두세 시간씩 운동했다. 운동을 안 할 때는 교도소 도서관에서 운동과 영양에 관한 책을 읽었다. 열심히 체력단련에 집중한 덕에 그는 신체적으로, 감정적으로, 정신적으로 구원받게 되었다. 시행착오를 반복하고 어마어마한 끈기를 발휘한 끝에 코스는 6개월 만에 30킬로그램 넘게 감량했다.

그런데 그의 변신을 본 다른 수감자들이 자신들도 운동을 하겠다며 조언을 구해왔다. 코스는 곧 목표가 생겼다. 몸을 만드는 과정에 다른 수감자들의 극기와 자제력을 키우는 것을 돕는 것이었다. 수감자들을 도울 때마다 그의 훈련 시스템은 개선되었고 그의 결단력은 강화되었다.

코스는 7년 간 사회에 진 빚을 모두 갚고 수감생활을 마쳤다. 형기를 마친 그는 합법적인 미래, 즉 목적의식 있는 삶을 추구하기를 원했다. "저는 가족들이 다시는 그런 고통을 겪지 않도록 하는 데 모든 것을 집중시켰습니다. 제가 수갑을 찬 모습을 본 제 아이들이 면회실에서 우는 것은 여태껏 겪은 일 중 가장 힘든 일이었습니다."

당연한 일이지만, 유죄 판결을 받은 흉악범이 취직하는 것은 거의 불가능하다는 사실을 코스는 잘 알고 있었다. 그는 몇 달 동안 어머니의 소파에서 잠을 자야 했다. 지원서를 내는 족족 탈락했고, 수십 군데 보잘것없는 일자리 지원에서도 단 한 통의 합격 통지를 받지 못했다. 그 사이 코스는 다른 수감자들이 건강해지도록 도우면서 보낸 시간과 그 시간이 가져다준 기쁨을 되돌아보았다. 그때 어떤 생각이 머리를 스쳤다. 자신만의 피트니스 센터를 창업하면 어떨까?

그는 빈털터리였다. 관련 교육을 받아본 적도, 그런 일을 해본 적

글로벌 피트니스 기업 콘바디의 CEO 코스 마르테. 출처_conbody facebook

도 없었다. 하지만 이 일이 복잡한 마약조직을 감독하거나 벅찬 복역 생활을 하는 것보다 더 어려울 수 있을까? 이에 코스는 자신만의 피트니스 센터를 창업하겠다고 결정했다.

피트니스 센터를 차리는 것은 꿈같은 일이었다. 어느 건물주가 전직 마약왕에게 열쇠를 내주겠는가? 수십 번의 거절 끝에, 코스는 마침내 그에게 기회를 주겠다는 사람을 만났다. 아이러니하게도 그곳은 그가 마약 판매를 시작한 로워 맨해튼의 모퉁이였다.

이제 공간을 확보했으니 라이프타임 피트니스Lifetime Fitness, 이퀴녹스Equinox, LA 피트니스LA Fitness 등 거대 피티니스 센터와 어떻게 경쟁할 수 있을지 대책을 생각할 차례였다. 그때 문득 아이디어가 하나 떠올랐다. 다른 곳과 똑같은 피트니스 센터를 여는 것이 아니라, 세계 최초가 될 말한 것을 내세워 피트니스 센터를 열면 어떨까? 그것은 바로 '감옥 테마'의 피트니스 센터였다.

콘바디CONBODY에 오신 것을 환영합니다.
슬로건: "옥살이를 하자!"

270억 달러(약 32조 3,000억 원) 규모의 피트니스 산업은 코스의 감옥 생활만큼이나 잔인했다. 그는 눈에 띄기 위해 계속해서 창의적인 시도를 해야 했다. 콘바디에 들어서면 시멘트 벽돌로 채워진 내부가 마치 알카트라즈(미국의 악명 높은 교도소－옮긴이)에 온 것 같은 분위기를 연출한다. 이곳에서는 사람들을 '회원'이라는 말 대신 '수감자'라고 부른다. 무거운 철창으로 된 감옥 문을 지나면 '야드'라고 불리는 훈련실로 들어선다. 거기에는 철조망이 설치된 벽이 있을 뿐 멋들어진 운동기구는 없었다. 수감자들은 이곳에서 코스가 수감생활을 하는 동안 개발했던 운동법으로 운동을 한다. 야드를 바로 지나면 머그샷(범인 식별용 얼굴 사진)을 찍기 위한 벽이 있다. 소셜미디어에 운동하는 사진을 올리기에 제격인 공간이다.

이 피트니스 센터는 모든 것을 관례대로 하지 않는다. 심지어 일하는 직원들조차도 그렇다. 코스는 피트니스 업계 출신의 직원을 고용하지 않았다. 대신 프런트 데스크에서 손님을 맞이하는 직원에서부터 개인 트레이너에 이르기까지 모든 직원은 전과자 출신이다. "제 임무는 감옥에서 나온 사람들을 고용해 그들에게 제2의 기회를 주는 것입니다"라며 코스는 웃었다.

창의성이라고는 찾아보기 힘든 산업에서 콘바디는 곧 두각을 나타내기 시작했다. 얼마 지나지 않아 코스는 피트니스 비디오와 피트니스 상품을 연이어 출시했고 심지어 뉴욕의 최고급 백화점 삭스 피프스 애비뉴Saks Fifth Avenue에도 지점을 개설했다. 현재 콘바디는 뉴욕에서만 2만 5,000명의 유료 수감자를 거느리고 있으며, 22개국에 온라인 피트니스 수업을 제공하고 있다.

콘바디 제국이 코스에게 의미하는 바는 단지 돈 문제만은 아니었다. 구원이었다. 그리고 영향력이었다. "제가 수업을 마치고 피트니스 센터에 있을 때였죠." 그는 회상했다. "일주일에 서너 번씩 오던

세계 최초 감옥 콘셉트의 피트니스 센터인 콘바디에서는 마르테가 수감 중에 개발한 운동법으로 '수감자들(회원)'을 트레이닝 시킨다. 출처_conbody facebook

한 소녀가 LA로 이사하기 전 마지막 방문이라며 울기 시작했습니다. 콘바디가 그녀에게는 집 같은 곳이었고, 그녀의 삶을 바꿔주었고, 45킬로그램 넘게 감량하게 해주었다고 말하더군요. 그녀의 이야기에 눈물이 났습니다. 생각해보니 고개를 숙이고 계속 뛰고, 뛰고, 또 뛸 때가 대부분이었던 소녀였습니다. 제게 그 말을 할 때 그 소녀가 달리지 않는 모습을 처음 봤습니다. 그때 생각했죠. 와, 정말 대단한 영향력을 주고 있구나."

경쟁이 가장 치열하다는 업계에서 코스는 창의성을 활용하고 노력해 자신의 회사를 설립하고 성장시켰다. 그는 무시무시한 경쟁자들에게 겁을 집어먹기보다는 자신만의 창의성을 활용해 앞서 나가고 있다. "하룻밤 사이에 해낼 수 있다고 공허한 약속을 하는 건 가장 큰 속임수입니다. 그거야말로 콘바디(Con: 속이다, Body: 몸-옮긴이)라는 말이 제격이네요"라며 그는 웃었다.

코스와 이야기를 나누면서 몇 가지 생각이 들었다. 그의 많은 동료들은 결국 죽거나, 감옥에 가거나, 가난의 굴레를 벗어나지 못했지만, 코스는 거리에서 배운 부지런함을 긍정적으로 재구성해 자신의 삶을 변화시켰다. 그를 성공으로 이끈 것은 단 한 번의 아하! 순간이 아니라 단계마다 떠오른 상상력들이었다. 그리고 코스는 갱도, 총도 불굴의 창의성을 이길 수 없다는 것을 증명했다.

공격수만 있는 축구경기?!

혁신이 엘리트들만의 전유물이라고 생각하는 것과 더불어 가장 흔한 오해 중 하나는 혁신이 공격적일 때만 효과가 있다는 것이다.

어쨌든 가장 뛰어난 혁신은 전통산업을 완전히 뒤엎는 과감한 신제품 같은 것이다. 다시 말해, 우리는 혁신을 성장을 이끄는 메커니즘이라고 생각한다. 만약 완벽한 완숙 달걀을 조리해주는 기계를 발명해 홈쇼핑 채널에서 1,100만 대를 판매했다면 이 같은 성공은 고전적인 의미에서는 혁신이다. 그러나 혁신은 제품 개발 그 이상의 것을 의미한다.

혁신을 공격과 수비의 두 진영으로 분류해 보자. 공세 중심의 혁신은 우리 대부분이 혁신이라고 하면 떠올리는 것이다. 이것은 새로운 기회를 포착하고 성장을 촉진하기 위해 창의적 사고를 활용하는 것이다. 마케팅 캠페인, 신제품 출시, 새로운 비즈니스 모델, 절묘한 성장 전략 등이 이에 해당한다. 공세 중심의 혁신은 축구로 치면 골을 넣어 점수를 늘리는 것이다. 그런데 축구와 마찬가지로 수비는 화려한 공격에 가려 눈에 잘 띄지 않기 마련이다.

코스는 콘바디를 구축하기 위해 여러 가지 공세 중심의 혁신을 구현했다. 감옥 테마의 피트니스 센터, 온라인 강좌, 최고급 백화점과의 제휴, 운동 루틴의 개발 등은 모두 창의적 사고를 실천한 사례이다. 하지만 강력한 수비 중심의 혁신이 없었다면 그는 결코 회사를 성장시킬 수 없었을 것이다.

수비 중심의 혁신은 강력한 무기가 될 수 있다. 수비 중심의 혁신이란, 상상력을 활용해 역경에 맞서 싸우고, 효율성을 제고하고, 도전 과제를 극복하고, 운영을 합리화하고, 안전을 강화하고, 성가신 문제를 해결하고, 경쟁자들을 막아내는 것이다. 하지만 수비 중심의 혁신은 간과될 때가 많아 성공과 참패를 가르는 요인이 되기도 한다.

수비 중심의 혁신과 관련해, 코스는 창의적 문제 해결을 활용해 마침내 건물주의 신뢰를 얻어낼 수 있었다. 새로운 인적 자원(전과자)을 활용해 직원들을 고용함으로써 업계의 고질적인 인력 부족 문제를 해결한 것도 수비 중심의 혁신이었다. 내가 코스와 인터뷰를 한 것은 코로나 바이러스 대유행이 한창일 때였다. 그런데 그는 이미 모든 피트니스 강좌를 디지털로 전환하는 수비 중심의 혁신을 통해 고객들의 만족도는 물론이고 수익성까지 높이고 있었다. 이 같은 수비 중심의 혁신 아이디어는 그가 교도소 주치의로부터 암울한 진단을 받은 후 갖기 시작한 수비적 마음가짐에 뿌리를 두고 있다.

나는 창의적 사고(공세 중심 혁신)와 창의적 문제 해결(수비 중심 혁신)이 동전의 양면이라는 것을 깨닫기까지 수년이 걸렸다. 상상력을 활용하면 성장을 촉진할 수 있을 뿐만 아니라 도전 과제까지 극복할 수 있다는 발상은 속이 다 시원해지는 탁견이 아닐 수 없다. 필라델피아 변두리에서 온 한 어리숙한 청년이 역경을 딛고 랩의 전설이 되기 위해 한 행동 역시 그러했다.

세계 최고로 찌질한 래퍼

음악계에 진출하기란 하늘의 별 따기만큼이나 어렵다. 명성과 부를 얻기 위해 수만 명에 달하는 이들이 몇 안 되는 최고 자리를 놓고 경쟁하기 때문이다. 〈더 보이스The Voice〉나 〈아메리칸 아이돌American Idol〉같은 프로그램은 음악계에 얼마나 흥미진진하고 치열한 경쟁이 벌어지고 있는지 잘 보여준다.

어떤 장르든 성공을 일구기란 어렵다. 하지만 랩 분야에서 획기적인 성공을 거두는 것은 특히 어렵다. 가난과 억압과의 투쟁에서 비롯된 랩은 괴로운 과거를 지닌 이들을 슈퍼스타로 만들어주었다. 자신의 권리를 빼앗긴 세대에게 스눕 독, 제이 지Jay Z, 닥터 드레Dr. Dre는 모차르트, 바흐, 베토벤 같은 존재이다.

랩의 전설들은 특정한 패턴을 따르는 경향이 있다. 뛰어난 춤 실력을 갖춘 흑인 출신의 젊은 남녀들이 돈, 섹스, 자부심을 자랑한다는 것이다. 래퍼들은 실패한 시스템과 만연한 인종차별로 억압받은 경험에 대해 거리낌 없이 분노를 표출한다. 래퍼들은 하루하루 살아남기 위해 분투하는 많은 이들에게는 상상도 할 수 없는 성공의 꿈을 상징한다. 때문에 데이브 버드는 유명 래퍼가 될 가능성이 가장 적은 인물이었다.

데이브는 필라델피아 교외의 중상류층 유대인 가정 출신이다. 마른 몸에 헝클어진 곱슬머리, 잘 다듬어지지 않은 턱수염을 가진 그는 래퍼가 아니라 철학을 전공한 샌님처럼 보인다. 그는 소년원에 가는 대신에 여름캠프에 갔다. 춤도 추지 못하며 멋진 몸매도 없다. 그는 흔들리지 않는 자신감을 발산하는 대신 젊은 우디 앨런Woody Allen처럼 불안정하고 신경질적인 분위기를 가지고 있다. 헤비급 래퍼들은 대부분 거리에서 공부하지만 그는 리치몬드대학교를 거의 수석으로 졸업했다.

학업을 마친 후 샌프란시스코로 옮겨가 광고 대행사인 굿비 실버스타인&파트너즈Goodby, Silverstein & Partners에 일자리를 구했다. 그의 일은 보잘것없는 행정 업무 처리였다. 지겨운 고객 보고서를 경영진에게 전달하는 단조로움을 깨기 위해 데이브는 직접 만든 랩 비디오 형식으로 보고서를 작성했다. 그의 동료들은 너무 웃은 나머지 눈물까지 흘렸다. 데이브는 이처럼 유머를 통해 사람들을 웃기는 것을 가장 소중히 여긴다.

데이브는 사람들을 웃기는 걸 진심으로 좋아했고 팬으로서 랩 음악을 좋아하고 랩 음악을 하는 데 필요한 언어 감각과 리듬감도 어느 정도 갖추고 있었다. 고민 끝에 그는 유머가 자신을 차별화 할 수 있는 요인이 될 수 있다고 생각하며 래퍼의 꿈을 키워나가기 시작했다. 만화에 유머를 결합한 덕에 히트를 기록한 〈심슨 가족The Simpsons〉처럼 랩에 유머를 결합하면 어떤 일이 일어날지 데이브는 궁금했다.

코스 마르테와 비교하면 데이브는 모든 면에서 나았다. 훌륭한 교육은 물론 부모님으로부터 사랑도 받고, 어린 시절에 정신적 충격도 겪지 않았다. 하지만 이 같은 배경으로는 프로 래퍼가 되기 매우 힘들었다. 이는 마치 코스가 옥스퍼드대학교로부터 전액 장학금을 받고 교외 장학금을 또 받는 격이나 마찬가지였다. 백인이라는 특권이 랩의 세계에서는 걸림돌로 작용했다. 데이브는 자신의 인생 최초로 약자의 위치에 놓이게 되었다.

"저는 늘 연예인이 되고 싶다는 꿈을 꿨었죠." 버드는 2015년 〈가디언The Guardian〉과의 인터뷰에서 말했다. "정통 래퍼가 된다는 건 NBA에서 뛰는 것만큼 가능성이 작아 보였어요. 그래서 생각했습니다. 내가 올바른 꿈을 꾸고 있는 건가 하고요. 하지만 랩은 스포츠와 비슷합니다. 많이 하면 할수록 실력이 더 늘거든요."

데이브는 전통적인 기준으로 볼 때 래퍼가 되기에 여러모로 부족했다. 그래서 랩의 세계로 진출하기 위해서 혁신을 할 수밖에 없었다. 래퍼 지망생으로 갖춰야 할 것들을 가다듬는 실험을 하며 몇 년의 세월을 보내야 했다. 〈오스틴 파워Austin Powers〉가 뭔가 모자라고 웃긴 제임스 본드로 인기를 끌었던 것처럼, 데이브는 자신의 약점을 매력 포인트로 활용해야 했다. 랩 세계의 모든 면을 주의 깊게 살펴본 그는 모든 것을 거꾸로 뒤집어 확실한 차별성을 확보하기로 결정했다.

남성적인 매력은 래퍼라면 없어서는 안 되는 요소이다. 남성 래퍼들은 성적 역량을 과시하고 비범한 신체적 능력을 늘 과시한다. 그래서 데이브는 '릴 디키Lil Dicky'라는 가명을 선택했다. 그 가명은 허세 가득한 경쟁자들보다 자신을 돋보이게 해 줄 수 있는 이름이었다. 그는 자신의 성적 역량을 과시하는 대신 허술하다는 이미지를 강조해 재미있는 래퍼라는 정체성을 구축하기 시작했다.

데이브는 직장도 좋았고, 집안도 훌륭했다. 그렇다고 돈이 남아도는 것은 아니었다. 신탁 자금도, 돈을 대줄 부유한 삼촌도 없었다. 데이브는 그의 첫 번째 뮤직비디오를 만드는 데 바르 미츠바 때 받아 저축해둔 돈을 써버려 부모님으로부터 노여움까지 사야 했다. 그 돈은 그가 평생 모은 돈이었고 그의 도전은 실패할 위험이 커 보였기 때문이었다.

노래 제목은 '전 남자친구Ex-Boyfriend'였다. 그런데 이 노래는 랩 분야의 모든 불문율을 깨버렸다. 데이브는 이 노래에서 아름다운 새 여자친구에 관한 이야기를 들려준다. 새 여자친구는 그가 간절히 원했던 스타일이었고 그날 밤 처음으로 같이 잘 속셈이었다. 그런데 그날 저녁 우연히 그녀의 전 남자친구와 마주치게 되었다. 데이브의 눈에는 전 남자친구가 지금까지 본 사람 중 가장 잘생긴 사람으로 보였다. 흘러내리는 머리, 깎아놓은 듯한 완벽한 몸매, 거기에 얼굴까지 완벽한 전 남자친구가 데이브의 눈에는 그리스 신처럼 보였다. 이로 인해 데이브의 열등감은 커져만 갔다.

전 남자친구와 술 한 잔을 나누면서도 데이브의 열등감은 사그러들 줄 몰랐다. 데이브는 못생기고 초조하고 돈도 없는 데 반해, 전 남자친구는 멋지고 카리스마에 돈까지 많다. 잠시 후, 그들은 소변기에 나란히 서게 되었다. 데이브는 전 남자친구의 '거시기'를 훔쳐보고는 깜짝 놀랐고 이내 주눅이 들고 말았다.

그 노래의 나머지 부분은 불안감이 커져만 가는 데이브를 비추고, 전 남자친구의 풍족함과 데이브의 부족함을 대조시키며 히스테릭하게 묘사한다. 자신을 완전히 모자란 놈으로 묘사하는 이 노래는 자화자찬을 늘어놓는 대부분의 랩 음악과는 정반대였다. 그것이 바로 이 노래가 성공한 원인이다. 하루 만에 100만 명 이상의 사람들이 데이브의 뮤직비디오를 시청하고 공유했다. 릴 디키는 랩계에 돌풍을 일으키며 화려하게 데뷔했다.

아웃사이더가 성공하는 이유

하룻밤 사이의 성공이었다. 하지만 우리가 심플리 껌의 카론 프로스찬의 이야기에서 보았듯이, 하룻밤 사이에 성공하는 것은 보통 하룻밤 사이에 이루어지는 것과는 거리가 멀다. 데이브 버드는 사실 거의 2년에 걸쳐 '전 남자친구'를 만들었다. 200개 이상의 버전을 수정하고 수천 시간 동안 그의 창의성을 즉흥적으로 말하는 듯한 노래로 다듬어나갔다. 수천 개의 작지만 큰 돌파구가 나온 후에야 이 노래는 자연스럽게 느껴졌고 마침내 출시될 준비를 마쳤다.

"저는 철저한 사람이에요." 데이브는 설명했다. "완벽한 장면이 나오더라도, 저는 여전히 다른 장면을 모두 확인하고 또 확인합니다.

조금이라도 더 나은 장면이 없는지 확인하기 위해서죠. 그렇게 모든 장면을 빠짐없이 검토해 이보다 더 나아질 수 없다고 판단이 서야 마음의 평화를 얻을 수 있어요. 매우 까다롭고, 예민하고, 피곤한 과정이죠. 하지만 저는 그렇게 해야 궁극적인 마음의 평화를 찾을 수 있습니다. 그렇게 한 뒤에는 결과에 만족하는 편이거든요."

신곡이 발표될 때마다 데이브는 창의성의 한계를 계속 넓혀나갔다. 이전에 성공을 거둔 랩 음악을 모방하려 하지 않고 자신만의 새로운 스타일을 개척해나갔다. '프로 래퍼Professional Rapper'라는 제목의 뮤직비디오에는 릴 디키가 래퍼라는 직업을 위해 전설적인 스눕 독과 인터뷰를 하는 장면이 나온다. 두 사람 사이의 재미있는 교류는 뛰어난 창의적 전략을 보여준다.

스눕 독은 약골이나 불안한 겁쟁이처럼 행동하는 것을 멈추고 마초 스타일의 전형적인 래퍼로 거듭나라고 릴 디키에게 제안한다. 릴 디키는 전통적인 래퍼들이 놓쳤던 자신만의 매우 독특한 접근법이 완전히 새롭게 대중들에게 어필될 것이라며 그 제안을 정중하게 거절한다.

'프로 래퍼'는 현재 유튜브에서 2억 건이 넘는 조회수를 기록하고 있다. 대부분의 래퍼들은 자신의 거대한 부를 과시하기 위해 붐비는 나이트클럽에서 100달러 지폐를 비처럼 뿌려댈 때가 많다. 이와는 대조적으로 데이브는 자신의 검소함에 초점을 맞춰 '세이브 댓 머니$ave Dat Money'라는 노래를 만들었다. 이 노래의 가사는 그가 어떻게 복제약을 찾는지, 넷플릭스에 로그인할 때 사촌 그렉Greg의 아이디를 어떻게 이용하는지, 바가지를 쓰지 않았는지 확인하기 위해 식당 계산서를 어떻게 이중 확인하는지 묘사한다. 그는 자신의 검소함을 집중 조명함으로써 다른 래퍼들이 살아가는 방식을 익살스럽게 꼬집는다. 그의 침대 시트는 질이 낮고, 그의 피트니스 회원권은 무료이며 그의 옷은 모두 물려받은 것이다.

"아이러니를 표현하려고 이 노래를 만든 건 아니에요." 데이브는 설명했다. "저는 정말로 제가 돈을 절약하며 사는 것에 자부심을 느낍니다. 거의 모든 랩 음악이 어떻게 돈을 쓰는지에 대해 얘기해요. 이 노래는 한마디로 아이러니한 반전입니다. 반전을 주면 멋질 것 같아서 그렇게 했죠."

화려한 비디오 제작에 수백만 달러를 투자하는 다른 래퍼들과는 달리, 데이브의 뮤직비디오는 한 푼도 안 들이고 만들어졌다. 이 뮤직비디오는 베벌리힐스에 있는 화려한 저택에서 아무 대가 없이 촬영할 수 있도록 사람들에게 허락을 구걸하는 것으로 시작된다. 이 뮤직비디오의 끝부분에는 광고를 넣는 조건으로 람보르기니를 빌려달라고 딜러를 설득하는 장면도 나온다. 촬영 중인 또 다른 랩 뮤직비디오를 찍기 위한 값비싼 세트를 부수고는 자신의 뮤직비디오를 찍는 데 그 장비, 모델, 소품을 활용하는 장면도 나온다. 후렴구인 '$ave Dat Money'는 이 래퍼가 얼마나 다른지, 그리고 얼마나 창의적인지를 우리에게 잘 보여준다.

다른 래퍼들이 하늘을 향해 탄소를 배출하는 개인 제트기를 과시하는 노래를 만드느라 바쁜 나날을 보내고 있을 때, 데이브는 환경보호를 강조하는 노래를 만들었다. 저스틴 비버, 아리아나 그란데, 할시Halsey, 잭 브라운Zac Brown, 케빈 하트Kevin Hart, 시아Sia, 애덤 러빈Adam Levine, 위즈 칼리파Wiz Khalifa, 마일리 사이러스Miley Cyrus, 케이티 페리Katy Perry, 에드 시런Ed Sheeran, 레오나르도 디카프리오Leonardo DiCaprio가 카메오로 출연하는 것은 이 노래를 거부할 수 없게 만들었다. 이 노래는 팬들이 환경보호라는 대의에 동참하도록 권하며 750

만 달러(약 89억 8,800만 원) 이상의 기금을 모금한 것으로 추정된다.

마치 랩의 전설이 되는 것만으로는 충분하지 않은 듯, 데이브는 이제 자신의 삶을 다룬 코믹 드라마에 출연한다. 그의 이름을 딴 시트콤 〈데이브Dave〉는 유쾌한 냉소를 선사한다. 정신 건강이나 중독 같은 사회 문제를 다루면서도 큰 즐거움을 선사해주기 때문이다. 이 시트콤의 첫 번째 시즌은 FXX 네트워크FXX Network가 방영한 드라마 중 가장 성공적인 성과를 거두며 두 번째 시즌으로 이어졌다.

남들이 가지 않는 길을 가라

데이브가 성공할 수 있었던 근원적인 기반은 그가 끊임없이 차별성을 추구한 데 있다. 그의 생각을 구체화할 수 있던 좋은 방법은 빈칸 채우기 모델이었다.

다른 사람들은 모두 _______(구식)을 한다.
따라서 창의적인 반전은 _______(신식)이 될 수 있다.

다른 래퍼들은 모두 부유함을 과시한다. 따라서 데이브는 자신의 절약 정신을 과시한다. 다른 모든 래퍼들은 자신의 신체적 역량을 과시한다. 따라서 데이브는 자신의 단점을 과시한다. 전형적인 래퍼들은 자신을 우주의 중심에 둔다. 따라서 데이브는 지구를 보호하자는 노래를 만들었다. 고비 때마다 반복되는 이 간단한 공식은 데이브가 불리함을 딛고 최고의 래퍼로 이름을 올릴 수 있었던 비결이다. 창의성의 한계를 밀어내고 기존의 규범을 무너뜨리려는 의지가 그가 성공을 거둔 비결이다.

이 간단한 공식은 지난 30년 동안 내 경력에도 중추적인 역할을 해왔다. 이 모델을 활용해 요약한 나의 직업적 배경은 다음과 같다.

- 다른 사람들은 모두 록 기타를 배운다. 따라서 나는 재즈 기타를 배웠다.
- 다른 사람들은 모두 학위를 받고 전문적인 경험을 쌓는다. 따라서 나는 스무 살에 비즈니스 클래스를 전혀 듣지 않은 채 회사를 창업했다.
- 인터넷 열풍 당시, 사람들은 모두 인터넷 광고에 집중했다. 따라서 나는 인터넷 홍보 회사를 창업했다.
- 다른 사람들은 모두 실리콘 밸리, 뉴욕 또는 보스턴에서 벤처 캐피털을 한다. 따라서 나는 고향인 디트로이트에서 벤처 캐피털을 시작했다.
- 다른 사람들은 모두 큰 혁신에 집중한다, 따라서 나는 작은 혁신에 집중한다.

돌이켜보면 정반대로 갔을 때는 성공을 한 데 반해, 무리를 따라갔을 때는 가장 큰 좌절을 맛봤다. 나를 믿어라. 나는 수많은 고통스러운 패배를 맛본 사람이다. 2006년에는 무리에 휩쓸려 중소기업을 위한 셀프서비스 기술 솔루션을 출시했다가 비참하게 실패하고 말았다. 2015년에는 뮤직 페스티벌의 대명사인 코첼라Coachella 급의 기업가들을 위한 행사를 기획했다가 또 실패하고 말았다. 내가 다른 사람들을 따라 안이하게 경기를 하려고 했던 때는 가장 고통스러운 패배로 이어진 데 반해, 단순하지만 도전적인 방식을 따랐을 때는 경력을 규정짓는 승리로 귀결되었다.

우리는 모두 동일한 접근법을 활용할 수 있다. 당신이 하는 일을 돌아보기 위해 빈칸 채우기 공식을 활용해보라. 예를 들어, 사무용 가구를 제조할 경우 제품 디자인에 대해 크게 다른 접근 방식을 활용할 방법은 무엇인가. 가격 모델? 영업 접근 방식? 마케팅? 제조 공정? 채용 관행? 리더십 구조? 비즈니스에서 이기기 위해 모든 영역에서 완전히 반대일 필요는 없지만, 모든 측면에서 반대되는 접근 방식을 탐색해보는 것은 한두 가지 정도의 실행 가능한 아이디어를 표면화하는 데 도움이 될 수 있다.

승진 발표를 앞둔 상황에서 다른 이들도 승진하려고 노력하고 있다면 어떤 접근 방식을 활용해 자신을 돋보이게 할 수 있을까? 우리의 생활에도 같은 공식이 적용될 수 있다. 아이들이 "다른 애들은 다 ○○○ 하는데"라며 자기도 하고 싶다고 보챈다면, 부모들은 안 된다며 그런 아이의 요구를 재빨리 묵살해 버린다. 하지만 어른인 우리도 스스로 '리더 추종'의 함정에 빠지면서 아이들에게는 안 된다고 하는 이유는 무엇일까?

아무도 당신에게 기대하지 않을 때

맷 이시비아는 어릴 때부터 과소평가받았다. 그를 평범한 아이일 뿐이라고 생각하는 사람들이 대부분이었다. 미시건주립대학교 스파르탄스Michigan State Spartans 같은 엘리트 팀에서 농구를 하려는 그의 꿈은 헛된 꿈으로 치부되기 일쑤였다. 미국 대학 농구 최강팀 중 하나인 스파르탄스는 전 세계를 대상으로 최고의 기량을 가진 선수들만을 스카우트한다. 맷은 미시건주립대학교로부터 장학금은커녕 스카우트조차 받지 못했다. 그는 팀을 찾아가 자신의 기량을 시험해 달라고 간청해야 했다.

엘리트 선수들과 달리 그는 신장이나 체격 등 신체적 조건이 좋은 편이 아니었다. 하지만 전설적인 코치 톰 이조Tom Izzo는 맷에게서 특별한 것을 보았다. 팀의 평균 신장보다 15센티미터나 작음에도 불구하고, 맷은 드물게 엄청난 집중력과 결단력을 보여주었다. 온갖 반대에도 불구하고 이조 코치는 그에게 기회를 주었다. 이 결정은 결국 대학 농구 리그 성적보다 중요한 파급 효과를 세계에 가져다주게 되었다.

이조 코치의 리더십에 힘입어 맷은 팀을 3개 대회 연속 4강 토너먼트에 올려놓았고 끝내 팀에 전국 선수권 대회 우승 트로피를 안겨주었다. 이조 코치는 장래성이 없던 이 영웅의 멘토를 자처해 강력한 선수이자 창의적인 리더로 훈련시켰다. 이조 코치와의 끈끈한 인연으로 인해 맷은 대학을 졸업한 후에도 1년 동안 이조의 주변에 머물며 보조 코치로 일했다.

이조 코치와 함께 성공 가도를 달리던 맷은 NCAA(미국 대학스포츠협회) 1부 팀의 전임 코치 자리를 제안 받게 되었다. 늘 꿈꿔왔던 자리였다. NCAA 역사상 최연소 1부 팀 코치가 될 기회였다. 이것은 맷의 배경을 고려할 때 놀라운 사건이었다. 일생에 한 번 올까 말까 한 기회였지만, 그는 학부에서 공부할 때 경영에도 끌렸었다. 이조 감독은 "농구 말고 이곳에서 배운 것 중 일부를 가져다가 활용하면 농구 감독이 되는 것보다 더 큰 무언가가 될 수 있을 거야"라고 그를 격려했다. 이 중차대한 순간에 맷은 더 힘들뿐더러 더 좋아 보이지도 않는 길을 택했다. 코치직 제안을 거절하고 작은 모기지 회사에 입사하기로 한 것이다.

2003년 맷이 입사할 당시, 유나이티드 쇼어 모기지United Shore Motgage는 주택담보대출업을 전문으로 하는 다른 모기지 업체와 별반 다를 게 없었다. 12번째 직원으로 입사한 맷은 무작위로 잠재고객에 전화를 걸어 영업하는 것에서부터 대출 처리에 이르기까지 기초부터 배워야 했다. 차가운 철제 책상에 앉을 때면 스포츠가 아니라 사업을 추구하기로 한 것이 잘못된 결정은 아니었는지 의문이었다.

코로나 바이러스 대유행이 한창일 때 나는 맷과 마주 앉았다. 시기가 시기인지라 대화는 영상 통화를 통해 이루어졌다. 그가 갑자기 내 화면에 나타났을 때 나는 그의 프로 정신에 깜짝 놀랐다. 맷은 깔끔하게 다린 양복을 입은 채 잘 정돈된 사무실에 앉아 있었다. 반면에 나는 면도도 하지 않은 채 헐렁한 스웨터를 입고 앉아 있었다. 내가 바지를 입고 있었는지는… 완전히 확신이 가지는 않는다.

복장은 사소한 것일지 모르지만 리더로서 맷에 대해 많은 것을 말해준다. "다름으로써 압도하세요"라고 맷은 이야기를 시작하자마자 그의 핵심 철학을 내게 공유했다. 경쟁자들의 행태를 분석한 후 본능으로 제일 먼저 알게 된 것은 데이브 버드처럼 정반대로 행동해야 한다는 것이었다. 경쟁자들이 편한 평상복 차림의 옷을 입는다면, 그와 그의 팀은 정장을 입어야 한다. 경쟁자들이 명백한 전략을 추구한다면, 맷은 근본적으로 다른 접근법을 취해야 한다.

맷이 이 회사에 입사했을 당시 유나이티드 쇼어 모기지는 다른 비슷한 경쟁업체들처럼 주택 구입자들을 대상으로 담보대출을 팔았다. 미국 상위 500대 모기지 회사에도 들지 못할 정도로 실적이 형편없었다. 더 나은 기회를 갈망하던 맷은 회사의 사업 방향을 도매 대출로 전환하고자 대표를 설득했다. 다시 말해, 소비자들에게 대출을 직판하는 것이 아니라, 소규모의 독립적인 모기지 중개업자들에게 대출 상품을 도매로 팔자는 것이었다. 독립 중개업자들이 대출 상품을 넘겨받고는 브랜드를 바꿔 주택 구매자에게 직판하는 방향으로 전환한 것이었다.

"저는 다른 모든 이들과는 반대로 갔습니다." 맷은 웃으며 내게 말했다. "우리는 순리를 역행합니다. 다들 못할 거라고, 실패할 거라고 말하죠."

맷은 자신의 전략을 나에게 연이어 알려주었다. 지역, 산업, 고객 기반이 모두 달랐지만, 그가 코스 마르테나 데이브 버드와 얼마나 유사한지 깨달을 수 있었다. 이들의 공통점은 각자 자신만의 창의적인 접근법을 활용해 복잡한 경쟁이 벌어지는 시장에서 자신을 차별화했다는 것이다. 큰 전략적 결정뿐만 아니라 비즈니스를 한 단계씩 진전시키는 일상적인 작은 선택을 할 때도 상상력을 동원한다는 공통점도 있었다.

누구도 시도하지 않는 차별화 전략

맷은 주택담보대출 심사 과정에서 시간이 지체돼 고객들이 얼마나 답답해하는지 직접 관찰하고는 업계의 관행인 7일간의 심사 기간을 단축하여 24시간 심사 체제로 전환했다. 이 조치는 독립 모기지 중개업자들이 유나이티드 쇼어 모기지를 선택하도록 만드는 효과가 다른 작지만 큰 돌파구보다 더 컸다. 성공이 계속되자 맷은 이 회사를 인수하고 공식적으로 경영권을 장악해나갔다.

"창의적이라는 것은 다른 모든 이들이 하는 대로 할 필요가 없다고 생각하는 것입니다. 자유롭게 생각하는 것은 매우 중대한 일입니다. 그래서 우리는 그렇게 했고, 그렇게 하려고 노력했고, 다르게 생각했습니다." 맷은 설명했다.

맷이 창의적 사고를 하려고 노력한 덕에 여러 가지 고무적인 리더십 프로그램이 출현할 수 있었다. 대표적인 것이 브릴리언트 아이디어스Brilliant Ideas라 불리는 프로그램이었다. 회사들은 건의함을 제공하는 등 의견을 개진할 수 있는 제도가 있기는 하지만 획일적인 경우가 대부분이다. 하지만 맷은 거기에 사람들로부터 인정받을 수 있는 제도를 첨가했다. 창의적 의견을 제시할 경우 보상하는 제도를 시행한 것이다. 맷은 "저는 다음번에 어떤 큰일이 일어날지 모르지만, 우리 팀원들은 알고 있습니다. 실제로 실무를 하는 것은 팀원들이니까요. 그래서 모든 팀원들이 크든 작든 새로운 아이디어가 있으면 모두 공유하도록 장려하기 위해 브릴리언트 아이디어스라는 프로그램을 만들게 되었습니다."

어떤 아이디어든 제출하면 직원들은 자신의 책상에 전시할 '브릴리언트 아이디어 전구'라는 트로피를 받게 된다. 이렇게 시각적으로 확인이 가능한 트로피는 동료들의 부러움을 사는 명예의 배지로 기능하는 동시에, 팀원들이 더 많은 아이디어를 공유하고 사람들로부터 더 많이 인정받을 수 있도록 유도한다.

"사람들은 실제로 책상 위에 얼마나 많은 트로피가 있는지 추적합니다. 그리고 우리가 제안된 아이디어를 실행함에 따라 제안한 사람들이 주인의식을 가지고 '이봐, 훌륭한 아이디어가 어디에서든 나올 수 있다고!'라고 말할 수 있도록 힘을 실어주게 됩니다. 그것이 작은 아이디어든 큰 아이디어든 상관없습니다. 우리는 사람들이 우리가 일을 처리하는 방식에 이의를 제기하고 자신이 매일 하는 업무에 창의력을 발휘하도록 장려합니다."

맷은 최근 이 프로그램을 고객, 협력사, 파트너 등으로 확대했다.

그는 자신의 주변에 있는 모든 이들에게 적극적으로 의견을 개진해 달라고 요청한다. 그런 뒤 그들에게 진심 어린 트로피로 보답한다. 농구선수로 그가 받은 모든 상을 소중히 여겼던 것처럼, 그는 그가 농구선수였을 때 느꼈던 성취감을 아이디어 창출 과정의 일환으로 불러일으킨다.

맷은 8년 전, 성장하는 회사에 최고의 인재를 영입하자는 차원에서 사업 혁신 그룹(BIG, Business Innovation Group)이라는 프로그램을 출범시켰다. 특정 직책에서 일할 인원만을 충원하기 위해 채용하는 것이 아니라, 자신이 이 회사의 문화에는 완벽한 적임자이지만 아직 자신에게 딱 맞는 자리를 찾지 못한 사람들을 고용하는 프로그램이다. BIG 프로그램은 12개월간의 수습기간 동안 새로운 팀원들이 어떤 것이 가장 적합한지 결정하기 위해 14개 사업 부문에서 일하게 한다.

완전히 다른 방식의 인재 육성 프로그램인 BIG 프로그램은 큰 성과를 거두었다. "첫 번째인가 두 번째인가 BIG 수습 프로그램을 통해 입사한 직원 중 하나가 현재 우리 회사의 운영 담당 부회장입니다. 그에게 보고하는 직원만 1,200명에 달하죠. 이제 겨우 서른 살이고요." 맷은 설명했다. "전통적으로는 실력을 보고 사람을 고용하지만 우리의 경우, 성격에 따라 고용합니다. 그런 다음 그 직원이 어디에 가장 적합한지 찾아낼 수 있도록 돕고 있습니다. 의도적으로 다르게 하자라는 우리의 철학으로 돌아간 것입니다."

대출 상품 판매와 시설에서부터 기술과 인재에 이르기까지, 유나이티드 쇼어 모기지의 엄청난 성공은 수백 개의 작지만 큰 돌파구가 있었기에 가능했다. 맷은 매달 회사에 지원하는 5,000명의 구직자들

유나이티드 쇼어 모기지의 CEO 맷 이시비아. 출처_uwm.com

의 대처능력을 어떻게 파악하는지 설명하며 이와 관련된 재미있는 예를 나에게 공유해주었다. "지원자들을 보안요원들 바로 옆에 앉힙니다. 그러고는 보안요원들이 지원자들에게 '안녕하세요?'라고 묻습니다. 우리는 입사 지원자가 어떻게 반응하는지 주의 깊게 관찰합니다. 보안요원을 무시하는지, 웃는지, 아니면 같이 인사하는지 말이죠. 그런 다음 보안요원은 채용 팀과 입사 지원자에 대한 메모를 공유하기 때문에 이 사람이 우리 회사에 잘 맞을지 즉시 알 수 있습니다."

맷은 자신을 친절하고 힘을 실어주는 리더라고 스스로 생각한다. 하지만 그런 그도 사람들이 이전에 이뤘던 성공을 맹목적으로 따랐을 때는 화를 낸다. "사람들이 '아, 늘 그렇게 해 와서 그렇게 한 건데요'라고 말할 때면 저는 참을 수가 없습니다. 그렇게 하는 것은 가장 큰 패착입니다. 항상 그런 식으로 해왔기 때문에 그냥 그렇게 해야 한다고? 네, 저는 그냥 그걸 받아들이지 않습니다. 우리는 더 나아져야 하고 개선해야 합니다."

맷의 창의적인 접근법은 기업의 폭발적인 성장을 견인했다. 연간 1,800억 달러의 모기지 조성과 50억 달러의 매출을 자랑하는 유나이티드 쇼어 모기지는 현재 6,300명의 직원을 거느리고 있으며 6년 연속 최대 규모의 도매 모기지 업체로 선정되었다. 사실, 전체 주택담보대출 기업 중에서는 디트로이트에 본사를 둔 또다른 모기지 회사 퀴큰 론즈Quicken Loans 다음으로 2위이다. 짐작하겠지만, 2위는 맷과 잘 어울리지 않는다.

맷은 챔피언이 되고 싶은 욕구가 끊이지 않는다. "저는 우리가 미국 최대의 모기지 업체가 되기를 희망하고 있습니다." 맷은 내게 말했다. "우리는 이미 국내 최대 도매 모기지 업체가 됐습니다. 맞아요, 우리는 그 일을 해냈습니다. 다음은 퀴큰 론즈를 잡으러 갈 차례입니다."

마치 과학적으로 증명된 사실을 말하는 것처럼 그는 자랑이나 허세라곤 찾아볼 수 없는 목소리로 말을 이었다. "올해든, 내년이든, 내후년이든, 우리는 그들을 모든 면에서 이길 것입니다. 그다음은 1위를 차지하는 것입니다. 저는 경쟁을 좋아합니다. 우리는 반드시 그렇게 할 것입니다. 전 거만하게 굴지 않습니다만 우리는 반드시 그렇게 할 것입니다." 참고로, 나라면 그가 못 해낸다는 데 베팅하지 않을 것이다.

맷의 자신감은 두 가지 강력한 힘, 즉 창의성과 투지가 교차하는 지점에 있다. 코스와 데이브의 사례에서 보았듯이 근면함은 신이 주신 재능보다 훨씬 더 많은 발전을 만들어내는 요인이 된다. 맷은 이렇게 설명한다. "제 문제는 제가 가장 똑똑한 사람이 아니라는 것입니다. 하지만 모든 경쟁자들이 저보다 똑똑하고 돈이 많다고 해도 누구도 저를 능가하지 못할 것입니다." 이조 코치에 의해 길러진 강한 근면함은 맷의 일상생활에서도 분명히 드러난다. 지난 17년 동안 그는 매일, 정장과 넥타이를 맨 채 새벽 4시에 출근해 오후 6시 45분 정각에 퇴근한다.

"그렇게 해서 우리는 무에서 시작해서 이 회사를 이룩할 수 있었습니다. 하루에 한 번씩, 몇 년이 지나고 또 몇 년이 지나고 또 몇 년이 지나도 누구도 우리에게 관심을 기울이지 않았습니다. 그러는 동안 우리는 현재의 모습으로 이 회사를 만들어 왔습니다."

내 말이 맞지 않는가? 한 번에 작지만 큰 돌파구 하나씩.

코스 마르테, 데이브 버드, 맷 이시비아의 이야기를 통해 우리는 창의성이라는 것이 변화, 성장, 성공을 원하는 누구든 활용할 수 있는 공평한 도구이기도 하다는 사실을 알 수 있었다. 우리 모두가 10억 달러짜리 회사를 운영하거나 랩 슈퍼스타가 되려는 야망이 있는 것은 아니지만, 그들의 이야기는 우리 자신의 창의력이 어떤 유형이든 성공을 성취하는 데 얼마나 강력한 힘을 발휘하는지 이해할 수 있게 해준다.

승진하거나 월급이 인상되는 것이 목표인 사람들도 있다. 더 나은 부모가 되어 아이들을 독립적으로 키워내는 것이 목표인 사람들도 있다. 팟캐스트를 시작해 모형 돛단배에 대한 열정을 다른 사람들과 함께 나누는 것이 목표일지도 모른다. 아니면 가장 좋아하는 오후 5시 15분 요가 수업에 빠지지 않으려고 창의력을 활용해 더 적은 시간에 더 많을 일을 해내고자 하는 것이 목표일지도 모른다.

챕터3인 다음 장에서는 왜 창의성이 현대 비즈니스 시대에 성공의 화폐가 되었는지, 그리고 그것을 활용하기 위해 우리가 무엇을 할 수 있는지에 대해 알아볼 것이다. 우리는 창의적 사고의 중요성을 과학의 시각으로 바라볼 것이며, 우리를 곤경에 빠뜨릴 수 있는 함정과 장애물에 대해서도 알아볼 것이다. 우리는 영국 시골 출신의 두 형제가 어떻게 수십억 달러 규모의 회사를 이룩했는지, 그리고 그들이 세계에서 가장 존경받는 프로 스포츠 업계를 어떻게 뒤집어놨는지 직접 알아볼 것이다.

Chapter

아웃사이더를 만드는 강력한 무기 '창의력'

1981년, 찰스 왕세자는 다이애나비와 결혼했다. 이란 인질 사태는 끝났다. 포스트잇 메모지가 탄생했다. 그러나 그해에 일어난 수많은 일 중 내게 가장 기억에 남는 것은 '프로거Frogger'라는 게임이다.

열한 번째 내 생일을 한 달 앞두고 그 상징적인 비디오 게임은 이 세상에 태어났고 나는 그 게임에 푹 빠졌다. 숙제, 친구, 음식, 이따금 하는 샤워도 잊은 채 프로거 하기에 바빴다. 요즘 같았으면 네 살짜리 딸 탈리아도 디자인할 수 있는 허접스러운 그래픽에도 불구하고 이 게임은 나를 비롯한 수백만 명의 사람들을 열광시켰다.

강을 건너기로 마음먹은 용감한 개구리를 나는 조이스틱으로 조종하고 있었다. 하지만 문제가 있었다. 어리석고 작은 나의 개구리는 수영할 줄을 모른다. 단단한 표면에서 다른 표면으로 뛰어다녀야 안전한 통로를 확보할 수 있었다. 물에 뜨는 수련 잎을 출발해 옆에서 수영하는 악어를 피해 조심스럽게 떠다니는 통나무로까지 가야 한다.

1980년대에 선풍적인 인기를 끌었던 이 게임을 기억하는 사람이라면 잘 알겠지만, 문제는 이 단단한 표면이 가만히 정지돼 있지 않는다는 점이다. 이 표면은 사실 점점 더 빠른 속도로 강을 따라 흘러내려갈 뿐만 아니라 점프하는 작은 개구리를 위험에 빠뜨리기도 한다. 우리의 주인공은 다음 지점으로 빠르게 움직이지 않는 한 급류에 빠져 죽을 운명에 처한다. 잠시라도 가만히 서 있는 것은 자살행위나 마찬가지다.

프로거의 개구리는 잠시라도 자신의 성공에 안주할 수 없다. 적대적인 환경에서 살아남기 위해 계속 앞으로 뛰어야 하는 처지이다. 눈앞에 닥친 위험 속에서 앞으로 나아가려고 노력한다는 점이 이 게임이 인기를 끈 비결이다. 새로운 목적지에 도달하기 위해 혼돈을 헤쳐나가야 한다. 프로거는 6학년 때 내 학교 성적을 창피할 정도로 형편없는 수준으로 떨어뜨린 주범이지만, 모리슨 선생님이 가르치셨던 따분한 나눗셈 수업보다 더 많은 것을 내게 가르쳐주었다.

잘 생각해보면 우리는 모두 거대한 3차원 버전의 프로거 게임을 하는 셈이다. 우리의 성공은 영구적인 것이 아니다. 전례 없는 변화가 벌어지고, 상황이 점점 더 여의치 않은 세상에서는 더 그렇다. 순간적인 성공은 개구리 친구가 거북이 등에 착지하는 것과 같다. 하지만 무한정 성공을 음미할 수는 없다. 그 대신 급류에 휩쓸리지 않기 위해 우리는 하나의 성공을 이루기가 무섭게 또 따른 성공을 확보하기 위한 도약을 해야 한다.

가만히 서 있으면 개구리만 죽고 끝나는 것이 아니다. 성공적으로 점프했을 때 느끼게 되는 편안함과 만족감은 똑똑한 사람들조차 계속 점프할 필요가 없다고 생각하게 만든다. 우리 중 누구도 안주하는 삶에 빠져서는 안 된다. 작지만 큰 돌파구를 일상화 하면 얻게 되는 보상은 구명조끼 정도의 것이 아니다. 최신식의 655마력 쾌속 보트 같은 것이다.

골프산업을 뒤흔든 골프공의 정체

골프 업계의 리더들에게는 행복한 나날의 연속이었다. 1764년에 최초의 18홀 코스가 건설된 이래로 골프 산업은 그야말로 땅 짚고 헤엄치기였기 때문이다. 니커(윗부분이 헐렁한 골프 바지. 지금은 잘 안 입지만 20세기 초 큰 인기를 끌었다-옮긴이) 차림의 고객들은 자신의 자녀와 보내는 시간 보다 골프장에서의 하루를 더 좋아했을 정도다. 비즈니스 거래는 골프장에서 이루어졌고, 골프의 동반자인 남성만을 위한 휴가가 표준이 되었고, 골프 전문 TV채널까지 있었다. 경기 자체는 거의 바뀌지 않았다 단, 무지막지한 거리로 골프공을 날려 보낼 수 있는 새로운 골프 클럽이 출현한 것은 예외였다.

골프 업계의 리더들이 아놀드 파머(아이스티와 레모네이드를 혼합한 무알콜 음료)를 마셔대며 현실에 안주하고 있을 때, 영국 출신의 졸리프 형제는 업계를 뒤집어놓을 방안을 모색하기 시작했다. 그들은 골프가 이룬 현재의 성공을 넋 놓고 바라보기보다는 업계 전체를 뒤흔들어 놓을 변화에 초점을 맞췄다.

스티브 졸리프Steve Jolliffe와 그의 동생 데이브 졸리프Dave Jolliffe는 1997년, "골프는 잘하지 못하면 별로 재미가 없다"라는 사실을 깨달았다. 하지만 이 형제는 '그러면 좀 어때?'라는 식으로 현실에 안주하지 않았다. 이들은 골프의 약점에 관심을 돌렸다. 골프 실력이 서로 다른 사람들이 함께 골프를 치면 재미가 없었고 시간이 너무 오래 걸렸다. 골프장은 엄청난 규모의 땅을 소비했다. 느리고, 비쌌다. 수년간의 연습이 필요했다. 좀 더 현대적인 스포츠에 비해 골프는 보기에 지루했다.

졸리프 형제만 골프에 좌절하는 것은 아니었다. 골프를 즐기는 사람들의 수가 미국에서만 2005년 3,000만 명에서 오늘날 2,430만 명으로 22퍼센트나 감소했다. 2006년 이후, 매년 문을 닫는 골프장 수가 문을 여는 골프장 수보다 더 많았다. 골프는 구식이고 재미없게 느껴졌다. 특히 젊은 골퍼들에게 그랬다.

신선한 방안을 갈망하던 스티브와 데이브는 답답한 골프를 두고 창의적인 아이디어를 실험하기 시작했다. 모든 기술을 동원해 골프에서 재미있는 경험을 만들어낸다면 어떨까? 어떻게 하면 경기 속도를 높일 수 있을까? 비용은 어떻게 낮출까? 어떻게 하면 새로운 골퍼를 퇴치하는 게 아니라 모여들게 만들 수 있을까? 이 형제는 업계 리더들이 현실에 안주하는 사이 기회를 포착했다.

이 형제는 골프에서 프로거 게임이 한창 진행 중이고, 업계의 게으른 리더들은 공격에 취약하다는 것을 깨달았다. 그리고 마침 추적 가능한 마이크로칩이 신생기업에게 아이디어를 주며 널리 보급되고 있던 참이었다. 형제는 생각했다. "골프공에 칩을 넣어 거리와 정확도를 추적할 수 있지 않을까?" 이것은 엄청난 아이디어였다. 내장된 기술을 사용해 개별 공의 속도, 높이, 궤적을 추적했다. 짜잔! 유레카! 임무 완수! 샴페인을 따고 퀸의 노래 '위 아더 챔피언스We are the Champions'를 울려라!

그러나 이런 초기 아이디어만으로는 골프에 큰 변화의 바람을 일으킬 수 없었다. 기존의 골퍼들이 스윙을 향상시키는 데만 그 아이디어가 활용된다면, 그 아이디어로는 업계를 뒤집어놓기 힘들었다. 이에 졸리프 형제는 마이크로칩을 새로운 형태의 골프 게임의 기초로 활용하기로 했다.

이 형제는 노동자들이 주로 거주하는 런던의 교외 왓포드에 있는 골프 연습장을 인수하고 골프를 재정의하는 작업에 들어갔다. 미지의 땅으로 공을 날려버리는 대신, 거대하고 화려한 목표물을 설치해 골퍼들에게 새로운 도전을 제시했다. "우리는 흥미롭고 중독성 있는 게임을 만들고 싶었습니다. 경험 많은 골퍼들이 백스윙을 신경 쓰며 공을 칠 때보다 아이들이 앞에 놓인 목표에 집중해 공을 칠 때 골프는 훨씬 더 흥미진진해집니다." 스티브는 2018년 인터뷰에서 말했다.

공이 좀 더 부드럽게 굴러가게 하고 비용을 낮추기 위해, 그들은 천연 잔디를 인조 잔디로 교체했다. 한때 초라했던 두 형제의 골프 연습장은 완전히 새로운 골프 경험을 실험하는 혁신 실험실이 되었다.

초기에는 새로운 개념의 이 스포츠를 설명하기가 어려웠다. 노련한 골퍼들은 이 새로운 개념의 골프를 비웃었다. 초보들은 이해하지 못했다. 잠재적 투자자나 잠재적 후원자 중 어느 쪽도 관심을 주지 않았다.

졸리프 형제는 얼룩진 백과사전 판매원보다 더 많은 문전박대를 견뎌야 했다. 하지만 이 형제는 힘든 시기에도 끄떡하지 않았다. 이 시점에서 노선을 수정하기도 해보고 새로운 아이디어를 내놓기도 해봤다. 음식을 팔아야 할까? 음악을 틀어야 할까? 작지만 큰 돌파구를 하나씩 내놓고 또 내놓기를 반복하는 가운데 모멘텀이 형성되기 시작했다.

진흙밭 골프 연습장이었던 시절에 비해 매출이 첫해에만 8배 증가

탑골프는 골프공에 마이크로칩을 심어 공의 진행 거리, 방향을 정확하게 측정할 수 있게 해 골프의 개념을 완전히 바꿔놓았다. 출처_topgolf.com

했다. 고객들의 반응은 긍정적이었다. 대부분의 골프 연습장에서는 거의 찾아볼 수 없는 경험을 할 수 있었기 때문이다. 사람들은 실제로 재미를 느끼고 있었다. 클럽을 한 번도 쥐어본 적이 없는 아이들부터 주말에 세미프로로 활동하는 골퍼에 이르기까지, 이들의 웃음과 미소는 과거의 암울함을 대신했다.

서늘한 런던의 안개 속에서 괴물이 태어났다. '목표지향형 연습(Target-Oriented-Practice)'이라는 문구는 'TOP'으로 축약돼 '탑골프Topgolf'라는 이름이 탄생했다. 새로운 이름이 인기를 끌고 초기에 어느 정도 성공을 거두고 있었지만, 업계의 리더들은 여전히 무슨 일이 벌어지고 있는지 제대로 알지 못했다.

여전히 졸리프 형제는 줄줄이 거절당했다. 저명한 산업 투자자인 리처드 그로건Richard Grogan은 이 형제를 두 번씩이나 거절했다. "매우 재미있고, 흥미로운 기술이고, 거기를 찾는 사람들이 많기는 하지만, 유감스럽게도 성공하지 못할 것이라고 말해야 할 것 같습니다." 탑골프를 방문한 그로건은 말했다. 하지만 형제는 그로건을 귀찮을 정도 찾아갔고, 결국 그로건은 탑골프의 미국 사업권을 인수하기로 결정했다.

그러나 2005년, 기대가 컸던 미국의 진출은 대박이 아니라 실패로 돌아갔다. 그로건이 예상했던 것과는 달리 워싱턴 D.C. 지역에서는 고객들이 많이 찾아주지 않았다. 시카고와 댈러스에서도 고객들의 반응은 냉담했다. 그로건은 성공을 구가하던 자신의 경력에 비극적인 실패라는 오점을 남기기 일보 직전이었다.

새로운 개념의 골프가 재미있다는 것은 분명했지만, 고객들의 관심은 끌지 못했다. 직원들은 고객을 직접 찾아 나서는 전략으로 전환했다. 탑골프에서 맛볼 수 있는 즐거움을 광고하는 팻말을 들고 시내를 돌아다니기 시작했다. 그 전략은 겉보기에는 창의적이지 않은 전략이었지만, 놀랍게도 효과가 있었다. 고객들은 마침내 탑골프를 찾기 시작했고 새로운 개념의 골프에 푹 빠졌다. 고개들이 줄을 서기 시작하며 입소문이 났다. 모멘텀이 거창한 아이디어가 아니라 작은 혁신에서부터 시작됐다.

향후 몇 년 동안 일련의 추가적인 작지만 큰 돌파구들이 놀라운 성장을 견인했다. 시설은 대규모 주방이 설치될 수 있도록 확장됐다. 부수적 매출을 창출하고 고객에게 즐거움을 더해주기 위해 총괄 주방장이 각 주방에 배치되었다. 스위트룸에는 대형 TV와 안락한 소파를 비롯해 각종 편의시설들이 배치되었다. 고객들은 실제 게임을 모바일 앱에 연결해 소셜미디어를 통해 공유하며 더 큰 즐거움을 누릴 수 있었다. 이에 그치지 않고 탑골프는 온라인 멀티플레이 게임인 월드 골프 투어World Golf Tour를 인수해 탑골프를 고객들의 삶에 깊이 통합시켰다. 핵심기술은 모든 스윙을 분석하기 위해 발전했고, 선수들이 게임을 더 잘하도록 도왔다.

탑골프는 현재 천하무적인 것처럼 보인다. 곧 상장될 이 회사는 현재 40억 달러(약 4조 7,420억 원) 이상의 가치가 있다. 미국, 캐나다, 멕시코, 유럽 및 호주 전역에 걸쳐 60개 지점을 보유하고 있는 이 기업은 향후 5년 이내에 경쟁업체도 없고 성장세를 보이는 지역에 100개 지점을 새로 열 계획이다. 탑골프는 모터로 달리는 카트 이후 골프에 가장 큰 변화를 가져다주었다.

그들은 범접할 수 없는 회사를 이룩했을 뿐만 아니라, (내가 초기 투자자였으면 좋겠다고 확신함) 처음에는 거절되기 일쑤였던 새로운 개념의 골프를 발전시키기까지 하고 있다. 탑골프의 고객 중 54퍼센트는 18세에서 34세 사이이며, 이는 전통적인 골프 산업이 빠르게 감소하

전통적인 방식과 다르게 탑골프에서는 골프를 치며 안락한 소파에서 음료와 요리도 함께 즐길 수 있다. 출처_topgolf.com

고 있는 상황을 고려하면 매우 흥미로운 통계치이다. 오늘날 모든 초보 골퍼 중 23퍼센트는 골프 클럽을 처음으로 잡아본 곳이 탑골프였다고 말했다. 무려 75퍼센트는 탑골프가 골프 입문에 영향을 주었다고 말했다.

겉으로 보면 이 회사의 주목할 만한 성공은 거대한 규모의 단일 혁신 덕분인 것처럼 보인다. 그러나 이들의 혁신을 만든 것은 수십 개의 작지만 큰 돌파구였다. 마이크로칩뿐만 아니라 음식, 고객을 집적 찾아 나서며 들었던 광고 팻말, 음악, TV, 소파가 작지만 큰 돌파구였다. 그뿐만이 아니다. 속도감 있는 골프, 저렴한 가격, 모든 기술 수준의 통합, 젊은 고객을 사로잡은 것, 이 모든 것들이 성공을 견인했다. 회사의 엄청난 성공을 가능케 한 것은 단 하나의 아이디어가 아니라, 작은 혁신들이 모여 잘 융합된 결과이다.

창의력은 선택이 아닌 필수다

하지만 모든 사람이 새로운 회사를 창업하려 하거나 전체 산업을 뒤집어놓으려는 것은 아니다. 당신은 소규모 업체를 운영하는 사람일 수도 있고, 아니면 대기업에서 매니저로 일하고 있는 사람일 수도 있다. 아이들을 기르고, 개를 씻기고, 쓰레기를 치우고, 가장 좋아하는 요리 프로그램을 볼 자유시간이 있기를 바라는 데 집중하는 사람일지도 모른다. 여전히 자신의 진로가 무엇인지 알아내려고 노력하는 대학 졸업자일 수도 있고, 오랫동안 미뤄왔던 변화를 만들기 위해 경력을 더 쌓으려는 직장인일 수도 있다.

우리 대부분은 담배를 피우거나 본드 냄새를 맡는 것은 위험하다는 엄중한 경고와 함께 창의적인 아이디어를 멀리하라는 명령을 받아왔을지도 모른다. 마치 창의력을 키우는 것이 소년원에 가둬야 할 동물적인 충동을 풀어주는 것이나 마찬가지라는 듯이, 우리는 반복적으로 우리의 마음을 따르기보다 규칙을 따르라는 가르침을 받아왔다. 이러한 충고는 중매결혼을 하라거나 거머리로 전염병을 치료할 수 있다는 충고와 함께 만연되어 있다. 이런 잘못된 충고는 선의의 조언이기는 하지만, 이상과는 거리가 멀다.

과거에는 창의력이 대체로 선택 사항이었다. 좋은 직장을 얻고, 규칙을 따르고, 고개 숙이고, 떠들지 말고, 상사의 말을 듣고, 35년 후에 14K 금으로 도금된 시계를 받고 은퇴하라고 했다. 불행하게도, 우리가 배워온 구시대적인 전략은 기껏해야 평범함을, 최악의 경우에는 엄청나게 낮은 성취도를 보여주는 처방이다. (두 개의 검이 있는 카드가 나오면 우회전하고, 여섯 개의 지팡이가 있는 카드가 나오면 급좌회전을 하라는 식으로) 타로 카드에 의존해 운전 방향을 정할 수 없듯이, 우리는 구식의 충고를 따를 여유가 없다.

시대에 따라 접근 방식이나 필요한 역량이 달라진다. 그렉 브래디Greg Brady(1970년대 초 인기를 끌었던 시트콤 〈브래디 번치The Brady Bunch〉의 등장인물)가 인기를 얻던 시절에 만들어진 올리브 계열의 녹색 카펫은 현재 잘 나가는 인플루언서인 코트니 카다시안Kourtney Kardashian에게는 잘 어울리지 않는다. 계산기가 개발되고, 회전식 전화기로 통화하고, 탄소 종이로 인쇄하던 시절에 효과가 있던 전략은 디지털에 기반을 둔 변환, 변화, 격변의 시대에는 적절하지 않다.

미국 인적자원관리학회가 2019년 발표한 '기량 격차(Skills gap)'라는 연구 조사에 따르면, 글로벌 인력에서 가장 부족한 역량은 "창의성, 혁신, 비판적 사고를 통한 문제 해결"로 조사되었다. 두 번째로 부족한 역량은 "복잡성과 모호성을 다루는 능력"(창의성을 에둘러 이르는 표현이다)으로 조사되었다. 2020년 링크드인LinkedIn의 가장 필요한 역량에 관한 연구에서는 어떤 것이 1위를 차지했을까? 짐작했을 것이다. 창의성이다.

임원 자리를 노리고 있는가? 60개국 1,500명의 CEO를 대상으로 한 IBM의 한 연구는 창의성을 가장 중요한 리더십 자질로 꼽았다.

취직하기만을 바라는가? 전미 대학협회가 발표한 2015년 연구는 "지원자가 비판적으로 사고하고 복잡한 문제를 해결하는 능력이 학부 전공보다 더 중요하다"라고 밝혔다. 그리고 이를 지적한 사람들은 전부 학부 전공을 살려 실무에 적용하는 이들이다. 그것은 마치 로널드 맥도널드Ronald McDonald(미국 패스트푸드점인 맥도날드의 마스코트-옮긴이)가 채식주의자가 되라고 제안하는 것과 같다.

인공지능과 자동화에 관한 2019년 보고서에서 포레스터 리서치Forrester Research는 디지털로 무장한 로봇에 맞서 미래에도 직업을 지키는 유일한 방법은 창의적인 역량이라고 말했다. 다시 말해, "로봇보다 인간이 현재 우위를 점하게 해주고 있고 앞으로도 그렇게 해줄 유일한 능력이 바로 창의적 역량"임을 보여준다. R2-D2(영화 스타워즈 속 가상 우주에 등장하는 안드로이드-옮긴이)야, 무슨 말인지 알아들었니?

그런데 여기에는 모순이 있다. 사춘기 이전의 10대들에게 치아 교정기를 찬 이성과 성적 행위를 하려는 욕구를 억제하라고 가르치는 것처럼, 우리는 우리의 창의적 본능을 억제해야 한다고 교육받아왔다. 그러나 그 충고는 어느 모로 보나 시대에 뒤떨어진다. 직장을 얻고, 생산적인 경력을 쌓고, 본인의 잠재력을 최대한 발휘하고 싶다면, 거기에 더해 개인적인 삶을 보람찬 것으로 채우고 싶기까지 하다면, 우리의 창의적인 의견을 받아들이는 것은 사실 더 이상 선택하고 자시고 할 문제가 아니다.

이 숫자들이 그 모순을 잘 증명해준다. 5,000명의 성인 전문가들을 대상으로 한 애드 에이지Ad Age의 한 연구는 "창의력을 발휘하는 것이 경제성장에 중요하다고 생각하는 사람이 10명 중 8명이었지만, 자신의 창의적 잠재력에 부응하고 있다고 믿고 있는 사람은 그보다 현저히 낮은 25퍼센트에 불과했다"고 밝혔다.

분석 컨설팅으로 악명이 높은 컨설팅 대기업 맥킨지McKinsey는 창의성과 혁신이 비즈니스 성과에 미치는 영향을 조사하기로 결정했다. 데이터 과학자들이 숫자를 면밀하게 분석했다. 그런데 숫자 분석 결과가 너무 충격적이어서 숫자를 너무 많이 들여다본 나머지 계산할 때 쓰는 필기구와 각도기가 담긴 필통은 헤지고, 과학자들의 눈은 사시가 되고 말았고, 검은 뿔테 안경은 제 모습을 유지하려면 새로운 흰색 테이프가 필요했을 정도였다. 분석 결과 때문에 선형적 사고에 익숙한 그들의 뇌는 폭발하고 말았다.

창의성이 높은 기업은 주주들에게 평균 이상의 총 수익률을 선사해줄 가능성이 2배 높았을 뿐만 아니라 평균 성장률도 창의성이 떨어지는 기업보다 2.3배 더 높았다. 이 보고서는 "창의적인 리더들은 주요 재무 지표에서 다른 리더보다 더 높은 성과를 보인다." 그리고 "가장 창의적인 기업들이 더 나은 재무 실적을 보인다. 결론적으로 말해, 창의성이 중요하다"라고 결론짓고 있다.

내 생각에는 맥킨지 사람들은 자신의 각도기를 페인트 붓으로 교환하러 바로 떠났을 것이다.

세계적 회계 감사 기업 PwCPricewaterhouseCoopers가 2019년에 실

시한 제22차 글로벌 CEO 설문조사에 따르면, 역량 격차 항목에서 1위를 차지한 것은 "효율적으로 혁신할 수 있는 역량"으로 나타났다. 리더들 대다수가 현재 역량이 부족하다고 판단했기 때문이다. 콘퍼런스 보드Conference Board가 발간한 〈2020년 씨스위트 챌린지2020 C-Suite Challenge〉보고서에 따르면, 전 세계 740명의 CEO가 가장 시급한 3대 내부 관심사 중 하나로 "혁신적인 문화 구축"을 꼽은 것으로 나타났다.

그럼에도 불구하고 기업들 대부분은 여전히 창의성 육성을 잘 해내지 못하고 있다.

2015년 맥킨지의 한 연구에 따르면 "설문에 응한 관리자 중 44퍼센트가 회사의 혁신 성과에 대해 불만족스럽다고 말했다."

당신은 어떨지 모르겠지만, 수치에 능숙하지 못한 내 머리는 핑핑 돈다. 나같은 사람들을 위해 핵심만 추리면 다음과 같다.

> **1. 더 창의적인 사람, 팀, 기업은 전반적으로 더 나은 재무성과를 올린다.**
>
> **2. 직원, 팀, 기업 대부분은 창의적 역량을 확장하기에 충분한 투자를 하고 있지 않으며, 창의적 역량을 구축하기 위한 시스템 또한 적절히 갖춰져 있지 않다고 생각한다.**

테슬라 주가가 터무니없이 비싼 진짜 이유

앞서 언급한 모든 보고서와 통계 수치는 확실히 인상적이다. 하지만 엄청난 결과 값을 나타내며 놀라움을 준 것으로 포브스Forbes와

MIT가 공동 연구한 '혁신 프리미엄Innovation premium'을 빠트릴 수 없다.

포브스의 분석 마법사들은 혁신이 기업의 주가에 어떤 영향을 미치는지 조사하기 위해 MIT의 슈퍼 천재들과 팀을 구성했다. 이들은 기업이 얼마나 혁신적이라고 인식되는지에 따라 상승하는 주식 가치를 모델화 하기를 원했다. 모델의 초기 설계자 중 한 명인 제프 다이어Jeff Dyer는 "'혁신 프리미엄'은 현재 시장에 출시된 제품의 순 현재 가치로는 계산할 수 없는 기업의 시장 가치를 나타내는 비율입니다. 달리 말하면, 주식 시장이 기업에 주는 프리미엄입니다. 투자자들은 혁신적인 기업이 새로운 제품으로 새로운 시장에 진출하면 더 큰 순이익을 벌 수 있다고 기대하기 때문에 이 같은 프리미엄을 부여하게 됩니다."

정확한 수치를 산출하기 위해 이 모델은 비정상적으로 많은 양의 데이터를 고려한다. 투자은행 크레딧 스위스Credit Suisse가 특허를 낸 알고리즘을 활용한다. 이 알고리즘에는 50만 건 이상의 데이터를 활용해 4만 5,000개 회사의 과거 현금 흐름을 분석한 내용이 들어간다. 연구팀은 회사 규모, 산업, 지역을 고려해 최소 6년간의 재무 데이터를 검토한다. 또한 투자수익률(ROI), 예상 현금흐름, 재투자율에 대한 향후 2년간의 추정치를 산출하고, 시장 변동성, 산업 동향, 공급망 등의 요인을 고려해 수치를 조정한다. 이러다 이 천재들이 우주선을 만들어 별자리까지 날려버리지는 않을지 걱정이다.

기본적으로, 주가를 결정하는 모든 논리적인 요소를 고려해 주가를 산정한다. 그런 다음 실제 주가와 비교해 투자자들이 얼마나 많은 프리미엄을 기업의 혁신 능력에 부여하는지 알아본다. 놀랍게도, 투자자들은 창의성을 대가로 웃돈을 지불한다는 점을 알 수 있었다.

포브스가 선정한 올해의 가장 혁신적인 기업 순위 현재 3위에 올라있는 '세일즈포스Salesforce'라는 기업부터 살펴보자. 이 글을 쓰고 있는 시점을 기준으로 이 회사의 가치는 1,610억 달러(약 189조 8,000억 원)이다. 하지만 중요한 것은, 모든 합리적인 자료에 근거한 이 회사의 가치는 880억 달러(약 103조 7,500억 원)에 불과하다는 점이다(주의: "가치가 880억 달러에 불과하다"라는 문구를 사용할 일은 그다지 흔치 않다). 이는 투자자들이 주가의 82.27퍼센트에 달하는 금액을 혁신 프리미엄으로 지불한다는 뜻이다. 세일즈포스가 혁신을 지속할 것이라는 인식에 근거해 투자자들은 웃돈을 얹어서라도 주식을 사려고 하기 때문이다. 간단히 말해, 세일즈포스의 가치는 핵심 비즈니스 지표보다 730억 달러나 더 높다는 것이다.

포브스의 가장 혁신적인 기업 순위는 혁신 프리미엄 순으로 순위를 매긴다. '서비스나우ServiceNow'는 89.22퍼센트의 혁신 프리미엄을 기록해 올해 1위를 차지했다. 이 회사의 가치는 870억 달러로 책정되었는데 실제 실적에 근거한 380억 달러라는 가치와 그 회사가 얼마나 혁신적이라고 인식되는지에 근거한 340억 달러 가치가 합쳐져 산출된 값이다.

당신이 예상한 대로, '테슬라'도 혁신 프리미엄 78.27퍼센트로 4위를 차지했다. 주주들은 이 회사의 혁신 역량에 650억 달러의 프리미엄을 준다는 말이다. 테슬라를 제네럴 모터스(GM, General Motors)와 비교해 보면 디트로이트 출신의 나 같은 사람들은 선뜻 이해가 가지 않는다. 테슬라는 매출 수준이 GM의 18퍼센트에 불과하다. 그런데 미국 최대 자동차 회사 GM의 가치는 불과 330억 달러로, 테슬라 가치의 22퍼센트에 지나지 않는다.

잠깐, 뭐라고? 테슬라와 GM은 둘 다 자동차를 생산하는 기업이다. 둘 다 제조업 기업이다. GM은 2019년에 36억 달러의 이익과 함께

1,372억 달러(약 161조 7,500억 원)의 매출을 올렸다. 같은 해, 테슬라는 거의 10억 달러의 손실을 본 데다가 246억 달러(약 29조 34억 원)의 매출에 불과했다. 모든 합리적인 기준에 근거한다면, GM의 가치가 훨씬 커야 한다. GM은 테슬라에 비해 거의 5배에 달하는 매출을 올리고 있을 뿐만 아니라 훨씬 더 긴 성공의 역사까지 자랑하는 기업이다. 게다가 손실을 메워야 하는 처지가 아니라 순이익을 기록하며 돈을 벌고 있는 기업이다. 그에 반해 테슬라는 엄청난 프리미엄을 누리고 있다. 그럴 수 있는 이유는 차를 타본 적이 없는 사람이라도 테슬라가 GM보다 더 혁신적이라는 말에 고개를 끄덕일 것이기 때문이다. 달리 말하면, GM은 혁신세稅를 내는 것이나 마찬가지다. 왜냐하면 GM은 여전히 혁신 역량을 발휘할 수 있다는 점을 투자자들에게 확신시키지 못해 주가가 타격을 받고 있는 것이기 때문이다.

혁신 프리미엄과 혁신세 개념은 상장 대기업은 물론이고 모든 기업에 적용된다. 비상장 중소기업 직원들은 매일 자사의 주가를 감시하지 않지만, 이직률을 보면 이를 알 수 있다. 혁신적인 접근 방식을 입증하는 기업은 기존 기업보다 훨씬 더 효과적으로 인재를 유치하고, 유치한 인재를 잘 붙들고 있기 때문이다. 창의성을 완전히 수용하고 의도적으로 혁신 문화를 구축한 민간 기업들은 더 빨리 성장하고, 고객을 더 행복하게 만들고, 청산할 때도 더 쉽다. 이발소를 운영하든, 제분소를 운영하든, 소규모 인터넷 보안 컨설팅 업체를 운영하든, 당신의 회사는 당신이 더 혁신적일수록 더 가치가 높아진다.

개인도 마찬가지다. 창의적 사고와 창의적 문제 해결을 꾸준히 보여주는 사람은 더 빨리 승진하고 더 높은 수준의 직업적 성공에 도달한다. 그리고 만약 여러분의 목표가 순이익이 아니라 영향력(아이들을 반듯하게 키우고, 지역 사회에 변화를 바람을 일으키고, 환경보호에 힘쓰는 것)이라면, 혁신 프리미엄 개념은 여전히 유효하다. 분야, 기술, 목표 등에 관계없이, 개인의 혁신 프리미엄을 높이기 위한 투자는 엄청난 이득을 가져다준다.

창의력에 투자하라

당신이 투자할 수 있는 다른 투자 자산을 생각해보라. 주식, 부동산, 가족 누군가 새로 짓고 있는 레스토랑의 부분 소유권 같은 것들 말이다. 어떤 투자든 자원(돈, 시간, 노력)을 투자하는 이유는 기대 보상(금전적 이득, 이웃으로부터 부러움을 사는 집, 중심가에 위치한 이탈리안 레스토랑의 지분을 소유한 덕에 공짜로 얻어먹는 파스타 한 그릇)을 얻기 위함이다. 또 투자할 때 반드시 고려해야 할 요인은 '리스크'이다. 우량주에 투자하는 것은 새로 생긴 시칠리아 요리 전문 식당에 투자하는 것보다 리스크가 낮다. 그래서 투자를 할 때 투자, 기대 보상, 리스크 이 세 가지 요인을 들여다보게 된다.

엑손모빌ExxonMobil 주식 173주를 매수하는 행위, 즉 외부적 투자 행위를 자신의 창의성에 투자하는 것과 비교해 보자. 창의성에 투자하는 비용은 미미하다. 이 책을 이미 산 당신은 특히 그렇다(어쨌든 감사합니다). 물론 역량을 높이기 위해서는 시간을 투자해야 한다. 하지만 창의성에 투자한다고 해서 이번 달 월세를 버는 데 지장이 생기는 것은 아니다.

역량은 키우고 나면 사라지지 않고 계속 보유할 수 있다. 수익을 누리려면 팔아야 하는 주식과는 달리, 창의성 투자는 창의성이라는 기초 자산을 보유하는 동안 배당금을 받듯이 여전히 계속해서 이득을 가져다준다. 경제가 더욱 자동화되고, 복잡해지고, 경쟁이 치열해지는 상황에서 창의적 역량을 키워두면 점점 더 큰 보상을 계속 가져다줄 것이다. 창의성을 표출하는 행위는 기본적으로 만족을 가져다준다. 때문에 창의성을 표출하면 내적 보상 역시 누리게 된다. 게다가, 끝내 고갈되고 말 해상 유전에 수십억 달러를 투자하는 가스 회사와 달리 창의성은 재생 가능 에너지처럼 언제든 꺼내 쓸 수 있다.

당신의 엑손모빌 주식은? 자신이 통제할 수 없는 수많은 요인들에 취약하다는 점에서 주식 투자는 불안정하다. 주식 투자는 지정학적 혼란, 규제 부담, 테러 공격, 기후 변화, 경쟁 압력, 날씨 패턴에 취약하다. 엑손 발데즈 원유 유출 사고 같은 재앙은 말할 것도 없다. 이에 비해 창의성에 대한 투자는 이러한 위협적인 외부 요인에 내성이 강하다. 투자의 기본으로 돌아가 보자. 투자비용은 가장 낮고, 리스크는 가장 적고, 잠재적 보상은 가장 큰 투자가 있다면 어디에 투자해야 할지는 식은 죽 먹기처럼 쉽지 않은가?

우리가 배워온 것과는 상당히 다른 전략이다. 안전하다고 느끼던 것은 리스크가 있는 것이 되었고, 리스크가 있다고 느끼던 것은 안전한 것이 되었다. 사실 대전환이 대규모로 벌어지고 있다. 우리는 자라면서 하드웨어 기술이 미래를 보장해줄 거라 배웠지만, 그 범주에 속한 기술들 대부분이 자동화되거나 상품화되었다는 사실을 알게 되었다. 반면에, 우리는 '진정한 일'을 하려면 상상력 같은 소프트웨어 기술을 내다 버리라고 배웠다. 소프트웨어 역량은 사실 수요가 가장 많은 역량일 뿐만 아니라, 금전적 이득, 높은 성과, 최대의 영향력과 가장 관련이 크다. 맥북 에어는 교량에 생긴 결함이 교량을 얼마나 빨리 무너뜨릴지는 빠르게 계산할 수 있지만, 브로드웨이 뮤지컬을 작곡하는 데는 전혀 능숙하지 않다.

창의력의 복리 효과

우리는 모두 유구한 역사를 자랑하는 80대 20 법칙을 들어본 적이 있다. 최고의 고객 20퍼센트가 수익의 80퍼센트를 창출하고, 직원 20퍼센트가 생산성의 80퍼센트를 창출하며, 골칫거리의 80퍼센트는 문제의 20퍼센트로부터 비롯된다는 것이다. 1896년, 경제학자 빌프레도 파레토Vilfredo Pareto는 이탈리아 땅의 80퍼센트가 단지 인구의 20퍼센트에 의해 소유된다는 것을 깨달았다. 그는 이 유명하고 일반적으로 정확한 개념에 자신의 이름을 명명할 수 있는 특권을 누렸다. 그래서 80대 20 법칙은 '파레토 법칙'이라고 불리기도 한다.

파레토 법칙을 현대적으로 변형시켜 기존의 지식, 진보, 창의성에 어떻게 적용할 수 있을지 살펴보자. 일반적으로, 나는 우리가 추구하는 결과의 70퍼센트는 우리의 현재 훈련 수준, 경험 수준, 치밀한 계획에서 나오고, 나머지 30퍼센트는 창의성을 통해서만 달성될 수 있다고 확신한다.

46년의 역사를 자랑하는 식품 유통회사를 운영한다고 상상해 보라. 그 회사는 735명의 직원을 거느리고 있을 뿐만 아니라, 순이익도 오랫동안 실현해왔고, 고객 평판도 흠잡을 데 없다. 이런 유리한 경영 여건이라면 이 사업을 계속 유지해나가야 한다고 보는 것이 논리적이다. 이봐, 고장 나지 않았으면 고치지 마. 도움은 못 줄망정 왜 일을 방해하려 하는 거야?

문제는 당신을 둘러싼 세상이 역사상 그 어느 때보다도 빠르게 변하고 있다는 점이다. 당신은 아직 이 같은 변화의 비밀을 풀어내지는 못했다. 하지만 그렇다고 이 같은 변화로 인해 아직은 피해를 본 것은 아니다. 프로거 게임으로 치면, 물에 빠지지는 않은 상황이다. 그런데 저녁을 먹으러 집으로 돌아갈 계획이라면, 프로거 게임의 개구리처럼 미지의 강물을 건너가야만 한다.

형광등이 켜진 해변을 테마로 한 올랜도의 연회장에서 식품 유통회사 임원들이 새우 요리를 게걸스럽게 먹으며, 연례 전략 발표회가 열띠게 진행된다. 각 팀의 리더들은 세부 전략을 설명하고, 당신은 짭짤한 연말 보너스를 챙길 수 있다. 우리는 전에도 해봤고, 우리가 무엇을 하고 있는지 안다. 이것은 그야말로 야유회이다.

하지만 전략 발표회가 끝난 직후, 상황이 악화되기 시작한다. 버섯 공급 물량이 부족해지며 버섯 대란이 발생한 것이다. 이로 인해 비용은 감당할 수 없을 정도로 치솟고, 영업 담당 직원들은 애를 먹고 있다. 친환경을 모토로 내세워 실리콘 밸리로부터 투자를 받은 새로운 경쟁업체는 새로운 기술 기반 유통 시스템을 개발해 당신의 버섯을 닉슨 행정부 때 채취한 오래된 버섯처럼 보이게 만든다. 운영 담당 수석 부사장은 항상 믿음직한 바위 같은 존재였지만, 중년의 위기를 겪으며 요가 강사가 되려고 회사 업무를 내팽개친 지 오래다. 혼란이 극에 달한다고 생각했을 때, 당신의 고객들은 사회적 거리 두기를 수용해야 하는 이상한 바이러스로 인해 주문을 반으로 줄이고 있다. 이 상황은 올랜도의 따뜻한 태양 아래서는 듣지도 보지도 못했던 것이다.

존 레논John Lennon의 명언처럼, "인생은 우리가 다른 계획을 세우느라 바쁜 사이에 우리에게 닥치는 일들이다(Life is what happens when you're busy making other plans)." 당신이 불과 몇 달 전에 승인한 대책들이 이제는 비참할 정도로 쓸모없는 대책으로 전락하고 말았다. 과거의 경험은 유익할 수도 있지만, 당신이 지금 직면하고 있는 도전

과제들은 이전에는 결코 넘어본 적이 없는 것들이다. 고맙게도 강력한 전략 덕에 당신은 목표의 70퍼센트를 달성할 수 있다. 하지만 어느 누가 C-마이너스라는 성적을 받고 연명이나 하고 싶겠는가?

이제 당신은 창의성으로 메울 수 있는 간극을 들여다보고 있다. 이 간극은 대본에 없던 30퍼센트이다. 30퍼센트를 정복하기 위해서는 모호함을 무릅쓰고 결정을 내려야 한다. 당신은 급변하는 상황에 실시간으로 적응하면서 즉흥적으로 대처해야 할 필요가 있다. 새로운 성장 기회를 찾기 위해서는 창의적 사고가, 좌절을 극복하기 위해서는 창의적인 문제 해결이 필요한 상황이다.

당신의 개구리는 새로운 방향으로 빠르게 점프하는 법을 배워야 한다.

창의적 리더로 변신한 당신은 이를 해결할 수 있다. 한 번에 하나씩 작지만 큰 돌파구를 찾아낼 수 있기 때문이다. 클라우드 기반 기술 플랫폼을 구축할 정도로 기술력이 뛰어난 새로운 경쟁업체에 맞설 수 있다. 지구를 샅샅이 뒤져 훨씬 더 나은 버섯 공급업자를 찾아 비용을 절감하고, 다년간의 거래를 성사시켜 경쟁우위를 확보한다. 업계의 아웃사이더를 영입하여 부사장 자리에 앉히고는 새로운 시각과 새로운 경험을 조직에 공급한다. 그리고 사회적 거리 두기를 시행하는 식당으로부터의 수요 감소 때문에 당신은 병원, 긴급구조원, 기관 구매자들에게 식품을 팔려 한다.

과감한 아이디어도 있지만, 아이디어는 대체로 그저 그렇다. 용감한 리더로 거듭난 당신이 업계 전반보다 더 나은 성과를 내 창사 이래 가장 큰 성장세를 이룩할 수 있던 것은, 하나의 거대한 아이디어 때문이 아니다. 풍부하고 다양한 수많은 작은 아이디어들 덕이다.

70 대 30 법칙은 물론 무시될 수도 있었다. 당신이 변화하는 환경에 적응하지 못하고 이러지도 못하고 저러지도 못했다고 상상해 보라. 창의성은 거들떠본 적도 없고 육성해본 적도 없다. 때문에 당신과 회사는 원래 계획을 고집할 수밖에 없다. 이전에 구축해둔 업계 지위가 막강했던 데다가 모멘텀까지 유리하게 작용한 덕에 당신의 팀은 원래 예측한 70퍼센트를 달성한다. 그 덕에 회사는 유동성을 유지할 수 있다. 현재로서는 그렇다.

문제는 70 대 30 법칙은 복리처럼 효과가 매해 불어난다는 점이다. 복리의 효과가 당신에게 불리하게 작용한다고 해보자. 30퍼센트의 간극은커녕 회사가 목표의 70퍼센트도 달성하지 못했다면, 다음 해로 넘어갈 때는 사뭇 분위기가 달라진다. 마치 다친 강아지가 불안해하는 것처럼, 자신감이 결여된 상태로 새해를 맞이한다. 저조한 성과로 인해 이사회는 당신의 목을 조이고, 창의적인 리스크 감수는 생각도 해볼 수 없을 정도로 긴장된 분위기를 조성한다. 위기가 다가올 때는 문을 걸어 잠그고 뜨개질을 계속하는 것이 낫다는 말처럼, 당신과 팀은 경기를 안전하게 꾸려 나가기로 결정한다. 하지만 그 결정이 최악의 자충수였다는 것을 알게 될 뿐이다. 두 번째 해도 30퍼센트를 달성하지 못한 채 마무리되었다. 정리해고와 임원진 교체라는 역풍을 맞았다. 이번에는 시카고 오헤어 공항 근처 외곽에 있는 누추한 컴포트 인Comfort Inn에서 연례 전략 발표회가 열렸다. 올랜도에서 마셨던 블랙베리 마르가리타 칵테일을 이번에는 맛볼 수 없게 되었다.

하지만 복리가 당신에게 유리한 방법으로 작용했다면 어땠을까? 힘든 시기였음에도 성공적으로 한 해를 마무리했다면 당신의 창의적 자신감은 얼마나 커졌을지 상상해 보라. 30퍼센트의 간극을 메우고 정복했다면 두 번째 해는 혁신 르네상스가 계속될 것이다. CEO

에서부터 트럭 운송 담당자에 이르기까지, 새로운 아이디어와 참신한 사고가 표준이 된다. 기존 고객을 통해 시장 점유율이 꾸준히 증가함에 따라 새로운 고객도 늘어난다. 흑자로 인해 미래 기술과 인프라에 과감한 투자가 가능해져 경쟁우위를 심화시키는 동시에 회사 전체가 대규모 보너스까지 받을 수 있다.

유리하게 작용하든 불리하게 작용하든 상관없이, 70 대 30 사이클은 복리처럼 불어나기 마련이다.

이 책에 나온 개념 대부분과 마찬가지로, 이 원리는 개인에게도 적용될 수 있다. 복리가 유리하게 작용해 매해 30퍼센트의 간극을 극복해나간다. 승진, 급여 상승, 직업적 만족도의 상승 등 각종 혜택이 배당금처럼 당신에게 쏟아진다. 30퍼센트의 창의성 간극을 매해 정복하게 되면서 당신은 잠재력을 최대한 활용할 수 있게 된다. 역량과 자신감도 향상된다. 그렇게 되면 내년의 싸움도 훨씬 더 손쉬워진다. 그에 반해 부정적인 사이클에 빠지기를 원치 않는다. 부정적 사이클에 휘말리면 해다마 패배하는 사이클이 만들어진다. 이 파멸의 사이클은 조용한 절망으로 당신을 신속히 빠뜨리고 그 결과, 회복하기가 점점 더 힘들어질 것이다.

모든 실패의 공통분모

공식은 로맨틱 코미디, 남자 아이돌 그룹, 완벽한 모히토에 효과적이다. 공식의 존재 의의는 예측 가능한 결과를 제공하는 것이다. 내가 라스베이거스에 갈 때마다 들르는 카사 푸엔테에서 마신 끝내주는 모히토처럼, 공식은 긍정적 결과를 만들어내는 데 탁월하다. 이처럼 공식은 사전에 인지하고 피할 수 있을 정도로 명백한데 왜 전형적 실패 사례들이 그토록 많이 존재하는지 우리는 의문을 품지 않을 수 없다.

다음의 실패 과정이 전개되는 것을 몇 번이나 보았는가?

1막: 젊은 혁신기업

신생 A사는 매우 혁신적이고 고객들은 A사를 좋아한다. A사는 월스트리트로부터도 사랑을 받는다. 최고의 인재들을 유치하고 막대한 수익을 올리고 있다. 시장을 주름잡는 이 회사는 잠자는 업계의 강자들을 물리치며 변방으로 쫓아낸다.

2막: 도전

몇 년 후, 새로운 경쟁업체 Z사가 등장한다. Z사는 A가 미처 찾지 못했던 취약성을 발견한다. 이 도전자는 고객에게 가치를 제공할 새로운 방법을 찾는다. 이 회사는 창의적인 접근 방식을 활용해 성공을 거두기 시작하지만, 기존의 강자(현재 시장의 선두주자)는 우위를 고수하려고 한다. 새로운 도전자인 Z사는 더 민첩하고 더 혁신적이어서 과거에 구애받지 않고 앞서 나가고 있다.

3막: 발견되지 않은 쇠퇴

A사는 이전의 기세를 바탕으로 성장을 계속 이어나가고는 있다. 하지만 성장 속도가 눈에 띄게 더뎌졌다. 리더들은 "우리는 괜찮을 거야. 전에도 이겨냈잖아" 같은 판에 박힌 말만 반복한다. 리더들의 오만은 주주 가치를 훼손시키고 사태의 진실을 왜곡하고 있다. 한편,

새로운 도전자인 Z사는 계속해서 시장의 선두주자를 조금씩 갈아먹으며 핵심 인재들을 빼가고 주요 고객마저 빼앗아 간다.

4막: 마지막 숨결

한때는 시시했지만, 지금은 자격을 갖춘 A사의 리더들이 마침내 상황의 심각성을 받아들일 즈음이면 이미 늦었다. 연이은 실책, 날려버린 기회, 안일한 도박이 회사의 궁극적인 종말을 초래한다. 경영진은 멋진 낙하산을 찾기 위해 안간힘을 쓰는 데 반해, 주주들과 고객들은 궁극적인 대가를 치른다. 도전자인 Z사가 챔피언이 된다.

이게 맞는지 확인해보자. 다음 페이지의 A사와 Z사는 실패의 공식을 완벽하게 보여주는 예이다.

왼쪽의 회사들은 가장 명확하고 주목할 만한 실패 사례이다. 거의 모든 산업, 지역, 회사 규모에서 이 공식을 찾아보는 것은 구글에서 날씨를 검색하기보다 쉽다. 투박하고 구태의연한 개인 상해 법률회사는 기술을 앞세운 현대적이고, 신속한 법률 회사 때문에 파산했다. 한때 강자였던 전문 소프트웨어 기업은 더 혁신적인 신생회사의 희생양이 되었다. 이런 패턴은 경력에서도 나타난다. 그리고 대학, 교회, 지역사회, 심지어 국가들에서도 나타난다. 그렇다면 5학년짜리가 이 주제로 논문을 써도 '상상력 부족 때문'이라는 결론으로 B-까지 무난히 받을 수 있을 만큼 너무나 명백한데도 왜 우리는 이 패턴을, 같은 실수를 계속 반복하는 것일까?

우리는 우리에게 영감을 주는 개구리 프로거를 간과해서는 안 된다. 프로거가 전해주는 메시지는 분명하다. 계속 도약하려면 창의성이라는 역량을 개발하라는 것이며 그렇지 않으면 모든 것을 잃을 위

A사	Z사
폴라로이드 Polaroid	인스타그램 Instagram
랜드 맥널리 Rand McNally	웨이즈 Waze
블록버스터 Blockbuster	넷플릭스 Netflix
새턴 Saturn	테슬라 Tesla
이스턴 항공 Eastern Airlines	제트블루 JetBlue
아타리 Atari	엑스박스 Xbox
제이씨페니 JCPenney	자라 Zara
배스킨로빈스 Baskin-Robbins	핑크베리 Pinkberry
블랙베리 Blackberry	아이폰 iPhone
마이스페이스 MySpace	페이스북 Facebook
보더스 북스 Borders Books	아마존 Amazon
토이저러스 Toys R Us	타겟 Target
프린스톤 가족 The Flintstones	심슨 가족 The Simpsons
골프 Golf	탑골프 Topgolf

험을 감수하라는 것이다. 창의적 발걸음을 자주, 신중하게 내딛다 보면 훨씬 안전한 앞길이 우리 눈앞에 확 펼쳐질 것이다. 하지만 아무것도 안 하고 가만히 서 있기만 한다면 엄청난 위험이 우리를 덮칠 것이다.

창의성이라는 근육을 단련하는 것은 늘 중요하다. 그리고 그것을 활용하는 것도 늘 중요하다.

다음 장에서는 창의적인 영웅들이 어떻게 일상의 습관을 활용해 비범한 일을 해내는지 알아볼 것이다. 운동선수들이 훈련을 통해 자신의 기량을 키우듯, 혁신적 아이디어를 쏟아내는 혁신가들은 어떻게 자신의 역량을 키워 가는지 알아보자. 우리가 창의적 역량을 키우기 위한 공간은 예술가의 스튜디오에 더 가까워 보일지도 모르지만, 능숙함을 이루기 위해 반복해서 훈련해야 한다는 개념에는 변함이 없다.

우리는 레이디 가가Lady Gaga, 뱅크시Banksy, 스티븐 스필버그Steven Spielberg가 어떤 식으로 훈련을 반복해 나가는지 그 비밀을 밝힐 것이다. 전설적인 예술가, 음악가, 작가, 발명가, 기업가들이 어떻게 단순한 일상 습관을 통해 상상력을 키워나가는지도 알아볼 것이다. 나는 창의적 역량을 향상시키기 위해 매일 5분씩 반복하는 나의 루틴도 공개할 것이다. 원한다면 이를 참고해 당신의 창의적 역량을 끌어올리는 데 활용해도 좋다. 운동기구 따위는 필요 없다.

Chapter

창의력을 폭발시키는 '습관'의 힘

영국의 시인 이디스 시트웰Edith Sitwell은 매일 아침 글 쓰는 일과에 들어가기 전 뚜껑 열린 관에 눕는 것으로 시작했다.

플로피 디스크를 발명하는 등 3,300건의 발명 특허를 출원한 나카마츠 요시로中松 義郎 박사는 물속에 몸을 담그고 거의 익사할 지경이 돼서야 아이디어를 생각해낼 수 있었다.

소설가 프란츠 카프카Franz Kafka는 열린 창문 앞에 서서 완전히 벌거벗은 몸을 세상에 다 보여주며 10분간 운동을 해야 글을 쓸 수 있었다.

스릴러 소설가 퍼트리샤 하이스미스Patricia Highsmith는 살아있는 달팽이 300마리 앞에서 2,000단어의 글을 매일 썼다.

영국의 과학자이자 철학자 프란시스 베이컨Francis Bacon은 매일 6병 이상의 와인을 마시고, 엄청난 양의 식사를 여러 차례 마치고, 한 움큼의 약을 먹고, 도박을 즐기는 일과를 반복하며 살았다.

그들의 기이한 의식을 따라하라는 것은 아니지만, 이 창의성의 전설들은 자신의 상상력을 일으키기 위해 '습관의 힘'을 이용했다. 다작을 쏟아내는 음악가, 영화감독, 발명가는 일관된 일상을 실천해 창의적 역량을 일깨우고 놀라운 작품을 탄생시킨다.

우리의 경우, 창의적 습관이 저들처럼 기이할 필요는 없다. 베스트셀러 작가이자 습관 전문가 제임스 클리어James Clear는 자신의 책 《아주 작은 습관의 힘Atomic Habits》에서 습관을 "무의식적 행동을 하기 위한 좋은 결정"이라고 묘사한다. 그가 인용한 듀크대학교의 연구에 따르면, 습관은 우리 행동의 40퍼센트 이상을 좌우한다고 한다. 쉽게 말해, 창의력을 기르고 싶다면 습관부터 들여다봐야 한다는 말이다.

내가 재즈 기타를 공부할 때, 기타 실력을 향상시킬 수 있었던 비결은 일관된 연습이었다. 중고로 산 메트로놈을 켜고 혼자 보낸 수많은 시간에 비하면 유명한 선생님으로부터 배운 가르침은 큰 효과가 없었다.

작가 말콤 글래드웰Malcolm Gladwell을 유명하게 만들어준 《1만 시간의 법칙10,000-hour rule》에서 입증되었듯이, 1만 시간은 꾸준히 연습해야 새로운 기량을 익힐 수 있다. 물론 능숙함을 달성하기까지 그렇게 오랜 시간이 필요한 분야도 있겠지만, 나는 작가 조슈아 카우프만Joshua Kaufman이 제시한 '20시간 법칙Twenty-hour rule'을 매우 좋아한다.

2013년, 카우프만은 흥미로웠던 테드 톡TED Talk 강의를 통해 1만 시간의 법칙의 타당성에 의문을 제기하며 대안을 제시했다. 20시간만 열심히 연습하면 거의 모든 새로운 기량의 기초를 배울 수 있다고 말한 것이다. 명장급의 소믈리에는 될 수 없겠지만, 와인을 즐길 수 있는 기본은 확실히 배울 수 있을 것이다. 20시간을 연습한다고 해서 첼로의 거장 요요마Yo-Yo Ma처럼 첼로를 연주할 수는 없겠지만, 첼로에 대한 사전 지식을 익힐 수 있을 뿐만 아니라, '반짝반짝 작은 별Twinkle, Twinkle' 정도는 연주해낼 수 있게 된다.

창의적 성장을 위한 단 몇 시간의 투자가 우리가 원하는 많은 혜택을 제공한다는 것을 깨달았을 때 20시간 개념은 자유로워진다. 작지만 큰 돌파구를 실현할 목적이라면 굳이 창의성을 연구해 박사학위까지 받을 필요는 없을 것이다. 창의적인 작지만 큰 돌파구는 우리 누구나 접근할 수 있기 때문이다.

우리가 관리할 수 있는 크기로 20시간을 나누어보자. 2달 동안 하루에 20분, 아니면 4달 동안 하루에 10분씩 투자하면 5퍼센트 정도는 창의성을 업그레이드할 수 있다. 당신이 좋아하는 TV 시청시간이나 SNS 사용시간의 일부만 투자해도 강력한 창의력을 발휘할 수 있는 것이다.

우리는 대규모 혁신을 달성할 수 있었던 이들의 습관과 마음가짐을 앞으로 알아볼 것이다. 하지만 당신이나 나 같은 일반인에게도 같은 방법론이 적용될 수 있다. 일상적인 소규모 혁신의 무궁무진함을 알게 될 것이기 때문이다.

썩지 않는 아보카도를 만든 습관의 힘

더 나은 삶을 살기 위해 캐나다로 이민 온 중국계 여성 제니 두Jenny Du는 나중에 그녀가 "지극히 평범한 노동자 가정"이라고 묘사한 환경에서 자랐다. 비록 그녀의 부모는 정규교육을 받지는 못했지만, 자신의 네 딸에게는 열심히 공부하라고 다그쳤다. 용접공으로 일주일 내내 일하기 일쑤였던 아버지뿐만 아니라 생계에 도움이 되는 일이라면 뭐든 마다하지 않는 어머니까지 둔 덕에 그녀와 그녀의 자매들은 어린 나이부터 독립하는 법을 배울 수 있었다.

그녀의 자매들은 전통적인 인생 항로를 따랐다. 두 명은 검안사가 되고, 한 명은 치과의사가 되었다. 그에 반해 제니는 화학을 전공해 박사학위를 받은 후에도 무슨 일이 하고 싶은지 여전히 갈피를 잡지 못했다.

그러던 중 캘리포니아주립대학교 박사 후 과정을 함께 했던 동료 제임스 로저스James Rogers, 루 페레즈Lou Perez와 함께, 제니는 세상의 가장 큰 문제 중 하나를 해결하고 싶다는 생각이 들었다. 바로 '음식물 쓰레기'였다. 전 세계 음식물 중 40퍼센트에 달하는 엄청난 양이 쓰레기로 버려진다. 그 이유는, 음식물은 대체로 부패하기 때문이다. 전 세계적으로 배출되는 온실가스의 10퍼센트는 음식물 쓰레기와 관련 있다. 이 같은 경제적 영향이나 환경적 영향보다 더 나쁜 것은, 음식물이 버려지면 누군가는 굶주린다는 것을 의미한다는 점이다.

세계보건기구(WHO)에 따르면, 지구상의 9명 중 한 명인 8억 2,100만 명의 사람들이 매일 밤 굶주린 채 잠자리에 든다. 세계 인구가 계속 증가함에 따라, 문제는 더 심각해지고 있다. 2050년에 이르러서는 세계 인구가 100억 명에 이를 것으로 예상된다. 그럴 경우 현재 생산되는 식량보다 56퍼센트나 더 많은 식량이 필요하게 된다.

이처럼 인류는 양극단의 문제에 직면해 있다. 엄청난 양의 음식물 쓰레기 문제와 굶주린 사람들을 어떻게 먹일 것인지 하는 문제가 동시에 표출되고 있기 때문이다. 이 같은 아이러니를 목격한 제니, 제임스, 루는 의문이 들었다. 우리는 어떻게 음식물을 보호할 수 있을까? 냉장보관이 정말 우리가 할 수 있는 최선일까? 식물은 어떻게 스스스로를 보호할 수 있는 걸까? 줄기에서 떨어지면 식물은 어째서 부패하는 걸까? 무엇이 음식을 상하게 하는 걸까? 세 사람은 자신들의 의문을 포기하지 않았다.

어느 순간 의문은 "왜?", "어떻게?"에서 "…하면 어떻게 될까?"로 바뀌기 시작했다. 수확된 후에도 농작물의 신선함을 유지할 방법을 우리가 찾아낸다면 어떨까? 모든 과일과 채소에는 자신을 보호하기 위한 껍질이 있다. 때문에 천연 껍질을 더 효과적으로 만들 수 있다면 어떨까?

의문은 실험으로 이어졌고, 실험은 다시 큰 아이디어로 이어졌다. 부패 과정을 극적으로 늦출 수 있는 천연 식물 기반의 껍질을 개발할 수 있다면 어떨까? 천연 껍질을 개선하겠다는 아이디어는 세 명의 젊은 과학자들을 행동으로 이끌었다. 커피로 졸음을 쫓고 피자로 끼니를 때우며 실험실에서 2년 넘게 시행착오를 반복한 끝에 2012년 빌&멀린다 게이츠 재단Bill & Melinda Gates Foundation으로부터 기부금을 제공 받아 '에이필 사이언스Apeel Sciences'를 설립하게 되었다.

초기 아이디어 역시 좋은 출발이었지만, 이들의 비전을 현실로 바꿔놓은 것은 스파크처럼 떠오른 일련의 작지만 큰 돌파구였다. 첫 제품인 아보카도용 스프레이형 껍질이 미국 식품의약처로부터 상업적 사용을 승인받기까지는 6년이 더 걸렸다.

"아보카도가 얼마나 익었는지 알기 어려우니 이런 농담을 하기도 하죠. '아직 아니야, 아직 아니야, 아직도 아니야? 지금? 지금? 너무 늦었잖아….'" 공동 창업자 제임스 로저스는 웃으며 말했다. "하지만 에이필 스프레이를 뿌린 아보카도를 사면, 이 농담은 더 이상 이치에 맞지 않습니다. 에이필 스프레이를 뿌린 아보카도는 잘 익은 상태가 굉장히 오랫동안 지속되기 때문에 썩었는지 중간중간 확인할 필요 없이 안심해도 됩니다.” 에이필의 식물성 스프레이를 뿌린 아보카도는 그렇지 않은 아보카도보다 최대 3배 더 오래 신선한 상태를 유지한다. “눈으로 볼 수도, 냄새를 맡을 수도, 맛을 볼 수도, 느낄 수도 없습니다. 스프레이도 식물 자체입니다. 음식물을 활용해 음식물을 보존하는 것입니다.” 로저스가 말을 이었다.

산타바버라 외곽에 위치한 작고 독특한 이 회사는 혁신을 이어가며 세간의 이목을 끌었다. 빌&멀린다 게이츠 재단이 추가적인 연구개발을 지원하기 위해 추가로 자금을 제공한 후, 세 명의 공동 설립자들은 언론, 과학계, 열정적인 벤처 투자가들의 레이더에 포착됐다. 페이스북, 에어비앤비, 트위터에 투자한 것으로 유명한 실리콘 밸리의 앤드리슨 호로비츠Andreessen Horowitz는 7,000만 달러(약 831억 9,500만 원)를 투자했고, 연예인 투자자 케이티 페리와 오프라 윈프리Oprah Winfrey도 투자 행렬에 동참했다.

에이필 사이언스의 CEO들. 왼쪽부터 제니 두, 제임스 로저스, 루 페레즈. 출처_apeel.com

"가진 것 없이 살아가는 사람들이 너무 많은 세상에서 음식물이 낭비되는 것은 정말 참기 힘들었어요." 오프라 윈프리는 자신의 투자와 관련된 공개 성명에서 말했다. "에이필은 신선한 농산물의 수명을 연장할 수 있어요. 이는 식량 공급과 지구 환경에 중대한 문제입니다."

〈타임Time〉은 에이필 사이언스를 2018년 타임지 선정 50대 천재 기업 중 하나로 선정했고, 세계경제포럼(World Economic Forum)은 스위스 다보스에서 열린 기념식에서 '올해의 기술 개척자' 명단에 포함시켰다. 2019년, 〈패스트 컴퍼니Fast Company〉는 에이필을 애플, 펠로톤Peloton, 유니버설 뮤직 그룹Universal Music Group보다 앞선 가장 혁신적인 기업 7위로 선정했다.

코로나 바이러스 대유행이 극에 달했던 2020년 5월 26일, 에이필 사이언스는 벤처기업이라면 모두가 꿈꾸는 업적을 달성하기에 이르렀다. 싱가포르 국부펀드가 주도한 2억 5,000만 달러의 투자를 받으며 실시된 가치평가에서 10억 달러 이상의 가치를 지닌 것으로 평가받은 것이다. 제니, 제임스, 루의 창의적인 아이디어는 공식적으로 '유니콘Unicorn(수십억 달러의 가치를 지닌 벤처기업을 일컫는 실리콘 밸리의 은어)'이 되었다.

거대한 자본과 명성을 확보한 에이필은 이제 의미 있는 영향력을 행사하는 길을 향해 질주하는 중이다. "음식물 쓰레기는 식품 생태계에 참여하는 모든 당사자에게 부과되는 보이지 않는 세금 같은 것이다"라고 설립자들은 회사 성명에서 말했다. "음식물 쓰레기를 없애면 세계는 연간 최대 2조 6,000억 달러(약 3,075조 원)를 절감할 수 있다. 이를 통해 재배자, 유통업자, 소매업자, 소비자, 우리 모두는 지구를 위해 식품 생태계를 더 좋게 만들 수 있다. 우리는 업계를 대표해 음식물 쓰레기 위기 대처에 도움을 주고자 시간을 벌고 있다."

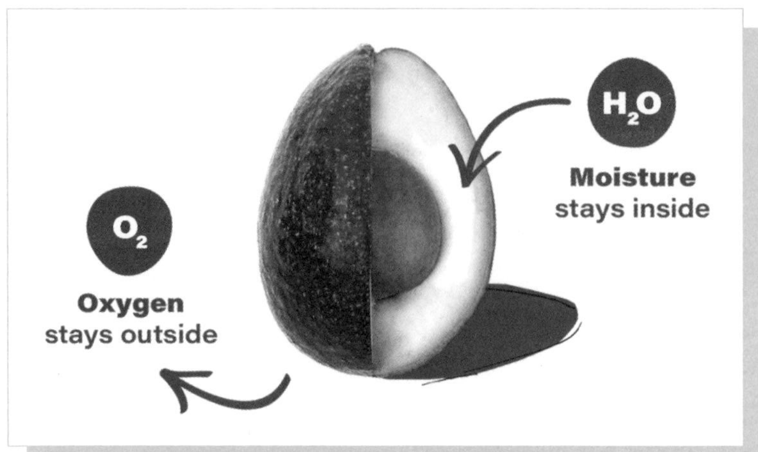

에디필Edipeel이라는 분말을 섞은 물을 신선식품에 뿌리면 표면에 얇은 막이 생겨 수분은 가두고 산소는 차단해 부패를 늦춘다. 출처_apeel.com

9,000제곱미터가 넘는 이 회사의 멋진 본사를 안내해준 팀 멤버 대니얼 코스탄자Daniel Costanza는 에이필 보호 스프레이 덕에 고객들이 더 이상 오이에 랩을 씌우지 않아도 되게 됐다고 설명했다. 오이 생산업체 한 곳에서만 엠파이어스테이트 빌딩을 11번 씌우고도 남을 어마어마한 양의 랩을 절약할 수 있다. "전 세계의 모든 농산물에 우리의 스프레이를 뿌리는 일이 벌어진다고 상상해 보세요." 코스탄자는 말했다. "1회용 플라스틱으로부터 해방이라는 패러다임 대전환입니다. 정말 말도 안 되는 일이죠."

연구계의 이단아들은 어떻게 그토록 큰 성공을 일군 회사를 만들 수 있었을까? 그들의 성취가 가능했던 것은 일상의 습관을 반복하면서 자신의 창의력을 키우고 수확했기 때문이다. 이 회사가 보호하는 과일과 채소처럼, 창의성 그 자체도 '입력', '여건', '반복'을 통해 성장한다. 입력, 여건, 반복은 우리가 우리의 능력을 확장하는 데 활용할 퍼즐 조각 같은 것이다.

햇빛, 물, 비료, 토양 같은 긍정적인 입력은 농작물의 성장을 지원하는 데 반해, 곤충, 질병 같은 부정적인 입력은 농작물의 부패를 촉진한다. 영양가 있는 농산물을 재배하기 위해, 농부들은 굶주림에 시달린 설치류 같은 해로운 영향으로부터 주변을 안전하게 보호할 뿐만 아니라, 기후나 다른 농작물과 근접한 정도 등 외부 여건을 최적화하려 애쓴다. 그리고 농산물은 성장하려면 씨앗을 뿌리고 수확하기까지 충분한 시간이 필요하다. 완벽한 딸기는 햇빛과 물을 몇 주 동안 반복적으로 공급해 줘야 익는다.

입력, 여건, 반복, 이 세 가지 요소가 에이필의 성장과 성공의 밑거름이 되었다. 초기의 아이디어는 끊임없는 호기심을 통해 등장했다. 의문 그 자체가 입력으로 작용했을 뿐만 아니라 음식 쓰레기와 세계 기아 문제에 관한 광범위한 연구 또한 입력으로 작용했다. 강한 독립심과 문제 해결 능력을 키우며 제니가 세 자매와 함께 집에서 보낸 세월도 입력으로 작용했다. 에이필을 설립하기 전에, 그녀와 그녀의 공동 설립자들은 화학 실험실에서 수많은 시간을 보내며 과학을 깊이 이해할 수 있게 되었다. 그리고 회사가 성장함에 따라, 자본, 팀 구성원의 추가적 확보, 대중적 인지도, 전 세계로부터 연구 결과도 입력으로 작용했다.

연구를 수행하는 주요 대학과의 근접성부터 멋진 새 본사에 이르기까지, 여러 가지 여건들이 회사의 운명을 가르는 데 중요한 역할을 했다. 제니는 내부적으로 기업 문화를 형성하는 데 도움을 주었다. 그 덕에 창의적인 사고와 창의적인 문제 해결을 촉진하는 여건을 조성할 수 있었다. "의미 있는 일을 하고, 흥미로운 기술 분야에서 일해볼 탁월한 기회였을 뿐만 아니라, 무에서부터 기업 문화와 가치를 구축해볼 탁월한 기회도 되었습니다. 어느 누가 뭘 더 바랄 게 있겠어요?" 2020년 〈포브스〉와의 인터뷰에서 제니가 말했다.

그녀는 팀원들에게 모든 아이디어를 공유하도록 격려하면서 투명성과 신뢰를 바탕으로 문화를 구축하기 시작했다. "우리는 매주 월요일이면 전원이 모여 회의를 하죠. 이곳에서 조직의 온갖 부분에서 올라온 소식을 들을 수 있어요. 마치 모든 것을 터놓고 말할 수 있는 자유토론 시간 같아요. 우리는 투명하고, 정직하며, 약간은 취약합니다."

반복이라는 요소는 예술적 천재성이라는 로맨틱한 개념에서 제외될 때가 많다. 하지만 반복은 개인과 조직의 창의적 역량을 발전시키는 요소이다. 제니를 비롯한 그녀의 팀은 매일같이 에이필 제품의 제조법과 씨름했다. 유기농인 데다가 섭취가 가능한 식물 재료를 활용해, 농산물에 뿌릴 수 있고 수분 손실과 산화까지 원천 차단하는 얇은 막을 개발하는 것은 말처럼 쉬운 일이 아니다. 지속적인 끈기가 없었다면, 에이필은 세상에 태어나기도 전에 파기되어 버린 수백만 개의 아이디어 중 하나가 되어버리고 마는 우를 범했을지도 모른다.

전 세계적인 기아를 근절하기 위해 출발하든, 아니면 악기를 연주하는 법을 배우고 싶든 간에 창의력을 키울 체계적인 방법이 하나 있다. 작곡가, 극작가에서부터 발명가, 비즈니스 아이콘에 이르기까지, 역사상 가장 위대한 혁신가들을 연구해보면, 천재들 대부분은 창의력이라는 근육을 단련할 때 다소 실용적으로 접근한다. 천재들은 체계적인 방식을 활용해 자신의 창의력 발전에 기능하는 일상적인 습관을 가다듬는다.

우리의 습관을 입력, 여건, 반복(제니 두를 성공으로 이끈 세 가지 요소)으로 해체하면 우리만의 훈련 체계를 만들어 창의적 역량을 확장할 수 있다. 이것들은 우리가 쇠사슬 톱을 저글링하고 탱고 춤을 추는 법을 배우고 포르투갈어를 구사할 수 있도록 해주는 바로 그 세 가지 요소들이다. 그리고 세 가지 습관 요소들은 우리 각자가 좀 더 창의적인 인간이 되도록 하는 데 큰 효과를 안겨줄 것이다.

뱅크시가 얼굴 없는 아티스트가 된 이유

신비로운 그래피티 예술가 뱅크시는 18살 때 경찰에 붙잡힐 뻔했던 적이 있다. 그 일은 예술인으로서의 그의 삶을 뒤바꿔 놓았다. 그의 고향 영국 브리스틀에서 한 무리의 동료 예술가들과 함께 주차된 기차에 스프레이를 뿌리며 그림을 그리고 있었다. 그때 경찰이 그들을 급습해 체포했다. "나머지 친구들은 차로 겨우 도망칠 수 있었어요." 뱅크시는 2003년의 인터뷰에서 회상했다. "저는 몸 위로 엔진 오일이 떨어지는 대형 트럭 아래에 한 시간 이상을 숨어있어야 했죠. 선로에 있는 경찰들의 말을 들으면서 저는 그림 그리는 시간을 반으로 줄이거나 그림을 그리는 걸 아예 포기해야 한다는 것을 깨달았습니다. 저는 연료탱크 밑에 있는, 글씨가 새겨진 철판을 똑바로 응시하고 있었는데, 제가 그 스타일을 복사해 글씨를 각각 90센티미터 정도의 높이로 만들면 좋겠다고 생각했습니다. 제가 처음으로 공판화(판에 그림을 그린 후 구멍을 뚫고 그 구멍으로 물감이나 잉크를 밀어 넣어 찍어내는 판화) 작품을 만든 순간 저는 거기서 힘을 느낄 수 있었어요. 저 또한 정치적 비판을 좋아합니다. 그래피티는 죄다 낮은 수준의 저항이지만, 공판화는 다른 역사가 있어요. 혁명을 일으키고 전쟁을 멈추는 데 활용되었거든요."

현재 세계에서 가장 유명한 예술가 중 한 명인 뱅크시의 독특한 스타일은 한 시간 동안 응시한 그의 시선이라는 입력으로 시작되었다. 공판화 기법이 그를 대표하는 기법이 된 덕에 그의 작품은 즉시 알아볼 수 있다. 이 그래피티 예술가, 활동가, 화가, 영화제작자는 타임지 선정 2010년 세계에서 가장 영향력 있는 사람 중 한 명에 이름을 올렸고, 그의 작품은 세계 미술품 수집가들 사이에서 수백만 달러에 팔리고 있다.

뱅크시의 놀라운 작품을 보면, 그의 입력은 그의 서명만큼이나 명확하다. 뱅크시에 관한 이야기 중 가장 주목할 만한 부분 중 하나는 그의 실명을 아는 이가 아무도 없다는 것이다. 단지 세간의 이목을 끌려고 드라마 같은 이야기를 일부러 지어내기도 하는 시대를 우리는 살고 있지만, 뱅크시의 실명과 얼굴을 아는 이는 아무도 없다. 그는 어떤 종류의 노출도 거부하며, 주목을 받으려 하지 않고 그늘에 숨는다. 확실히 신비롭고 흥미로운 일이기는 하지만, 뱅크시의 익명성을 유명하게 만든 것은 다른 사람들의 입력을 통해서이다.

15세기 후반의 작품 〈간호하는 마돈나Nursing Madonna〉는 2019년 2월 경매에서 250만 달러에 낙찰되었다. 이 작품은 "수놓은 장식의 달인"으로만 알려진 익명 예술가의 작품이다. 가명 뒤에 자신의 정체성을 숨긴 것으로 보이는 수십 명의 예술가 중 한 사람의 작품으로 추정될 뿐이다. 엘레나 페란테Elena Ferrante가 노벨 문학상 후보에 올랐을 때 주최 측은 그녀가 노벨 문학상 수상자로 결정되면 어떤 일이 벌어질지 우려했다. 그녀는 1992년부터 가명으로 글을 써왔을 뿐만 아니라, 그녀가 수상한다고 해도 그녀를 찾을 방법이 없었기 때문이다.

장난꾼이라는 점은 뱅크시의 또 다른 특징 중 하나이다. 한때는 루브르 박물관에 몰래 들어가 웃는 얼굴 스티커로 도배된 모나리자의 복제 이미지를 설치한 적이 있다. 뉴욕 메트로폴리탄 미술관 Metropolitan Museum of Art에서는 미술관 벽에 방독면을 쓴 한 여성의 작은 초상화를 건 적도 있었다. 웬일인지 들키지는 않았다. 오렌지색 죄수복까지 차려입은 쿠바 관타나모 수감자의 풍선 인형을 디즈니랜드의 놀이기구에 설치한 적도 있었다. 그 인형은 공원 관리들이 떼어낼 때까지 90분 동안 걸려있었다.

뱅크시의 장난은 전 세계 신문의 헤드라인을 장식했다. 그럴수록 그의 악명은 그 어떤 살아있는 예술가보다 당연히 높아져만 갔다. 2018년 경매에서 소더비Sotheby 경매인의 망치가 뱅크시의 작품 〈풍선을 든 소녀Girl with Balloon〉가 판매 완료됐음을 알리는 순간, 구경꾼들은 모두 당황했다. 그림이 갑자기 파괴되기 시작했기 때문이다.

소더비 직원들에게 발각되지 않은 덕에 뱅크시는 경매장이 수년 동안 소장해왔던 그림의 액자 안에 소형 종이 파쇄기를 몰래 설치할

뱅크시의 작품 〈풍선을 든 소녀〉
출처_sothebys.com

수 있었다. 이 장치는 리모컨을 통해 작동되는 원리로 그의 작품이 팔리는 순간에 맞춰 작동시킬 수 있었다. "최종 판매가 결정된" 그의 작품은 중간에서 멈출 때까지 액자 밑으로 파쇄되었다. 그리고는 그림의 절반은 액자에 매달려 있고 나머지 절반은 잘게 조각나고 말았다.

방금 140만 달러를 쓴 구매자가 얼마나 큰 충격에 휩싸였을지 상상해 보라. 뱅크시가 왜 그런 장난을 치는지 그 동기는 불분명하다. 미술사학자 켈시 캠벨 돌라한Kelsey Campbell-Dollaghan이 말한 것처럼, 그것은 "비평가, 상인, 갤러리 주인, 박물관 큐레이터에 대한 경멸을 드러내기 위해 게릴라 전술을 펼친 예술가의 예"였을까? 아니면 그의 브랜드를 높이고 예술의 가치를 높이려는 의도된 훌륭한 마케팅 전략이었을까? 이 같은 소동이 발생한 후 〈포춘Fortune〉은 이 작품의 가치가 두 배 이상 올랐다고 발표했다. 그 덕에 구매자는 분명 웃음을 지을 수 있었을 것이다.

하지만 뱅크시가 이런 장난을 친 최초의 선구자는 아니다. 1970년대에 사진기자로 행세했던 예술가 하비 스트롬버그Harvey Stromberg는 뉴욕 현대 미술관Museum of Modern Art 곳곳에 전등 스위치, 벽돌, 전기 콘센트 같은 평범한 물건의 스티커를 300장 이상 설치했다. 직원들이 모든 스티커를 찾아내 제거하는 데 2년 이상이 걸렸다. 왜냐하면 스티커들은 구석구석에 붙여진 관계로 찾기가 힘들었기 때문이었다.

믿거나 말거나, 뱅크시는 자신의 작품을 파괴한 최초의 장난꾼도 아니었다. 1960년, 예술가 장 팅겔리Jean Tinguely의 조각 〈뉴욕 찬가Homage to New York〉는 뉴욕 현대 미술관에서 열린 정원 축하 행사에서 첫선을 보였다. 이 기계 장치는 존 록펠러 3세John D. Rockefeller III를 비롯한 저명한 수집가들 앞에서 작동되기 시작했다. 한바탕 소동이 벌어지며 그 작품은 불길에 휩싸였다. 이를 지켜본 콧대 높은 관중은 당황할 수밖에 없었다. 박물관 큐레이터들은 그 당시 장면을 다음과 같이 묘사했다.

> **기상 실험용 풍선은 부풀고 터지고, 색 연기는 뿜어져 나오고, 그림은 만들어지고 파괴되고, 병들은 땅에 떨어지며 깨졌다. 피아노, 금속으로 만든 드럼, 라디오 방송, 자신의 작품을 설명하는 작가의 녹음 방송, 그러면 안 된다고 작가를 나무라는 날카로운 목소리가 뒤섞이며 불협화음을 만들어냈다. 불협화음은 소방관들이 제지하자 뚝 그쳤다.**

공판화 기법에서부터 가명과 장난에 이르기까지, 뱅크시는 다른 창작자들로부터 영감을 얻으며 자신만의 독특한 예술 세계를 구축했다. 그의 파괴적인 주제도 마찬가지다. 3,500킬로그램이 넘는 살아있는 코끼리를 선홍색으로 칠한 다음 거대한 몸에 금으로 된 백합 문양을 덧씌우겠다는 이 아이디어는 세계적 빈곤이라는 입력에 반향으로 탄생한 것이다. 살아있는 코끼리를 미술관 한가운데 배치해 동물 권리 운동가들로부터 분노를 사기는 했지만, 뱅크시의 메시지는 무시할 수 없었다. "이 방에 있는 코끼리는, 빈곤선에도 못 미치는 극심한 빈곤에 허덕이며 사는 13억 명의 사람들을 상징한다"라고 뱅크시는 서면 성명에서 말했다.

어린 소녀들이 미사일을 껴안고 있는 그림은 지정학적 혼란을 언급하는 작품이다. 열정적인 키스를 하는 두 명의 남성 경찰관은 영국 경찰 내에 만연된 동성애를 상징한다. 그의 도발적인 이미지에서부터 영리한 말장난에 이르기까지, 그의 예술은 그가 보고 느낀 다양한 입력을 반영한 것이다. 범죄 현장 테이프에 가려진 전원적인 풍경이든, 모호크족Mohawk과 함께 있는 윈스턴 처칠의 초상화이든, 그의 작품은 모두 그가 수집한 입력을 시각화해 표현한 것이다.

입력은 어떤 교육 체계에서든지 매우 중요하다. 몸매를 가꾸고 싶다면, 음식, 물, 영양보충제를 입력하라. 입력으로는 개인 트레이너, 당신을 나무라는 운동 친구, 잡지 〈웨이트 와처스Weight Watchers〉 구독 같은 것이 있다.

나는 내 창의성을 높이기 위해 입력을 활용할 때 음악에서부터 문학, 미술에 이르기까지 다양한 형태의 예술을 소비하기를 좋아한다. 내가 하는 일이나 현재의 관심 분야와는 전혀 상관없는 입력 또한 소화해내려고 노력한다. 〈포퓰러 우드워킹Popular Woodworking〉이라는 목공예 잡지를 읽거나 분재용 나무 가지치기하는 법을 다룬 교육용 비디오를 보면 그로부터 얻을 수 있는 영향력에 놀랄 것이다. 입력을 무작위로 다양하게 활용하면 창의성을 극적으로 높일 수 있다.

전설적인 비틀즈의 기타리스트 조지 해리슨George Harrison은 동양 철학을 공부해 상대주의라고 불리는 철학을 배웠다. "모든 것이 단지 우연일 뿐이라는 서구의 세계관과는 반대로 모든 것이 다른 모든 것에 상대적이라는 동양의 세계관에 바탕을 둔 것 같다."해리슨이 2002년 자서전《내가, 나를, 나의 것I, Me, Mine》에서 한 말이다. 그는 동양의 세계관을 시험하기로 결심했다. 무작위로 책을 펼쳤을 때 찾을 수 있는 첫 단어를 소재로 곡을 쓰기로 한 것이다. 먼지가 수북한 두꺼운 책의 책장을 넘기다가 페이지 중앙에 인쇄된 "살며시 흐느껴 운다(Gently weeps)"라는 글자를 우연히 보게 되었다. 그렇게 탄생하게 된 곡이 바로 '내 기타가 살며시 흐느껴 울 때While My Guitar

Gently Weeps'라는 곡이다. 〈롤링 스톤〉은 이 곡을 '역사상 가장 위대한 500곡' 중 하나로 선정했다. 이 곡은 해리슨의 최고의 곡으로 평가받는다.

독특한 '입력'으로 독일의 시인이자 극작가인 프리드리히 실러Friedrich Schiller는 썩어가는 사과로 책상 서랍을 채운 후, 지독한 악취를 맡으며 글을 쓰기 시작했다. 전통적인 것에서부터 상식에 어긋나는 것에 이르기까지, 창의성을 키우기 위한 이상적인 습관을 형성할 때 어떤 입력이 당신에게 가장 잘 맞는지 생각해보라.

스필버그를 천재 영화감독으로 키워낸 영웅

스티븐 스필버그가 유니버설 픽처스Universal Pictures로부터 7년짜리 영화 제작 계약을 따냈을 때 그는 20살에 불과했다. 스필버그는 젊고 감수성이 예민했다. 그가 현재 누리고 있는 상징적인 지위는 당연한 것이 아니었다. 당시 유니버설 픽처스의 사장이었던 시드 쉐인버그Sid Sheinberg는 어린 스필버그에게 "자네는 창의력을 발휘할 수 있는 능력의 열쇠를 갖고 있네"라고 장담했다. "나는 자네가 실패해도 성공하는 것만큼이나 자네를 강하게 지지해줄 거야"라고 덧붙였다. 만약 스필버그가 다른 환경에 마주했다면, 우리는 그의 창의적인 작품이 기념비적인 작품이 될 수 있었을지 확신하기 힘들다. 쉐인버그는 스필버그가 위험을 무릎 쓰고 창의적인 일을 시도해볼 수 있는 이상적인 여건을 제공해주었다. 그 덕에 스필버그는 자신감을 쌓고 작품의 질을 높일 수 있었다.

입력 다음의 요소인 '여건'은 작품 자체만큼이나 중요하다. 온실이 특정한 식물을 기르기에 이상적인 여건을 만드는 것과 마찬가지로, 창의성을 위한 여건은 예술적 성장을 이루는 데 중요한 요소가 된다. 여건으로는 물리적 환경, 의례적으로 하는 일과 보상, 장비, 외부 압력과 외부로부터의 요구, 마감 기한, 주변 사람들 같은 요소들이 있다.

전설적인 록 밴드 에어로스미스Aerosmith는 여건을 활용해 밴드의 창의성을 끄집어낸다. 그들은 매주 '과감하게 엿 먹이기(Dare to Suck)'라고 불리는 미팅을 한다. 리드싱어 스티븐 타일러Steven Tyler는 이렇게 설명했다. "우리 각자는 끔찍하다고 생각하는 아이디어를 들고 옵니다. 그리고 우리는 그 아이디어를 들고 왔다는 것에 황당해하죠. 하지만 우리는 그런 아이디어를 계속 제시합니다. 열 번 중 아홉 번은 정말이지 끔찍한 아이디어예요. 하지만 열 번 중 한 번은 '친구, 끝내주는데'나 '아주 좋아' 같은 긍정적 반응을 받게 됩니다." 의례적으로 열리는 "과감하게 엿 먹이기" 미팅 덕에 밴드 멤버들은 자신의 미친 아이디어를 거침없이 공유할 수 있다. 이를 통해 밴드에 어울리는 새로운 소재를 찾아 나가며 그 과정에서 결국 더 나은 방향으로 나아가게 된다.

이와 매우 비슷한 의례적인 미팅을 하는 이가 또 있다. 투표함을 발명한 트레윈 레스토릭이다. 그는 '거지 같은 금요일(F*ck Up Fridays)'이라는 이름의 팀 회의를 정기적으로 연다. 일주일에 한 번씩 점심 도시락을 함께 먹으며 각 팀원들은 자신이 그 주에 범한 실수를 공유한다. 그 실수는 비난이 아니라 박수를 받는다. 팀 전체는 각자의 실수를 받아들이고 되새겨본다. 그러면서 미래에 약이 될지도 모르는 통찰력이라는 소중한 금괴를 찾게 된다. 만약 누군가가 실수를 하지 않았다면, 트레인은 그들에게 왜 그렇게 하지 않았냐고 묻고 다음 주에는 위험을 무릅쓰고 더 창의적인 시도를 해보라고 부추긴다. 금요일 미팅 덕에 팀원들은 실패를 당연한 것으로 받아들이는 내성을 키울 뿐만 아니라, 창의적인 시도를 해보려는 용기까지 얻을 수 있다.

린마누엘 미란다가 디즈니의 애니메이션 영화 〈모아나〉의 주제가 '나 언젠가 떠날 거야How Far I'll Go'를 작곡할 때는 여건이 중요한 요소로 작용했다. 그는 10대 영화 여주인공이 부를 '나는 원해I want'라는 곡 작업에 착수했다. 그리고는 영감을 얻고자 자신이 어린 시절을 보냈던 옛집으로 향했다. "저는 10대 캐릭터가 부를 곡을 쓰고 있었기 때문에 미래는 멀리 떨어진 일이고 모든 일에 생사가 달린 것처럼 생각했던 제 어린 시절을 다시 마주해봐야 했습니다. 그래서 저는 어린 시절에 쓰던 침실에 들어가 문을 잠갔습니다." 린마누엘은 〈워싱턴 포스트Washington Post〉와의 2017년 인터뷰에서 말했다.

명성을 얻고 성공을 거두기 훨씬 전에, 린마누엘 미란다는 자신의 역량을 연마하기 위한 이상적인 여건을 갖추고 있었다. 그는 함께 음악을 하는 친구들과 창의성 근육을 단련시키기 위해 즉흥 공연 그룹을 결성했다. 2004년 이래로 프리스타일 러브 슈프림Freestyle Love Supreme은 정기적으로 모임을 열고 관중들의 의견을 바탕으로 즉흥적으로 힙합 음악을 연습하고 공연했다. 청중들은 '구워삶다'라는 동사를 던질 수도 있고, '냉장고'라는 명사를 던질 수도 있다. 이 그룹은 실시간으로 관객들의 제안을 받아 비트 대결로 완성된 랩 곡을 작곡하고 공연한다. 린마누엘의 즉흥 밴드는 궁극적으로 자신이 거둔 역사적인 성공을 가능하게 한 완벽한 훈련 여건을 조성해주었다.

나는 좋은 친구이자 동료 작가인 닐 파스리차Neil Pasricha로부터 훌륭한 여건을 만들기 위한 습관을 배울 수 있었다. 닐은 2019년 자신의 저서《어썸You Are Awesome》에서 자신이 가장 좋아하는 방식 중 하나를 설명했다. 그는 그 방식을 '손댈 수 없는 날'이라고 부른다. 우리는 대체로 매주 5일 근무하게 되는데, 그의 설명에 따르면 그 일상이 모두 매우 비슷해 보인다는 것이다. 매일매일 통화와 회의가 여기저기 흩어져 잡혀있고, 그 틈새에 약간의 시간이 있다. 문제는, 다음 전화가 11분 후에 예정되어 있다면 그 짧은 시간 동안 창의력을 발산시키기가 매우 힘들다는 것이다. 닐은 일정을 재조정해 심오하고 창의적인 작업을 위한 시간을 확보했다. 회의와 전화 통화를 하는 날을 4일로 줄이고 매주 하루는 손댈 수 없는 날로 남겨둔다.

손댈 수 없는 날에는 모든 방해요소를 제거하고 모든 에너지를 창의적인 작업에 집중시킨다. 그날이 되면 이메일과 소셜 미디어로 인한 창의력 분산을 막고자 인터넷 와이파이도 끈다. 문자나 전화로 인한 간섭 또한 차단하려고 핸드폰도 비행 모드로 바꾼다. 그날은 일정을 모두 비우고 어떤 방해 요소도 없이 창의적인 작업에 전념할 수 있다. 그는 전체적으로 더 많은 시간을 일하는 게 아닌데도 같은 시간을 더 효율적으로 활용하고 있는 것뿐이라고 지적한다. 급할 일이 생겨 아내가 그를 찾아내는 경우 말고는, 외부 세계를 완전히 차단해 마음 깊은 곳에 자리한 창의성을 끄집어낸다.

나는 닐의 '손댈 수 없는 날'이라는 방식을 빌려와 현재 1년 이상 실천해오고 있다. 이런 변화 덕에 나는 지난 10년 동안 창의적 성과를 많이 끌어올릴 수 있었고, 15분이 넘는 시간을 들여야 하는 일에 집중할 수 있는 시간 또한 벌 수 있었다. 여건을 바꾼 덕에 창의적 성과를 극적으로 끌어올릴 수도 있었다. 하루를 온전히 빼는 게 어렵다면 일정을 조정해 시도해볼 수 있다. 손댈 수 없는 시간으로 한 달에 한 번 오전 정도의 시간밖에 뺄 수 없는 경우에도 여건 개선을 통해 더 나은 작지만 큰 돌파구를 만들어낼 수 있다.

레오나르도 다빈치는 자신의 창의적 역량을 향상하기 위해 매일 하루에 5번까지 낮잠을 잤다. 그런데 그렇게 잠이 많은 천재의 생각이 옳다는 점이 과학적으로 증명되었다. 캘리포니아주립대학교 심리학과 부교수이자 《낮잠으로 인생을 바꿔라!Take a Nap! Change Your Life》의 저자 사라 C. 메드닉Sara C. Mednick 박사는 참가자들에게 창의성 테스트를 치르는 연구를 했다. 점수를 채점하고 집계한 후, 실험 참가자를 절반씩 두 그룹으로 나눠 절반은 낮잠을 재우고 나머지 절반은 낮잠 대신 휴식만 취하도록 했다. 그날 오후, 낮잠이 창의력에 어떤 영향을 주었는지 측정하기 위해 동일한 테스트를 다시 치르게 했다. 메드닉 박사의 연구는, 낮잠을 잔 그룹은 40퍼센트 정도 성적이 올라간 데 반해 잠을 자지 않고 휴식만 취한 그룹은 점수가 전혀 올라가지 않았다는 사실을 밝혀냈다.

낮잠은 게으른 사람의 전유물로 생각하기 쉽지만, 수면은 큰 이득을 가져다주는 여건이 된다. 예술가 살바도르 달리는 창의성을 일신시키기 위해 하루에 몇 번씩이나 낮잠을 잔 것으로 유명하다. 그러다 보니 너무 오래 자지 않기 위해 '열쇠를 가지고 잠자기'라고 불리는 습관을 길렀다. 달리는 커다란 열쇠 꾸러미를 손에 든 채 편안한 안락의자에 등을 대고 잠을 청했다. 그리고 열쇠 꾸러미 바로 밑에는 금속판을 깔았다. 잠에 깊이 빠지면 결국 잡고 있던 열쇠 꾸러미가 떨어지고 금속판과 부딪히는 큰 소리에 놀라 잠에서 깨게 된다. "당신의 신체와 정신은 필요한 양의 휴식만 취하면 되살아나는 데 단 1초도 더 필요하지 않다"라고 달리는 1948년 저서 《놀라운 장인

정신에 숨겨진 50가지 비밀50 Secrets of Magic Craftsmanship》에서 밝혔다.

베스트셀러 작가 댄 핑크Dan Pink는 생산적인 수면 습관을 개발하고는 이를 '내푸치노Nappuccino'라는 사랑스러운 이름으로 부른다. 댄은 한낮에 커다란 잔에 담긴 커피를 꿀꺽꿀꺽 마시고는 즉시 안대를 쓰고 누워 눈을 좀 붙인다. 20분 후에 알람을 맞춰놓은 덕분에 늦잠을 잘 걱정은 없다. 카페인이 그의 몸에 작용하기 시작할 때 정확히 알람이 울린다. 그 덕에 엄청난 에너지가 솟으며 잠에 깨어날 수 있다. 18분에서 22분 사이가 가장 이상적인 낮잠 시간이라는 새로운 증거와 함께 댄이 제시한 수면 습관은 창의력을 재충전해주고 생산적인 오후를 즐길 수 있는 효율적인 방법이다.

창의력을 위한 최적의 여건은 개인 취향의 문제이다. 공공장소에서 일하는 것을 좋아하는 창작자가 있는 데 반해 조용한 고독을 고집하는 창작자도 있다. 스튜디오를 지저분하게 남겨 놓은 예술가들이 있는 데 반해, 자신의 주변을 깨끗하고 질서 있게 유지하는 예술가들도 있다.

20세기 가장 유명한 작가 중 한 명인 버지니아 울프Virginia Woolf는 서 있는 상태에서만 글을 썼다. 작곡가 이고르 스트라빈스키Igor Stravinsky는 곡을 작곡하기 전에 매일 아침 15분 동안 물구나무서기를 했다. 극작가 톰 스토파드Tom Stoppard는 말 그대로 책상에 몸을 묶고 매일 적어도 7시간 동안 글을 썼다. 그렇게 한 이유는 글 쓰는 작업의 속도를 일정하게 유지하기 위함이었다. 우리 같은 사람들은 모방하래야 모방할 수 없는 여건이다. 핵심 요점은 스스로에 알맞은 방식으로 자신만의 여건을 설계하라는 것이다. 그렇게 하면 창의력을 키우는 데 중요한 역할을 할 것이다.

왕따 소녀 레이디 가가를 슈퍼스타로 만든 반복의 힘

레이디 가가가 아카데미 주제가상을 받기 전에, 나는 그녀가 히트곡 '쉘로우Shallow'로 완벽한 공연을 선보이며 관객들을 매료시키는 장면을 보았다. 무대 장악력에서부터 가창력에 이르기까지, 재능 넘치는 그녀에게 모든 것은 식은 죽 먹기처럼 쉬워 보였다.

브로드웨이에서부터 비즈니스에 이르기까지 자기의 분야에서 최고의 기량을 선보이는 사람들을 보면, 모든 게 단순하고 쉬워 보인다. 하지만 레이디 가가 수준의 성공을 거둔 사람들은 엄격한 훈련을 통해 정상에 오른다. 그런 사람들은 엘리베이터를 거부하고 계단을 이용하는 것을 선호할 만큼 스스로에게 엄격하다.

재능이 뛰어난 천재는 힘들이지 않고도 거대한 성취를 얻는다는 로맨틱한 생각은 부활절 토끼만큼이나 실체도 없고 타당성도 없다. 창의력을 발휘할 수 있는 길은 오히려 재미없고 반복적인 연습뿐이다.

지금은 레이디 가가로 알려진 스테파니 조앤 안젤리나 게르마노타Stefani Joanne Angelina Germanotta는 1986년 3월 28일, 뉴욕의 이탈리아계 미국인 가정에서 태어났다. 그녀가 스타덤에 오르게 된 것은 타고난 재능 때문만이 아니다. 그녀의 끈질긴 직업의식과 더 밀접한 관련이 있다. 그녀는 4살 때 피아노를 치기 시작했는데 그녀는 짧은 다리가 피아노 페달에 닿기도 전부터 스타가 되고자 했다. 2009년 인터뷰에서 한 기자에게 "저는 항상 유명했었죠. 당신이 미처 몰랐을 뿐이에요!"라고 말했다. 그녀는 이미 성공을 자신의 것으로 여겼고, 그 덕에 그녀는 극단적인 수준의 훈련과 연습을 견딜 수 있었다.

그녀의 정교한 의상과 과장된 연출 때문에 변덕스러운 사람처럼 보일지 모르지만, 레이디 가가는 자신의 음악과 브랜드에 관한 모든 면에서 꼼꼼하고 신중하다. 그녀는 성장하면서 기량을 연마하는 데 많은 시간을 보냈다. 눈 앞의 즐거움을 뒤로한 채 수도승처럼 열심히 피아노, 노래, 춤을 익혔다. 공연과 관련된 기량을 연습하지 않을 때는 패션 디자인, 공연, 춤, 시각 예술 등 각 분야의 전설적인 인물들을 공부했다. 데이비드 보위David Bowie에서부터 바흐에 이르기까지, 앤디 워홀에서부터 셰어Cher에 이르기까지, 그녀의 훈련이라는 입력은 이상하다 싶을 정도로 다양했다. 다양한 방면의 예술가들로부터 영감을 얻었고, 나중에는 그들로부터 배운 아이디어를 그녀만의 독특한 스타일로 엮어냈다.

"솔직하게 말씀드리면, 창의력 향상을 위한 과정은 대략 15분 동안 저의 창의적인 아이디어를 토해내는 과정입니다." 레이디 가가는 2011년 한 인터뷰에서 말했다. "그야말로 제 생각과 감정을 약 15분 동안 다 토해내는 거죠. 그런 후 며칠, 몇 달, 몇 년을 들여 이를 미세하게 가다듬어요." 히트곡 하나를 만들어내는 데 총 500시간이 걸린다고 가정하고 그녀의 말대로 계산해보면, 0.05퍼센트의 시간은 아이디어를 만드는 데 반해, 전체 창작 시간의 대부분은 곡을 실제로 만들고 다듬는 데 쓴다는 말이 된다. 거기에, 노래가 완성되기까지 맹렬하게 연습하는 데 투자한 수천 시간까지 포함한다면, 그 차이는 훨씬 더 벌어질 것이다.

그저 그런 작품과 전설적인 작품 간의 차이는 작품을 다듬는 반복 작업에서 생겨나는 경우가 많다.

모든 위대한 작가들의 공통점은 '초안이 형편없다'는 점이라고 한다. 나쁜 책, 괜찮은 책, 대단한 베스트셀러의 차이는 원고를 다듬는 단계에 투자한 시간과 직접적인 관련이 있을 때가 많다. 작가가 재빨리 자신의 아이디어를 페이지에 쏟아내고 출판하라고 보낼 때는 최종 결과물은 최고의 작품과는 거리가 먼 게 일반적이다. 이와는 대조적으로, 걸작은 따분하고 고생스럽게 원고를 다듬는 과정을 반복할 때 나온다.

우리는 모두 근육을 단련시키려면 피트니스 센터에서 운동을 해야 한다는 사실을 잘 알고 있다. 유감스럽게도, 우리 중 누구도 '식스팩 복근'을 타고 나지는 않는다. 하지만 우리는 창의성에 관해서는 오산을 할 때가 대부분이다. 키울 수 있는 것이 아니라, 고정된 것으로 생각해버린다. 하지만 그 어떤 기량도 반복 훈련할 때 깊어지는 법이다.

레이디 가가는 16살 때 빌리 조엘Billy Joel, 크리스티나 아길레라Christina Aguilera, 믹 재거Mick Jagger 등의 유명 아티스트와 함께 일했던 유명한 보컬 코치 돈 로렌스Don Lawrence와 함께 연습하기 시작했다. 레이디 가가는 극적인 공연을 화려하게 선보일 수 있게 된 후에도 여전히 로렌스와 함께 연습하는 것을 멈추지 않았다. 2017년에는 세간의 이목을 끄는 공연을 위해 6개월 동안 매일같이 로렌스 코치와 훈련을 함께 하기도 했다.

오늘날까지 그녀의 훈련 방법은 놀라울 만큼 철저하고 일관되게 지속된다. 가수라는 직업이 요구하는 몸매를 가꾸기 위해 일주일에 5일 동안 요가, 필라테스, 근력 훈련을 반복하며 운동을 거르지 않는다. 또한 시간을 쪼개 매일 곡을 쓰고 연습한다. 레이디 가가는 그야말로 강력하고 일관된 연습의 산물이다. 수없이 많은 시간을 들여 반복해서 얻은 결과물인 것이다. 그녀가 성취한 작지만 큰 돌파구들이 모여 우리가 현재 사랑하는 대스타가 된 것이다. 아리스토텔레스의 말에 따르면, "우리가 반복적으로 행하는 것이 우리 자신이다. 그렇다면 탁월함은 행동이 아닌 습관인 것이다."

한 가지 습관을 들이는 데 21일이 걸린다고 흔히들 말한다. 그 말을 바꿔 나는 하루하루를 생산적으로 만들기 위해서는 21가지 습관이 필요하다고 생각한다. 우리의 습관이 우리의 목표를 지향하도록 목적의식으로 채워질 때, 습관은 차곡차곡 쌓이며 좋은 결과를 만들어낸다.

일상적인 습관은 웅장한 공연과는 정반대이다. 습관은 영광의 순간이 아니라 상을 타기 위해 가장 먼저 해야 하는 따분한 일이다. 베스트셀러 작가인 세스 고딘Seth Godin은 "하고 싶을 때는 창의적으로 변하는 사람들은 대단히 많지만, 하고 싶지 않을 때도 하는 사람은 프로가 될 것이다"라는 말로 이를 가장 잘 표현했다.

창의력을 혁신시키는 5분 루틴

나는 스스로 예술가라고 생각하긴 하지만, 가끔은 내가 전혀 창의적이지 않다고 느껴지기도 한다. 아티스트라면 갖추고 있는 감정의 오르내림을 나도 갖추고 있다. 좋을 때는 내가 록의 전설 믹 재거인 것처럼 느껴지지만, 나쁠 때는 립싱크를 해대는 80년대 사기꾼 밴드 밀리 바닐리Milli Vanilli처럼 느껴진다. 내 작품이 부끄러울 때도, 내 자신이 사기꾼처럼 느껴질 때도 있으며 내가 무슨 말을 하든 아무도 신경 쓰지 않을 거라고 생각할 때도 있다.

의구심은 끈질긴 동반자이지만, 습관은 우리가 원기를 회복할 수 있도록 도와준다. 내가 깨달은 것은 내 습관이 좋은 날에는 도움이 되지만, 힘들 때는 역경을 이겨내는 데 절대적이라는 것이다. 각 개인이 자신에게 최적화된 프로그램을 개별적으로 개발해야 하기는 하지만, 나는 내가 쓸 만한 참고 사례를 제공할 수 있기를 바라며 내 프로그램을 공유하고자 한다.

앞서 언급했듯이, 손댈 수 없는 날은 의미 있는 창의적 작업을 하는 중요한 나의 습관이다. 예를 들어, 이 책의 대부분은 한눈도 팔 수 없는 손댈 수 없는 날에 썼다.

책을 쓰고, 노래를 작곡하고, 새로운 사업 계획을 짜는 것과 같은 더 큰 노력 외에도, 나는 나의 상상력을 신선하게 유지하기 위해 매일 짧은 습관을 실천한다. 그 습관은 창의성을 건강하게 유지하기 위해 매일 5분씩 하는 운동이라고 생각해보라. 나의 작은 습관은 시행착오나 다른 사람들의 아이디어(입력)로 인해 수년간 수정되어왔다. 나는 창의력을 유지하기 위해 일주일에 최소 다섯 번 간단하고 효과적인 체계를 실천한다. 다음은 '5분 창의력 운동'의 개요이다.

5분 창의력 운동

1. 중심을 잡아주는 호흡 (30초)
2. 매일 3가지 질문하기 (60초)
3. 입력 폭식하기 (60초)
4. 창의성 단련법 (60초)
5. 하이라이트 영상 (30초)
6. 전투를 위한 외침 (30초)
7. 중심을 잡아주는 호흡 (30초)

개요를 살펴보았으니 이제 각각 구성요소의 구체적인 방법과 예시 등을 알아보자.

중심을 잡아주는 호흡

이름에서 알 수 있듯이, 안정과 집중력을 잡아주기 위한 짧은 호흡 운동이다. 내가 이 개념을 빌려온 사람은 최고의 기량을 자랑하는 프로야구 선수를 키운 코치 중 한 명인 제이슨 셀크Jason Selk이다. 그는 자신의 저서《하루 10분 정신력 훈련10-Minute Toughness》에서 구현하기 쉽고 매우 효과적인 이 방법론을 공유한다. 6초 동안 숨을 들이마시고, 2초 동안 참은 다음, 7초 동안 내뱉는다. 제이슨은 이 방법을 활용해 메이저 리그 투수들이 긴장감 넘치는 경기에서 노히트 노런을 기록하도록 도왔는데, 나는 이 방법이 5분간의 창의력 운동을 시작하고 끝내는 강력한 방법이라고 생각한다.

매일 3가지 질문하기

내가 이 개념을 빌려온 사람은 닐 파스리차(앞서 나왔던 손댈 수 없는 시간의 개념을 개발한 인물)이다. 그의 습관은 매일 세 가지 질문에 답하는 것으로 시작한다. 내가 감사하는 것은 무엇이고, 오늘은 어떤 일에 집중할 것이며, 무엇을 포기할 것인가? 나는 의식의 흐름에 따라 이 질문에 빠르게 대답한다. 즉 내 마음에 가장 먼저 떠오르는 것으로 반응한다. 나의 유일한 규칙은 30일 동안 같은 대답을 반복할 수 없다는 것이다. 그 덕에 더 작고, 더 실재적인 것에 집중할 수 있게 된다. 예를 들어, 내 건강(지금도 나는 건강하다)에 감사하기보다는 그날 저녁 디트로이트 스타일의 네모난 피자를 먹으며 내가 먹으려는 아주 바삭한 페페로니에게 감사를 표할 수 있게 된다. 아니면 인간의 시기심 같은 엄청난 것을 놓아주기보다는 어제 집으로 돌아오는 동안 공항에서 보안 검색을 받기 위해 줄을 서서 대기하면서 느꼈던 좌절감을 빨리 놓아줄 수 있게 된다.

입력 폭식하기

앞서 창의적 역량을 강화하는 요소로 입력의 중요성을 다루었다. 이 습관은 생각을 자극하기 위해 창의적인 입력을 60초 동안 삼켜 사고를 자극하는 것이다. 나의 경우, 존 콜트레인John Coltrane의 색소폰 연주나 웨스 몽고메리Wes Montgomery의 부드러운 기타 연주를 듣는다. 내가 전혀 모르는 주제를 다룬 글을 마구잡이로 읽을 때도 있다. 당신이 좋아하는 음악을 비롯한 다양한 형태의 예술을 통해 입력을 다양화시키고 당신의 일상적인 세계관 밖에 있는 입력까지 섭취하기를 추천한다. 새로운 것을 찾고 싶다면, 린마누엘 미란다가 결성한 즉흥 연주 그룹 프리스타일 러브 슈프림을 온라인에서 검색해 보라.

창의성 단련법

나는 자라면서 《2분 미스터리Two-Minute Mysteries》라는 책 시리즈를 좋아했다. 그 시리즈는 아주 짧은 문장(몇 단락일 때도 많다)을 읽고는 미스터리를 스스로 해결하도록 하는 책이다. 지금은 전력 질주하듯 60초 동안 창의적인 사고(공세적 혁신) 또는 창의적인 문제 해결(방어적 혁신)을 마구 해댄다. 기본적으로 나는 "펜의 11가지 비정상적인 용도는 무엇인가?" 또는 "아무도 칫솔을 본 적이 없는 부족 마을에서 어떻게 치약을 광고할 수 있을까?" 같은 1분 미스터리를 스스로에게 제기한다. 이 방법론은 창의성 근육을 단련하기 위한 팔 벌려 뛰기 같은 것으로 생각하고 창의성을 건강하게 유지한다는 차원에서 이를 실천하라.

하이라이트 영상

이 또한 제이슨 셀크로부터 빌려온 것이다. 나는 내 마음속 LED

스크린에 비출 30초짜리 하이라이트 영상을 만든다. 가장 좋아하는 스포츠의 하이라이트 영상을 보고 있다고 상상해 보라. 하지만 어제 있었던 테니스 시합이 아니라, 당신이 최선을 다하는 모습이 담긴 것이라야 한다. 나는 기존에 이루었던 성과를 보여주는 15초짜리 영상을 틀고, 이어 내가 아직 달성하지 못한 목표를 보여주는 15초짜리 영상을 튼다. 이 두 가지를 조합하면(이미 수행한 과업과 하려는 과업을 관찰하면) 강력한 이미지를 떠올릴 수 있으며 향후 결과를 창출해줄 최상의 경로를 만들어 낼 수 있다. 이 방법은 (챕터1에서 다룬) 혁신 가소성과 직접 관련된 것으로, 새로운 뇌 경로를 열고 잠재력을 해방시키는 것이다.

전투를 위한 외침

고대 전투의 기록에 따르면, 군인들은 전투에 돌입하기 직전에 사기를 북돋우는 말들을 외쳤다. 내 경우에는, 큰 소리로 읽을 짧은 선언문을 만들었다. 이 선언문은 내가 되고자 하는 인격의 핵심을 이루는 두 가지 이상에 바탕을 두고 있다. 하나는 전사 (투지, 강인함, 활력, 끈기, 용기)이고 나머지 하나는 예술가(창의성, 상상력, 독창성)이다. 이 단어들을 암송하면, 나는 창의성이라는 이상적 마음가짐으로 들어갈 수 있다.

전사와 예술가

오늘은 나의 날이다.
오늘, 나는 완전히 두각을 나타낼 것이다.

오늘, 나는 쉬운 선택이 아니라 올바른 선택을 할 것이다.
오늘, 나는 배우고 성장할 것이다.
오늘, 나는 최고의 기준을 지킬 것이다.
오늘, 나는 내 도전 과제를 정면돌파할 것이며, 물러서거나 미루지 않을 것이다.
오늘, 나는 다른 사람들이 최고가 되도록 돕는 데 최선을 다할 것이다.
오늘, 나는 과감하고 창의적이며 파격적인 아이디어를 내놓을 것이다.
오늘, 나는 내가 가장 아끼는 사람들을 응원할 것이다.
오늘, 나는 새로운 것을 발견할 것이다.
오늘, 나는 새로운 수준의 집중력과 성취로 내 자신을 밀어 넣을 것이다.
오늘, 나는 인내, 공감, 투지, 활력을 보여줄 것이다.
오늘, 나는 내 자신을 더 강하고 강인하게 만들 것이다.
오늘, 나는 가시적인 성과를 만들어낼 것이다.
오늘, 나는 세상을 더 좋은 곳으로 만들 것이다.
오늘, 나는 행동에 나설 것이다.
오늘, 나는 전사이자 예술가이다.

마지막 단계로 중심을 잡아주는 호흡을 한 후, 나는 창의성이 필요한 도전 과제들을 극복하는 작업에 착수한다. 매일 5분씩 하는 이 습관은 내가 부정적 생각과 싸우는 것을 돕고, 무엇이 가능한가에 내 마음을 집중시킨다. 분명히, 당신은 자신만의 훈련 습관을 만들어 실험을 해야 한다. 요점은, 5분짜리 간단한 일과로 당신은 창의적인 성공을 이룰 준비를 한다는 것이다.

맞다. 처음에는 이상하게 느껴질 수도 있다. 시작은 늘 가장 어려운 법이다. 베스트셀러 작가 로빈 샤르마Robin Sharma는 "모든 변화는 처음에는 힘들고, 중간에는 지저분하고, 마지막에는 아름답다"라는 말을 즐겨 했다. 좋은 소식은, 창조적 역량을 향상하느냐 마느냐 하는 문제는 그럴 의지만 있다면 전적으로 당신의 손에 달린 문제라는 것이다.

에이필 사이언스의 기술이 과일과 채소가 부패하지 않도록 보호해주는 것과 마찬가지로, 당신이 훈련을 반복한다면 상상력이 죽어가는 것을 막을 수 있다. 에이필 사이언스의 기술이 신선한 아보카도의 맛을 유지해주는 것처럼, 우리 안에 이미 자리하고 있는 창의적 역량에 강력한 보호막을 입혀 지켜낼 필요가 있다.

창의성을 5퍼센트 업그레이드하고자 한다면 이미 그렇게 해본 사람들을 본받아 훈련하는 것이 이치에 맞다. 에이필 사이언스의 제니 두에서부터 린마누엘 미란다에 이르기까지, 뱅크시에서부터 레이디 가가에 이르기까지, 스티븐 스필버그에서부터 에어로스미스의 스티븐 타일러에 이르기까지, 이들을 본받아 창의성에 초점을 둔 습관을 우리도 길러보자. 우리의 역량을 극대화하기 위해서 말이다. 입력, 여건, 반복이 생산적으로 기능할 수 있도록 면밀한 훈련 프로그램도 만들어 보자. 엄청난 양의 작지만 큰 돌파구가 뛰어놀 수 있게 하기 위해서 말이다.

이제까지 창의성의 과학과 일상적인 혁신의 필요성을 이해할 수 있게 되었다. 따라서 이제는 '왜'에서 '어떻게'로 전환할 시점이다.

이 책의 나머지 부분에서는, 어떻게 창의적 역량을 우리의 삶과 직장생활에 활용할 수 있을까 하는 문제를 탐구할 것이다. 5퍼센트의 창의력 향상을 실현하는 데 도움이 될 일상의 혁신가들의 8가지 DNA에 대해서도 알아볼 것이다. 또한 '혁신 도구 키트'를 들여다봄으로써, 참신한 아이디어를 풀어낼 실용적이고 매우 효과적인 행동 전략도 배워볼 것이다.

전 세계의 다양한 인물들과 함께 마주 앉을 것이다. 제약, 오토바이, 육아, 의류 분야에서 업계를 뒤집어놓은 아웃사이더들을 만날 것이다. 글로벌 교육, 수감자 개혁을 포함한 거대한 도전 과제들을 떠맡고 있는 비영리 단체의 리더들과도 이야기를 나눌 것이다. 레고, P&G, 마이크로소프트 같은 다국적 대기업들에 관한 이야기도 내부자에게서 들어볼 것이다. 창의성을 새로운 수준으로 끌어올릴 수 있는 체계적인 접근 방식도 알아볼 것이다.

상상도 할 수 없는 보물들로 가득 찬 금고가 당신의 마음 안에 있다. 자, 이제 그 금고의 자물쇠를 열어보자.

PART 2

아웃사이더의 8가지 DNA

모든 혁신가들은 어떻게 생각하고 행동할까? 어떻게 하면 우리 모두가 의미 있는 창의성 업그레이드를 달성할 수 있을까? 비즈니스와 생활 모두에서 성과를 높일 수 있을까? 창의력을 기른 뒤 어떤 일을 해야 작지만 큰 돌파구를 찾아낼 수 있을까?

파트1에서 우리는 기초를 다지는 작업을 했다. 이제 우리는 일상의 혁신가들의 8가지 DNA를 밝혀냄으로써 이 같은 질문에 답할 것이다. 창의력을 위한 핵심적인 사고방식이 되는 이 8가지 DNA는 일상의 행동을 촉진하고, 창의력을 높이고, 당신이나 나 같은 평범한 사람들을 위대하게 만든다.

1. 문제와 사랑에 빠져라. 이는 특정 솔루션에 너무 일찍 도달하기보다는 당면 과제를 주의 깊게 검토하고 이해하는 데 시간을 할애하라는 것을 의미한다. 문제를 해결해줄 구체적인 방법에 집중하는 것이 아니라, 문제 해결 자체에 집중하고, 유연성과 열린 마음을 유지해 최적의 접근 방식을 찾는 것이다.

2. 닥치고 시작하라. 일상의 혁신가들은 승인이 떨어지거나, 세부 지침이 내려지거나, 이상적인 여건이 조성되기를 기다리지 않는다. 적극적인 자세로 지금 당장 시작한다. 그들은 과정을 바로잡고, 변화하는 환경에 실시간으로 적응하고, 민첩하게 움직이려 한다.

3. 끊임없이 실험하라. 혁신은 실험을 활용해야 강해지고 안전해진다. 창의적 시도를 시험하고 탐구할 수 있는 체계와 여건을 구축함으로써 아이디어는 발전되고 최적화된다.

4. 기존 방식을 완전히 깨부숴라. 일상의 혁신가들은 "고장이 안 났으면 고치지도 말라"는 과거의 가르침을 거부한다. 그러므로 기존의 시스템을 해체하고, 검토하고, 재구축함으로써 우수한 제품, 우수한 시스템, 우수한 과정, 우수한 예술 작품을 능동적으로 만들어낸다.

5. '또라이'처럼 생각하라. 일상의 혁신가들은 뻔한 것을 놓고도 예상치 못한 접근 방식을 취하는 것을 좋아한다. 그러므로 이들은 별난 아이디어를 찾음으로써 통념에 맞선다. 별난 것을 좋아할 뿐만 아니라, 더 나은 결과를 얻기 위해 기괴한 아이디어까지도 좋아할 때가 있다.

6. 최소 비용으로 최대 효과를 달성하라. 이 방법은 더 적은 것으로 더 많은 것을 이뤄내는 것으로 생각하면 된다. 우리의 일반적 생각과는 다르게, 자원이 제한되면 오히려 창의적 발전이 촉진될 가능성이 있다. 창의성을 활용해 임기응변의 자세로 임하면 우수한 혁신을 쟁취하기 위한 싸움에서 승리할 수 있는 강력한 무기를 확보할 수 있다.

7. 예상치 못한 지점을 공략하라. 사소하지만 창의적인 것을 덤으로 주면 더 나은 결과를 기대할 수 있다. 놀라움과 기쁨이 배가되면 창의적인 것을 새로이 만들어내고, 경쟁에서 승리하고, 개인적 성취를 이루는 원동력이 될 수 있다.

8. 어떤 실패도 두려워하지 마라. 일상의 혁신가들은 실패는 불가피하다는 사실을 잘 알고 있다. 따라서 이들은 창의적 회복력을 활용해 역경을 이겨낸다. 실수는 혁신 프로세스에 단골손님처럼 늘 등장

하기 마련이다. 그러므로 실수를 연구하고 끌어안는다면 더 큰 성과를 이룰 수도 있다.

우리는 세계를 돌며 약자, 선지자, 부적응자, 창조자의 이야기를 듣게 될 것이다. 비범한 아웃사이더들의 생각과 전술을 뜯어봄으로써, 창의적 탁월함이 무엇인지 그 베일을 벗겨낼 것이다.

시작할 준비가 되었는가? 바로 출발해보자.

Chapter

5 문제와 사랑에 빠져라: 문제 인식

채드 프라이스Chad Price는 속에서 화가 끓어 넘치다 못해 막 폭발하기 일보 직전이었다. 거의 두 시간 동안 낡은 플라스틱 의자에 앉아 있던 탓에 그의 다리는 마비될 지경이었다. 하지만 그의 앞에는 아직도 16명이나 되는 사람들이 대기 중이었다. 희뿌연 형광등 불빛으로 인해 그의 눈에는 눈물이 맺혔다. 화가 잔뜩 난 다른 사람들도 자신의 차례가 오기만을 초조하게 기다리고 있었다. 두 줄 건너에 있는 네 살배기는 여전히 성질을 부리고 있었고, 그의 왼쪽에 있는 덩치 큰 남자는 샌드위치를 게걸스럽게 먹어 치웠다. 지루하기 그지없는 이 기다림에 더해 독하고 퀴퀴한 공기, 과열된 복사기가 내뿜는 냄새까지… 이 모든 걸 감내해야 하는 것은 온전히 그의 몫이었다.

미국 교통국(DMV, Department of Motor Vehicles)에서 차례를 기다리는 고통스러운 경험을 해본 사람이라면 모두 같은 이야기를 할 것이다. 무수히 많은 '굴욕의 전당' 보고서들에 따르면, 미국 교통국은 저가 항공사와 케이블TV 회사를 멀찍이 따돌리며 '최악의 고객 경험 부문' 부동의 1위를 지켜오고 있다. 대다수는 교통국을 방문해 고생하느니 차라리 치아 신경치료를 받는 게 더 낫다고 할 정도다.

채드는 정부에서 마련해준 의자에 앉아 버둥대다가 더 나은 방도가 있어야 한다는 생각이 떠올랐다. 이 경험은 왜 그토록 견디기가 힘든 걸까? 그 순간, 채드는 이 문제에 깊이 빠져들었다.

고통스러운 교통국 방문을 마치고 난 몇 달 후, 채드는 새로운 소식 하나를 알게 되었다. 자신의 고향 노스캐롤라이나주에서 교통국 운영을 민영화하기로 했다는 소식이었다. 주정부는 교통국 운영이라는 골칫거리를 기꺼이 떠맡으려는 신규 민간업자들에게 쥐꼬리만한 수수료를 지불할 게 뻔했다. 그의 친구들은 그러지 말라고 경고했지만, 채드는 이 골칫거리를 해결하고 싶었다. 그래서 그가 하면 더 잘할 수 있을지 알아보기로 결정했다.

세상에 없던 문제 해결법

경제적인 관점으로만 보면, 이 골칫거리는 해결될 가망이 없어 보였다. 지역 교통국은 특정 지역을 관할한다. 따라서 교통국을 이용하는 고객의 수는 고정되어 있을 터였다. 사람들은 좋든 싫든 교통국을 방문해야 하고 때문에 가능한 한 비용이 적게 드는 방향으로 운영해야 한다는 것이 일반적 생각이었다. 정부기관은 경쟁이 없다. 수수료는 국가가 정한다. 따라서 더 나은 경험을 제공하기 위해 교통국 수수료를 인상할 수는 없는 노릇이었다.

비용상의 맹점을 완전히 이해한 채드는 교통국 관할 구역을 넓히는 창의적인 방안을 생각해냈다. 제약 조건을 모두 제쳐놓고 제한이 없는 경우, 가장 이상적인 교통국 방문 경험이 어떤 것일지 상상해 보았다. 그 경험이 최고급 호텔이나 테마파크 방문과 맞먹는다면 어떨까? 그 생각을 하면서 자신이 꿈꾸던 교통국을 방문할 수만 있다면 몇 킬로미터 정도는 더 운전하는 수고는 감수할 수 있다고 속으로 말했다. "다른 사람들도 똑같이 생각한다면 어떨까?"라고 채드는 생각했다. "잠깐만…만약 시장 규모가 정해져 있지 않다면?"

형편없는 교통국 방문이라는 골칫거리를 해결하고자 했던 채드는 이 판을 완전히 뒤집어엎기로 마음먹었다. 그러고는 노스캐롤라이나 홀리 스프링스에 교통국 지점을 만들고 문을 열었다. 이 아이디어를 위대하게 만든 것은 단 하나의 벼락같은 순간이 아니었다. 고객 경험을 한 차원 끌어올리고자 하는 일련의 작지만 큰 돌파구들에 기초해 탄생한 아이디어였다.

채드의 교통국에 처음 발을 들인다면 제대로 찾아온 게 맞는지 어리둥절 할지도 모른다. 왜냐하면 채드의 교통국은 당신이 예상한 냉전시대의 심문실과는 전혀 다른 분위기를 보여주기 때문이다. 갓 구운 컵케이크 냄새와 갓 내린 커피 냄새는 당신의 코를 가득 채우고, 신선한 꽃과 멋진 카펫은 당신의 눈을 사로잡는다. 아이들이 한데 모여 즐겁게 노는 어린이 휴게실도 눈길을 끈다. 놀랍게도 여기에는 장난감과 게임까지 구비되어 있다. 잘 훈련된 직원들은 더 이상 방탄유리 뒤에 숨지 않는다. 따뜻한 미소로 방문객들을 맞이한다. 조작이 쉬운 태블릿PC로 민원 접수를 마치면 편안한 가죽 의자에 앉아 다양한 종류의 최신 잡지까지 읽을 수 있다. 이게 장난인지 아니면 〈환상특급The Twilight Zone〉의 한 에피소드에 들어와 있는 건지 어리둥절하다.

"사람들은 이곳에 오려고 한 시간 이상 더 운전합니다." 채드는 대화를 시작하며 설명했다. 흥분에 차 자신의 이야기를 들려주는 그와 이야기하는 것은, 마치 더블 에스프레소에 레드 불 세 캔까지 마신 영화 속 히어로와 대화를 나누는 것 같다. "우리는 우리 스스로에게 물었습니다. 다른 지역에서도 여기까지 오려고 할까? 사람들이 여기에 오기 위해 두세 군데의 다른 교통국을 지나칠 정도로 좋은 경험을 할 수 있을까 하고 말이죠."

채드는 통념을 극복하고 다른 교통국과는 확연히 다른 새로운 교통국을 만들어냈다. 고객들은 자신들의 특별한 경험을 온라인에 올리기 시작했다. 차량 등록 스티커를 갱신해야 하지 않더라도 맛있는 스무디를 사러 채드의 교통국에 들르는 사람들도 있었다. 채드는 가격을 인상하지는 못했지만, 더 나은 경험을 통해 고객 수를 늘릴 수 있다고 굳게 믿고 있다. 그는 기존의 교통국보다 3퍼센트 더 좋게 만들지 않았다. 1,000퍼센트 더 좋게 만들었고, 그 결과는 극적이었다.

현재 채드 프라이스의 홀리 스프링스 교통국은 다른 지역의 교통국보다 업무 처리량이 거의 두 배에 달한다. 그 덕에 관료주의에 찌든 다른 교통국보다 수익이 훨씬 높다. 일반적인 교도소보다도 규제가 더 심한 교통국에서 채드의 창의성은 훨씬 더 나은 결과를 만들어냈다.

뛰어난 혁신은 마법처럼 찾아오는 아하! 순간에서부터 시작한다고 생각하는 경우가 많다. 하지만 채드 프라이스처럼 최고의 혁신가들은 새로운 아이디어를 바로 찾아내기보다는 자신이 공략하려는 문제에 깊이 빠짐으로써 문제를 해결할 수 있게 된다.

"해결책이 아니라, 문제와 사랑에 빠져라"라는 말은 웨이즈Waze의 공동 창업자 유리 레빈Uri Levine부터 인튜이트Intuit의 창업자이자 전

CEO인 스콧 쿡Scott Cook에 이르기까지 여러 비즈니스계의 전설들이 한 말이다. 특정한 해결책보다는 뭔가를 새롭게 만들어내는 데 초점을 맞춰야 한다는 말이다. 최고의 혁신가는 특정한 대답을 찾기 위해 애쓰지 않는다. 자신이 해결하고자 하는 문제만 생각하며 유연성을 유지하는 편을 택한다. 간단히 말해, 문제를 파악하고 검토하는 데 더 많은 시간을 할애할수록, 해결책은 더 혁신적으로 바뀔 거라는 뜻이다.

우리는 해결책에 초점을 두고, 과거에 있었던 문제를 바라보고, 확고한 낙관주의적 관점을 유지하라는 가르침을 받아왔다. 하지만 장밋빛 낙관주의를 거둬내고 문제 자체를 깊이 파악하고 검토할 때 우리는 비로소 그 문제를 공략할 새로운 방법을 발견할 수 있게 된다.

문제를 면밀히 분석하라

채드가 발견한 문제는 교통국의 고통스러운 경험만이 아니었다. 쇠약해지는 질병을 앓고 있는 37세의 여동생을 전적으로 책임지고 있는 채드는 여동생을 돌보며 보건 분야에도 많은 문제들이 있다는 사실을 알아냈다. "저는 함께 살고 있는 여동생을 병원까지 데려다주는 일을 맡고 있었어요. 일단 예약이 잡히면 병원으로 가서 기다리죠. 동생이 진료실에 들어가면 또 기다립니다. 그리고는 또 다른 방으로 이동하고, 또 검사를 받기 위해 기다립니다. 하루는 검사 결과에 문제가 있어서 상당히 오랫동안 기다린 적이 있어요. 서비스가 형편없다는 생각뿐이었어요. 그러더니 며칠 후에 병원에서 전화가 왔는데 뭔가 잘못됐다고 하더군요. 다시 그 병원으로 가 피검사를 다시

해야 했어요. 병원에서 실수를 저지른 거죠. 그러니 교통국이 생각나더군요."

항상 문제를 너무나도 사랑하는 채드는 좀 더 자세히 조사하기로 결심했다. 200억 달러(약 23조 6,400억 원) 규모에 달하는 미국의 의료 검사 산업은 양대 기업 두 곳이 주도하고 있었다. 랩코프LabCorp와 퀘스트 다이아그노스틱스Quest Diagnostics가 주인공이다. 이 양대 기업은 수십 년째 이 분야를 장악하고 있었다. 채드는 교통국을 재창조시킬 때 활용했던 것과 같은 창의적인 정열로 이들과 맞설 방법이 있을지 궁금했다.

의료 검사 시장에 진입한다는 건 바보 같은 내기처럼 보였다. 채드에게는 의료 업계에서의 경험도, 실험실 교육도, 자본도 없었다. 마치 기관총을 들고 싸우는 전투에 장난감 총을 가져가는 것처럼, 그는 자신의 영역을 방어하기 위해 무한한 자원을 동원하는 두 골리앗을 상대해야 했다. 전력 차이를 깨달은 채드는 먼저 전투에 전력을 다하지 않고 자신이 해결하려던 문제에 초점을 맞췄다.

채드와 나중에 공동 창업자가 된 그의 친구 조슈아 아란트Joshua Arant는 밴을 몰며 미국 전역을 누볐다. 두 사람은 의료 검사 분야의 무수한 문제들을 직접 경험하기 위해 전국을 돌며 3개월을 보냈다. 검사 클리닉 대기실에서 절망한 환자들과 이야기를 나누었다. 또 햄버거와 감자튀김을 뇌물 삼아 실험실 검사 요원들로부터 비효율성과 만연한 무기력감에 대해 들었다. 병원과 진료실에서 쫓겨나기를 반복한 끝에 검사 결과의 지연에서부터 부정확한 검사 결과와 과다 비용 청구에 이르기까지 의료 검사와 관련된 폐해를 공유해달라고 일부 의사들을 설득할 수 있었다.

업계의 고질적인 문제들을 다각도로 들여다보며 몇 달 동안 매달린 끝에, 두 사람은 자체적인 의료 검사 회사 설립을 결정했다. "이 산업에는 이미 두 마리의 고래가 있었죠." 채드는 웃으며 말했다. "만약 그들이 고래라면, 우리는 상어입니다." 상어 같은 마인드를 확고히 다지기 위한 차원에서 채드는 회사 이름을 마코 메디컬Mako Medical(Mako는 청상아리를 말한다-옮긴이)로 지었다. 이제 그들은 포식자가 될 차례였다.

문제를 면밀히 분석한 덕에 채드는 일련의 작지만 큰 돌파구들을 찾아낼 수 있었다. "우리는 경쟁업체가 했던 일이라면 사소한 것조차 하나도 빠짐없이 목록을 작성했습니다. 그리고 우리는 그들이 했던 것과는 정반대로 하는 도전을 시작했습니다."

물류에 7일 정도 걸리는 게 업계 표준이었다. 그래서 마코 메디컬은 물류를 24시간 안에 마칠 방도를 찾아냈다. 외부 협력업체를 활용하는 게 관례였던 것에 반해 마코 메디컬은 멋진 상어 지느러미가 달린 트럭을 구매해 운송과 물류를 직접 처리했다. 업계 리더들이 검사 결과를 천편일률적인 형식으로 제공한 것과 달리 마코는 고객별로 맞춤형 검사 결과를 제공했다.

"모든 영업사원들은 정장에 넥타이를 착용합니다. 그래서 우리 팀은 모두 수술복을 입어야 한다고 결정했죠. CEO든 관리인이든 직책에 상관없이 매일 의료용 수술복을 입어야 해요."채드는 내게 말했다. "경쟁업체들은 상장되어 있었습니다. 그래서 우리는 상장을 하지 않았습니다. 경쟁업체들은 이윤 일부를 주주들에게 돌려주고 있었습니다. 그래서 우리는 이윤 일부를 지역 자선단체, 군부대, 종교나 비영리단체 같은 데에 돌려주기로 목표를 정했습니다."

"우리 마코는 소수의 자선단체를 선정한 뒤 돈을 기부하기로 약속

마코 메디컬에서는 모든 직원들이 의료용 수술복을 입는다. 출처_makomedical.com

했습니다. 그래서 상황이 어려워졌을 때도, 우리는 기부를 멈추지 않고 최선을 다했어요. 돈을 벌어 큰 집이나 멋진 차를 사려고 제가 마코를 설립한 것은 아닙니다. 시각장애인이나 장애인을 위해 무언가를 하고 싶어 설립한 것이죠."

수십억 달러에 달하는 규모의 대기업과 싸운다는 건 결코 쉬운 일이 아니다. 채드는 처음에는 회사가 망하지 않고 굴러가도록 하기 위해 고군분투했다. "밤늦게까지 일하는 건 기본이었죠." 그는 회상했다. "우리는 휴식 없이 20시간 연속으로 일하기도 했습니다. 잠을 아예 못 잘 때도 있었고요. '오늘이 일하는 마지막 날이다'라고 생각하며 하루도 빠짐없이 처절하게 일했습니다. 첫해에는 굉장히 힘들었어요. 그다음 해에도 굉장히 힘들었죠. 우리는 무급으로 1주일에 7일을 일했습니다. 3년째가 되고서야 비로소 탄력을 받기 시작했습니다. 그때부터는 모든 것이 활기를 띠기 시작했어요."

활기를 찾은 마코 메디컬은 설립된 지 3년 만인 2017년에 이르러서는 9,200만 달러(약 1,081억 원)의 매출을 올렸다. 2018년에는 1억 2,500만 달러(약 1,476억 원)의 매출을 올리며 성장세를 이어갔다. 34세의 채드 프라이스는 여전히 같은 방식으로 달려가고 있고 2020년 매출은 2억 달러를 상회할 것이다.

처음에는 교통국, 그다음에는 병원 검사실의 불편한 골칫거리에 가까이 다가간 덕에 채드 프라이스는 두 개의 기업을 큰 성공의 반열에 올려놓을 수 있었다. 하지만 문제를 집요하게 물고 늘어진 채드 프라이스에게는 이 모든 게 시작에 불과하다.

"보건업계에 일하게 되면서, 약을 살 돈이 없을 만큼 경제적으로 힘든 사람들의 소식을 접하지 않는 날이 하루도 없습니다." 채드는 최근에 느낀 좌절감을 내게 설명하면서 인상을 찌푸렸다. "왜 저렴한 약을 사기 위해 캐나다까지 가야 하는 거죠? 말도 안 되는 일입니다."

"저를 절망에 빠뜨린 것은 한 심장전문의가 들려준 이야기였습니다. 말기 환자에 관한 이야기였어요. 말기 환자가 되어 죽음에 다가서기 시작하면 말기 환자 전문 호스피스 회사는 환자의 치료와 간호를 위해 하루에 200달러를 지급할 뿐입니다. 말기 환자들 상당수는 약을 복용하는데 약값이 너무 비싸다는 이유로 호스피스 회사는 약 투여를 중단합니다. 그래서 죽음의 문턱에 들어선 환자들 상당수는 절실히 필요한 약을 더 이상 복용하지 못하게 됩니다. 그 결과 다른 합병증까지 겪기 시작하죠. 환자들은 더욱 절망에 빠지기 시작합니다. 폐에 물이 차오르는 말기의 환자들이 약값 때문에 처참한 죽음을 맞게 되는 겁니다."

"그 약을 만드는 데 드는 비용이 1센트에 불과하다는 사실을 알게 되자, '가만히 둬서는 안 되겠어. 미국에서 가장 큰 제약회사들과 정면으로 한판 붙고야 말겠어'라고 속으로 되뇌었습니다. 불필요한 이윤을 거둬내고 나면 1센트로 살 수 있는 약이 수천 가지에 이른다는 것도 알게 되었습니다. 그래서 일주일에 1달러도 안 되는 돈으로 말기 환자들에게 필요한 약을 제공할 수 있었습니다." 채드는 말을 이었다.

채드는 처음에는 교통국과 싸웠고, 나중에는 의료 검사 분야와 싸웠다. 끔찍한 경험을 직접 겪어봤기 때문이다. 문제의 핵심에 가까이 다가서다 보니 지금은 거대 제약업계와 전쟁을 벌이고 있다. 2020년 초, 채드 프라이스는 또 하나의 회사를 설립했다. 마코 약국Mako Rx이다. "처음에는 약국 사업이나 의료 검사 사업에 나설 요량이 아니었습니다. 솔직히 말해, 제가 보기에 더 흥미로웠던 10가지 일을 할 생각이었어요. 하지만 이런 것들이 진짜 문제라고 생각했죠. 바로 잡을 수만 있다면 수백만 명의 사람들에게 좋은 영향력을 행사할 수 있는 일이니까요."

마코 메디컬을 설립했을 때 가졌던 호기심을 이번에도 활용한 채드는 문제를 연구해 나가기 시작했다. 의약품 제조에서부터 유통을

마코 메티컬의 CEO 채드 프라이스. 마코 메디컬에 이어 그는 의약품 구독 서비스를 제공하는 마코 약국을 설립했다.
출처_chadpricemakomedical.com

거쳐 출시되기까지의 전 과정을 들여다보며 의약품 산업의 전반을 파헤쳐나갔다. 미국에 있는 모든 처방 약을 목록으로 작성해 가치사슬의 각 단계를 추적해 비용과 마진을 따져보았다. 한 알에 200달러에 팔리는 약이 제조에는 10센트밖에 들지 않을 때가 많다는 사실을 알게 되자 분노가 치밀었다. 문제를 집중적으로 들여다보니, 약이 소비자에게 도달하기까지 10퍼센트 이상의 비용 인상 요인은 존재하지 않는다는 것 또한 알게 되었다. "두 업체만 마진을 올린다면?"이라고 그는 생각했다. 이를 해결할 수 있다면, 많은 환자와 그 가족의 가슴 아픈 이야기들을 먼 추억으로 만들 수 있을 것이었다.

몇 년간 샅샅이 연구해야 했다. 전사와도 같은 투지를 또 불태워야 했다. 마침내 마코 약국은 완전히 새로운 모델로 운영될 수 있게 되었다. 매달 25달러의 고정 구독료를 내면, 환자들은 추가 비용 없이 300가지가 넘는 일반 약품을 무제한으로 공급받을 수 있다. 목록에 없는 약이 필요한 경우라면, 소매가의 일부만 지불하면 공급받을 수 있게 되었다.

소파에 앉아 온종일 불평불만을 늘어놓는 부류와 채드는 어떻게 다를까? 채드 같은 혁신가들은 자신이 공략하려는 문제들을 두 가지 마음가짐으로 바라봄으로써 예민한 불평불만자가 아니라 문제 해결자가 될 수 있었다. 두 가지 마음가짐이란 바로 '믿음'과 '공감 능력'이다.

채드는 자신이 마주한 상황들로 인해 짜증이 났지만, 그 짜증을 행동으로 변모시켰을 뿐이다. 상황이 나아질 거라 믿었기 때문이다. 일상의 혁신가들은 늘 문제를 주시한다. 그들이 문제에 끌리는 이유는 자신이 해결할 수 있다고 믿기 때문이다.

내 전작 《혁신을 해킹하라Hacking Innovation》에서 밝혀낸 바 있지만 보안 시스템이 철옹성 같아 보일지라도, 해커들은 어떤 장벽이든 뚫을 수 있다고 주장한다. 이런 신념 덕에 해커들은 투지를 발휘해 가장 힘든 차단벽도 뚫을 수 있는 것이다.

공감 능력이 창의성에 미치는 영향

문제가 얼마나 복잡하든, 리스크가 얼마나 크든, 성공할 가능성이 얼마나 작든, 채드는 문제와 사랑에 빠졌고 자신이 그 문제를 해결할 수 있다고 믿었다. 그리고 문제를 집중 조명함으로써 문제의 취약점을 꿰뚫어 볼 수 있었다.

자신이 도전하는 문제들은 모두 해결할 수 있다는 믿음과 공감 능력 덕에 채드는 확고한 돌파구를 찾아낼 수 있었다. 〈소비자 연구 저널Journal of Consumer Research〉에 발표된 새로운 논문을 통해 입증되었듯이, 다른 사람들의 느낌과 감정을 감지해내는 공감 능력은 혁신에 있어 매우 가치 있는 자산이다.

코네티컷대학교의 마케팅 교수 켈리 허드Kelly Herd와 일리노이주립대학교의 마케팅 교수 라비 메타Ravi Mehta는 공감 능력이 창의성에 미치는 영향을 측정하는 연구에 착수했다. 200명 이상의 성인들을 대상으로 한 이 연구에서, 참가자들은 임산부를 위한 새로운 감자칩에 대한 아이디어를 떠올려보도록 요청받았다. 참가자 절반은 논리와 인지적 기법을 활용해 아이디어를 떠올려보라는 지시를 받았고, 나머지 절반은 공감에 따라 아이디어를 떠올려보라는 지시를 받았다. 공감 능력을 활용하는 참가자들은 30초 동안 눈을 감고 여성들이 임신 중에 어떤 일을 겪는지 상상해 보도록 요청받았다. 또 임산부는 간식을 먹을 때 어떤 느낌이 들까?

전문가들로 구성된 패널이 아이디어를 심사하자, 공감을 활용한 그룹은 논리를 활용한 그룹보다 훨씬 더 뛰어난 성과를 거둔 것으로 나타났다. 30초 동안의 짧은 공감 후 '피클과 아이스크림'처럼 맛과 관련된 아이디어를 내놓았다. 임산부들이 매우 좋아할 만한 아이디어였다. '고추냉이를 곁들인 초밥'과 '엄마를 위한 마르가리타' 같은 아이디어도 있었다. 여성들은 임신 기간에 회나 술을 삼가도록 요구받기에 그러한 맛들을 갈망할 수도 있기 때문이다.

"많은 사람들이 객관성을 유지하라는 말을 들어왔습니다. '당신은 전문가입니다. 객관적으로 생각해보세요. 감정에 사로잡히지 마세요'라고 말이죠." 허드 교수는 말했다. "하지만 우리가 발견한 사실은 공감 능력이 실제로 더 많은 창의성을 이끌어낸다는 점입니다."

"공감이 사고방식을 바꿀 수 있다는 사실이 증명된 것입니다." 허드 교수는 말을 이었다. "제품 디자인이라는 다소 좁은 맥락에서 사안을 살펴보았습니다. 하지만 다른 사람이 느꼈을 감정을 상상해 보는 것 같은 미묘한 부분들이 전반적인 창의성에 더 큰 영향을 미치는 것으로 보입니다." 허드 교수는 "공감 능력을 자극하는 것은 내재적 가치가 있습니다. 창의력을 극대화할 수 있으니까요"라고 결론 내렸다.

채드는 공감 능력과 믿음이라는 강력한 조합을 자신의 싸움에 동원했다. 주변의 문제를 파악하고, 분석하고, 검토하는 데 그가 초점을 맞춘 것에 더해 공감 능력과 믿음을 동원한 것은 세 개의 기업이 성공적으로 출범할 수 있었던 발판이 되었다. 당신이 작지만 큰 돌파구를 추구하는 과정에서 문제에 더 가까이 다가갈수록, 창의적 해결책의 발견에 더 가까워진다. 매우 괴로운 통증을 유발하는 지점을 파악한다면 혁신은 코앞에 있는 것이다.

성공적인 혁신의 근간에는 해결되기를 기다리는 문제가 있다. 채드 프라이스의 사례를 통해 우리는 가장 효과적인 해결책을 찾기 위해 각각의 문제를 연구하고 조사해야 한다는 사실을 알게 되었다. 어떤 근본 원인 때문에 이 문제가 발생한 것인가? 애초의 문제가 해결되면 어떤 새로운 문제가 발생할 수 있는가? 내일 문제가 근절된다면 누가 가장 큰 영향을 받을 것인가?

문제 해결을 위해 문제에 집착하기

익스피디아Expedia의 고객 서비스 부문을 이끄는 라이언 오닐Ryan O'Neill은 전체 고객의 58퍼센트가 예약 후 고객 센터에 전화한다는 사실을 알고 충격을 받았다. 익스피디아는 셀프 서비스 디지털 플랫폼을 지향하는 기업이기 때문이다. 고객 서비스 부문이 통화 시간을 줄이는 데 너무 집중한 나머지 전화가 걸려오는 것을 막을 방도를 찾을 겨를이 없었다. 이 문제를 타개하기 위해, 라이언은 회사의 다른 부문 출신의 직원들로 구성된 팀을 꾸려 문제 해결에 열을 올렸다.

애초에 사람들이 전화를 거는 주요 이유를 밝히고자 했던 팀은 데이터를 수집하고, 고객뿐만 아니라 콜센터 직원까지 모두 인터뷰했다. 광범위한 조사를 통해, 사람들이 전화하는 가장 큰 이유가 여행 일정표 사본을 받기 위한 것이라는 사실을 알아냈다. 2012년에만 여행 일정표 사본 요청 때문에 2,000만 건 이상의 전화가 걸려왔다. 익스피디아가 통화 한 건을 처리하는 데 드는 비용은 약 5달러였다. 따라서 팀은 연간 1억 달러에 달하는 문제에 마주한 셈이었다.

익스피디아는 고객에게 여행 정보를 자동으로 이메일로 전송하는 시스템을 이미 운용하고 있었다. 때문에 여행 일정과 관련해서는 큰 관심을 기울이지 않았다. 하지만 여행 일정이 이메일로 전송되었다면, 왜 고객들은 여전히 전화를 걸고 있었을까? 팀은 문제에 몰두한 결과, 예약 과정에서 고객들이 잘못된 이메일 주소를 입력할 때가 있다는 사실을 알게 되었다. 여행 일정 메일이 정크 메일 폴더에 들어갈 때도 있고, 뜻하지 않게 삭제될 때도 있었다.

팀이 오랜 시간을 들여 문제를 파악한 끝에 해결책을 찾았다. 일단 문제가 완전히 이해되자, 두 개의 작지만 큰 돌파구로 이 문제가 꽤 잘 해결되었다. 첫 번째 작지만 큰 돌파구는, 고객들이 자신의 세부 여행 일정을 쉽게 검색할 수 있도록 눈에 확 들어오는 클릭 버튼을 사이트에 추가한 것이었다. 두 번째 작지만 큰 돌파구는 여행 일정을 재전송 받으려면 2번을 누르라는 간단한 안내 메시지를 콜센터 전화 시스템에 추가한 것이다. 두 가지의 작지만 큰 돌파구는 큰 차이를 만들어냈다. 이 간단한 해결책이 도입되자, 콜센터로 걸려오는 전화는 58퍼센트에서 15퍼센트로 감소했다, 그 덕에 수백만 달러를 아꼈을 뿐만 아니라 고객 만족도까지 높일 수 있었다.

나는 어떤 문제를 조사할 때 나를 주요 사건을 추적하는 탐정이라고 생각한다. 드라마 〈성범죄수사대SVU〉의 수사팀장 올리비아 벤슨Olivia Benson은 범죄를 어떻게 조사했을까? 드라마 〈과학수사대CSI〉의 길 그리섬Gil Grissom은 증거를 어떻게 조합할까?

문제를 조사하는 가장 좋은 방법을 배우기 위해, 나는 FBI 대테러 전문가이자 수석 특수요원 잭 바우어Jack Bauer와 이야기를 나눈 적이 있다. 잭 바우어는 당연히 그의 본명이 아니다. FBI 요원들은 책에 실명이 나오는 걸 별로 좋아하지 않는다. 그래서 그의 익명성을 보장하기 위해 가명으로 바꿨다. 하지만 내가 인터뷰한 전문가는 FBI의 베테랑으로, 인기 TV 시리즈 〈24〉에서 에미상을 받은 배우 키퍼 서덜랜드Kiefer Sutherland가 연기한 잭 바우어의 현실판 인물이다.

수사에서 가장 중요한 부분은 사건을 성급하게 해결하려는 사악한 유혹을 뿌리치는 것이라고 그는 말했다. "신참이 범하는 일반적인 실수는 너무 빨리 결론을 내리는 것입니다." 바우어는 강철 같은 확신으로 내게 말했다. "명백한 용의자라고 해도 범행을 실제로 저지른 범인이라는 의미는 아닙니다. 무슨 일이 일어났다고 '생각하는 것'과 무슨 일이 일어났는지를 '정확히 아는 것' 사이의 차이를 구별하는 것은 매우 중요합니다."

FBI의 신중한 수사 과정은 놀라운 승소율을 만들어낸다. 2019년, 미국의 범죄 피고인 중 90퍼센트는 재판 전에 자신의 유죄를 인정할 수밖에 없었다. 왜냐하면 피고인이 자신에게 불리한 증거 때문에 어떻게 해볼 도리가 없다는 사실을 깨달았기 때문이다. 실제로 재판에 회부된 피고인 중 1퍼센트도 안 되는 비율만이 무죄판결을 받으며 승소했을 뿐이다.

FBI가 이토록 놀라운 승소율을 달성하는 것은 체포를 서두르기 전에 범죄를 연구하고, 사실을 수집하는 데 많은 시간을 투자하기 때문이다. 모든 수사는 평가 단계에서 시작된다. 평가 단계에서 수사팀은 자신이 알고 있는 것과 모르는 것을 목록으로 작성한다. 수사관들은 "무슨 일이 일어났는가?", "우리가 확보한 정보는 어떤 것인가?" 등의 기본적인 질문을 하면서 상황을 검토하는 것으로 시작한다.

초기 평가 이후의 수사 단계는 '증거 수집'이다. 훌륭한 법의학 수사관은 범죄 현장을 모든 면에서 철저히 살펴 상황을 조사한다. 탄피, 혈흔, 깨진 유리창 같은 물리적 증거가 있을 수 있기 때문이다. CSI 팀은 현 상황을 파악해 사진, 다이어그램, 비디오로 증거를 기록한다. 침실용 탁자에 남겨진 지문, 샤워기에 남겨진 모낭, 현관에 남겨진 혈흔 묻은 발자국 등은 모두 증거물로 분류된다.

훌륭한 수사는 무엇이 없어졌거나, 무엇이 제자리에 있지 않은지를 알아내는 것도 포함된다. 현관문이 부서지지 않았다면 범인은 아마도 피해자와 친숙한 면식범일 수 있다. 빈 차고는 도주 차량에 대한 단서를 수사관들에게 제공해 줄 수 있다. 범죄가 강도라면 금과 다이아몬드가 박힌 피해자의 롤렉스가 여전히 잘 보이는 침실 화장대에 있는 이유는 무엇일까?

특수요원 바우어는 "이 단계에서 중요한 부분은 어떤 정보가 누락되었는지 파악한 다음 누락된 정보를 찾기 위한 계획을 세우는 것"이라고 설명한다. 이때 팀은 통화 기록이나 은행계좌를 조회하거나 피의자를 물리적으로 감시할 수도 있다. 끈질기게 심문하고 범죄를 수사함으로써 수사관들은 많은 양의 증거를 축적하고 추가적인 단서를 찾아낸다.

물적 증거가 수집되고 나면 수사관들은 목격자를 찾기 위해 지역을 탐문한다. 피해자에게 남자친구는 있는가? 그녀의 체내에서 발견된 약을 누가 그녀에게 공급했을까? 도박꾼에게 갚아야 할 도박 빚이 그녀에게 있는가? 목격자들을 인터뷰하고 요주의 인물들을 심문해가면서 물적 증거의 공백을 메우는 데 도움이 되는 새로운 사실이 정형화되어 드러난다.

모든 물적 증거와 목격자들의 증언이 종합되어야만 수사는 모든 조각이 맞춰지고 결론을 내리는 쪽으로 전환될 수 있다. 용의자의 알리바이가 명백히 확인되고 예기치 못한 범인이 나타나 사건이 새로운 국면으로 맞이하게 되면서 얼마나 많은 드라마 속 미스터리가 해결되었는지 생각해보라. 진실은 '초기 본능'에 의해 발견되는 것이 아니다. 모든 사실이 조사된 후에야 결론에 도달하는 '훈련된 과정'을 통해 발견된다.

아서 코난 도일의 가장 인기 있는 셜록 홈스 시리즈 중 하나인《실버 블레이즈의 모험The Adventure of Silver Blaze》에서 홈스는 귀중한 경주마 절도 사건을 수사하게 된다. 사건과 직간접으로 관련을 맺고 있는 이들은 경주마를 훔친 것이 낯선 사람의 소행임이 틀림없다고 재빨리 결론지었다. 그러나 안정된 수완으로 인터뷰를 진행하던 홈스는 이내 사건을 해결해 모두를 놀라게 했다. 인터뷰가 시작되었을 때, 헛간에 살고 있던 큰 개는 구석에서 조용히 쉬고 있었다. 홈스는 경주마를 도둑맞은 날 저녁에 있었던 모든 일을 설명하라고 피의자를 다그쳤다. 하지만 피의자는 개가 짖은 적이 없다고 주장했다.

홈스에 따르면, "나는 개가 침묵을 지킨 것이 중요하다는 점을 파악했다. 왜냐하면 진실에 근거한 추론은 변함없이 다른 사람이 범인이라는 점을 암시한다. 분명 자정 방문객은 개가 잘 아는 사람이었다." 결국, 홈스는 범죄를 저지른 범인이 낯선 이가 아니라, 말 조련사라는 사실을 추론할 수 있었다. 홈스는 그와 같은 결론에 도달하기에 앞서 문제와 단서들을 주의 깊게 살펴봄으로써 누가 범인인지 파악하고 체포할 수 있었다.

마치 한 세제 회사가 신제품을 출시하기 전 북미의 모든 월마트를 통해 시험 판매하듯이, 노련한 수사관들은 사건의 증거를 모두 수집하고 자신이 내린 결론을 시험한 후에야 판사 앞에 나선다. "반박의 여지가 없는 주장을 하기 위해 검찰, 변호사, 전문가 등과 협의하고 어떤 허점을 보완해야 하는지 파악하는 거죠." 특수요원 바우어는 설명했다. "수사가 엄중하게 진행되기 때문에 유죄 판결률이 매우 높습니다. 예감과 직감에만 의지해도 승소율은 50퍼센트 가까이 될 것입니다."

그런데 아무리 사실에 집중했다 하더라도, 성공적인 수사는 창의력을 필요로 한다. "제가 하는 일은 문제 해결입니다. 호기심과 창의성은 법집행을 잘하는 데 필요한 가장 중요한 자질 중 하나입니다. 정보 수집은 수사의 일부에 불과합니다. 정보를 해석하고, 증거를 수집할 수 있는 창의적인 방법을 찾고, 그렇게 수집한 증거를 취합하는 것이 수사 능력입니다." 바우어는 자세히 설명했다.

성공한 수사관들은 범죄의 모든 세부사항에 집착하고, 가해자가 감옥에 갇힐 때까지 긴장을 늦추지 않는다. 다시 말해, 문제와 사랑에 빠진다. 혁신적인 리더들이 세계에서 가장 어려운 두 가지 도전 과제를 어떻게 맞닥뜨렸는지 알아보면서 이 방법을 시험해 보자. 전과자들의 재범률을 줄이는 일과 도시 빈민가 아이들의 졸업률을 높이는 일이다.

유니콘 기업을 세운 전과자들

미국에는 230만 명에 달하는 수감자들이 교도소에 갇혀 있다. 그런 상황을 감안할 때, 수감자가 증가하는 것은 심각한 문제이다. 납세자들은 감옥 수용 능력을 극대화하고 중죄인을 석방하는 일을 끝없이 반복하는 데 매년 800억 달러(약 94조 7,000억 원) 이상의 세금을 갖다 바치지만, 수감자는 줄어들 줄 모른다. 재소자의 95퍼센트가 복역 후 사회에 재입성하겠지만, 재범률(복역 후 다시 수감되는 비율)은 그 전망이 암울하다. 2018년 법무부 조사에 따르면, 출소자 중 83퍼센트가 출소 후 9개월 안에 적어도 한 번은 다시 체포되었다고 한다. 석방된 죄수들 중 거의 70퍼센트가 결국 다시 감옥에 가게 된다. 이는 교정 시스템이 작동하지 않는다는 분명한 증거이다.

저명한 사모투자자 캐서린 호크Catherine Hoke는 '수감자 개혁'이라는 문제와 씨름할 것처럼 보이는 인물은 아니다. 그녀는 기업가들이 투자를 받고자 사업 아이디어를 열정적으로 프레젠테이션하는 것을 들으며 실리콘 밸리에서 일해왔다. 감옥에 발을 들여놓은 적이 없는 그녀는 성공적인 회사 운영을 위해 무엇이 필요한지가 관심이지, 감옥에서 살아남기 위해 무엇이 필요한지는 생각조차 해보지 못했다.

지역 사회에 뭔가를 환원하고 싶던 그녀는 시간을 내 지역 교도소에서 자원봉사를 시작했다. 머지않아, 그녀는 수감자들의 석방 후 사회 복귀를 돕고자 점점 더 많은 시간을 교도소에 보냈는데 그 과정에서 문제의 심각성을 파악했다. 교도소라는 세계에서 생각보다 많은 문제들이 서로 얽히고설키며 복잡한 양상을 띤다는 것을 이해할 수 있었다. 그녀는 훌륭한 형사처럼 증거를 모으고 상황을 조사했다. 본격적으로 문제 해결에 나서기에 앞서, 노고가 많은 교도소장, 교정관, 경찰, 수감자들을 인터뷰해 이 사안을 어떻게 보는지 의견을 취합해나갔다.

그러다 유죄 판결을 받은 한 흉악범과 마주 앉게 됐는데 놀라운 것은, 벤처기업의 임원과 대화를 나누는 것과 매우 비슷한 느낌을 받았다는 점이다. 두 사람에게는 투지, 끈기, 비전, 리더십 등 비슷한 자질이 많았다. 수감자들의 열정을 합법적인 일로 돌릴 수 있다면 어떨까? 범죄조직을 이끄는 데 써온 역량을 다른 데 사용하면 어떨까? 주황색 죄수복을 입고 차가운 금속 의자에 앉아 그녀 앞에 있는 죄수는 위대한 기업가가 될 수 있을지 모른다.

캐서린은 더 많이 알면 알수록, 필사적으로 변화를 불어넣어야 한다는 신념이 더 굳어졌다. 문제를 좀 더 들여다보게 되면서 수감자 중 거의 절반이 신체적 외상을 입은 적이 있다는 것을 알고 그녀는 괴로워했다. 수감자 상당수는 가난과 범죄의 굴레에서 벗어나지 못하는 가정에서 자랐다. 부모나 심지어 조부모까지도 범죄 활동에 연루된 경우가 많았다. 일반적인 사람들은 두 번째 기회를 접할 때가 많았지만 수감자들 대부분은 합법적인 첫 번째 기회조차 주어지지 않았다. 전과자들 대부분이 사회 복귀 후 합법적인 삶을 살기를 원하지만 그럴 기회는 거의 부여받지 못한다. 15퍼센트만이 복역 후 1년 이내에 직장을 구한다. 그런데 전과자의 재취업률이 낮다는 것은 재범률을 높이는 가장 큰 요인 중 하나이다. 전과자들은 결국 최후의 수단으로 범죄자의 삶으로 돌아갈 때가 많은 것이다.

채드가 보건 분야에 변화를 불어넣을 수 있다고 믿었던 것처럼, 캐서린은 전과자들에게 긍정적인 변화를 불어넣을 수 있다고 확신했다. 수개월간의 면밀한 검토 작업과 계획 수립을 마치고, 2004년에 '교도소 기업가정신 프로그램(PEP, Prison Entrepreneurship Program)'을 출범시켰다. 캐서린은 휴스턴으로 거처를 옮기고 텍사스 형사사법부와 협력해 자신의 사회 복귀 교육 프로그램을 실행에 옮겼다. 그녀는 수감자들에게 자기 자신을 범죄자가 아니라 기업가로 인식하라고 주문하고 그들의 동기를 다른 데로 돌리는 법 또한 가르치기 시작했다.

범죄, 가난, 갱단, 감옥 생활이 어떤 것인지 더 많이 알게 되면서, 접근 방식을 개선하는 일을 멈추지 않았다. 그 후 5년 동안 500명에 달하는 수감자들이 그녀의 프로그램을 졸업했고, 그들 중 60퍼센트는 석방과 동시에 사업을 시작했다. 더 놀라운 것은 졸업생들의 재범률이 10퍼센트 가량 떨어졌다는 것이다. 이 같은 재범률 하락은 범죄와 처벌로 점철된 이 세계에서는 기록적인 수치였다. 텍사스 주지사 릭 페리Rick Perry와 조지 W. 부시 대통령은 모두 봉사와 함께 긍정적인 영향력을 행사한 캐서린의 공로를 기려 상을 수여했다.

하지만 잘못된 결정을 내려 대가를 치러야 했던 수감자들처럼, 캐서린은 스스로의 문제에 봉착했다. 고통스러운 이혼 과정에서 재정적으로나 심적으로 참담함을 겪어온 캐서린은 그녀가 도왔던 전과자 4명과 부적절한 관계를 맺었다는 비난을 받았다. 그것은 모두 수감자가 석방된 후에 일어난 일이었을 뿐만 아니라 서로 동의하에 이

디파이 벤처스의 설립자 캐서린 호크(아랫줄 가운데). 출처_defyventures.org

루어진 관계이기는 했지만, 교도소 기업가정신 프로그램에서 사임하라는 압박을 받았다. 텍사스주의 모든 감옥에 출입하지 말라는 금지 명령까지 받았다.

공개적으로 굴욕을 당하며 인생의 가장 밑바닥까지 떨어진 그녀는 최악의 판결로 낙인찍힌 수백만 명의 수감자들과 공감했다. 하지만 이런 개인적인 어려움에도 불구하고, 수감자들이 자신의 삶을 변화시키는 것을 돕는 일을 이어나가기로 결정했다. 이 문제는 너무 중대한 문제였기에 그녀는 중도에 그만둘 수가 없었기 때문이다. 그녀는 모든 위험을 무릅쓰고 뉴욕으로 가 '디파이 벤처스Defy Ventures'라는 회사를 설립했다. 이 회사는 그녀의 프로그램을 자신만의 버전으로 운영하기 위해 설립한 것이다.

디파이 벤처스는 수감자들이 석방된 후 합법적인 기업가가 될 수 있도록 돕는 것에 초점을 맞춰 2014년 출범했다. 유죄 판결을 받은 흉악범들이 사회에 재입성할 때 직면하는 복잡한 일련의 문제들을 연구하며 10년을 보냈을 뿐만 아니라, 자신의 실수로 인한 수치심을 직접 겪어본 덕에 전과자들의 입장을 더 공감할 수 있게 된 그녀는 자신의 접근 방식을 새롭게 가다듬을 수 있었다. 그녀는 문제에 더 다가가면 갈수록, 어떻게 해결해야 하는지 잘 이해할 수 있었다.

이 프로그램을 시작하게 되면, 수감자는 시작과 동시에 즉시 '훈련 중인 기업가'라는 칭호를 받는다. 범죄자라는 낙인을 미래 기업가라는 칭호로 바꾸는 순간, 참가자의 정체성에 즉각적인 영향을 줄 수 있다. 수감 중에는 디파이 벤처스 직원들로부터 수업도 받고, 멘토링도 받고, 직접적인 지도도 받게 된다. 훈련 중인 기업가들은 삶을 살아가는 기술을 배움으로써 자신의 과거를 되돌아보고 더 나은 미래를 상상할 수 있게 된다.

비즈니스 교육은 시장 수요 파악에서부터 자본 조달에 이르기까지, 자신의 사업을 창업하는 데 중점을 두고 진행된다. 캐서린이 해결해야 할 큰 문제에 초점을 맞춘 것과 마찬가지로, 참가자들은 비즈니스 아이디어를 개발하기에 앞서 잠재 고객이라는 문제에 초점을 두는 법을 배운다. 이 프로그램은 샤크 탱크Shark Tank(ABC의 비즈니스 리얼리티 쇼. 참가자들이 기발한 창업 아이디어를 내놓으면 패널이 거기에 투자하는 방식으로 진행된다-옮긴이) 식의 경연을 펼치는 것으로 절정에 이른다. 졸업생들은 출소 후 자신의 아이디어를 실행하게 해줄 창업 자금을 놓고 경쟁을 벌이게 된다.

디파이 벤처스에서 가장 큰 성공을 거둔 졸업생 중 하나는 챕터2에서 다뤘던 콘바디의 설립자 '코스 마르테'이다. 자신이 실용적인 교육도 받고, 자신의 꿈을 추구해야겠다는 믿음까지 갖게 해준 것뿐만 아니라, 자신이 창업도 하고 성공할 수 있었던 것은 모두가 디파이 벤처스 덕분이라고 코스는 말했다.

디파이 벤처스의 졸업생들은 끊임없이 문제에 집중한 덕에 전국 평균(약 10퍼센트)에 비해 낮은 7.2퍼센트의 재범률을 보인다. 이 프로그램은 7개 주로 확대되었으며, 18곳의 교도소를 무대로 4,800명의 자원 봉사자와 함께 일하고 있으며, 향후 5년간 25개 주로 확대될 계획이다.

열정을 다른 데로 돌린다는 디파이 벤처스의 목표는 자신의 사업을 시작하려는 사람들만을 위한 것은 아니다. 이 프로그램에서는 직장을 얻고 지키는 법 또한 가르친다. 수감자의 석방 후 평균 고용률이 15퍼센트인 것과 대조적으로, 디파이 벤처스의 졸업생 중 84퍼센트는 석방 후 90일 이내에 직장을 구한다.

재소자들이 기업가가 되도록 훈련함으로써 재범 문제를 해결하는 것은 창의적이고 매우 효과적인 접근법이다. 기존의 유사한 접근법을 활용했다면, 교정 시스템에 긍정적인 영향을 주고 위기에 처한 지역 사회가 안고 있는 교육의 부재라는 문제를 퇴치할 수 있었을까?

공부해야만 들어갈 수 있는 복싱 클럽

칼리 스위니Khali Sweeney는 디트로이트에서 가장 폭력적이고 범죄가 끊이지 않는 동네에서 자랐다. 태어날 때부터 부모에게 버림받은 그는 유난히 불우했던 어린 시절 내내 여러 양부모 가정을 옮겨 다녔다. 캐서린 호크가 디파이 벤처스에서 도왔던 많은 수감자들처럼 칼리는 가난, 낙제, 범죄로 점철된 채 성장했다. 선택의 여지가 거의 없고 암울한 미래만 떠올리던 그는 6학년 이후에 학교를 그만두고 디트로이트 거리의 갱단에 합류했다. 16살이 되었을 때는 이미 총상을 입고 칼에 찔리는 중상까지 입었다.

스무 살 때 한 친구가 "우리가 아는 사람들은 거의 죽거나 감옥에 있다"고 무심코 뱉은 말이 칼리의 삶을 뒤바꿔 놓았다. 그 말은 바로 그에게 필요했던 경종이었다. 그는 자신의 미래에 대한 책임의식을 갖고 자신과 어린 아들을 위해 합법적인 삶을 살기로 결심했다. 정식 교육도 못 받았고 이렇다 할 수완도 없던 그는 자신의 삶을 바꾸기 위해 물불 안 가리고 육체노동을 찾아 나섰다. 10년 동안 열심히 일하고 희생한 끝에, 칼리는 책임감 있고 세금까지 꼬박꼬박 내는 어엿한 시민이 되었다.

칼리는 주변의 많은 다른 이들처럼 쉽게 감옥이나 영안실에 가게 될 수도 있었다. 지금은 다른 삶을 사는 그는 다른 문제아들이 상황을 바꾸도록 돕고 싶었다. 하지만 가진 것도 없고, 교육도 못 받은 그가 어떻게 도심의 젊은이들을 도울 수 있었을까?

'48207'이라는 우편번호를 사용하는 디트로이트 지역은 2013년 FBI 순위에서 미국에서 가장 위험한 지역 중 하나로 선정되었다. 이 조사에 따르면, 1년 동안 이 지역에서 폭력 범죄에 노출될 가능성은 7명 당 1명꼴이며, 고등학교 졸업률은 37퍼센트에 머물러있다.

칼리는 자신의 상황을 되돌아보고는, 지역 청소년 프로그램에서 복싱을 배우며 보낸 시간이 자신의 삶을 바꾸는 데 필요한 내면의 힘과 자제력을 갖출 수 있는 계기가 되었다고 말했다. 칼리는 문제를 인식하고 자신만의 해결책에 더 가까이 다가갔기 때문에, 그리고 그 두 가지 다 직접 경험했기 때문에 강력하고 새로운 아이디어를 펼칠 수 있었다. 2007년, 칼리 스위니는 자신이 자랐던 바로 그 험한 동네에 '다운타운 복싱 짐Downtown Boxing Gym'을 열었다.

겉모습과 실체가 늘 동일한 것은 아니다. 이 곳은 복싱으로 돈을

다운타운 복싱 짐 설립자 칼리 스위니. 출처_dbgdetroit.org

버는 사업체처럼 보이기는 하지만, 실제로는 위험에 처한 아이들이 올바른 길로 갈 수 있도록 돕는 비영리 단체이다. 권투는 단순히 아이들을 유입시키기 위한 수단일 뿐이다. 이 체육관에 발을 들인 아이들은 체육관의 뒷방에서 과외교사와 공부하지 않고서는 복싱훈련은 물론이고 링조차 볼 수 없다. 이전에는 도움을 받을 수 없던 아이들이 이제 읽기, 쓰기, 수학 등 자기계발을 위해 일주일에 최대 6일을 보낸다. 프로그램이 시작되기 전까지 이곳의 아이들은 "나는 너를 믿어", "너는 네가 원하는 삶을 선택할 수 있어" 같은 말들을 들어본 적이 없었다.

이 프로그램에 대한 소문이 퍼지면서 칼리는 새로운 도전 과제를 마주하게 되었다. 형편없는 건물에 위치한 현재의 체육관으로서는 대기자 명단에 올라있는 수백 명에 달하는 아이들을 수용할 수 없다는 게 문제였다. 칼리는 이 문제를 해결하기 위해 기업이나 자선 기부자들에게 협조를 요청해 시설을 확장할 수 있는 보조금을 받게 되었다.

아이들이 체육관에 가는 것 또한 큰 문제였다. 아이들이 체육관까지 안전하게 이동할 만한 교통수단이 제대로 없었기 때문이다. 여름에 2~3킬로미터를 걷는 것은 큰 문제는 아니었지만, 디트로이트의 1월은 눈이 너무 내려 걷기조차 힘들다. 이 문제를 해결하기 위해, 칼리는 디트로이트에 있는 자동차 회사들을 설득해 자동차를 기부받았다. 이 프로그램은 현재 매일 오후 동네를 오가는 승합차를 운영하는 등 학생들에게 안전한 교통편을 무료로 제공해주고 있다.

"모든 아이들은 싸울 기회를 가질 자격이 있습니다." 칼리는 처음 만났을 때 내게 말했다. 그는 가난과 낙제라는 취약한 문제를 직접 경험한 덕에 변화를 만들 수 있다는 믿음을 가질 수 있었다. 때문

에 그는 효과가 확실한 창의적인 접근 방법을 활용했다. 그의 체육관에서 4킬로미터 반경 내에 있는 고등학교 졸업률은 여전히 미국에서 최악의 수준을 기록하는 데 반해, 칼리의 프로그램에 참여한 아이들은 100퍼센트라는 놀라운 졸업률을 기록하고 있다. 거기서 끝이 아니다. 100퍼센트의 졸업률을 10년 연속 이어가고 있다.

2017년, CNN은 칼리 스위니를 CNN 선정 10대 영웅 중 한 명으로 선정했다. 그 덕에 그가 디트로이트에서 이룬 놀라운 발전은 사람들로부터 더 많은 관심을 받고 있다. 오늘날 칼리는 여전히 같은 동

다운타운 복싱 짐에서 아이들은 공부를 해야만 복싱을 배울 수 있다. 출처_dbgdetroit.org

네에서 일하고 있다. 그리고 극복하고자 하는 문제에 파묻혀 치열하게 싸우는 삶도 계속 이어가고 있다.

이제까지 우리는 문제를 사랑하는 것이 어떻게 크고 작은 혁신을 낳을 수 있는지 살펴보았다. 이제 우리는 일상의 혁신가들의 두 번째 DNA를 살펴볼 차례이다. '닥치고 시작하라'라는 원칙이 어떻게 육아 사업을 뒤집어놓게 되었는지, 어떻게 무시무시할 정도로 치열한 전자상거래 전쟁터에서 다윗이 골리앗을 꺾을 수 있었는지 알아볼 것이다.

Chapter

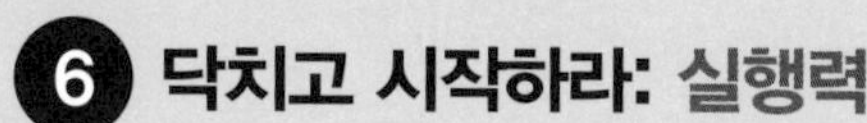

6 닥치고 시작하라: 실행력

열렬한 군중들이 놀라서 지켜보는 동안 로켓 엔진이 내는 소음은 귀청이 터질 것처럼 커졌다. 조용해지기를 거부하는 오래된 알람시계처럼, 땅은 진동하기 시작하고, 연기가 발사대에서 뿜어져 나오기 시작했다. "3, 2, 1… 발사! 무한대의 우주로!"

이 우주선은 2008년 나사NASA가 쏘아 올린 우주왕복선 STS-124였다. 하지만 전 세계 수백만 명에 달하는 디즈니 팬들에게는 피규어 버즈 라이트이어Buzz Lightyear가 실제로 우주여행을 떠나는 순간이었다. 신발 길이만 한 크기의 버즈 라이트이어는 탐사대에 합류해 국제 우주 정거장을 향해 발사되는 우주왕복선에 몸을 실어 15개월간의 탐사 임무를 떠났다.

버즈 라이트이어를 우주로 발사시키고 난 후, 던컨 워들Duncan Wardle은 버즈를 집으로 데려올 방법을 아직 알아내지 못했다. 당시 디즈니의 혁신 부문장이었던 던컨은 아들의 피규어를 우주왕복선에

탑승시키기 위해 나사를 설득했다. 하지만 지구로 돌아오게 할 계획은 없는 상태였다. 던컨은 나에게 그다음에 어떤 일이 일어났는지 설명해주었다.

"저는 어떻게 그를 집으로 데려와야 할지 몰라 나사의 통신 책임자에게 전화를 걸었습니다. 내가 '언제 버즈를 데려다줄 거예요?'라고 물었더니 전화 저편에는 완벽한 침묵만 흐르더군요. 한참의 정적이 흐른 후, 그는 그것은 결코 계약의 일부가 아니라고 말했죠. 지구에 귀환하기에 앞서 다른 품목들과 함께 버즈를 우주에 버린다는 게 그들의 속셈이었던 거예요. 저는 그런 일이 일어나도록 두고만 볼 수는 없어 세계 언론에 나사가 버즈 라이트이어를 지구 대기에서 태워 버리려 한다는 소식을 전하겠다고 위협했습니다."

그의 즉흥적인 계획은 당연히 효과가 있었다. 아폴로 11호의 일원으로 달을 거닐었던 버즈 올드린Buzz Aldrin은 버즈 라이트이어의 귀환을 환영하는 올랜도 디즈니 월드의 행렬에서 함께 행진했던 유명인사 중 한 사람이다. 몇 달 후, 그 피규어는 인기 스타들이 참석한 가운데 열린 기념행사를 통해 워싱턴 D.C.의 스미스소니언 국립 항공우주 박물관(Smithsonian's National Air and Space Museum)에 무사히 안치되었다.

던컨 워들은 내게 월트 디즈니 자체를 떠올리게 하는 인물이다. 그의 어린아이 같은 경이 덕에 나는 만화를 그리고 싶었다. 미리 그려둔 굉장히 훌륭한 삽화 세트를 그가 내게 보여주기 전까지는 그랬다. 솔직히 말해, 나는 간신히 그림 하나 그릴 수 있을 정도의 실력이었다. 던컨의 잘 다듬어진 턱수염과 매력적인 영국식 억양은 그의 열정을 억누를 수 없었다. 세계에서 가장 혁신적인 기업 중 한 곳인 디즈니에서 혁신을 선도했던 그는 일상의 혁신가들의 두 번째 DNA를 잘 보여주는 인물이다. 바로 '닥치고 시작하라'이다.

"디즈니에서 보낸 30년 동안, 저는 제가 해낼 수 있을지 전혀 몰랐던 것들을 시도했습니다." 던컨은 설명했다. "저는 마이클 펠프스가 수영할 수 있도록 디즈니랜드에 수영장을 지었습니다. 하지만 처음에는 이 사실을 마이클에게 이야기하지 않았습니다. 한번은 NFL 슈퍼볼 하프타임 쇼를 디자인한 적이 있는데 NFL의 누구와도 접촉한 일이 없는 상태였습니다."

던컨 같은 혁신가들은 승인이나 지시가 떨어지기를 기다리지 않는다. 여건이 무르익을 때까지 기다리지도 않는다. 대신 행동에 뛰어들어 미지의 변수들을 중간중간에 알아낸다. 다른 이들이 세부적인 계획을 수립하기에 앞서 적극적으로 움직이는 게 낫다고 믿는다. 행동에 들어간 상태에서 바로잡을 수 있는 본인의 능력을 믿기 때문이다. 대기업에서부터 중소기업에 이르기까지 가장 큰 성과를 일궈낸 혁신가는 준비를 마치기 전에 시작한다.

유나이티드 쇼어 모기지의 양복과 넥타이를 입는 CEO 맷 이시비아는 자신의 철학을 다음과 같이 설명했다. "사람들 대부분은 '내가 그걸 바로잡을 거야. 나는 열두 번 치수를 재고 한 번 자를 거야'라고 생각합니다. 그렇게 6개월이 걸린다고 가정해 봅시다. 하지만 당신이 바로 그 일에 달려들면 그 6개월 동안 당신은 40번 더 시도할 수 있겠죠. 당신이 즉시 시작한다면, 처음에 시도한 두어 번의 시도들은 그리 좋지 않습니다. 하지만 당신은 계속해서 적응할 것이고, 6개월 후가 되면 당신은 그제야 첫 번째 시도를 하는 사람을 앞서게 됩니다. 그것도 엄청나게 말이죠. 저는 직원들에게 지금 바로 출발하고 가는 도중에 해결하라고 말합니다."

일단 시작부터 해야 하는 이유

선택권이 당신에게 있다면, 지금 당장 300만 달러를 받을 것인가? 아니면 30일간 매일 두 배로 뛰는 1센트를 받을 것인가? 연구자들은 수많은 연구에서 이 질문을 수도 없이 해왔다. 이에 대해 압도적인 수의 참가자들은 300만 달러를 받겠다고 했다. 하지만 당신의 본능이 말한 대로 눈에 보이는 현금을 지금 가져가게 된다면, 당신이 놓치게 될 게 무엇인지 살펴보자.

매일 두 배가 된다고 해도, 1센트는 그 자체로 미약해 보인다. 일주일 후에도 단지 64센트에 불과하다. 3주 후 금액을 확인한다면, 역시 그 금액은 10,485.76달러에 불과하다. 때문에 당신은 아마도 이 같은 선택을 한 자신을 자책하고 있을지도 모른다. 하지만 시간이 지나면 지날수록 복리가 효과를 드러내기 시작한다. 28일이 지나는 시점에서는 130만 달러가 넘는다. 30일이 되면 놀라움에 두 눈의 휘둥그레질 것이다. 금액이 5,368,709.12달러(약 64억 원)에 달하기 때문이다.

복리와 마찬가지로, 혁신 역시 빨리 시작하는 것이 관건이다. 재미 삼아, 이 문제를 단순한 금전적 가치가 아니라 아이디어의 가치로 생각하고 같은 실험을 해보자. 여러분이 100배나 더 나은 아이디어로 시작하기 위해 10일간 기다렸다고 상상해 보라. 10일은 길지 않은 시간처럼 느껴진다, 그에 반해 100배 향상은 엄청난 과제처럼 느껴진다. 하지만 아이디어가 100배 향상된다는 것은 굉장한 효과를 발휘하는 시간의 마법에 비할 바가 못 된다. 30일 후, 100배 향상되긴 했지만 10일이라는 시간을 까먹은 당신의 아이디어는 그 가치가 겨우 10,485,576달러에 불과하다.

조금 더 기다리긴 했지만, 아주 멋진 아이디어로 시작했다고 가정해 보자. 10일을 까먹고 100배 더 나아지는 것이 아니라, 15일 후에 1만 배 더 나은 아이디어로 시작했다고 가정하고 그 수치를 측정해 보자. 출발점이 1만배 더 낫다고 하더라도, 시간을 더 까먹는 것은 여전히 나쁜 영향을 미친다. 30일이 지난 후, 그 가치는 3,276,800달러밖에 되지 않는다. 처음부터 시간을 아예 까먹지 않은 경우보다 200만 달러 이상 적다.

여기서 2주 후에 1만배 더 나은 아이디어로 시작하는 경우는 당장 시작하는 경우보다 39퍼센트 더 나쁜 결과를 얻게 된다. 이 현상을 혁신을 위한 복리라고 생각하라. 상황이 좋아질 때까지 기다리지 말고, 빨리 시작하고 진행하면서 적응하는 것이 훨씬 더 낫다. 시작점인 1센트가 이보다 더 작을 수는 없고, 이보다 더 접근하기 쉬울 수는 없다는 점을 명심하라. 작디작은 작지만 큰 돌파구는 빨리 시작하면 엄청난 비율로 증가할 수 있다.

맞다. 나는 이 사례에 결점이 있다는 것을 잘 알고 있다. 예를 들어, 훌륭한 아이디어는 평범한 아이디어보다 가치를 더 빨리 증가시켜 결국엔 더 빨리 시작된 아이디어를 앞지를 수 있다는 반론이 있을 수 있다. 내가 말하고자 하는 것은 사례가 정확하냐 아니냐(혹은 사례가 부실하냐 아니냐) 하는 것이 아니라, 당신이 얼마나 빨리 목표하는 바를 쫓느냐에 따라 아이디어의 궁극적인 가치가 직접적인 영향을 받을 수도 있음을 생각해보라는 것이다.

완벽주의라는 헛소리

준비를 마치기 전에 시작하는 것이 그렇게 중요하다면, 왜 우리 대부분은 때를 기다리게 되는 것일까? 우리가 기다리게 되는 것은, 철옹성처럼 단단히 묶인 걸림돌이 여럿 존재하기 때문이다. 하지만 이 걸림돌들도 지렛대의 원리로 조금만 들어낼 수 있다면 빠르게 풀리기 시작한다.

시작하는 것을 방해하는 가장 큰 장애물 중 하나는 너무 많은 노력이 필요한 것처럼 보인다는 것이다. 새로운 프로젝트가 벅차다고 느껴질 때, 나는 시작하지 말아야 할 온갖 핑계를 생각해내는 데 둘째가라면 서러워할 사람이다. 목요일에는 "하고 싶은 마음이 없어요. 어젯밤에 술을 많이 마셨거든요"라며 시작을 거부한다. 그래 놓고 금요일에는 "하고 싶은 마음이 없어요. 어젯밤에 술을 마시지 않았거든요"라며 또 시작을 거부한다. 행동에 나서지 않는 교착 상태를 타개할 유일한 방법은 사실 그냥 움직이는 것일 때가 많다.

나의 경우에는 이를 해결할 손쉬운 방법을 개발해두었다. 내가 '15분 속임수'라고 명명한 방법이다. 새로운 프로젝트를 시작할 마음이 들지 않거나 오래 미뤄둔 프로젝트를 다시 시작하고 싶지 않을 때, 나는 강제로 15분의 시간을 보낸다. 15분이 지났는데도 여전히 프로젝트를 시작할 마음이 들지 않는다면, 죄책감 없이 프로젝트를 그만두고 나중에 다시 시도해본다. 하지만 15분이 다 지날 때가 되면, 그 일을 하게 되는 경우가 그렇지 않은 경우보다 많다. 어떻게 해야 할지 감이 안 잡히거나, 힘이 안 나거나, 기분이 안 좋거나, 두렵게 느껴진다면, 짧거나 한정된 시간을 보낸 뒤 억지로라도 시작해보라. 그렇게 하면, 그 일을 계속하는 데 필요한 추진력을 얻을 수 있게 된다.

(공식적으로 배운 것이든, 비공식적으로 배운 것이든) 우리가 평생 받아온 가르침은 시작을 방해하고 막는 요인으로도 작용할 수 있다. 건설현장에서 콘크리트를 부을 때 "두 번 측정하고, 한 번 잘라라"처럼 신중할 것을 강조하는 원칙이 적용될 수는 있지만, 상상력과 관련된 최적의 접근법은 사실 정반대이다. 실험에 대해서는 다음 챕터에서 다룰 것이기는 하지만, 현대적 원칙은 "두 번 자르고, 두 번 측정하고, 계속 깎아라"이다. 여러 버전의 아이디어를 동시에 실험하고 그 실험 결과를 토대로 접근 방식을 개선해 나가는 것이 좋다. 혁신가들은 죄다 테스트하고, 다듬고, 빠르게 진행한다.

우리가 바로 시작하지 못하게 하는 가장 큰 요인은 물론 '두려움'이다. 나도 지난 수년간 시간을 미루며 온갖 핑계로 일을 시작하는 행태를 정당화하고 합리화시켜왔다. 하지만 시작을 못하게 하는 진정한 제약은 어깨 위의 악마가 내 귀에 무서운 말을 속삭이는 것이었다. 실패하거나, 실수하거나, 바보처럼 보이거나, 틀리기를 바라는 사람은 없다. 하지만 그런 걱정들 때문에 망설이게 된다면, 두려움이 승리하고 두려움에 굴복하는 것이다. 우리에게 영화 속 슈퍼히어로 같은 용기가 있어야만 이 공포의 악마를 물리칠 수 있는 것은 아니다. 대신 시작하는 것을 두려워하지 않게 할 창의적인 방법을 찾는 것이 관건이다.

나는 대학을 졸업하면서 음악가로서 내가 할 수 있는 일이라면 뭐든 다 했다. 내가 감당할 수 있을지 확신이 서지 않는 기괴한 요구를 받을 때도 있었다. 예를 들자면, 케이준Cajun이라는 흑인 아코디언 밴드에서 연주 요청을 받았을 때. 아니면 '부풀린 머리'를 한 80년대 헤비메탈 밴드의 대체 기타리스트로 합류하라는 연락을 받았을 때 등등. 나는 (나만 빼고) 모든 멤버가 흑인인 소울 앤 펑크 밴드와 함께 녹슨 9인승 밴을 타고 남부 지역을 돌며 연주하면서 몇 년을 보냈다. 그 밴드의 최연소 멤버로 30년을 보냈을 뿐만 아니라, 공연 중에 랩 가사를 도맡기도 했다. 이 모든 경험을 하면서, 처음에는 불편하고 두려웠다. 내가 공연을 망치지는 않을까 하는 의구심에 시달렸고, 내가 공연을 망칠 거라는 확신까지 들었다. 청중들의 입방아에 오르내리기도 했다. 하지만 밀려드는 파멸감에도 불구하고, 나는 적어도 한번은 시도해보려고 스스로 다그쳤다. 단연 가장 어려운 부분은 시도해보기로 결단을 내리는 것이었다. 이를 이겨내고 보니 중요한 것은 최선을 다하고, 실수를 반복하고, 빨리 적응하는 것이었다.

우리는 시작한다는 것을 '완벽한 계획을 세우는 것'으로 생각하는 경향이 있다. 그런데 그렇게 하려면 머릿속에 든 모든 아이디어를 꺼내서 나중에 좋은 것과 나쁜 것을 구분할 수 있어야 한다. 〈로드 러너와 코요테Wile E. Coyote and the Road Runner〉, 〈톰과 제리〉 같은 애니메이션을 제작한 것으로 유명한 워너 브라더스Warner Bros의 애니메이션 제작자 척 존스Chuck Jones는 이를 다음과 같이 가장 잘 표현했다. "모든 예술가들에게는 수천 점의 나쁜 그림이 있다. 나쁜 그림을 사라지게 하는 유일한 방법은 나쁜 그림을 끌어내는 것이다."

새벽 3시에 젖병을 데우다 생긴 일

텔아비브는 새벽 3시였다. 아기 대니얼Daniel은 배가 고픈 것이 분명했다. 아기의 날카로운 울음소리에 부모는 덜컥 놀라 깊은 잠에서 깼다. 그런데 이번에 우유를 먹일 차례는 아빠였다. 아얄 란터나리Ayal Lanternari는 침울한 눈으로 아들의 젖병을 데우기 위해 비틀거리며 부엌으로 향했다. 그런 다음 타이머를 맞춘 뒤 조금이라도 더 눈을 붙이기 위해 침대로 돌아갔다. 불행하게도, 젖병을 데우는 일은 그리 빨리 끝나는 일이 아니었다. 모유나 분유를 전자레인지로 데우면 좋지만 그렇게 하면 영양가가 떨어진다는 문제점이 있었다. 수면 부족에 시달려온 수백만 명의 엄마 아빠들이 대대로 해왔던 것처럼, 아얄은 이름만 들어도 무시무시한 우유병 데우기 작업에 들어갔다.

냄비에 물을 채우고 물을 끓인다. 끓는 물을 유리 용기에 붓고 거기에 젖병을 집어넣고는 15분을 기다린다. 이때 기다리는 아이는 목이 터져라 비명을 지른다. 이쯤 되면 자신이 선택한 일생일대의 선택에 의문이 들 만큼 고통스러운 일이다. 하지만 부모라면 모두 겪는 고통이니 어쩔 수 없다.

아얄은 어설픈 솜씨로 젖병을 데우는 작업을 마쳤다. 태어난 지 석 달된 아이는 그날 밤에만 세 번째 우유를 꿀꺽꿀꺽 삼켰다. 바로 그때 아얄의 머리에 아이디어 하나가 떠올랐다. 그는 잠에 취한 상태에서 빨리 데울 수 있는 젖병을 상상해나가기 시작했다. 표면적이 증가하면 가열 시간을 줄일 수 있다는 초등학교 과학 수업 내용을 기억하며, 그는 어떤 모양의 젖병이 적당할지 다양한 형태의 젖병을 상상해 나가기 시작했다. 대니얼의 배가 불룩해질 때쯤 아얄은 대담한 아이디어가 떠올랐다.

그가 떠올린 아이디어는 전체적인 모양은 젖가슴 모양인데 가운데는 움푹 팬 젖병이었다. 우유가 표면 전체 위에 얇고 고르게 위치해 그런 병이라면 빠르게 가열될 수 있다. 게다가 오목한 모양은 아이들이 쥐기에 편하고, 쌓을 수 있어서 보관도 쉽다. 대니얼은 우유를 먹어치우자마자 재빨리 다시 잠이 들었지만, 아얄은 그 생각에 밤을 지새웠다.

이른 아침이 되자, 아얄은 그의 친구인 아사프 케하트Asaf Kehat에게 자신의 아이디어를 말해주고 싶은 마음뿐이었다. 다섯 살 때부터 가장 친한 친구로 지내온 아얄과 아사프는 이스라엘의 도시 하이파에서 함께 자랐다. 전쟁으로 피폐해진 이 지역에서 흔히 들리는 폭발음을 신경 쓰지 않고 살려면 희망찬 미래에 대한 비전으로 자신들의 머리를 채우는 방법 말고는 없었다.

두 사람은 일하는 회사는 달랐지만, 모두 생의학 엔지니어로 일하고 있었다. 하지만 함께 일하자는 어린 시절의 꿈을 포기해본 적이 없었다. 아얄의 젖병 아이디어를 논의하는 과정에서 그들은 그 아이디어로 자신들이 마침내 거물이 될 수 있다는 것을 깨달았다. 아기 수유 업계를 열심히 조사한 결과, 비슷한 제품이 없다는 것을 발견하

나노베베의 젖병은 우유가 병의 표면 전체에 닿아 빠르게 가열되고 손이 작은 아기들이 잡기도 쉽다. 출처_nanobebe.com

고 기뻐했다. 단지 몇 시간에 걸친 조사가 전부였고 특별한 계획도 없었지만, 두 사람은 준비를 마치기 전에 시작하기로 결정했다.

2013년 2월, '나노베베nanobébé'는 더 나은 젖병을 만들자는 기치 아래 탄생했다. 중요한 것은, 준비를 마치기 전에 시작하는 것과 준비를 마치기 전에 출시하는 것은 매우 다르다는 것이다. 이 두 파트너는 회사가 설립되기 전 거의 1년 동안 제품 디자인에 한없이 공을 들였다. 그뿐 아니라, 광범위한 연구도 동시에 진행했다. 회사가 설립된 후에도, 이 두 사업가는 꼬박 5년 동안 수백 명의 부모, 유아, 수유 컨설턴트, 소아과 의사와 협력해 젖병 실험을 진행했다. 동시에 디자인 수정, 경쟁사 조사, 정밀 제조 공정 개발 또한 진행했다.

"수백만 명의 고객에게 만족감을 줄 제품을 만드는 일은 아이디어를 만들어내는 일과는 상당히 다릅니다." 아얄은 그의 공동 창업자인 아사프와 함께 말했다. "우리는 제품을 선보이는 방법, 설명하는 방법, 생산하는 방법 모두를 아주 단순화시켜야 했어요. 독창성과 단순성 사이에서 균형을 잡으려고 수년 동안 애썼습니다." 조기에 출시하고 싶은 마음이 없는 것은 아니었지만, 제품을 정식 출시하기 전에 제품의 모든 면이 적절한지 확인하고 싶었다.

아얄과 아사프는 아이디어에 공을 들이는 작업을 열심히 이어나갔지만, 세상에 선보이기에 앞서 뜸을 좀 들였다. 제품을 출시한 2018년에 이르러서는 포장이 완벽해졌다. 제품들이 전체적으로 정교하고 단순했기 때문에, 젖병은 물론이고 플라스틱 우유 라이너와 유축 어댑터 같은 부속품들은 설명서가 따로 필요하지 않았다. 정식으로 유통되기도 전에 글로벌 계약이 체결되고, 디자인이 완벽해지고, 제조 능력 또한 확보되었다. 신중하고 창의적인 접근 방식을 활용해 두 파트너는 빠르게 시작했고 천천히 출시했다.

선도업체들이 굳건히 자리 잡은 산업에서 나노베베는 수많은 경쟁업체를 물리치며 단숨에 두각을 나타냈다. 나노베베는 기존 젖병에 비해 35퍼센트 비쌌지만, 영업 첫 달에 두 번이나 완판되는 기염을 토했다. 아기에게 젖을 먹인다는 개념을 재창조한 두 아빠의 이야기는 매력이 넘쳤던 만큼 언론으로부터도 큰 관심을 받았다. 비즈니스 인사이더Business Insider, CNN은 물론 무수히 많은 육아 블로그들 덕에 두 파트너는 언론의 대대적인 조명을 받는 영광을 누렸다. 끝내 나노베베는 타임지 선정 2018년 최고의 발명품 중 하나로 선정되며 표지에 실렸다. 이로써, 이 두 친구는 특별한 무언가를 함께 만들어 보자던 어린 시절의 꿈을 완전히 실현할 수 있었다.

아얄과 아사프가 시작하기를 기다렸다면, 전 세계의 유아들은 아직도 원통형 젖병을 빨고 있었을 것이다. 그리고 부모들 또한 아기의 작은 입이 거대한 비명을 내지르는 동안 젖병을 데우고, 보온시키고, 기다리는 데 수 없는 시간을 허비하며 여전히 고생하고 있었을 것이다.

아마존을 박살낸 스니커즈 장터 스톡엑스

3,660억 달러(약 434조 4,000억 원) 규모에 달하는 세계 신발 산업에서 가장 영향력 있는 리더라고 하면, 아마도 크리스찬 루부탱Christian Louboutin, 지미 추Jimmy Choo, 루이비통Louis Vuitton 같은 명품 디자이너들을 떠올릴 것이다. 아니면 마이클 조던Michael Jordan 같은 운동선수나 칸예 웨스트Kanye West 같은 연예인을 떠올릴지도 모르겠다. 하지

만 '그렉 슈워츠Greg Schwartz'는 당신이 선정한 100위 안에도 들지 못했을 것이라고 나는 확신한다.

그렉은 디즈니의 영화 〈정글북The Jungle Book〉에 등장하는 키가 크고 사랑스러운 곰 발루Baloo를 연상시킨다. 당신은 그런 그렉을 보면 신발 업계의 아이콘이라기보다는 세무 전문 변호사라고 생각할 가능성이 더 크다. 그렉은 2,500달러짜리 '아디다스 이지' 스니커즈 대신, 카키색에 헐렁하고 10년 된 갈색 로퍼를 신는다. 하지만 '스톡엑스StockX'를 공동 설립한 지 5년 만에 그는 신발 업계에서 가장 중요한 리더 중 한 명으로 올라섰다.

에이필 사이언스와 마찬가지로, 스톡엑스도 10억 달러 이상의 가치를 지닌 '유니콘' 반열에 올라선 기업이다. 1,000명 이상의 직원을 거느리고 있는 스톡엑스는 연간 10억 달러 이상의 매출을 기록하고

스톡엑스는 신발뿐만 아니라 다양한 물품을 거래하는 플랫폼으로 확장하고 있다.
출처_stockx.com

있을 뿐만 아니라, 전 세계 200여 개국에서 고객을 확보하고 있다. 디트로이트에 본사를 둔 이 젊은 테크 회사는 풋락커Foot Locker, 이베이eBay, 아마존Amazon 같은 업계 거물들과 정면 승부를 펼쳐 승리할 정도로 막강하다.

"스톡엑스는 전자상거래 플랫폼으로, 구매자와 판매자를 연결해 주는 글로벌 마켓 플레이스 서비스를 제공합니다." 우리가 그의 성공담에 놀라워할 때 그렉이 설명을 이어갔다. 그렉과 그의 아내 니키Nikki는 소중한 친구였기에 나는 그의 놀라운 성공을 그 누구보다 바로 곁에서 지켜볼 수 있었다. 그가 이전에 몸담았던 회사에 내가 처음 투자한 2011년부터, 우리는 식사와 와인은 물론 성공과 좌절까지도 함께 해왔다. "우리는 스스로 만물을 거래하는 주식시장이라고 부릅니다. 우리가 제일 먼저 손댄 것은 스니커즈였죠. 그리고 스니커즈는 여전히 우리의 주력상품입니다. 하지만 지금은 의류, 수집품, 시계, 핸드백까지 취급하고 있습니다."

어릴 적부터, 물건 만드는 것을 좋아했던 그렉은 고등학교 때 이미 전기 자동차까지 만들었다. 인터넷 초창기에는 테크 회사를 설립하는 꿈을 꾸기도 했다. 모바일 체크북Mobile Checkbook이라고 불리는 초창기 모바일 앱을 설계하던 중 자신이 무엇을 좋아하는지 알게 되었다. 아이폰이 시장을 흔들어 놓기 훨씬 전에 그는 전 세계에 보급된 수천 개의 넥스텔Nextel이라는 투박한 플립폰에 장착된 소프트웨어를 개발하기도 했다. 그에게 이 일은 열정을 쏟아 부은 프로젝트였다. 일이라기보다는 놀이에 가까웠다. 비록 상업적으로 큰 성공을 거두지는 못했지만, 무엇이 가능한지를 깨닫는 계기를 마련해준 프로젝트였다.

뉴욕에서 직장 생활을 하며 몇 년을 보낸 후, 물건 만드는 일로 돌아가고 싶던 그렉은 테크 기업 설립을 꿈꾸며 고향인 디트로이트로 돌아왔다. 내가 그렉을 처음 만난 것은 나를 찾아와 그의 참신한 아이디에 투자해달라고 한 2011년 봄이었다. 그때 나는 열정적인 기업가들이 사업을 시작하고 확장할 수 있도록 지원하고 디트로이트에 긍정적인 영향력을 주고자 일 년 전에 디트로이트 벤처 파트너스Detroit Venture Partners라는 벤처 캐피털을 막 설립한 상태였다. 내가 이 벤처캐피털을 시작한 2010년부터 그곳을 떠난 2014년 말까지, 우리는 3,000개 이상의 기업을 평가했다. 내 마음에 들지 않는 프레젠테이션이 대부분이었지만, 그렉의 프레젠테이션은 가장 기억에 남는 프레젠테이션 중 하나다.

그 당시 그렉의 초기 아이디어 자체는 그다지 훌륭하지 않았지만, 명료하고, 밝고, 겸손한 그렉 본인은 인상적이었다. 나는 그에게 내 의견을 솔직히 말해주었다. 그러고는 그의 제안을 개선할 방법을 모색할 수 있는 심층 분석 회의에 그를 초대했다. 그는 나의 제안을 고맙게 받아들여 주었다. 그런 뒤 우리는 몇 시간을 함께하며 그의 아이디어를 다시 찬찬히 들여다봤다. 나는 그렉이 특별하다는 것을 알 수 있었다. 그는 개방적이고, 코칭이 가능하며, 똑똑하고, 추진력이 있었다. 그는 지원을 해주기에 이상적인 기업가였다. 그의 아이디어가 세련되게 개선되자, 나는 파트너들과 함께 투자하기로 결정했다. 이로써 그의 회사 업투UpTo는 본격적인 경쟁에 나설 수 있게 되었다.

업투는 미래 지향적인 소셜 네트워크를 지향했다. 페이스북은 과거의 추억을 되새기고, 트위터는 현재 하는 일을 주로 나누는 소셜 네트워크라면, 업투는 미래에 무엇을 할 것인가를 친구들과 소통할 수 있게 해주는 소셜 네트워크였다. 다음 주말에 친구들이 무얼 할지 알 수 있다면 멋질 것 같지 않은가? 그리고 광고주가 목표로 하는 사람들에게 광고를 보게 할 수 있다면 광고주에게도 놀라운 일이 아니겠는가? 누군가 다음 주말에 집을 구하러 갈 계획을 공유한다면, 주택담보대출, 가구, 이사 서비스 등 그와 관련된 광고를 전달하기에 얼마나 완벽한 타이밍인가?

업투는 출범과 동시에 디트로이트 테크 업계의 중심에 서게 되었다. 하지만 불행하게도 사용자 증가 속도는 느렸고, 사업은 실패로 돌아가고 말았다. "정말 힘들었어요." 그렉은 내게 말했다. "특히 힘들었던 이유는 회사 직원들도 있고, 우리에게 투자해준 투자자도 있기 때문이었습니다. 잘 해야 한다는 압박감이 컸지만 결국 실패하고 말았습니다. 하지만 영원히 낙담할 수는 없는 법이었죠. 그 경험을 통해 배움을 얻었으니까요. 가족, 동료, 저에게 돈을 투자한 사람들을 위해 그리고 디트로이트를 위해 제가 할 수 있는 것은 이를 딛고 일어서 큰일을 해내는 거라고 스스로에게 말했습니다. 한 번만 더 해보고 싶었습니다."

업투를 폐업시키고 그렉이 불확실한 미래를 고민하고 있던 어느 금요일 저녁, 디트로이트 벤처 파트너스에서 나와 함께 일했던 파트너 하나가 그렉을 밖으로 불러냈다. NBA 클리블랜드 캐벌리어스Cleveland Cavaliers의 구단주이자 억만장자이자 로켓 모기지Rocket Mortgage의 설립자인 댄 길버트Dan Gilbert였다. 길버트는 새로운 회사를 설립하려는 그의 막연한 계획을 그렉에게 공유하며 그 회사의 운영을 맡아달라고 요청했다. 그날 밤 두 사람이 식사를 마치고 집으로 돌아가기도 전에, 스톡엑스는 그렇게 탄생하게 되었다.

신발을 거래하는 전자상거래 사이트를 설립하려는 아이디어는 설익은 빵이 비웃을 정도로 준비가 되어있지 않았다. 더 나은 비유를 들자면, 경험이 미천한 제빵사가 오븐도 켜지지 않고, 재료도 아직 사지 않은 상태에서 쿠키를 만들려는 것과 같았다. 모든 것을 알아내는 것은 그렉의 몫이었다. 그는 미처 준비를 마치기 전에 출발부터 해야 했다.

몇 년 동안, 그렉과 나는 초기 아이디어가 어떻게 과대평가될 때가 많은지를 놓고 자주 논의해 왔다. 초기 아이디어는 방향성이라는 측면에서는 중요할 수 있지만, 사람들 대부분이 생각하는 것처럼 만병통치약은 아니라는 데 우리 둘은 의견을 같이했다. 아이디어의 대부분의 가치는 아이디어가 진화하면서 만들어진다. 한 아이디어가 다른 아이디어로 이어지며 완전히 다른 것으로 탈바꿈한다. 열심히 좇아야만 발견할 수 있는 수백 개의 작지만 큰 돌파구를 통해서만 아이디어는 생명을 얻게 된다.

“완벽하지 않더라도, 과정을 준수하고, 반복하고, 시장에 내놓아야 합니다.” 그렉은 설명했다. “아이디어의 가치를 높이는 유일한 방법은 아이디어를 수정하고, 사람들 앞에 내놓고, 비판적인 피드백을 받는 것입니다. 한 발짝 내디딘 다음에 다음 걸음을 내디뎌도 되는지 알아내는 것입니다. 안타깝게도 좋은 아이디어는 가지고 있지만, 시작은 하지 않고 그냥 앉아만 있는 사람들이 너무 많습니다.”

그렉이 스톡엑스를 시작할 때는 대답보다 질문이 훨씬 더 많았다. 그들이 이베이를 이길 수 있었던 비결은 모든 운동화를 인증한다는 개념을 도입했기 때문이다. 스톡엑스는 회사가 아니라 개인이 직접 신발을 사고파는 곳이다. 때문에 1,900달러짜리 ‘조던10 레트로 솔플라이’라는 나이키 신발이 진품인지 가품인지 어떻게 알 수 있을

스톡엑스는 검수를 통해 중고 물품의 진품, 가품 여부를 선별하고 진품에는 초록색 태그를 달아준다. 출처_stockx.com

까? 구매자와 판매자가 직거래하는 시장인 스톡엑스는 부정이 개입할 위험을 제거해야만 활발한 거래를 유지할 수 있었다.

"우리는 우리가 어떻게 모든 거래의 중간지점에 위치할 수 있을지 알아내야 했습니다. 그렇다고 배송비가 두 배가 되면 안 되니까요. 이베이와 달리, 우리는 물류비와 검사비가 들어갑니다. 우리가 일찌감치 대화했던 사람들 대부분은 우리에게 미쳤다고 말했습니다. 모든 제품에 직접 손을 대는 것은 미친 짓일 겁니다. 우리는 시장에서 퇴출될 위기에 처했습니다."

그렉은 말을 이어나갔다. "처음에는 많은 비난을 받으며 시작했습니다. 하지만 우리는 이를 이겨낼 수 있다고 믿었습니다. 사업 모델을 확장할 수만 있다면 비용은 줄어들 거라고 생각했어요. 풀리지 않은 많은 질문과 문제점을 안고 시작하게 되겠지만 우리는 한 번에 모든 것을 해결하려 하지 않았습니다. 한 발짝, 한 발짝 조금씩 나아가는 수밖에 없었죠." 작은 승리들은 각각 다음 승리의 기반이 되었다. 이에 따라 스톡엑스는 혁신의 복리 효과를 누리면서 자신의 입지를 강화할 수 있었다.

그렉이 웹사이트를 개설하자 '닭이 먼저냐 달걀이 먼저냐' 하는 시장의 전형적인 문제에 봉착했다. 판매자와 구매자가 모두 없는 딜레마에 빠진 것이었다. 구매자들은 살 물건이 다양할 때만 나타난다. 반대로 판매자들은 구매자가 많아야 나타난다. 그렉은 빈 가게를 방문한다는 느낌이 들지 않게 하면서도 시장을 조성하는 방법을 알아내야 했다. 이 딜레마를 타개하기 위해 그는 플랫폼의 사용자가 팔려고 내놓은 신발에 수동으로 입찰하는 방식을 도입하려 했다. 그가 직접 그 신발을 사서 나중에 되파는 한이 있어도, 유동적인 시장을 조성하는 데 필요한 조치를 시행해나갔다. 지금은 하루에 수천 건의 거래가 이루어질 정도로 시장은 활기가 넘친다. 하지만 그렉이 그런 시장을 조성할 수 있었던 것은 완벽한 준비를 마치기 전에 일단 시작한 덕분이었다.

겉으로 보기엔 매력적으로 보이는 신생기업을 이룩하는 기쁨은 사람들 대부분이 생각하는 것보다 훨씬 더 골치 아픈 일이다. "초기에는 공급망 운영에 관해서는 어떤 어려움도 느끼지 못했습니다." 그렉이 회상했다. "2017년 블랙 프라이데이 때 우리가 얼마나 서툴렀는지 기억이 납니다. 짧은 시간 내에 수만 개에 달하는 물건이 밀려들었지만 진품 여부가 인증된 물건은 극소수였죠. 상자는 쌓여만 갔고, 우리에게는 고객과의 약속을 이행할 여력이 없었습니다. 우리는 이 일을 겪으면서 일보 전진을 위한 일보 후퇴를 깨달았지만, 그것은 우리가 배우고 앞으로 나아갈 기회를 만들어주었습니다."

그렉의 회사는 최근에 언어서비스를 확충해 영어보다 중국어를 선호하는 고객 확보에 나섰다. 언어와 문자의 벽이 너무 높았기 때문에 처음에 이 과업은 벅찬 일처럼 느껴졌다. 당연히, 그렉과 그의 팀은 준비를 마치기 전에 시작했다. "여건이 완벽해질 때까지 2년을 기다릴 수도 있었지만, 우리는 중국어 서비스를 빠르게 개시해 중국의 고객들에게 즐거운 경험을 선사하는 게 더 중요하다고 결정했습니다." 그렉이 설명했다. 그 팀은 빠르게 시작한 덕에 위협적이었던 서비스 개시 예정일에 맞춰 중국어 간체자 서비스를 개시할 수 있었다.

스톡엑스를 현미경을 들여다보듯 자세히 들여다보면, 기업은 좌절과 해결책, 방향 전환과 조정으로 점철된 집합체라는 점을 알 수 있다. 수천 개에 달하는 작지만 큰 돌파구들이 서로 얽히고설켜 있다. 그렉과 그의 팀은 첫날부터 준비를 마치기 전에 시작해야 했다. 모든 여건이 완벽해질 때까지 기다리지 않았다. 대신 실제 상황에서 문제 해결을 반복하는 편을 선택했다. 스톡엑스는 새로운 제품 범주와 지역으로 확장세를 이어가고 있다. 최신 스니커즈로 재빨리 갈아 신고 경기에 나서는 운동선수처럼 재빠르게 움직임으로써 모든 기회를 놓치지 않는다. 5년도 채 안 되는 기간에 아마존, 이베이 같은 세계 최대의 경쟁자들과 싸워나가면서 수십억 달러 규모의 회사를 일으킬 수는 없다. 그러려면 시간이 필요하다.

디트로이트에서 세계적인 테크 회사를 키우든, 이스라엘에서 젖병을 재창조하든, 아들의 버즈 라이트이어를 우주로 보내든, 일단 시작하라는 원칙은 달콤한 결과를 약속하는 원칙이다. 그리고 일단 시작하고 나면 일련의 작지만 큰 돌파구가 우리를 미지의 기회의 물속으로 안내해줄 것이다.

이제 여세를 몰아, 일상의 혁신가들의 DNA를 또 하나 알아보자. 뉴욕 매디슨 스퀘어 파크의 핫도그 노점이 어떻게 30억 달러에 이르는 인기 햄버거 기업 쉐이크쉑Shake Shack으로 변모할 수 있었을까? 온갖 역경에도 불구하고 약체에 불과했던 뉴질랜드 팀은 아메리카컵America's Cup 요트 대회에서 어떻게 완벽한 승리를 거둘 수 있었을까? 작은 실험 하나가 어떻게 마이크로소프트 빙Microsoft's Bing에 1억 달러라는 이익을 안겨줄 수 있었을까? 다음의 원칙을 알아보는 여정을 출발해보자. 다음 장에서 알아볼 DNA는 '끊임없이 실험하라'이다.

Chapter

끊임없이 실험하라: 실험 정신

바삭바삭한 모짜렐라 치즈, 물냉이 튀김, 흑마늘 마요네즈 치즈버거와 호박 머스터드, 베이컨, 크랜베리와 세이지가 올라간 핫도그는 어떤가? 달콤한 것을 좋아한다면 검은 깨 밀크셰이크, 팬케이크, 베이컨이 들어간 냉동 커스터드를 먹어보는 건 어떤가? 아니면 콜드 브루 플로트Cold brew float는? 파리에 있는 요리 연구소에 가야 만날 법한 이 음식들은 뉴욕 맨해튼 그리니치 빌리지 배릭 가에 있는 '쉐이크쉑'에 가면 실제로 있는 음식들이다.

이 이상한 음식들은 이 햄버거 체인점의 상설 메뉴에는 없다. 붐비는 식당 지하에 위치한 '쉐이크쉑 혁신 주방(Shake Shack Innovation Kitchen)'에 가면 볼 수 있다. 2018년에 문을 연 이 지하 주방은 한마디로 요리를 가지고 노는 놀이터이다. 진귀한 최첨단 장비, 특이한 재료가 즐비할 뿐만 아니라, 창의적 실험 정신도 가득한 곳이다.

쉐이크쉑의 혁신 주방은 요리 담당 이사 마크 로사티Mark Rosati가

고안한 발명품이다. "기업이 성장함에 따라 생각해야 할 가장 큰 문제 중 하나는 민첩성을 유지하고 경계를 넘어설 방법을 찾는 것입니다. 우리가 오늘 쉐이크쉑의 문을 연다면, 우리는 무엇을 차별화할 것인지 자문하는 것이죠."

사실 이 회사는 처음 시작할 때 모습과는 완전히 달라졌다. 2001년, 고급 레스토랑 주인 대니 마이어Danny Meyer는 매디슨 스퀘어 파크에 핫도그 가판대를 개점했다. 그래머시 터번Gramercy Tavern, 유니온 스퀘어 카페Union Square Cafe, 마이아리노 마레Maialino Mare 같은 뉴욕의 값비싼 고급 레스토랑보다 낮은 가격에 그리고 더 빠른 속도로 독특한 요리를 즐겁게 제공하는 것이 그에게는 재미있었을 뿐이었다. 핫도그 가판대가 인기를 끌자, 대니는 메뉴에 햄버거와 감자튀김을 추가했다. 큰 인기에 힘입어 2004년에는 상호를 쉐이크쉑으로 변경했다. 그 시작은 초라했지만 큰 성공을 이룬 이 햄버거 체인점은 전 세계 250개가 넘는 지역에 매장을 두고 있고, 연간 6억 달러 이상

뉴욕 맨해튼에 위치한 쉐이크쉑 혁신 주방.
이곳에서는 기존에 없던 요리들을 끊임없이 실험한다. 출처_shakeshack.com

의 매출을 올리고 있다. 게다가 시장 가치는 30억 달러(약 3조 5,000억 원)가 넘는다. 이 회사의 점포당 매출은 맥도날드 매장 평균의 두 배에 이른다. 성장세 또한 맥도날드를 위협할 정도로 강력하다.

쉐이크쉑이 30억 달러 기업이 되기까지

눈부신 성공에도 불구하고, 쉐이크쉑은 신생기업으로서의 창의성을 잃지 않기 위해 열심히 노력하고 있다. 본사에는 눈에 띄는 문구가 적힌 명판이 걸려있다. 이 기업의 뿌리를 잃지 않도록 하기 위함이다. "더 커질수록, 더 작게 행동해야 한다." 창의성을 탐구하는 여정으로 돌아와, 쉐이크쉑의 엄청난 성공은 일상의 혁신가들의 세 번째 DNA에 뿌리를 두고 있다. 바로 '끊임없이 실험하라'이다.

동네 식당에서부터 글로벌 대기업에 이르기까지, 식품 업계를 주름잡는 선도기업들은 시험 주방에서 혁신을 촉진한다. 과학 연구실 같은 역할을 하는 시험 주방은 안전하고 우수한 설비를 갖춘 환경을 제공한다. 시험 주방은 손님이 몰려드는 토요일 저녁시간에 주방에서는 복잡하고 새로운 요리를 시험 삼아 만들어 보는 것이 불가능하다는 생각에서 시작되었다. 시험 주방은 맛있는 미래를 창조하는 데 필요한 시간과 자원을 제공할 목적으로 만들어졌다. 어떤 아이디어든 제한 없이 제안할 수 있는 회의시간에서부터 엄격한 테스트와 평가 표준에 이르기까지, 시험 주방은 리스크를 줄이고 성장을 이끈다.

쉐이크쉑의 시험 주방에 있는 5명의 직원은 실제 고객들로부터 즉각적인 피드백을 받을 수 있다. 그 덕에 이 팀은 투박한 아이디어를 재빨리 요리로 만들어 즉석에서 테스트할 수 있다. 그런 과정 덕에 고객은 메뉴 개발 과정에 동참하는 중요한 역할을 담당한다. "고객들을 테스트 과정에 참여시키면 위험이 따르기는 하지만, 결국 그들의 피드백은 항상 음식의 질을 높이는 데 도움이 됩니다." 로사티는 설명했다.

혁신 주방 안에서는 요리사들이 다양한 작지만 큰 돌파구를 만들어낸다. 새로운 메뉴를 시험하는 것 외에도, 팀은 조리과정 개선, 교육을 통한 역량 강화, 고객 경험의 향상 등에서 혁신을 이루기 위해 시간을 투자한다. 디지털 셀프 서비스 주문대에 대한 고객의 반응은 어떤가? 우리가 햄버거 준비 단계에서 4퍼센트 더 많은 양념을 사용한다면 어떨까? 어떻게 하면 조리 과정을 단 5초로 단축할 수 있을까? 아이디어를 만들고 시험하고 다듬는 작업을 한다. 다듬어진 아이디어를 정리하고 이 과정을 반복한다.

다행히도 시험 주방을 열기 위해 식품산업에 종사해야만 하는 것은 아니다. 변호사들은 실제 배심원들 앞에서 자신의 변론을 펴기에 앞서 안전한 환경에서 자신의 논리를 시험하려고 모의재판을 연다. 외과의들은 증강현실 고글을 활용해 수술 실력을 연마할 수 있을 뿐만 아니라 로봇 환자를 눕혀놓고 수술 연습도 할 수 있다. 자동차 회사들은 실제 고객이 아니라 시험용 인체모형을 앉혀놓고 시험한다. 생명보험 판매 전문가들은 돈을 지불할 고객들 앞에 나서기에 앞서 자신의 영업 기술을 최적화할 수 있도록 모의 프레젠테이션을 진행한다. 시험 주방은 쉐이크쉑의 혁신 주방처럼 물리적 공간일 수도 있고, 마음에만 존재하는 가상의 공간일 수도 있다. 공통된 것은 발명하고 시험하고 다듬는 작업을 할 수 있는 안전하고 잘 준비된 완벽한 환경이라는 것이다.

1만 시간 실험의 법칙

앞서 챕터4에서 우리는 말콤 글래드웰에 의해 대중화된 '1만 시간의 법칙'을 언급한 적이 있다. 상기시키는 차원에서 다시 한 번 말하자면, 글래드웰은 특정한 분야에서 능숙함을 달성하려면 1만 시간의 치밀한 연습이 있어야 가능하다고 말한다. 하지만 베스트셀러 작가이자 〈하버드 비즈니스 리뷰Harvard Business Review〉 기고자 마이클 시몬스Michael Simmons는 '실험'이 성공을 좌우하는 훨씬 더 가치 있는 지표라고 생각한다. "창의적인 사람들, 소위 천재라고 불리는 사람들조차 지적 창조물과 미적 창조물 중 어느 것이 갈채를 받을지를 예측할 수는 없습니다." 마이클은 설명한다. 이에 따라 마이클은 창의적 성공은 실험 횟수와 직결된다는 '1만 번 실험의 법칙'을 고안했다. 이 법칙이 시사하는 것은 말 그대로 1만 가지 목표를 달성하는 것보다 실험을 멈추지 말고 계속해야 한다는 생각을 수용하는 게 중요하다는 것이다. 실험을 많이 하면 할수록, 우리가 추구하는 작지만 큰 돌파구는 더 많아질 것이다.

페이스북의 CEO이자 설립자인 마크 저커버그Mark Zuckerberg도 이에 동의한다. "제가 가장 자랑스러워할 뿐만 아니라 우리가 성공할 수 있었던 비결 중 하나는 실험을 멈추지 않는 우리의 시스템 덕입니다"라고 그는 말했다. "페이스북은 한 가지 버전만 실행되는 것이 아닙니다. 아마 버전이 만 개는 될 겁니다." 아마존, 구글, 마이크로소프트도 매년 수만 건의 실험을 한다는 사실에서 알 수 있듯이, 실험을 자주 하는 것은 많은 테크 대기업의 성공을 촉진하는 요인이 되고 있다.

"아마존의 성공은 우리가 일 년에, 매달, 일주일에, 하루에 얼마나 많은 실험을 하느냐에 달려있습니다." 아마존의 창업자 제프 베이조스Jeff Bezos가 말했다. "시도하는 실험의 수를 100개에서 1,000개로 늘릴 수 있다면, 우리가 양산해낼 수 있는 혁신의 수는 극적으로 증가할 것입니다."

아마존의 아마존 웹 서비스(AWS, Amazon Web Services) 클라우드 컴퓨팅 사업부가 시작된 것은 2006년에 있었던 소규모 실험에서부터다. 아마존은 당시 자체 인프라에 많은 투자를 한 상태였기 때문에 아마존의 임원들은 남아도는 서버의 용량을 다른 회사에 임대할 수 있을지 궁금했다. 당시 이 프로젝트는 아마존을 성장시키고자 진행되고 있던 수십 가지 실험 중 하나였다. 아마존이 수행한 실험 대부분은 실패했지만 그럼에도 불구하고, 아마존 웹 서비스는 승리하는 아이디어가 얼마나 강력한 힘을 발휘할 수 있는지 잘 보여주는 예가 되었다. 2019년, 아마존 웹 서비스 사업부는 350억 달러(약 41조 5,000억 원)의 매출과 72억 달러(약 8조 5,000억 원)의 순이익을 올렸다. 작은 실험에서 비롯된 아마존의 거대한 승리는 아마존 웹 서비스만이 아니다. 프라임Prime, 에코Echo, 킨들Kindle, 제3자 판매자(Third-party sellers)모두 실험을 통해 탄생한 것이다.

실험을 생활화하고 싶다면, 그날 해야 일을 적은 일반 목록과 함께 그날 시험해야 할 일을 적은 목록을 보관하라고 시몬스는 제안한다. 실험 정신과 실험 기술을 기르려면 아주 작은 것일지라도 매일 세 차례의 실험을 하라고 추천한다. 예를 들어, 회사 웹사이트에 있는 '지금 구매하기' 버튼에 적용할 가장 나은 색상을 고를 수 있게 해주는 실험을 실행할 수도 있다.

개인적인 측면으로는, 매일 두 번만 이메일을 확인하면 생산성에 어떤 효과가 있는지 실험할 수 있다. 나는 내 네 살짜리 쌍둥이에게 초콜릿을 한 움큼 먹이면 취침 습관에 어떤 영향을 미치는지 실험한 적도 있다. 온전한 정신이라면 누구나 예견할 수 있듯이, 그 실험은 대실패로 돌아가고 말았다. 초콜릿을 한 움큼 먹은 쌍둥이는 75분 동안 침대에서 날뛰며 놀다가 결국 서로 부딪히고 말았다. 나는 그때 진정제라도 먹이고 싶다는 생각뿐이었다. 진정제를 먹이는 게 아마도 다음 실험이 될지도 모르겠다.

농담은 접어두고, 작은 아이디어(작지만 큰 돌파구)를 많이 육성하려면 실험(작지만 큰 실험)을 많이 하는 것이 이상적인 접근법이다. 구글은 2010년 한 해에만 검색 알고리즘에 대해 1만 3,311건의 실험을 진행했다. 구글은 연공서열을 따지는 회사들에서는 아이디어를 빌려오지 않는다. 오히려 실험 결과를 통해 의사결정을 도출하는 편을 선호한다. 특히, 구글이 실행한 1만 3,000건 넘는 실험에서 단지 516건의 변경안만이 채택되고 나머지는 채택되지 않아 결국 구글은 96.1퍼센트의 '실패율'을 기록했다.

우리들 대부분은 95퍼센트가 넘는 실패율이라고 하면, SAT 시험 중 부정행위를 하다 들킨 것처럼 의자에 앉아 꿈틀거린다. 우리는 성공한 회사들과 똑똑한 사람이라면 항상 처음부터 무조건 잘한다는 잘못된 믿음을 가지고 있다. 그래서 0퍼센트를 넘어서는 실패율이라면 완전히 실패한 것으로 잘못 생각하고 만다. 성공률이 100퍼센트라도 이는 사실 성공적인 것이 아니다. 시도하는 족족 모든 아이디어가 성공하면, 아이디어가 너무 안전한 나머지 당신이 추구하는 창조적인 돌파구를 즐길 일이 전혀 없게 된다. 반면, 실패율이 높으면 높을수록 실험하는 시스템이 더 낫다는 뜻이 된다. 거기다 덤으로, 실험할 가치가 있는 창의적인 아이디어가 풍부해지는 효과까지 누릴 수 있다. 나는 구글만큼 '실패'하기를 원한다. 당신은 어떤가?

마이크로소프트는 실험의 약 3분의 1은 효과적이며, 3분의 1은 중립적인 결과를, 3분의 1은 부정적인 결과를 나타낸다고 밝혔다. 하버드대학교 교수이자 《실험은 효과가 있다Experimentation Works》의 저자 스테판 톰케에 따르면, 20퍼센트 미만의 실패율을 보이는 기업들은 점점 더 경쟁이 치열해지는 시장 압박을 따라가기에 충분한 창의적 리스크를 감수하지 않고 있는 것이라고 한다.

실험 문화를 조성하라

900제곱미터가 넘는 매스 뮤추얼Mass Mutual 콜센터의 수없이 많은 업무용 책상 위를 날고 있는 수백 개의 헬륨 풍선은 마치 자유를 열망하기라도 하듯, 하늘로 날아갈 기세이다. 이 수많은 풍선은 국경일을 축하하는 것이 아니다. 바로 광범위한 실험을 축하하는 것이다.

"풍선을 책상에 테이프로 붙여놓은 자리는 누군가가 실험을 하고 있다는 뜻입니다." 180년의 역사와 300억 매출을 자랑하고 있는 보험업계와 투자업계의 거대 기업인 이 회사에서 투자 수익금 지급 담당 부사장으로 일하고 있는 에이미 페레로Amy Ferrero는 말했다. "풍선은 '실험을 하고 있다'라는 것을 알리기 위한 것일 뿐만 아니라, 다른 사람들이 들러 실험 이야기를 해도 좋다는 초대장이기도 합니다."

풍선이 달린 한 책상에는 수잔Susan이라는 직원이 앉아 있다. 그녀는 이 회사에서 일한 지 19년 차나 되는 베테랑이다. "고객들에게 지급할 투자 수익금 수표를 끊기 전 들려야 하는 종착역 같은 자리입니다. 저는 펀드를 출시하기 전에 A, B, C 등 세 단계를 거칩니다. 이런 단계를 거쳐 일을 처리해야 한다고 교육받았습니다. C 단계에서 오류를 발견한다면, 저는 다시 돌아가 세 단계 중 가장 많은 시간이 걸리는 B 단계를 다시 거쳐야 합니다. 각 단계는 모두 독립적이기 때문에 제가 하는 실험은 A를 한 다음 B 단계를 건너뛰고 바로 C 단계로 넘어가도 되는지 알아보는 것입니다." 그녀는 20년 가까이 옛날 방식으로 이 일을 처리해왔다. 그런데 그렇게 하면 시간이 낭비될 뿐만 아니라 밀려오는 좌절감이 말할 수 없을 정도로 컸다. 하지만 이처럼 간단한 실험들은 그녀의 모든 것을 뒤바꾸어 놓았다.

"제가 하는 일이 정말 싫었습니다. 출근하기가 싫을 정도로요. 저는 은퇴할 날을 손꼽아 기다리고 있었습니다. 출근하기 싫어 꾸물대느라 차로 출근하는 데 점점 더 오랜 시간이 걸렸고 지각까지 했습니다. 그래서 집에서 일찍 출발해야 했습니다. 출근하는 게 정말 무서웠어요." 수잔은 설명했다. "하지만 이제 실험을 할 수 있게 됐어요! 제가 전에 떠올렸던 아이디어들은 채택되려면 다섯 단계까지 올라가야만 했습니다. 결국엔 다 폐기되고 말았고요. 얼마 있다가 업무에 아이디어를 제시하는 것을 멈추게 됐어요. 시간이 흐르면서, 저는 직장이라는 게 모두 그런 것일 뿐이라고 결론 내렸습니다. 직장은 월급을 주잖아요. 다른 곳에서 저의 창의성을 표현하면 된다고 생각했어요. 하지만 지금은 제가 하는 일이 좋습니다."

에이미 페레로는 수백 명이 속한 자신의 팀 전체에 공개 실험을 하는 문화를 조성하고자 했다. 그래서 그녀는 복잡한 실험 데이터베이스를 만들지 않았다. 방대한 스프레드시트를 만들지도 않았고, 엄격한 실험 정책을 마련하지도 않았다. 대신 헬륨 탱크 하나와 수백 개의 비닐 풍선을 샀다. 그녀는 실험에 대한 자신의 철학을 공유하고 자신이 원하는 만큼 많은 실험을 해달라고 팀에 요청했다. 풍선 전략은 이전에 잠자고 있던 에너지, 창의성, 즐거움이 전염병처럼 팀 내에 퍼지는 분위기를 만들어냈다. 에이미 페레로는 저가 용품들을 동원해 시험 주방을 만든 것이다.

아이와 함께 출근하면 어떨까?

에이미의 영감은 미시간주 앤 아버에 있는 소프트웨어 설계 및 소프트웨어 개발회사 멘로 이노베이션Menlo Innovations의 CEO이자 공동 설립자 리치 셰리든Rich Sheridan에게서 비롯된 것이었다. 이 회사는 2018년형 포드 링컨 MKZLincoln MKZ의 헤드업 디스플레이 제작, 어큐리Accuri의 유세포 측정기용 코딩 작업, 18륜 트럭 수리공을 위한 휴대용 디젤 모터 진단 도구 설계 등 다양한 프로젝트를 해온 기업이다. 리치는 회사 운영 외에도 베스트셀러 《즐거운 주식회사Joy, Inc.》 작가이자 《즐거움 담당 최고 경영자Chief Joy Officer》의 공동 저자이기도 하다.

리치와 마주 앉는 것은 처음에는 위협적이었다. 그는 키가 210센티미터가 넘는 장신이기 때문이다. 그에 반해 나는 좋게 봐줘야 167센티미터 정도밖에 되지 않는다. 그런 나는 11명의 사람들을 사이에 두고 양 끝에 리치와 앉아 '인간의 진화 과정'을 묘사한 그래픽을 계속 떠올리지 않을 수 없었다. 그의 주름진 얼굴을 떠나지 않는 그의 따뜻한 미소 덕에 그는 다행히도 매우 상냥해 보일 수 있었다. 새로 알게 된 비밀을 빨리 공유하고 싶은 아홉 살짜리 아이처럼 그는 흥분하며 말했다.

직장에 즐거움을 돌려줘야 한다는 리치의 메시지 덕에 매스 무츄

얼의 에이미 페레로는 헬륨 풍선이라는 실험에 근거한 접근 방식을 구축할 수 있었다. 실험광인 리치는 세계에서 가장 효과적인 시험 부엌 중 하나를 만들었다. 그는 "물리치고 싶은 게 있다면, 그러기에 앞서 그걸 시도해보라"라는 철학을 열정적으로 설파한다. 리치는 그의 트레이드마크 격인 미소를 지으며 "'실험을 해봅시다'라는 말은 우리 멘로에서는 '좋은 아침입니다, 안녕하십니까?'라는 인사만큼이나 흔합니다"라고 설명한다.

"가장 웅장하고 유명한 우리의 실험 중 하나는 트레이시Tracey가 어린 매기Maggie를 낳았을 때 있었습니다. 3개월간 출산휴가를 다녀온 그녀는 제게 와서 이렇게 말했어요. '저는 직장에 복귀할 준비가 됐지만, 문제가 하나 있어요. 우리가 이용하려던 어린이집은 이미 꽉 찼고, 매기의 조부모님들은 너무 멀리 살아서 도와줄 수 없는 상태입니다. 그래서 제 남편과 저는 어떻게 해야 할지 몰라 전전긍긍하고 있습니다.' 저는 트레이시에게 매기를 데리고 출근하라고 말했습니다. 그때 제게 카메라가 있었으면 좋겠다는 생각을 했습니다. 그녀의 얼굴은 당황한 기색이 역력했거든요. 그녀가 말하길, '온종일요? 매일요? 사장님도 알다시피 우리 아기가 소란을 피우고 업무를 방해할 거 같은데.' 나는 그녀에게 '실험을 해봅시다'라고 말했답니다."

"그게 8년 전 일입니다. 오늘 출근해 있는 올리버Oliver는 멘로에 출근하는 13번째 아기입니다. 이 실험은 팀에 활력을 불어넣어 준 훌륭한 실험이었습니다. 그러고 나서 우리가 알게 된 것은 아이들이 회의에 들어오면 고객들이 더 바람직한 방향으로 처신한다는 것입니다! 저희가 멘로에서 어떤 식으로 살아가는지 여실히 보여주는 예입니다. 어떻게 되는지 봅시다. 실험 해봅시다. 저희는 이러고 삽니다."

리치는 살아 숨 쉬는 시험 주방을 운영하고 있다. 하지만 그의 시험 주방은 쉐이크쉑의 혁신 주방처럼 별도의 물리적 공간은 아니다. 대신 멘로 이노베이션은 지속적으로 광범위하게 실험을 한다는 정신으로 시험 주방을 운영한다. 리치는 의도적으로 시도해보지도 않고 무릎을 끓는 식의 반응을 보이지 않도록 기업 문화를 구축해나갔다. 그의 회사는 '끊임없이 실험하라'라는 그의 신념을 충실히 따르며 운영된다.

시험 주방에 근거한 사고방식은 대규모 혁신을 만들어낼 때도 있지만, 소규모 혁신을 꾸준하고 연속적으로 만들어내기도 한다. 리치는 최근에 있었던 작지만 큰 돌파구를 다음과 같이 묘사한다. "팀원들은 '앉아 있는 것이 어떻게 흡연처럼 해로운 습관인가'를 다룬 기사를 읽고 있었습니다. 책상에서 서서 일해야 한다는 기사였습니다. 2,000달러를 들여 마음에 들지도 않는 서서 일할 수 있는 책상을 사주는 대신, 우리는 실험을 해보기로 결정한 상태였습니다. 그러던 중 하루는 제가 건너편 방을 보게 되었는데, 소프트웨어 엔지니어 하나가 탁자 위에 의자를 올려놓고 앉아 있는 게 보였습니다. 컴퓨터와 키보드를 들고 말이죠. 그게 첫 번째 서서 일하는 책상 실험이었습니다. 시도하는데 시간은 약 3초, 돈은 하나도 들지 않았습니다."

리치는 말을 이어나갔다. "갑자기 여기저기에 있는 의자가 눈에 들어오기 시작했습니다. 그런 다음, 누군가가 집에 가서 의자가 아니라 상자를 만들어 시도해보게 되었습니다. 결국 우리는 어느 테이블에나 올려 설치할 수 있고 높이도 조정할 수 있는 400달러짜리 바리데스크VariDesk라는 보조 책상을 사게 되었습니다. 이는 아이디어가 생기면 그 아이디어를 최종안으로 받아들이지 말자는 우리의 태도를 잘 보여주는 사례입니다. 일단 한번 해보자는 겁니다. 400가지에 이르는 서서 일하는 책상을 조사하고 분석하려고 위원회를 구성하지는 말자는 겁니다. 대신 온종일 서 있는 게 좋은지, 서 있는 게 실제로 효과가 있는지, 업무를 성공적으로 마무리할 수 있는지 알아보자는 겁니다."

멘로 이노베이션의 물리적 환경 자체가 연속적인 실험의 장이다. 모든 책상과 비품에는 바퀴가 달려있다. 덕분에 팀원들은 내킬 때마다 공간을 재배치할 수 있다. 팀원들은 모두 콘크리트 바닥은 있지만, 벽은 없는 탁 트인 거대한 한 공간에서 일한다. 그런 덕에 서무실이 마치 빈 캔버스 같다. 하루는 세 사람이 책상을 붙이고 모여 프로젝트 작업을 함께 할 수도 있다. 다음날에는 책상을 8각형 형태로 붙여 실험을 진행할 수도 있다. 의사소통을 원활하게 하려고 책상은 어떤 경우에든 모두 마주 보고 있다. 리치는 공간은 매일 바뀌고, 한 개인이 시설을 책임지는 일은 없다고 말한다. 대신 시설은 모두의 공동 책임이다.

짐작하겠지만, 멘로 이노베이션의 채용 관행도 실험적이다. 리치와 나는 전형적인 취업 면접 관행이 더 이상 유효하지 않다는 점에 동의한다. "기존 방식 대로 면접하는 것은 두 사람이 한 시간 동안 서로에게 거짓말을 해대는 것에 불과하다고 봅니다." 리치가 웃었다. 이력서에 나온 경력 때문이 아니라 문화적으로 잘 맞을 인물이기 때문에 채용한다는 리치는 나에게 유치원생처럼 잘 놀 수 있는 인물을 찾는다고 말했다. "있잖아요, 유치원생은 다른 사람들과 잘 어울리고, 서로 때리고, 물어뜯고, 할퀴고, 욕하고, 가위를 손에 들고 방을 뛰어다니잖아요. 이런 유치원생처럼 좋은 팀플레이를 할 수 있는 사람이 필요합니다." 멘로 이노베이션은 최고의 지원자를 찾고자 기존 방식의 면접을 버리고 오디션 형식의 면접을 진행한다.

지원자들은 2인 1조로 짝을 짓는다. 그들의 임무는 자신의 짝이 된 사람이 2차 면접에 다시 초대받도록 돕는 것이다. 이 한 쌍은 멘로의 기존 팀원(이하 "멘로 사람들"이라 함)이 보는 앞에서 20분 간격으로 다양한 프로젝트를 할당받는다. 이 관측은 후보자들이 개별적인 업무 성과보다는 얼마나 서로 잘 협력하고 잘 돕는지에 더 초점이 맞춰져 있다. 멘로 이노베이션은 이력서나 추천서를 기반으로 채용하지 않는다. 대신 후보자가 실제 실험 환경에서 얼마나 잘 해내는지를 보고 채용한다.

작별 인사를 나누기에 앞서 리치는 자신의 회사가 추구하는 목표는 "우리가 가장 독특한 노력 중 하나라고 믿는 것, 즉 소프트웨어의 발명을 통해 즐거움을 되돌려 줌으로써 기술로 인간의 고통을 없애는 것"이라고 말했다. 그리고 20년 동안 일탈을 통해 성공을 거둔 그는 그 비전을 달성하고 있는 것으로 보인다. 한 번에 하나씩 하는 실험을 통해.

실험을 위해 필요한 3가지

타코 벨Taco Bell의 시험 주방은 회사 본사의 2층 전체를 차지한다. 감각 분석 실험실, 음식 및 음료 시식용 주방, 4개의 세련된 조리실 등 미래지향적인 시설이 있다. 체인을 대규모로 운영하는 타코 벨과는 대조적으로, 페란 아드리아Ferran Adrià는 훨씬 더 겸손한 접근을 했다. 페란 아드리아는 시험 주방이라는 개념을 창시한 것으로 알려진 인물이다. 여러 가지 상을 받기도 했던 그의 레스토랑 엘불리

elBulli는 매년 6월 중순에서 12월 중순까지만 문을 열었다. 그리고는 나머지 6개월 동안은 바르셀로나를 찾아, 작은 임시 작업장에서 열심히 일하며 다음 시즌을 위한 완전히 새로운 메뉴를 개발하는 데 전념했다. 리치 셰리든의 시험 주방은 별도로 마련된 물리적 공간이 아니다. 전사적인 실험 철학 그 자체이다. 요점은, 시험 주방이 모두 같은 형태는 아니라는 것이다. 두 개의 시험 주방을 임의로 골라도 그 형태는 다르기 마련이다. 이처럼 시험 주방이 정해진 틀이 없는 덕분에 자신의 특정한 필요에 맞게 창의적인 자유를 펼칠 수 있게 된다.

자신만의 아이디어 공장을 건설할 때, 특정 시험 주방 환경에 필요한 핵심 요소인 장비, 참가자, 재료를 어떻게 설계할 것인지 생각해보자.

장비

쉐이크쉑은 직원들이 발명하는 데 필요한 모든 것들을 제공하기 위해 최신식 요리 장비로 혁신 주방을 가득 채웠다. 실제 고객들에게 빠르고 손쉽게 접근해나가고자 실제로 운영되는 식당 아래에 시험 주방을 의도적으로 구축했다. 설계는 최대의 결과를 끌어내려는 목적에 맞춰 선택된다. 멘로 이노베이션은 작업 공간을 이동할 수 있게 했다. 그 덕에 직원들은 자유로운 물리적 환경 아래 쉽게 실험할 수 있었다. 매스 뮤추얼은 광범위한 실험을 촉진하자는 목적 아래 헬륨 풍선을 활용했다.

과거의 무균 실험실과 달리, 현대적인 시험 주방은 영구적이고 물리적 장소가 필요하지 않다. 타코 벨의 시험 주방은 수백만 달러를 투자한 결과물이었지만, 심플리 껌의 카론 프로스찬은 자신의 아파트에 있는 작은 화구를 활용해 실험을 착수했다. 영구적인 장소를 위한 예산이나 공간이 없다면, 한 달에 한 번 회의실을 개조해 사용해도 된다. 챕터9에서 만날 P&G의 혁신 리더 더스틴 개리스Dustin Garis는 자신의 팀을 평범한 일상에서 벗어나게 하고자 할 때면 작동하는 엘리베이터 안에 임시 시험 주방을 만들어버렸다. 아니면 현장 실습을 가는 방법도 있다. 나의 경우에는 다양한 장소를 활용해왔다. 디트로이트예술대학 안에서도 해보고, 멕시코만을 떠도는 배 안에서도 해보고, 북부 캘리포니아의 농장에서도 해보고, 뉴욕 시립 공공 도서관의 오래된 방에서도 해봤다.

영구적 시험 주방이든, 임시 시험 주장이든, 참신한 사고를 불러일으키는 데 도움이 되는 것이라면 어떤 장비든 동원해 시험 주방을 채워라. 다행히도 수백만 개에 달하는 지식 기반 기업에 필요한 것은 노트북과 와이파이가 전부다. 그에 더해, 어떤 물품이 창의성을 자극하는 데 도움이 되는지, 아니면 어떤 물품이 조잡한 시제품을 만드는 데 도움이 되는지 생각해보라. 나라면 큼지막한 포스트잇 메모지, 다양한 색의 사인펜, 놀이용 고무찰흙, 건축용지, 고무공, 테이프, 물총을 준비할 것이다.

참가자

사람과 관련해서는, 아마존의 '피자 두 판의 법칙(Two-pizza rule)'을 좋아한다. 아마존의 이 법칙은 피자를 두 판만 가지고도 저녁을 해결할 수 있을 정도로 인원을 적은 규모로 유지해야 한다는 것이다. 매운 페퍼로니 피자 한 판과 버섯 피자 한 판으로 팀을 먹여 살리지 못한다면, 그 팀은 너무 많은 인원이 모인 것일지도 모른다. 매스 뮤추얼은 수천 명의 직원을 거느리고 있지만, 실험 팀은 의도적으로 소규모로 유지된다.

나는 다양한 구성의 사람들로부터 참신한 아이디어를 얻기 위해 교대로 돌아가는 팀 또한 매우 좋아한다. 겉보기에는 관련이 없어 보이는 다양한 배경을 가진 사람들을 끌어들이는 것은 창의력을 자극하는 좋은 방법이 된다. 누구를 초대할지 생각할 때, 다양성을 극대화하는 방향으로 나가보라. 기타 연주자만 5명이고 다른 악기를 연주할 사람이 없는 록밴드는 열차사고처럼 대재앙일 뿐이다. 그리고 주최자와 비슷한 생각을 하는 참가자들만 있으면 이 또한 마찬가지다. 다양한 관점에서 입력을 받아들일 때 아이디어의 품질은 향상된다. 인종, 성별, 학력, 나이, 성적 기호, 출신 지역, 직업, 나이, 경험 수준, 심지어 품위까지 모두 다양화 되도록 해야 한다.

재료

재료 면에서는 뛰어난 결과를 내는 두 가지 접근법이 있다. 'TV 요리 쇼 전략'과 '농산물 시장 전략'이다. 수백만의 요리 마니아들은 매주 요리채널을 틀어 〈찹드Chopped〉 같은 프로그램을 시청한다. 이 프로그램을 보면, 참가자들에게 제한된 수의 기괴한 재료들을 주고 먹을 만한 요리를 만들게 한다. 말린 발효 가리비, 장미 시럽, 으깬 감자로 먹을 만한 요리를 만들어야 한다면, 기괴하고 제한된 재료를 혼합해 전에 겪어보지 못한 개념의 요리를 창작할 수 있다. 무지개 근대, 보검 선인장, 염장된 오리 알, 곰 젤리를 조합해 요리를 만들어내야 한다면 할머니로부터 전수된 전통 조리법으로는 불가능하다. 이때, 겉보기에는 관련이 없는 제한된 수의 재료들을 잘 조합하면 창조적인 결과물을 만들어 낼 수 있다.

TV 요리 쇼 전략에서 따온 제한된 재료를 활용해 뜻밖의 요리를 만들어내는 것과는 대조적으로, 농산물 시장 전략은 풍부한 재료들을 찬장에 모은다는 개념이다. 특정 조리법에 맞는 재료를 구하는 것이 아니라, 토요일 이른 아침에 붐비는 노천 시장을 거닐며 어떤 재료가 싱싱한지 보고 재료들을 모은다고 상상해 보라. 뷔페를 차릴 수 있을 정도로 다양한 재료를 들고 부엌으로 돌아가면, 새로운 요리를 만드는 데 원하는 재료를 모두 갖추게 된다. 쉐이크쉑의 혁신 주방은 이 전략을 채택해 지구상의 거의 모든 향신료를 준비해 실험한다. 두 전략 모두 옳거나 그릇 것은 아니다. 나는 작지만 큰 돌파구를 찾으려 할 때 어떤 때는 TV 요리 쇼 전략이 효과가 있고, 또 어떤 때는 농산물 시장 전략이 효과가 있다는 사실을 알 수 있었다.

실제 실험의 경우, 셀 수 없을 정도로 많은 전략이 있지만, A/B 테스트의 간단한 접근 방식부터 시작하는 것이 좋다. 이때 목적은 검사할 단일 변수를 분리하여 인과 관계를 확인하는 것이다. 예를 들어, 마케팅 이메일을 보낸다고 해보자. 제목을 재미있게 하면 반응률이 향상되는 것 같다면 간단한 A/B 테스트를 활용해 그 가설을 쉽게 검증할 수 있다.

같은 제목으로 5만 통의 마케팅 이메일을 보내지 말고, 무작위로 5만 명을 2만 5,000명씩 두 그룹으로 나눠라. 이상적인 것은 가능한 한 두 그룹이 비슷해 보여야 한다는 것이다. 예를 들어 그룹을 성별에 따라 나누면 그룹이 서로 대칭적이지 않기 때문에 테스트 결과가 확정적이라고 할 수 없다.

두 개의 그룹으로 나누었다면, 하나의 그룹, 즉 통제 그룹에는 재미가 없는 일반적인 제목, 즉 '하나를 사시면 하나를 무료로 드립니다.'라는 제목으로 보낸다. 동시에, 나머지 그룹, 즉 테스트 그룹에는 더 우스꽝스러운 제목, 즉 '아, 몰라. 모두에게 공짜로 물건을 줄 거양!'이라는 제목으로 보낸다. 같은 날에 발송하고 동시에 테스트하려는 제목을 제외한 다른 모든 변수는 통제한다. 제목을 뺀 모든 것이 같다면, 가설을 측정하고 검증할 수 있다. 결국, 확실한 결론에까지 도달할 수 있다. A/B 테스트는 매력적이지는 않지만, 대체로 가장 쉽고 효과적인 접근 방식일 때가 많다. A/B 테스트는 시험 주방의 사고방식을 수용하는 좋은 출발점이 될 수도 있다.

마이크로소프트의 1억 달러짜리 실험

처음에 이 효과적인 아이디어는 등한시되었다. 마이크로소프트의 빙Bing 사업부에서는 검색 결과에 헤드라인이 표시되는 방식을 바꿀 생각이었다. 이 아이디어는 유료 검색 광고가 사용자에게 노출될 때 설명을 약간 더 길게 추가하기만 하면 되는 간단한 작업이었다. 사용자가 이런 광고 중 하나를 클릭하게 되면 마이크로소프트가 수익을 얻게 되기 때문에 설명이 약간 길어지면 더 매력적으로 보이게 되고, 더 많은 클릭이 유도되고, 더 많은 수익까지 창출할 수 있다는 게 핵심이었다. 하지만 이 아이디어는 그다지 특별해 보이지 않았다. 그래서 수많은 다른 아이디어들과 함께, 나중에 테스트할 항목으로 분류될 수밖에 없었다.

그 아이디어를 생각해낸 소프트웨어 엔지니어는 코드를 바꾸는 것이 얼마나 간단한지 깨닫고는 간단한 실험을 해보기로 결정했다. '끊임없이 실험하라' 정신을 받아들여, 그녀는 스스로 코드를 수정했고 통제된 A/B 테스트를 활용해 이 작은 변화가 미치는 영향을 측정했다. 하루 동안의 테스트 결과, 클릭률이 12퍼센트 증가한 것으로 나타났다. 이 같은 높은 클릭률 향상이 이례적인 것이 틀림없다고 생각한 그녀는 실험을 다시 진행했다. 그리고 또 실험하고, 그리고 또 실험했다.

이 5분짜리 코드 수정은 추가적인 정밀 조사 단계로 넘어가 결국 시스템 전반에 걸쳐 실행되었다. 그 덕에 마이크로소프트 빙은 1억 달러라는 추가 수익을 누릴 수 있었다. 이 간단한 작지만 큰 돌파구는 해당 사업부 역사상 최고의 수익 창출 아이디어가 되었다. 하지만 이 아이디어는 쉽게 사라질 수도 있었다. 마이크로소프트가 실험 문화를 구축한 덕에 그녀는 자신의 직감을 실험해 볼 용기를 낼 수 있었다.

사라질 뻔했던 이 혁신은 굉장한 것이었지만, 그렇다고 유별난 혁신은 아니었다. 하버드대학교 교수 스테판 톰케에 따르면, "마이크로소프트 빙의 '모든 것을 실험하자'라는 접근법은 놀랄 만큼 큰 성과를 가져다주었습니다. 이 접근법 덕에 약간만 변경하면 수익으로 이어질 수 있는 사항을 매월 수십 건 찾아낼 수 있었습니다. 이 같은 개선은 검색당 수익을 매년 10~25퍼센트까지 증가시켜줄 수 있었습니다. 고객의 만족도를 증대시킨 월별 수백 건의 변경 사항과 더불어, 이러한 개선은 빙의 수익을 높여준 주요 원인일 뿐만 아니라 빙이 서비스를 개시한 2009년 8퍼센트에서 23퍼센트로 미국 검색 시장에서의 점유율을 상승시켜준 주요 원인이기도 합니다."

마이크로소프트 빙이 시험하고 디지털 환경에서 빠르게 적용하는 것은 충분히 가능해보인다. 하지만 실험을 하자는 사고방식이 물리적인 세계에서도 결과를 가져올 수 있을까? 이 질문은 아메리카 컵을 차지하기 위해 지구 반 바퀴를 건너 뉴질랜드 팀을 이끈 더그 피터슨Doug Peterson이 스스로에게 던진 바로 그 질문이다.

아메리카 컵은 왕립 요트 클럽Royal Squadron of England이 1851년 와이트 섬에서 개최한 요트 경주대회에 기원을 두고 있다. 동명의 트로피는 가장 오래된 국제 스포츠 트로피이다. 1회 대회 우승자는 뉴욕 스쿠너 아메리카New York schooner America 팀이었다. 그 덕에 이 대회는 이후 '아메리카 컵'으로 불려왔다. 지난 150년 동안 35개 대회 중 29개 대회에서 미국이 우승했다는 점을 고려하면, 그 경주의 이름은 잘 지은 것 같다. 이 대회는 세간의 이목을 끄는 행사로 자리 잡았다. 막강한 스폰서 덕에 풍부한 자금력을 자랑하는 팀들이 명성과 영광을 놓고 요트의 한계를 넘어서려는 대회이기 때문이다.

더그 피터슨이 뉴질랜드 팀의 지휘봉을 잡은 것은 1994년이었다. 내가 좋아하는 미식축구 팀인 디트로이트 라이온스Detroit Lions가 슈퍼볼에서 2연패를 하는 것에 비견될 정도로 뉴질랜드 팀의 아메리카 컵 우승 가능성은 적었고, 가능할 거라고 생각하는 사람도 거의 없었다. 미국 팀은 대회의 여러 경기 중 단 한 차례만 우승을 놓쳤을 정도로 당시 최강 팀이었고, 인기도 다른 팀을 훨씬 더 능가했다. 더그는 자금도 부족하고, 기량도 부족했고, 극복할 수 없는 역경에까지 직면해 있었다. 역사적으로 볼 때, 가장 많은 예산을 가진 팀이 대회에서 우승한 것이 관례였다. 미국 팀과 비교했을 때, 뉴질랜드 팀의 자금력은 점심값으로 여겨지지도 않았을 정도로 열악했다. 미국 팀의 선임 조타수 데니스 코너Dennis Conner는 4차례 우승 트로피를 들어 올렸던 인물로, 말 그대로 '미스터 아메리카 컵'으로 전 세계에 알려져 있었다. 그 당시 전문가들은 뉴질랜드 팀이 예상대로 우승하지 못할 거라고 장담했지만, 더그와 팀원들은 이에 개의치 않았다. 다른 팀과 언론이 빈둥거리며 빈틈을 보이는 사이, 더그는 실험에 착수했다.

더그의 팀은 우승을 차지하지 못할 가능성이 컸다. 하지만 더그는 실험만 많이 한다면 경쟁자를 누르고 자신의 팀이 우승할 수 있다고 확신했다. 뉴질랜드에 도착하자마자 그는 '빨리 실험을 하자'라는 그의 철학을 팀원들에 설파했다. 모두가 할 일은 끊임없이 실험하는 것이라고 50명 팀원에게 가르쳤다. 다양한 분야의 사람들이 모인 이 팀에는 요트 선원들은 물론이고, 디자이너, 해군 건축가, 공학 연구원, 분석가 등이 있었다. 하지만 이들은 '실험가'로 거듭나야만 했다.

팀원들은 자신의 인생에 길이 남을 경주를 열심히 준비했고, 효과가 입증된 4단계 실험법을 채택했다. 4단계 실험법이란 '설계', '구축', '시험', '분석' 단계를 걸치며 실험하는 것을 말한다.

설계 단계에서는 가능한 한 많은 아이디어를 만들어내고 그 아이디어들을 빠르고 저렴한 방식으로 시험할 방법을 찾아내는 단계이다. 팀원들은 새로운 항해술, 새로운 팀 커뮤니케이션 전략, 새로운 훈련 일정에 대해 자신의 아이디어를 개진했다. 기존의 접근법을 거부하면서도 역사상 가장 빠른 요트를 설계하는 작업에도 착수했다. 수년간 다른 사람들에 의해 갈고 다듬어졌던 돛, 돛대, 선체의 개념을 지양했다. 대신 요트의 용골(龍骨, 선체의 중심선을 따라 배밑을 선수에서 선미까지 꿰뚫은 부재)을 중시하는 통상적이지 않은 접근법을 시도했다. 용골이 향상되면 속도를 올릴 수 있다는 가설을 세웠다. 새로운 아이디어를 창출하는 것 외에도, 그들은 테스트를 성공적으로 실행할 방법 또한 찾아내야 했다. 컴퓨터 시뮬레이션을 활용하면 빠르고 저렴하게 실험을 수행하는 데 효과가 있을까? 아니면 특정 실험을 수행하려면 물리적 모형을 만들어야 할까?

아이디어가 생성되고 실험에 대한 구상이 마무리되자, 팀은 구축 단계로 넘어가 실제 실험 환경을 구축해나갔다. 처음에는 값싸고 변변치 않은 테스트를 활용했다. 기본적인 점토 모형, 컴퓨터 시뮬레이션 실험, 심지어 대강의 스케치 같은 것들이었다. 이 같은 투박한 실험은 실제 조건과 다르기 마련이다. 그래서 이를 '충실도가 낮은 실험'이라고 한다. 이 같은 기초적인 테스트는 대형 프로젝트의 초기 단계에 이상적이다. 왜냐하면 기초적인 테스트는 효과가 없는 아이디어들을 빨리 퇴출시킬 수 있을 뿐만 아니라, 초기 아이디어 중 어떤 것들이 더 많이 탐구될 가치가 있는지 확인하는 데까지 도움을 주기 때문이다.

대회를 향한 노력이 지속되는 가운데, 팀원들은 실전 상황에 더 가까운 '충실도 높은 실험'으로 발전해 나갔다. 이 팀은 실제 배의 4분의 1 크기 모형을 만들어 풍동(Wind tunnels, 바람의 영향을 실험하기 위한 밀폐된 터널–옮긴이) 실험과 토우잉 탱크(Towing tank, 선박을 실험할 수 있는 수조–옮긴이) 실험을 진행했다. 이 실험 덕에 팀은 폭풍, 강풍, 거친 바다 등 다양한 바다 여건이 철저히 반영된 환경에서 다양한 아이디어를 시험해 볼 수 있었다.

실험을 위한 환경 구축 단계가 마무리되자, 시험 단계로 넘어갔다. 여기서 실험을 반복하여 한 번에 하나의 변수를 분리하고 대조군과 비교해 인과 관계를 설정했다(고전적인 A/B 테스트). 주돛의 위치를 미세 조정하면 요트 표면의 물 흐름은 어떻게 바뀌는가? 긴 용골을 가지고 실험하는 과정에서 풍속이 3노트 증가했을 때 배는 어떻게 반응하는가?

시험 단계가 마무리되자, 분석 단계로 넘어갔다. 이때 연구팀은 테스트 결과를 검토하고, 이전 실험과 비교한 다음, 데이터 뒤에 숨겨진 원리를 완전히 이해하려고 노력했다. 이 시점에서 팀은 결론에 도달하고 새로운 가설을 세우고 실험 사이클의 첫 단계로 돌아간다. 세심하고 꼼꼼하지만, 매우 유익하다. 빠른 피드백 순환은 빠른 아이디어, 빠른 변화, 빠른 새로운 실험으로 이어진다.

"얼마 안 되는 큰 도약에 의존하지 않습니다. 우리에게는 아이디어를 지속적으로 설계하고, 테스트하고, 다듬을 수 있는 능력이 있으니까요"라고 이 팀의 시뮬레이션 전문가 데이비드 에건David Egan은 설명했다. "우리 팀은 설계 문제를 놓고 비공식적인 토론을 벌이고, 맥주잔 받침 뒷면에 설계도를 스케치하고, 여러 수치를 반영한 뒤 시뮬레이션을 해달라고 요청했습니다. 전통적인 설계 방식을 활용했다면 수개월을 기다려야 했을 겁니다. 수개월이 지날 때쯤이면 우리의 사고가 너무 발전한 관계로 실험을 한 이유를 잊은 지 오래됐을 것입니다."

뉴질랜드 팀은 대회의 5차례 요트 경주에서 모두 승리하며 1995년 6월 13일 로키 발보아처럼 통쾌하게 우승을 거머쥐었다. 팀이 새 역사를 쓰자, 해설가 피터 몽고메리Peter Montgomery는 "아메리카 컵은 이제 뉴질랜드 컵입니다!"라고 소리쳤다. 이 문구는 뉴질랜드 문화에 빠르게 유행하며, 국가적인 긍지를 나타내는 구호로 자리 잡았다.

팀의 리더 더그 피터슨은 전례 없는 승리를 거둔 비결을 설명했다. 그는 대회에서 우승한 비결이 빠른 실험과 그에 따른 일련의 소규모 개선 작업 덕이었다고 말했다. "이 요트는 돌파구처럼 혁신적인 보트가 아닙니다"라고 피터슨은 말했다. "예전 설계를 매우 세련되게 다듬은 보트입니다. 화려한 장치도 없습니다. 다르게 말하면, 승리를 거둔 결정적인 요인은 획기적인 변화 때문이 아니었다는 겁니다. 팀의 주목할 만한 성공은 수많은 작은 아이디어 덕분이었습니다."

속도감 있는 실험 진행과 작지만 큰 돌파구는 땅콩버터와 젤리처럼 잘 어울린다. 많은 양의 작은 아이디어들을 테스트하는 것은 지속적인 성장과 성공을 위한 새로운 모델이다. 글로벌 팀을 이끄는 것이든, 아니면 자신의 안위만을 돌보든 창의력을 높이고자 한다면 시험 주방을 열어라. 시험 주방은 물리적 환경일 수도 있고, 단지 실험적인 사고방식을 발전시키는 것일 수도 있다. 하지만 시험 주방에 대한 집착은 분명 더 나은 결과를 가져다줄 것이다.

이제 우리는 일상의 혁신가들의 네 번째 DNA로 넘어갈 차례이다. 바로 '기존 방식을 완전히 깨부숴라'이다. 우리는 오래된 격언인 '고장 나지 않았다면 고치지도 말라'를 완전히 깨부수는 작업에 나설 것이다. 세계 최대의 장난감 제조업체를 이룩하는 것에서부터 상업용 부동산 투자를 민주화하는 것, 전 세계적 규모로 교육을 새롭게 정의하는 일에 이르기까지, 우리는 혁신가들이 기존의 방식을 어떻게 해체하고 재건하는지 알아볼 것이다.

Chapter

8 기존 방식을 완전히 깨부숴라: 해체

전 세계의 수백만 명의 다른 아이들처럼, 나는 레고라면 사족을 못 썼다. 오랫동안 레고는 생일이나 크리스마스 같은 특별한 날이면 가장 갖고 싶었던 장난감이었다. 나는 이 모듈형 장난감들을 열성적으로 수집했다. 그렇게 수집한 레고를 보관할 '레고 방'이 따로 있었을 정도였다. 그런데 내 동생 이선Ethan이 태어나자 나는 레고를 모두 치우고 그 방을 동생에게 내줘야 했다. 나는 결코 내 동생을 용서해본 적이 없다.

나는 몇 시간 동안 애를 쓰며 우주선과 도시를 건설했다. 그러고는 그것들을 부수고 다시 만들기 시작했다. 아빠가 된 후에는 복잡한 레고, 데스 스타Death Star를 장남 노아와 함께 만들었다. 천장을 뚫을 듯한 높은 탑을 레고로 세우는 일은 요즘 네 살배기 쌍둥이와 함께 거의 매일 하는 일이었다. 고백하건대… 나는 극성맞은 레고 마니아이다.

레고를 만들 때 가장 큰 기쁨 중 하나는 더 빠르게 더 잘 만들기 위해 내가 만든 것을 허무는 작업이었다. 내가 고층 건물을 무너뜨린 이유는 다음번에는 더 안정적인 기반 위에 견고한 고층 건물을 짓기 위함이었다. 새로 만든 경주용 차를 해체해 경찰 보트로 만드는 것은 내게 크나큰 즐거움이었다. 즐거움은 프로젝트를 끝내는 데 있는 것이 아니라, 만들고 해체하고 다시 만드는 과정 그 자체에 있었다. 이것이 바로 내가 레고를 해온 이유이다. 그리고 그것이 바로 덴마크 시골에서 초라하게 시작한 레고 그룹이 거대 기업으로 성장할 수 있었던 비결이다.

시골 공장 레고는 어떻게 글로벌 기업이 되었나

1932년의 극심한 경제 불황 속에서 가족을 먹여 살리기 위해 고군분투하던 올레 키르크 크리스티안센Ole Kirk Kristiansen이라는 가구 공예가는 생활비를 벌고자 나무 장난감을 만들기 시작했다. 그는 자신이 설립한 1인 회사의 이름을 '레고LEGO'라고 지었는데, 레고는 '잘 놀다'라는 의미로 'Leg(놀다)'와 'Godt(잘)'를 축약한 것이다. 이 신생 기업은 크리스티안센이 이전에 가구를 만들 때 사용했던 장비를 활용해 장난감 오리나 요요 같은 것을 생산했다. 그러나 1942년 화재로 그의 소규모 공장은 전소되며 회사의 많을 것들을 재창조해야 하는 처지에 몰렸다.

그 화재를 계기로 크리스티안센은 자신의 사업을 재평가하고 변화하는 장난감 업계까지 되돌아볼 기회를 갖게 되었다. 어쨌든 공장을 다시 지어야 했기 때문에 그는 예전처럼 나무 장난감 생산을 위한 설비를 갖추어야 할지, 아니면 완전히 새로운 무언가를 모색해야 할지 고민했다. 이 과정에서 장난감 산업, 제조업, 아동 육아 업계의 새로운 트렌드를 파악해 나갔다.

크리스티안센은 과감하게 사업을 재창조하기로 결심했다. 완성된 장난감을 지양하고, 자신만의 장난감을 만들 기회를 아이들에게 주는 것에 초점을 맞춰 사업을 완전히 개편하려 했다. 1946년, 이 회사는 신개념의 장남감을 만들고자 플라스틱 사출 기계로 알려진 신형 설비를 덴마크에서는 최초로 구입했다. 10여 년쯤 지나자 레고는 목제 장난감 업체에서 '레고 블록'이라고 알려진 호환 가능 플라스틱 블록을 생산하는 업체로 변모했다.

공장 화재는 의도한 것이 아니었지만 레고의 탄생은 일상의 혁신가들의 네 번째 DNA를 받아들였기에 가능한 일이었다. 그것은 바로 '기존 방식을 완전히 깨부숴라'이다. 만약 화재가 발생하지 않았다면 레고는 세계에서 가장 큰 장난감 회사가 아니라 아무도 알아주지 않는 요요 제조업체로 남았을 가능성이 크다. 그런데 사실 레고 그룹의 가장 큰 혁신은 모듈형 플라스틱 블록이 아니다. 지속해서 자신을 부수고 재창조하는 레고 그룹의 역량이 가장 큰 혁신이라 할 수 있다.

어린이들이 모듈형 장난감을 좋아한 덕에 레고 장난감은 전 세계로 퍼져나갔다. 엄청난 성장세를 기록하고 이익이 치솟기는 했지만, 레고 그룹은 이 같은 성공에 안주하지 않았다. 그래서 1968년에는 새로운 분야로 확장해나갔다. 회사가 위치한 덴마크 빌룬드에 레고 테마파크 레고랜드LEGOLAND를 개장하기로 한 것이다. 작은 마을에 지나지 않는 빌룬드의 인구는 현재 6,662명에 불과하다. 하지만 레고랜드는 개장 6년만인 1974년까지 누적 기준으로 500만 명의 방

레고 랜드는 레고 그룹의 본사가 있는 덴마크 빌룬드에서 첫 번째로 개장했다. 출처_legoland.dk

문객이 찾은 명소가 되었다. 나무로 만든 오리 장난감에서 플라스틱 모듈형 블록으로 변모하고, 또다시 관광 명소로까지 변모해나가려면 기존의 사업 정체성을 재고하려는 의지가 있어야 한다. 오늘날 독일, 말레이시아, 일본, 두바이, 영국, 이탈리아, 미국 등 전 세계 각지에 총 9개의 레고랜드 테마파크가 있으며 한국에 열 번째 레고랜드 개장을 준비 중이다. 레고랜드는 그 자체로 이윤을 만들어내는 독립 벤처일 뿐만 아니라, 상징적인 장난감 제조업체에 대한 고객 충성도를 높이는 역할까지 해주고 있다.

레고 그룹의 임원들은 늘 만족할 줄 모른다는 특성을 보인다. 현 상태에 안주하는 것을 가장 사악한 적으로 생각한다. 애써 만든 레고 장난감을 부수고 새로 만드는 것을 좋아했던 나처럼, '기존 방식을 완전히 깨부숴라' 정신은 레고의 기업 문화 곳곳에 퍼져 있다.

1969년, 레고 그룹은 듀플로DUPLO라는 대형 블록을 출시해 유아 시장으로 확장해나갔다. 손이 작은 유아들이 갖고 놀기에 편한 두플로는 즉시 큰 사랑을 받았다. 기어와 복잡한 부품들을 특징으로 하는 레고 테크닉LEGO Technic을 출시해 10대들과 젊은이들을 사로잡았을 때도 마찬가지였다. 회사라면 새로운 개념의 제품을 기각하게 되는 경우가 대부분이다. 자신이 하는 사업이 잠식당할까 우려하기 때문이다. "황금 알을 낳는 거위를 죽이지 마세요!" 같은 뻔한 격언은 이곳 덴마크 빌룬드에서는 다행히도 금지되어 있다.

1999년, 레고 블록은 포춘이 선정한 세기의 제품이 되었다. 그 덕에 레고 그룹은 성공의 표본이 될 수 있었다. 이 정도 되면 대부분의 기업은 이전에 일군 성공에 안주하기 마련이다. 그러나 레고 그룹은 이제 막 기재기를 펴기 시작하고 있었다. 1998년부터 2002년까지 레고 그룹이 내세운 구호는 "뭐든지 상상해라!(Just Imagine!)"이었다. 그런데 레고 그룹은 이 구호를 실제로 실현까지 해낸 것이다. 레고의 임원들은 안주하고자 하는 유혹을 뿌리치고, 회사를 부수고 고치는 작업을 멈추지 않았다.

달 탐사용 차량에서부터 요새에 이르기까지, 레고 그룹은 내부에서 설계한 장난감만 생산했었다. 라이선스 기반의 협업 관계를 맺자는 외부의 요구가 많았지만, '여기서만 만든다'라는 원칙은 굳게 유지되었다. 그러나 2000년에는 이 원칙을 파기하고 해리포터 레고 시리즈를 출시하기 위해 워너 브라더스와 계약을 맺었다. 2007년에 이르러서는 루카스필름Lucasfilm으로 라이선스 계약을 확대하며 스타워즈 레고 시리즈와 인디애나 존스 레고 시리즈를 만들었다. 10년 후에는 디즈니 컨슈머 프로덕트Disney Consumer Products와 라이선스 계약을 맺고 디즈니와 픽사의 영화들을 활용한 레고 시리즈 제작에 나섰다. 라이선스 계약을 맺는 것은 레고에게 생소한 것이었다. 그리고 그렇게 하려면 레고의 핵심 신념을 수정해야 했다. 하지만 레고는 오래된 전통을 새로운 것으로 대체하려는 의지가 있었다.

2013년이 되자 레고는 일이 더 잘 풀려나갔다. 10년도 안 돼 레고 그룹은 매출이 4배로 뛰었고, 레고 로봇에서부터 비디오 게임에 이르기까지 다양한 새로운 사업으로까지 확장했다. 레고 그룹은 과감하게 자신을 고치기 위해 장난감 사업에서 벗어나 영화 사업에까지 뛰어들었다. 워너 브라더스와 손을 잡은 〈레고 무비LEGO Movie〉는 4억 6,800만(약 5,532억 원) 달러의 박스오피스 흥행을 기록하는 등 국제적으로 큰 흥행을 거두었고 이 같은 흥행을 발판으로 세 편의 영화를 더 선보이며 총 11억 달러의 박스오피스 흥행 수익을 기록했다.

새로운 영역을 개척하는 능력의 핵심에는 레고의 미래를 창조하는 데 전력을 다하는 팀 '레고 퓨처 랩Lego Future Lab'이 있다. "이 팀은 규정에서 약간 벗어난 방식으로 운영되는 회사의 작은 일부분일 뿐입니다." 레고의 전 CEO 예르겐 비그 크누스토르프Jörgen Vig Knudstorp는 말했다. 시험 주방의 원칙에 따라 그 팀은 레고 캠퍼스에 자리한 별도의 전용 건물을 갖추고 있다. 거기서 이 팀은 모든 경영상의 요구에서 벗어나 새로운 아이디어를 다듬고, 실험하고, 육성하는 작업에만 몰두한다.

레고의 '기존 방식을 완전히 깨부숴라' 정신은 레고 퓨처 랩의 노력에 힘입어 무한대의 영역을 지향해 나가고 있다. 어른들에게 알맞은 복잡하고 큰 레고 장난감 세트를 출시해 보는 게 어떻겠냐는 아이디어를 AFOL(Adult Friend of LEGO, '레고를 좋아하는 어른 팬'의 약자.

나 같은 레고 골수팬에게는 공식 약어이다)이 제안하자 퓨처 랩은 이 아이디어를 살리려고 노력했다. 덕분에 어른들은 엠파이어 스테이트 빌딩, 타지마할, 에펠 타워, 런던의 트라팔가 광장 같은 복잡한 복제품을 만들 수 있는 레고 건축물 시리즈를 가지고 놀 수 있게 되었다. 최고 400달러에 판매되는 이 시리즈는 젊은 층보다는 어른들의 향수를 자극하고 어른들에게 즐거움을 줄 의도로 만들어졌다.

레고 아이디어즈LEGO Ideas는 향후 출시되길 바라는 레고 아이디어를 고객이 직접 제안할 수 있는 클라우드 기반의 플랫폼이다. 이 사이트는 전 세계의 레고 애호가들이 제시한 아이디어들을 놓고 자신이 가장 좋아하는 아이디어에 고객들이 투표하게 하면서 엄청난 인기를 끌었다. 그 아이디어 중 상당수는 즉각적으로 베스트셀러가 되었다.

레고 마인드스톰즈LEGO Mindstorms는 학생들이 레고 부품을 활용해 움직이는 로봇을 만들어 상을 놓고 경쟁하는 교육 프로그램이다. 레고 그룹은 시각장애인을 위해 특별 제작된 레고 제품을 개발해 어린이와 보호자들이 점자를 배울 수 있도록 돕는 데에도 노고를 아끼지 않았다. 레고 기반의 안전한 소셜 네트워크 서비스를 제공하는 앱 레고 라이프LEGO Life는 인스타그램이나 스냅챗을 하기에는 나이가 너무 어린 아이들을 위한 앱이다. 레고 "브릭시" 시리즈LEGO "Bricksy" Series는 거리 예술가 뱅크시의 작품을 레고 블록으로 재연할 수 있는 제품이다. 심지어 레고 시리어스 플레이LEGO Serious Play라는 서비스도 있는데 조직의 창의성을 육성하는 것을 돕는 비즈니스 컨설팅 서비스이다.

한 사업 영역에서 다른 사업 영역으로 자신을 변모시키는 과정에서 레고는 자신을 부수고 고쳐나갔다. 목제 장난감 회사로 출발해 고정관념을 깨고 플라스틱 블록 회사로 변신해나갔다. 그 고정관념을 다시 깨고 테마파크로 확장해나갔다. 그 고정관념을 다시 깨고 영화계로 진출해나갔다. 고정과념을 깨고 게임 산업으로. 또 깨고 로봇산업으로. 또다시 깨고 어른용 장난감 업계로. 또다시 깨고 소셜 미디어 네트워크 산업으로.

레고는 한 번에 블록을 하나씩 쌓듯 차근차근 나아갔다. 짓고 부수고, 다시 짓고 부수고, 재창조하는 과정을 멈추지 않았다. 연간 매출 61억 달러(약 7조 3,100여 달러), 직원 1만 9,000명을 거느린 세계 최대 장난감 회사이자 가장 큰 성공을 일군 장난감 회사인 레고는 처음처럼 크리스티얀센 가족이 아직도 소유하고 있으며, 아직도 작은 마을 빌룬드에 본사를 두고 있다. 하지만 그것 말고는 거의 모든 것을 뒤바꿨다. 레고의 엄청난 성공은 과거에 연연하지 않고 새로운 기회를 발견히는 역량 덕에 가능했다. 기존의 접근법에 도전하거나 선통을 거스르는 것을 두려워하지 않는 기존 방식을 깨부수고 새롭게 만드는 철학을 끌어안은 덕에 새로운 무대로 계속 나아갈 수 있었다.

고정관념을 깨부수는 3단계

아무리 애를 써도 머릿속에서 지워지지 않는 그런 노래 중 하나가 있다. 영국의 뉴웨이브 팝 그룹 더 버글스The Buggles가 귀에 쏙 들어오는 이 곡을 발표한 것은 1979년이었다. 이 노래의 내용은 새로운 혁신(뮤직비디오)이 기존의 접근 방식(라디오)을 쓸모없는 것으로 만들었다는 것이다. 이 후렴구는 당시에는 혁신이었으나 지금은 구식이 된 뮤직비디오에서 지겹도록 반복되며 흘러나왔다. 이 곡의 뮤직비디오는 공교롭게도 MTV에서 방영된 최초의 뮤직비디오다. MTV는 스타들이 즐비하게 출연한 가운데 2000년에 열린 기념행사에서 이 뮤직비디오가 백만 번 전파를 탄 뮤직비디오라는 사실을 확인해주었다.

음악성은 차치하더라도 잘 지은 이 곡명은 과거보다는 미래에 초점을 맞추어야 한다는 교훈과 맥이 닿아있다. '고장 나지 않았으면 고치지도 말라'라는 격언은 참 민망한 말이다. '부숴서 새롭게 만들어라'라는 원칙은 이 오래된 격언들과는 정반대이다. 효과적이라 믿는 기존의 제품, 시스템, 문제 접근 방식, 프로세스에 맞서라고 하기 때문이다. 이 원칙은 외부 세력이 현 상태를 쓸모없게 만들 때까지 기다리지 말라고 한다. 앞을 내다보고 거기에 먼저 가 있으라는 것이다. 현재 시스템이 폐기되기까지 머뭇거리며 기다릴 이유가 없으니 어서 빨리 행동에 나서라고 한다.

냉장고에 있는 우유에는 유통기한이 있는 것처럼, 나는 왜 의무적으로 새로 고쳐야 하는 기한이 비즈니스 세계에는 대부분 존재하지 않는 건지 의아할 때가 많았다. 새로운 시스템이나 프로세스가 만들어지면, 그 접근 방식이 왜 영원해야 한다고 가정하는가? 챕터3의 프로거 게임을 다시 떠올려 보면, 그렇게 빠르게 변화하는 세상에서 영속성을 탓하는 것은 이치에 맞지 않는다. 나는 진심으로 새로운 것을 찾고, 해체하고, 재건하고, 다시 상상력을 발휘하고, 더 나은 방법을 추구하는 것이 우리의 책임이라고 믿는다. 우리 자신만의 '비디오가 라디오 스타를 죽였어요(Video Killed The Radio Star)'라는 새로운 접근 방식을 발견하는 것은 우리 각자의 몫이다.

일상의 혁신가들은 현재 상황을 지속적으로 점검함으로써 현재의 조건을 부수고 새로운 여건을 조성할 기회를 찾는다. 업그레이드는 제품, 팀, 생산 방식, 안전 표준, 마케팅, 교육 등 크든 작든 거의 모든 시스템에 적용될 때 상당한 효과를 가져다준다. 산업을 재창조하는 데 활용되는 이 같은 방법은 월요일 아침 팀 회의를 운영하는 방식을 고치는 데도 똑같이 적용될 수 있다. 이 문제를 해결하기 위한 간단하지만, 매우 효과적인 단계는 다음과 같다.

1단계: 해체

비즈니스의 첫 번째 단계는 현재의 접근 방식을 개별 구성요소로 해체하는 것이다. 내가 레고 해적선을 조각조각 해체하는 것과 똑같다. 음식을 제공하는 경우, 음식을 초기의 쇼핑 목록(밀가루 1컵, 올리브 오일 1/4컵, 마늘 정향 2개)으로 해체하는 것이다. 특정 프로세스를 공략한다면, 동반하는 각각의 세부 단계들을 들여다보고 폭넓은 접근 방식을 만드는 것이다. 물리적 목표든, 추상적인 목표든 그 목표를 가능한 한 가장 작은 구성요소로 해체하라. 우리가 어렸을 때 배웠던 분수 약분법처럼 더 이상 세분화할 수 없을 때까지 약분하라.

2단계: 검사

이제 구성요소들이 분리되었으니, 세심하고 꼼꼼하게 검사할 차례다. 이를 위해 음악 재생리스트를 활용할 것을 추천한다. 댄 히스Dan Heath와 칩 히스Chip Heath의 《자신 있게 결정하라Decisivee》에서는 체크리스트와 재생리스트를 구분한다. 체크리스트는 해야 할 모든 일을 적은 목록인 데 반해, 재생목록은 가능한 대안들을 정리한 목록이다. 문제를 해결하고자 할 때, 나는 가장 최하 수준으로 해체된 구성요소를 완전히 이해하는 데 도움이 되는 질문 재생목록을 만든다.

1. 현재 접근 방식을 구성하는 요소는 무엇인가?
2. 현재 접근 방식에 없는 것은 무엇인가?
3. 애초에 무슨 생각과 여건 때문에 현재 접근 방식이 나오게 된 것인가?
4. 과거에는 이 방식이 왜 효과가 있었는가?
5. 현재는 뭐가 달라졌는가?
6. 처음 고안되었을 때와는 고객의 니즈가 어떻게 바뀌었는가?
7. 현재는 하나로 묶여있기는 하지만, 나중에는 도전에 직면할 가능성이 있는 핵심 규칙, 진실, 전통, 믿음은 무엇인가?
8. 유사한 문제나 패턴이 존재하는 다른 곳은 있는가?
9. 현재의 접근 방식이 구축된 이래로 어떤 기술적 발전이 출현해 개선되었는가?
10. 현재의 접근 방식은 얼마나 견고한가? 그리고 현재의 접근 방식에 균열이나 약점이 어디에 있을 수 있는가?

훌륭한 탐정처럼, 우리는 어떤 결론에 도출하기에 앞서 최대한 많은 증거를 모으기를 원한다.

3단계: 재구축

2단계에서 도출된 결론을 활용해, 최종 결과의 업그레이드라는 목표 아래 구성요소를 재조립하는 작업에 착수할 차례이다. 재조립 과정이 어설프더라도 상관없다. 이 단계에서 활용하는 질문 재생목록은 다음과 같다.

1. 추가할 수 있는 새 구성요소는 무엇인가?
2. 뺄 수 있는 한 가지가 있다면 어떤 것인가? 아니면 대체 요소로 들어갈

수 있는 구성요소가 있는가?

3. 마법을 부려 더 좋게 만든다면, 최종 결과는 어떻게 될 것인가?
4. 어떻게 재조립하거나 재배열하면 시간과 비용을 절약할 수 있는가? 어떻게 재조립하거나 재배열하면 질적 향상을 기할 수 있는가? 어떻게 재조립하거나 재배열하면 새로운 문제를 해결할 수 있는가?
5. 내가 속한 분야에서는 사람들이 어떻게 비슷한 문제를 해결하는가? 내가 속한 영역 밖에서는 사람들이 어떻게 비슷한 문제를 해결하는가?
6. 자연이나 예술로부터 업그레이드에 영감을 줄 수 있는 어떤 아이디어를 얻을 수 있는가?
7. 마력을 늘리거나 컴퓨팅 용량을 늘리는 것처럼, 나는 어떤 식으로 더 크게 만들 수 있는가? 부피를 줄이거나 낭비를 줄여서 성과를 더 빨리 달성하는 것처럼 나는 어떤 식으로 더 작게 만들 수 있는가?
8. 여러 가지 가능성이 있는 경우, 계속 진행하기에 앞서 어떻게 하면 신속하게 테스트할 수 있는 시제품을 만들 수 있는가?

우리가 함께 만났던 몇몇 혁신가들을 돌아보면, 우리는 이 방법론이 그들이 이룬 궁극적인 성공의 토대가 되었다는 사실을 알 수 있다. 그중에는 기존 사업을 검토해 앞으로 나갈 새로운 길을 개척한 내부자들도 있었다. 예를 들어, 맷 이시비아는 소규모 소매 주택담보대출 회사를 부수고는 국내 최대 규모의 도매 주택담보대출 업체를 재건했다. 뉴질랜드 팀이 자신의 접근 방식을 재창조해 아메리카 컵을 거머쥘 수 있었던 것은 기존에 요트를 타본 경험이 이미 있었기 때문이다.

내부자 접근 방식은 현재 하고 있는 일을 더 업그레이드해 더 나은 과업으로 바꾸는 데 중점을 둔다. 예를 들어 쉐이크쉑의 혁신가들은 기존 외식 사업을 개선하는 데 중점을 둔 것이지, 산업용 물품 회사나 상사 소송 로펌을 개업하는 데 중점을 둔 것이 아니다.

우리가 들여다본 사람들 가운데는 새로운 접근 방식을 활용해 완전히 새로운 분야로 진출한 외부자들도 있었다. 제니 두는 에이필 사이언스를 공동 설립하기 전에는 농산물이라고는 키워본 일이 없는 인물이다. 채드 프라이스도 마찬가지다. 마코 메디컬을 설립하기 전에는 의료 분야에서 일해 본 경험이 전무했다. 이처럼 외부인들이 더 나은 방법을 찾아냈을 때 산업에 큰 변화의 바람을 일으킬 수 있을 때가 많다. 졸리프 형제가 골프 게임의 개념을 재창조할 수 있었던 것은 외부자의 눈으로 골프를 바라볼 수 있었기 때문이다. 헤더 해슨Heather Hasson과 트리나 스피어Trina Spear가 의료용 수술복 시장에서 한 판 붙을 수 있었던 것도 외부자의 관점 덕분이었다(이들에 대해서는 챕터11에서 다룰 것이다).

이들의 공통점은 있는 그대로 어떤 것을 받아들이기를 거부했다는 것이다. 현 상태에 안주하길 원하지 않았다는 것이다. 이것이 바로 26세의 라이언 윌리엄스Ryan Williams가 불평등에 맞서 싸우는 동시에 침체된 부동산 산업을 혁신하는 일을 수행할 수 있게 된 원동력이 되었다.

부동산 업계를 패닉에 빠뜨린 26세 청년

라이언 윌리엄스는 불평등에 대해 어느 정도는 알고 있었다. 그의 증조할머니는 몇 년 만 더 일찍 태어났다면 그녀의 부모처럼 노예가 되었을 것이다. 1800년대 내내 라이언의 조상들은 노예로 살았고, 타는 듯한 루이지애나의 태양 아래에서 농사일을 끝도 없이 하며 자신들을 속박하는 엘리트 노예주들의 배를 불려줘야 했다. 루이지애나주의 주도인 배턴루지의 노동자 계급 가정에서 자란 라이언은 인종 차별, 범죄, 끝날 줄 모르는 가난을 겪으며 불평등을 직접 경험했다. 그가 사는 동네는 흑인 남성 3명 중 1명이 범죄자일 정도로 흑인들의 범죄율이 높았다. 불공정한 제도가 자신의 가족에게 끼친 피해를 보며 자란 라이언은 일찍부터 세상의 변화를 돕겠다고 맹세했다.

인종적 불평등 외에도, 미국의 빈부격차는 고질적인 문제였다. 상위층은 더 많은 기회를 누렸고, 하위층에게 돌아오는 기회는 적었다. 미국에서 가장 부유한 카운티와 가난한 카운티 간의 격차는 1989년부터 2016년 사이에 두 배 이상으로 늘었고, 미국의 소득 불평등은 G7 국가 중 가장 높았다. 한편 중산층의 소득은 지난 50년 동안 상위 계층보다 증가세가 더뎠다. 청년이 된 라이언은 가만히 있을 수 없었다. 가난의 굴레가 반복되도록 내버려 둘 수 없었다. 대학을 졸업한 직후, 그는 이 같은 상황을 부수고 고치기로 결심했다.

부자들이 더 부유해질 수밖에 없도록 만드는 한 가지 특별한 요인이 상업용 부동산에 투자해 돈을 버는 것이었다. 나무판자로 된 도서관 같은 밀실에서 시가와 위스키를 거래하려면 초대가 있어야만 가능한 법이다. 상장된 부동산투자신탁(REITs)은 누구나 투자할 수 있는 데 반해, 밀실 거래는 새로운 요트를 살 수 있을 정도의 투자자들에게 더 많은 돈을 안겨주는 투자수단이었다. 이 비밀스러운 클럽의 회원이 되지 않는 한 이런 흥미로운 기회를 얻을 수 없다. 라이언 윌리엄스가 등장하기 전까지는 그랬다.

상류층만 낄 수 있는 상업용 부동산의 세계에서 공정성과 평등을 창출하자는 기치 아래, 라이언은 '캐드리Cadre'를 설립했다. 캐드리는 투명하고 누구에게나 평등한 온라인 부동산 투자 플랫폼이다. 억만장자가 아닌 사람들이 소규모 자금을 가지고도 질 좋고 수익성이 높은 부동산에 투자할 수 있게 해주는 기업이다. 로브스터와 캐비아를 즐겨 먹을 수 있는 부자들과 같은 식탁에서 앉아 사상 처음으로 파티를 즐길 수 있게 된 것이다. 우리에게 맥주나 타코를 살 정도의 돈밖에 없더라도 사상 처음으로 그럴 수 있게 되었다.

"부동산은 공룡이 판치던 시대의 산업입니다. 정말 오래된 산업이죠." 라이언은 '기존 방식을 완전히 깨부숴라' 방법론을 활용해 가장 먼저 상황부터 해체해나갔다. 그는 자본이 한 거래에서 다음 거래로 어떻게 흘러가고, 어떻게 돈을 벌고, 누가 이런 투자에 낄 수 있는지 연구했다.

다음으로 다양한 요소들을 주의 깊게 검사했다. 그는 대부분의 부동산 거래에서 필수 요건으로 내거는 최소 투자금이 보통 사람들은 감당할 수 없는 정도의 금액이라는 사실을 알게 되었다. 일단 투자가 이루어지고 나면 10년 혹은 그 이상이 걸릴 수 있는 또 다른 큰 거래가 일어나기 전까지는 돈을 인출할 방법이 없다는 사실 또한 알게 되었다. 당신이 억만장자라면 오랫동안 자금이 묶이는 것은 큰 문제가 아니지만, 유동성이 부족한 대다수 사람에게는 너무나도 큰 진입장벽이었다.

마지막으로, 가장 좋은 거래는 공개 시장에서는 절대 거래되지 않는다는 것이었다. 그렇다면 이는 남아도는 찌꺼기만 일반 투자자들이 접근할 수 있음을 뜻하는 것이었다.

라이언은 현 상황을 해체하고 주의 깊게 검사하는 작업을 마쳤다. 그러면 이제 재구축을 할 차례이다. 캐드리는 최소 투자 규모와 낮은 수수료로 이전에는 접근할 수 없었던 부동산에 투자할 수 있는 길을 열어준다. 게다가 이 플랫폼은 투자자들이 원할 때면 언제든지 자신의 투자금을 매도할 수도 있다. 그런 덕에 현금 유동성 문제는 자연히 해결됐다. "2차 시장 덕에 자신의 금리를 사고팔 수 있습니다. 지금까지 직접 투자자들에게 이런 건 없었습니다." 라이언은 설명했다.

평등을 위한 싸움으로 돌아가서, 라이언의 목표는 모든 이들에게 동등하게 부동산에 접근할 기회를 보장해주는 것이었다. "이전에는 상위 1퍼센트만이 이를 독식하고 있었습니다. 캐드리와 함께라면 아마존에서 물건을 사고파는 것만큼 쉽게 상업용 부동산 투자에 직접 참여할 수 있습니다."

불과 6년 만에 캐드리는 8억 달러(약 9,456억 원) 이상의 가치를 지닌 기업의 반열에 올라섰고, 플랫폼을 통해 20억 달러 이상의 거래를 성사시켰다. 이제 겨우 32세에 불과한 라이언은 그의 '기존 방식을 완전히 깨부숴라' 접근 방식을 부동산을 넘어 다른 투자 자산으로까지 확장하려 하고 있다. 언젠가는 캐드리가 예전에는 접근할 수도 없었고 투자하기에 유동성이 없었던 다양한 투자 자산들을 사고팔 수 있는 장이 되기를 그는 희망하고 있다. "사람들이 자신의 금전적 미래를 확장할 수 있도록 해주자는 우리의 사명에 충실한 플랫폼을 만들어 나가고 있습니다." 경쟁이 심한 상업용 부동산의 세계에서 이 젊은 외부인은 모든 것을 뒤집어놓고 있다. 그는 불평등을 퇴치하려는 사명 또한 잊지 않고 있다. "진정한 부동산 투자, 다시 생각하라(Real estate investing, reimagined)"라는 이 회사의 슬로건은 공정하고 정의로운 사회라는 비전을 실현하기 위한 그의 전략을 완벽하게 요약해주고 있다.

철거 건물의 마룻바닥에서 탄생한 기타

디트로이트 웨스트 라네드가 250번지에는 1840년부터 소방국이 있었다. 자동차가 탄생한 1900년대 초부터 극심한 인종 폭동이 있었던 1960년대 후반까지 많은 화재 현장을 누비는 활약을 펼쳤다. 하지만 2013년에는 끝내 개발업자들에게 매각되면서 부티크 호텔로 바뀌었다. 바닥과 벽에 붙어있는 시간의 흔적이 묻은 나무판자들이 새로운 거처의 방을 장식하기 위해 운반될 때, 마크 월리스Mark Wallace는 폐나무 이상의 가치를 보았다.

라이언 윌리엄스는 상업용 부동산 투자를 해체해 더 나은 접근 방법으로 부동산 투자를 재구축했다. 그러나 마크 월리스는 회수된 나무를 원래의 용도와는 완전히 다른 무언가를 만들 기회로 보았다. 마크는 재생 소나무와 단풍나무로 된 마루판을 디트로이트 소방서에서 가져와 멋진 새 기타로 변신시켰다. "저는 한때는 위대했지만, 지금은 버려진 무언가를 가지고 새롭고 쓸모 있는 것으로 바꾸려고 노력하고 있습니다." 마크는 대화를 시작하며 설명했다.

마크는 디트로이트의 랜드마크 역할을 하는 빌딩에서 회수된 목재를 아름다운 수공예 기타로 바꾸는 회사인 '월리스 디트로이트 기타Wallace Detroit Guitars'의 설립자이자 CEO이다. "디트로이트의 일부 건물에는 놀라운 역사가 깃들어 있습니다"라고 마크는 말했다. "제가 가장 좋아하는 곳 중 하나는 브루스터-휠러 레크리에이션 센터Brewster-Wheeler Recreation Center입니다. 브루스터-휠러 주택 프로젝트에 있는 건물인데 음악 애호가들에게 이곳은 다이애나 로스Diana Ross를 비롯한 슈프림스The Supremes의 모든 멤버들이 자랐던 곳으로 알려져 있어요. 전국에서 가장 악명 높은 주택 프로젝트 중 하나였기도

하고요. 그곳은 놀라운 재능의 뮤지션은 물론이고 놀라운 음악까지 배출한 곳입니다. 그 뮤지션들이 모두 벤치에 앉아 레크리에이션 센터에서 벌어지는 농구 경기를 봤을 겁니다. 그리고 저는 이제 그 오래된 벤치를 활용해 기타를 만듭니다."

월리스 디트로이트 기타는 음악적으로도 훌륭한 기타지만, 예술적으로도 가치가 높다. 건축적으로 유의미한 목재를 복원하고, 광택을 낸 뒤 수제 가공 작업을 거쳐 놀라운 기타로 탄생시킨다. 대량 생산된 기타와는 달리, 이 기타는 현재 우리를 있게 해준 역사를 담고 있다. 회수된 목재가 오래된 캐딜락 자동차 공장에서 왔든, 한때 떠들썩했던 법원에서 왔든, 오랫동안 잊힌 교회에서 왔든 각각의 기타에는 313(디트로이트 지역 번호)으로 시작하는 일련번호와 함께 기타의 기원과 기타에 숨겨진 이야기를 표시하는 번호가 찍혀있다.

이 회사는 고객들에게 주문을 받아 맞춤형 기타도 만든다. "우리는 디트로이트강 벨 섬에 있는 오래된 제재소에서 나온 나무로 자동

월리스 디트로이트 기타의 CEO 마크 월리스. 디트로이트 지역의 역사가 깃든 건물의 폐자재로 특별한 기타를 제작한다.
출처_wallacedetroitguitars.com

차 회사 경영자가 주문한 기타를 만들 때 특별한 일을 하나 했습니다. '포다이트Fordite'라 불리는 물질로 기타 지문판을 만들어 준 겁니다. 포다이트란 포드 페인트 공장에 있는 낡은 스프레이 부스에서 나온 가짜 광물을 일컫는 명칭인데 작업자들이 뿌린 페인트가 해마다 차곡차곡 쌓이며 형성된 광물입니다. 그 광물의 옆면을 자르면 작은 줄무늬를 볼 수 있습니다. 실제 포드 자동차 모델의 색깔이 층층이 쌓인 작은 줄무늬들입니다. 독특한 기타란 바로 이런 것이죠!"

"이 기타들의 목표는 우리가 사랑하는 도시의 역사를 보존하는 동시에 뛰어난 장인 정신의 전통을 존중하는 것입니다." 마크는 설명했다. "디트로이트는 뭔가를 만드는 법을 아는 사람들이 모인 공동체이고, 우리 회사는 그런 공동체의 일원입니다." 건물들을 해체한 후(고정관념을 부수는 방법론의 1단계) 검사(2단계)하고, 나무를 역사적인 의의를 지닌 독특한 기타로 재구축(3단계)하며 완전히 새로운 것으로 재탄생시켰다. 그 덕에 디트로이트의 자랑스러운 장인 정신과 훌륭한 음악은 살아 숨 쉬게 된 것이다.

전 세계 교육문제를 해결한 10분짜리 동영상

수학 때문에 골머리를 앓던 고등학생 나디아Nadia는 사촌에게 도움을 청했다. 그녀의 사촌 살 칸Sal Khan은 수학 천재로 보스턴에서 헤지펀드 애널리스트로 일했던 경력의 소유자였다. 그 덕에 그는 수학 가정교사로는 완전 제격이었다. 그러나 문제는 나디아가 수천 킬로미터 떨어진 뉴올리언스에 산다는 것이었다. 그래서 살 칸은 그의 사촌이 복잡한 개념들을 쉽게 이해할 수 있도록 매우 간단한 10분짜리 동영상을 만들었다. 나디아는 이 영상들을 학교 수업보다 더 좋아했다. 왜냐하면 언제든지 시작하고 멈출 수 있고, 필요할 때는 반복할 수도 있고, 그녀가 따라가지 못해도 부끄러워할 필요가 없기 때문이다. 그 당시에는 몰랐지만, 그의 사촌 나디아의 수학 공부를 도운 일은 전 세계적인 교육 혁명의 시작점이 되었다.

그런데 얼마 지나지 않아 동영상 조회수가 급격히 치솟았다. 사촌을 위해 유튜브에 올린 영상을 다른 사람들이 우연히 발견해내는 것이 그는 놀라울 따름이었다. 사람들은 댓글을 남기기 시작했다. "12살짜리 우리 아들은 자폐증을 앓고 있고 수학 때문에 끔찍한 시간을 보냈습니다. 우리는 이것저것 가리지 않고 할 수 있는 것이라면 뭐든지 시도해보고, 찾아보고, 사봤습니다. 그러다 우연히 선생님의 수학 수업 비디오를 보게 되었습니다. 끝내주더군요. 선생님 비디오를 보며 무시무시한 분수를 공부했는데 아이가 잘 이해했습니다. 우리는 이게 꿈인지 생시인지 믿을 수 없었습니다. 아이가 수학을 공부하며 매우 신나 했으니까요!"

학생들과 학부모들로부터의 피드백 외에도, 다른 선생님들까지도 고마워하며 손을 내밀기 시작했다. 재빠른 선생님들 일부는 살 칸의 비디오를 활용해 현장 수업을 풍성하게 만드는 데 활용했고 학생들의 성적은 크게 향상되었다. 살 칸은 사람들의 의견을 조합하기 시작했다. 그러자 자신이 교육에 진정한 변화를 가져올 기회를 맞이했다는 것을 깨달았다.

많은 심사숙고 끝에 그는 교육을 완전히 재정의하고 이를 모두에게 무료로 제공하는 것이 자신의 임무라는 결론을 내렸다. 큰 비전이 생긴 그는 '기존 방식을 완전히 깨부숴라' 접근 방식을 끌어안았다. 제일 먼저, 학습 과정을 다양한 요소로 해체해나갔다. 공부 방법은 크게 학생들이 선생님의 강의를 조용히 듣는 것이 대부분인 현장 수업과 차분히 앉아 공부하는 등 자신이 직접 배워나가는 법이 있다. 살 칸은 교과과정, 교육 이론, 평가 과정, 성적 부여, 시험 결과 등 그 과정을 해체했다. 글로벌 교육을 재창조하기 위한 첫 번째 단계는 현 시스템을 개별적인 구성요소로 해체하고 새롭고 더 나은 접근 방식을 찾아 나가는 것이었다.

다음으로는 검사 작업에 들어갔다. 이를 통해 몇 가지 흥미로운 통찰을 얻을 수 있었다. 전통적인 교육 방식은 완전히 주객이 전도되어 있다는 점이다. 그는 강의는 집에서 듣는 것이 훨씬 더 효과적이라고 생각했다. 왜냐하면 자신의 페이스에 맞춰 원하는 대로 시작하고 중지하고 반복해 나가는 과정에서 수업 내용을 완전히 파악할 수 있기 때문이다.

학교에 있는 동안에 교사들은 수업 내용을 혼자 읊는 것이 아니라, 아이들이 직접 배워나가는 과정에 적극적으로 개입할 수 있었다. 그렇게 한 덕에 학교 수업은 적극적이고, 협력적이고, 참여적인 분위기로 바뀔 수 있었다. 살 칸은 새로운 교과 방식을 이렇게 설명했다. "아무리 훌륭한 교사라도 교사는 무표정한 얼굴을 하고 약간 무서운 분위기를 조성하며 30명의 학생들에게 천편일률적인 수업을 해야 합니다. 그런데 새로운 교습법은 인간적인 경험을 선사해주기 때문에 서로 실제로 소통하는 분위기를 만듭니다."

그가 알아낸 또 다른 통찰은 학생들이 핵심 개념을 완전히 파악하지 못한 채 진도를 나가버리면 나중에 파악하지 못한 내용으로 인해 문제가 발생할 때가 많다는 것이다. 학생이 중요한 개념의 80퍼센트만 이해하고 B 학점을 받고 다음 단계로 넘어가는 식이다. 하지만 나중에라도 20퍼센트를 채울 수 있는 시스템이 마련돼 있지 않았다. 이로 인해 학생들은 불행하게도 더 큰 손해를 입게 된다. 살 칸은 이를 자전거 타는 법을 배우는 것에 비유한다. 우회전하는 법을 익히지 못하면, 우회전을 할 수 있을 때까지 계속 연습할 것이다. 하지만 학교에서는 우회전을 못 해 미래에 실패할 리스크가 있더라도 학생들이 이를 무시하고 그냥 앞으로 나가도록 다그치고 만다.

이보다 더 분명한 통찰도 있었다. 세계 교육에 관한 유엔 보고서에 따르면, 전 세계 6억 1,700만 명에 달하는 어린이들이 읽기와 수학에서 최소한의 실력도 갖추지 못하고 있다고 한다. 이 보고서는 이를 '학습 위기'라고 설명한다. 가난에 찌든 디트로이트의 칼리 스위니 복싱 짐 이야기에서 알 수 있었듯이, 소수자와 저소득층이 많은 지역은 특히 이 같은 학습 위기를 겪게 된다. 전 세계적으로 보면, 이 문제는 훨씬 더 심각하다. 예를 들어, 브라질에서는 고등학생 중 7퍼센트만이 학년에 맞는 수학 실력을 갖추고 있으며, 페루에서는 중학교 2학년 학생 중 15퍼센트만이 기본적인 읽기와 쓰기 실력을 갖추고 있다.

교육 문제를 명확하게 인식하게 된 살 칸은 편안한 직장을 떠나 2008년 "누구에게나, 어디서나 세계적인 수준의 교육을 무료로 제공하기 위해(To provide a free, world-class education for anyone, anywhere)"라는 기치를 내걸고 비영리 단체 '칸 아카데미Khan Academy'를 설립했다. 그는 제일 먼저 현 교육 상황을 해체하고 변화를 위한 지혜와 아이디어를 얻고자 평가 작업을 진행한 뒤, 교육을 처음부터 재구축했다. 칸 프로그램은 무료 비디오 강좌를 36개 언어로 제공하고, 학생들은 원하는 대로 강의를 반복하면서 자신의 페이스에 맞춰 배울 수 있다. 수업은 재밌고 능동적으로 이끌어갈 선생님들이 맡는데 교사

칸 아카데미의 설립자 살 칸. 출처_khan academy facebook

들이 일률적인 강의를 하기보다는 학생들과 긴밀하게 협력하며 학습의 표준을 뒤집어놓고 있다.

살 칸은 다음과 같이 설명했다. "전통적인 모델에서는 선생님들이 대체로 강의를 하고 채점하는 데 대부분 시간을 보냅니다. 학생들 옆에 앉아서 함께 공부하는 시간은 아마도 5~10퍼센트밖에 되지 않을 것입니다. 이제는 학생들과 함께 공부하는 시간이 100퍼센트입니다. 우리가 교실을 열 배쯤 인간적인 공간으로 만들고 있다고 생각합니다."

칸 시스템은 1968년 교육심리학자 벤저민 블룸Benjamin Bloom이 제안한 '완전학습모형(Mastery learning)' 원리를 바탕으로 학생과 교사에게 첨단 기술을 제공한다. 완전학습모형이란, 다음 주제로 넘어가기 전에 학생들이 특정 주제를 완벽하게 익히고 이해했는지 증명해야 한다는 원리이다. 이 원리의 목표는 지식 격차를 지속적으로 없앤다는 데 있다. 살 칸은 전통적인 학습 공백을 정확히 찾아내 메울 수 있다면 학생들이 엄청난 혜택을 볼 수 있다고 강하게 믿고 있다.

칸 시스템에서는 특정 개념을 익힌 뒤 온라인 퀴즈를 내고 10문제 중 10개를 연달아 맞혀야 다음 단계로 넘어갈 수 있다. 힘들 것처럼 들릴지도 모르지만, 이는 매우 친절한 시스템이다. 미래 학습을 어렵게 하거나 불가능하게 만들 수 있는 핵심 개념들을 학생들이 놓치지 않도록 해주기 때문이다. 이처럼 학습 활동은 화려한 온라인 상황판을 통해 추적되고 교사들에게 보고된다. 그 덕에 학생들은 각자에게 부족한 부분에 집중할 수 있다.

현재 칸 아카데미는 놀라운 성과를 내고 있다. 필라델피아에서 일주일에 평균 30분 동안 칸 시스템을 사용하는 1,000명 이상의 4학년 학생들을 대상으로 한 최근 연구에서 학생들은 프로그램에 참여하지 않은 학생들과 비교했을 때 필라델피아주 학습기준을 충족시킬 가능성이 2.5배 이상 컸다.

캘리포니아 롱비치에서는 5,348명의 중학생들이 칸 아카데미 수학 프로그램에 등록해 일주일에 한 번 수업을 받았다. 그런데 그 학생들은 수학 평가 척도 점수에서 22점이 올랐다. 이 같은 학습 효과는 칸 아카데미를 이용하지 않은 학생들에 비해 지역 목표의 두 배에 이르는 것으로 나타났다. 2019년에는 270만 명의 학생들이 칸 아카데미 SAT 준비 과정을 이용했다. 그 결과, 학생들은 20시간만 참여해도 평균 115점을 올릴 수 있었다.

현재 1,700만 명이 넘는 학생들이 매달 칸 아카데미를 이용하고 있다. 2019년에만 이 플랫폼은 전 세계의 호기심 많은 학생들에게 87억 분의 무료 수업을 제공했다.

살 칸은 그토록 중요한 문제(글로벌 교육 위기)를 해결하기 위해 매우 혁신적인 접근 방법을 동원했다. 그런 덕에 자신의 비전을 실현하는 데 필요한 자금까지 확보할 수 있었다. 칸 아카데미는 빌&멀린다 게이츠 재단, 구글 재단 등 자선단체로부터 후원금을 받아 출범할 수 있었다. 오늘날 칸 아카데미는 8,500만 달러(약 1,004억 원)의 기부금을 보유하고 있을 뿐만 아니라, 교육을 재창조하는 일을 이어나가고 있으며 차세대 시민이 바람직하게 자라도록 하는 데도 이바지하고 있다.

칸 아카데미는 '기존 방식을 완전히 깨부숴라' 정신으로 세계에서 가장 큰 문제 중 하나를 해결하고 있지만, 이는 사소한 문제에서도 효과를 볼 수 있다. 새로운 구직자를 인터뷰하는 방식을 해체, 검사, 재구축할 수도 있고, 고객의 영수증을 작성하는 방식을 해체, 검사, 재구축할 수도 있고, 동네 시장에서 식료품을 포장하는 방식을 해체, 검사, 재구축할 수도 있다. 새로운 비디오 게임을 개발하는 중이든, 직원 참여도를 높이기 위해 사무실 공간을 재구성하는 중이든, 건설 자재로 가득 찬 장거리 트럭의 적재 균형을 조정하는 중이든, 작지만 큰 돌파구는 기존의 접근 방식을 버릴 때 생명을 얻을 수 있다.

다음 장에서는 일상의 혁신가들의 다섯 번째 DNA를 알아볼 것이다. 우리의 특별한 모험을 이어나가, 부적격자와 아웃사이더를 연구하는 올가 카잔Olga Khazan, P&G의 수석 트러블 메이커(그렇다. 이게 그의 실제 직함이다) 더스틴 개리스, 장난꾼이자 성공한 기업가이자 티셔츠 "베이커리"를 만든 조니 컵케이크Johnny Cupcake를 만나게 될 것이다.

조금은 파격적으로 말썽을 일으킬 준비를 해보자.

Chapter

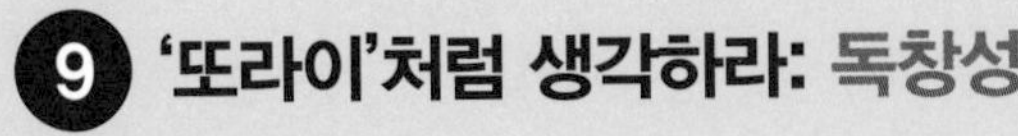

9 '또라이'처럼 생각하라: 독창성

열성적인 팬들의 행렬이 두 블록 넘게 줄지어 있었다. 텐트를 치고 잠을 자며 최대 36시간을 버틴 많은 열성분자들은 영광스러운 자신의 영웅이 문신처럼 새겨진 물건을 서로 비교해 보고 있었다. 사람들은 카운트다운을 외치며 열광적인 장면을 연출했다. 이내 매장문이 열렸다. 드디어 한정판 제품을 살 수 있게 되었다!

로스앤젤레스의 한복판인 이곳에서, 이 광신도들이 테일러 스위프트Taylor Swift의 콘서트 티켓을 사려고 기다린다거나, 엘렌Ellen의 토크쇼의 맨 앞줄 좌석을 차지하려고 기다린 거라고 생각할지도 모르겠다. 아니면 애플의 믿을 수 없는 새로운 테크 기기를 사기 위해 기다리고 있다거나, 한정판 할리데이비슨 오토바이를 사기 위해 기다리고 있다고 생각할지도 모르겠다. 하지만 수백 명에 이르는 탐욕스러운 광신도들이 줄을 서면서까지 사려고 하는 것은 바로 40달러짜리 티셔츠였다.

지구상에서 가장 상징적인 브랜드 중 하나를 일으킨 장난꾼 조니 컵케이크의 세계에 온 것을 환영한다. 발그레한 뺨에, 멜빵바지를 입고, 컵케이크를 좋아하는 소년 캐리커처로 자신을 묘사한 그의 로고는 전 세계 수만 명의 광적인 고객의 몸을 문신처럼 자랑스럽게 치장하고 있다. 그는 〈보스턴 글로브Boston Globe〉에서 최고의 소매 혁신가로, 〈블룸버그 비즈니스위크Bloomberg Businessweek〉에서 최고의 젊은 기업가로 선정되었다. 유수의 경영대학원들은 이 불손한 선각자에 대해 사례 연구 리포트로까지 작성한다. 보스턴, LA, 런던, 마서즈빈야드에 있는 그의 점포는 경찰이 출동해야 할 정도로 많은 고객들이 늘 장사진을 친다. 야단법석을 떨고 있는 그를 테크 전문가나 록 음악계의 거장이라고 생각할 수 있을 것이다. 하지만… 조니는 티셔츠 사업을 하는 사람이다.

조니는 젊고 건강한 슈퍼마리오처럼 보인다. 윌리 웡카Willy Wonka(로알드 달Roald Dahl의 소설 《찰리와 초콜릿 공장》 속 등장인물-옮긴이) 같이 꿈같은 경이로움을 지닌 그는 빠르지만 사려 깊게 말한다. 그는 늘 미소를 짓고, 방 건너편에서 나는 바닐라 향 같은 냄새가 난다.

조니 컵케익스의 대표 캐릭터가 그려진 티셔츠. 이 캐릭터는 시즌이나 콘셉트에 따라 손오공, 스파이더맨, 해리포터가 되기도 한다.
출처_johnnycupcakes.com

"저는 살기 위해 사람들을 속입니다." 조니는 대화를 시작하며 환하게 웃었다. "저는 티셔츠 브랜드와 티셔츠 매장을 소유하고 있습니다. 단, 빵집처럼 보이고 빵 냄새가 나죠. 매장은 비밀 입구 같은 거대한 오븐을 통해 들어가지만, 저희는 음식을 전혀 팔지 않아요. 대신 공업용 냉장고 안에 그래픽 티셔츠를 전시합니다. 우리는 쇼핑백 대신 빵을 담는 상자를 사용하고, 매장에는 달콤한 케이크 냄새가 납니다. 우리는 이야기를 나누고, 포장하고, 독특한 경험을 창조하는 기술을 통해 사람들이 다시 어린아이가 된 것처럼 느끼게 합니다."

보스턴의 뉴베리 가에는 수십 곳의 고급 레스토랑, 미술관, 전문 젤라또 가게 등이 산재해 있다. 고객들은 디저트를 찾기 위해 줄을 서고는 무심결 조니의 '빵집'에 들어설 때가 많다. 제빵 오븐에서 김이 나오고 냉장 진열장 주변에 사람들이 많이 모여 있기 때문에 이 모든 것들이 장난이라는 것을 깨닫는 데는 시간이 좀 걸린다. 새로운 방문객의 절반은 웃고, 셀카를 찍고, 40달러짜리 티셔츠를 사는 데 반해, 나머지 절반은 화를 내며 뛰쳐나간다. 하지만 어떤 경우에도 확실한 것은 공유할 이야깃거리를 가지고 떠난다는 점이다. "제 브랜드에 대해 가장 많이 이야기하는 것은 사실 화가 난 고객들입니다." 조니는 내게 말했다. "누군가는 이렇게 말할 것입니다. '이봐, 프랭크 삼촌이 싫어하는 가게야. 가서 어떤 덴지 확인해보자.' 그렇게 와서는 티셔츠를 사고 떠납니다."

조니 컵케익스Jhonny Cupcakes는 고도로 상업화된 산업에서 광신도적인 추종자들과 인기가 치솟는 브랜드에 힘입어 빠르게 성장하고 있다. 경쟁이 치열한 분야에서 그가 일군 눈부신 성공은 일상의 혁신가들의 다섯 번째 DNA의 직접적인 결과이다. 그건 다름 아닌 ''또라이'처럼 생각하라'이다.

우리 대부분은 일반적으로 수용되는 가능성의 범위 내에서 크고 작은 결정을 내린다. 왼쪽과 오른쪽 양면에 가드레일을 세워 놓고는 현재의 경로에서 크게 벗어나지 않으려 한다. 불리한 결과로부터 우리 자신을 보호하기 위해서 말이다. 하지만 직관에 반하여, 안전을 기하며 처신하는 바로 그 행동이 가장 위험한 처신이 되어왔다. 안전을 기해 행동하면 세상의 웃음거리는 안 될지 모르겠지만, 평범해지고 뒤처질 위험이 크다.

이에 맞서기 위해, 일상의 혁신가들은 스스로 예상치 못한 것을 탐구하려 노력한다. 뻔한 생각을 버리고 특이한 생각을 하는 편을 택한다. 이런 특이하고 기괴한 생각들이 두각을 나타나게 하는 요인이 될 뿐만 아니라, 새로운 역사를 만드는 요인이라는 사실 또한 잘 알고 있다. 조니처럼, 일상의 혁신가들은 이상한 아이디어를 좋아한다.

조니는 모순덩어리이다. 20대 초반에는 헤비메탈 록 밴드에 속해 있었다. 하지만 오늘날까지 술 한 모금, 담배 한 번 해본 적이 없다. 디지털이 판을 치는 시대에서 그가 즐기는 취미는 고물 타자기 수집이다. 고등학교 시절 한 친구가 마리화나 파는 일을 같이하자고 했을 때, 조니는 그 제안을 거부하고는 대마초를 핀 후 공복감에 시달리는 그 친구의 손님들에게 사탕을 팔았다. 그의 매장은 만우절에는 진짜 컵케이크만 판다. "친구들이 파티에 가서 예쁜 여자애들과 어울리고 있을 때, 저는 공예품 박람회에 가서 사랑스러운 할머니들과 어울렸습니다." 그는 웃으며 말했다. 창의적인 일을 시작할 때가 되자 발전이 없고, 경쟁이 치열하고, 상업화된 분야인 티셔츠 사업을 선택한 것은 그에게는 당연한 일이었다.

이성적으로 생각하면, 당신은 티셔츠 사업에 뛰어들고 싶지 않을 것이다. 고급 시장에 뛰어들면 랄프로렌Ralph Lauren, 룰루레몬

lululemon, 구찌Gucci 같은 10억 달러 이상의 가치를 자랑하는 브랜드와 경쟁해야 한다. 저가 시장에 뛰어들면 노동 착취와 불법 유통을 일삼는 업체들과 경쟁하며 가격경쟁까지 치러야 한다. 시장에서 눈에 띄려면 파라과이의 GDP와 맞먹는 광고 예산이 필요하다. 하지만 조니는 이상한 것의 경계를 밀어내면 자신이 이길 수 있다는 것을 깨달았다. 이를 위해 그와 그의 팀은 컵케이크 비전Cupcake Vision(노골적이고 창의적 시도를 뜻하는 익살스러운 그들만의 내부 용어)을 활용한다. 이를 활용해 두각을 나타내게 되면 누구도 무시할 수 없는 존재가 되기 때문이다. 티셔츠 디자인에서부터 매장 배치, 마케팅에 이르기까지 모든 결정은 괴짜 테스트를 통과해야 한다.

할로윈 시즌에는 점포를 온종일 닫고 심야에만 셔츠를 판다. 점포들은 무서운 음악, 안개 만드는 기계, 팝콘과 함께 유령의 집으로 변신한다. 할로윈 시즌에 앞서, 이 팀은 〈주걱을 든 드라큘라 백작Count Spatula〉이나 〈머리가 두 개인 좀비 요리사의 등장Rise of the Two-Headed Zombie Chef〉 같은 존재하지도 않는 영화의 예고편을 만들게 될 것이다. 그런 다음 이를 테마로 활용해 한정판 티셔츠를 제작한다. 한정판 티셔츠는 수집용 비디오테이프 박스에 포장된다.

조니는 다음과 같이 말을 이었다. "저는 중고 거래 사이트에서 진짜 영구차와 진짜 관을 220달러에 빌려주겠다는 이상한 남자를 발견했습니다. 전국의 언론이 음식을 팔지 않는 빵집에 왜 영구차가 있는지 알고 싶게 되자, 저는 힘도 안 들이고 무료 홍보를 할 수 있었습니다. 길 건너편까지 사람들이 줄을 서서 안으로 들어오려고 기다리고 있었습니다."

몇 년 전, 조니는 '세계 아이스크림 투어'를 기획했다. 아이스크림 트럭을 빌려 이동식 티셔츠 점포로 꾸미고는 전국을 돌아다니는 이 벤트였다. 셔츠는 대형 아이스크림 통에 포장되었다. 이 실험은 재미있고 기억에 남을 만한 것이었다. 또 한 번은, 조니는 요정처럼 차려입고는 보스턴 지역 각지에 있는 뒤뜰 덤불에 숨어있었다. 그는 소셜 미디어에 자신의 행방을 게시하고 사람들은 그가 발견될 때마다 재빨리 게시물을 업데이트했다. "만약 턱수염을 한 미친놈이 마당에 숨어 있다가 그래픽 티셔츠를 건네준다면, 그런 미친놈한테서 티셔츠를 받았다는 이야기를 공유하지 않을 사람은 없을 거예요." 조니는 아일랜드 억양으로 낄낄 웃으며 말했다.

유머와 놀라움이라는 요소를 활용한 조니의 사업 결과는 그의 장난만큼이나 주목할 만하다. 업계 소식통에 따르면 티셔츠를 제조하는 데 드는 평균 비용은 3.15달러라고 한다. 이와는 대조적으로 조니 컵케이크는 35달러에서 60달러 선에서 셔츠를 판매한다. 한정판 티셔츠의 경우에는 400달러가 넘는다.

폭력배 같은 이름과 어린애 같은 장난기로 무장한 앞잡이 같은 조니는 컵케이크 비전을 활용해 이상한 것을 주입할 새로운 방법을 늘 찾아낼 것이다. "제 명함에서는 달콤한 케이크 냄새가 납니다. 저는 지퍼백에 자동차 방향제와 함께 명함을 넣어 숙성시켜 놓기 때문입니다. 제가 차량용 방향제를 어찌나 많이 샀던지, 이제는 아예 조니 컵케익스 브랜드를 걸고 차량용 방향제까지 팔고 있습니다."

자본도 없고, 공식 교육도 받지 못하고, 업계 경력도 전무한 이 기발한 장난꾼은 이상해짐으로써 대단한 기업을 구축해 나가고 있다. 그리고 우리도 그처럼 예상치 못한 접근을 한다면 영광스러운 결과를 만들어낼 수 있다.

직업이나 성격에 따라 바보 같은 장난이 믿음직한 행동은 아닐지도 모른다. 하지만 우리는 우리 자신만의 창의적 방법으로 이상함의 경계를 밀어낼 수 있다. 자동차 대리점을 운영한다면 판매 직원에게 줄무늬 정장이 아니라 나스카 경주복을 입게 하는 것이 이상한 것이다. 동네 이탈리아 식당의 주인이라면 식사를 마친 손님들에게 포춘 쿠키를 나눠주는 게 이상한 것이다(중국식당만 모든 재미를 볼 수는 없는 법이므로!). 병원을 운영한다면 의사가 진료 약속에 늦으면 환자가 화려한 보물상자에서 깜짝 선물을 고를 수 있게 해주는 정시 진료 보장 서비스를 시행하는 것이 이상한 것이다. 이상한 것은 각자마다 다를 수 있다. 그래서 이상한 것은 훨씬 더 매력적이다.

스스로 괴짜, 부적격자, 왕따, 트러블 메이커처럼 느껴본 적이 있다면, 그것은 당신이 이상한 거에 손을 뻗을 만한 사람이라는 증거이다.

또라이가 필요한 이유

올가 카잔은 자신이 늘 아웃사이더처럼 느껴졌다. 적어도 그녀가 기억하는 한 그랬다. 소련 거주 유대인 난민들을 위한 정착 프로그램에 참여한 그녀의 가족은 그녀가 세 살이었을 때 러시아 상트페테르부르크에서 텍사스 미들랜드로 이주했다. 압도적으로 많은 복음주의 기독교인들이 모여 사는 바이블 벨트Bible Belt(기독교 성향이 강한 미국 남부 지역-옮긴이)의 심장부에 사는 러시아 출신 유대인은 물 밖에 나온 고기 같은 신세였다. 그녀가 네 살 때, 한 선생님은 그녀가 건포도를 먹기 전에 예수님께 기도하지 않았다는 이유로 벌을 주었다. 그녀는 혼란스럽고 의아했다고 그때를 기억했다. "모든 사람들이 말하는 이 예수란 사람은 대체 누구란 말인가?"

"저는 늘 아웃사이더처럼 느껴졌어요. 모든 것으로부터 배제된 것 같았죠." 올가는 우리가 이상한 것에 관한 대화를 시작하며 내게 설명했다. 부적응자에 대한 그녀의 관심은 5년간의 연구로 그녀를 이끌었다. 5년간의 연구는 수상작인 그녀의 책《이상함: 내부자의 세계에서 외부인이 되는 것의 힘Weird: The Power of Being an Outsider in an Insider's World》으로 결실을 맺었다. 그녀는 이상함이 창의성, 관계, 직업, 건강, 행복에 미치는 영향을 연구하기 시작했다.

방대한 학술 연구와 더불어 올가는 그녀처럼 물 밖 물고기 신세에 놓인 사람들을 인터뷰했다. 나스카 여성 운전자와 남자 유치원 선생님과 이야기를 나누었다. 자유롭게 살 수 있는 재력을 보유한 드문 능력의 보유자였던 전직 사이비 종교 신자와 거의 백인밖에 없는 앨라배마에서 자란 흑인 여성 이슬람교도를 인터뷰했다. 올가는 이상한 것에 관한 한 전문가가 되었다.

올가는 조금 이상한 것이 진정한 장점이라고 결론 내렸다. "아웃사이더라고 느끼는 사람들은 공감 능력이 더 크고 사안의 여러 측면을 기꺼이 보려는 사람들입니다. 사실 괴짜나 사회적 낙오자가 놀랄 만한 창의력을 보일 수 있다는 점을 시사하는 사회 과학 연구도 있습니다. 특정 집단에 깔끔하게 적응하지 못하는 사람들은 계속해서 틀에서 벗어난 사고를 더 잘 하는 것으로 밝혀졌습니다."

존스홉킨스대학교의 샤론 김Sharon Kim 교수는 일련의 실험을 진행해 이 이론을 테스트했다. 그녀는 실험에 참가할 학생들을 초대했다. 그런데 초대된 학생들이 모두 도착하자마자 김 교수는 무작위로 그 중 절반을 거부했다. 자격이 없고 테스트를 하기에 적합하지 않다고 그 이유를 설명하며 소외감을 자극했다.

그런 후, 거부된 학생들은 여기 온 김에 몇 가지 창의력 테스트를 받고 가라는 요청을 받았다. 그 결과 초대를 거부당한 참가자들은 따뜻한 환대를 받은 참가자들보다 상당한 차이로 앞섰다. 이는 소외감을 느끼게 된 사람들이 창의적 위험을 감수하고 상상력의 한계를 밀어냈을 가능성이 더 크다는 점을 보여준다. 거부와 창의성은 서로 관련성이 있는 것으로 밝혀진 것이다.

이 점은 나를 궁금하게 만들었다. 꽤 많은 사람들이 자신이 아웃사이더라는 느낌을 받지 않을까? 적어도 어떤 시점까지 그렇게 느끼지 않을까? 잘 적응하지 못하는 사람들이 잘 적응하는 사람들보다 훨씬 더 많을 때 자신이 유일한 아웃사이더라고 생각하도록 우리의 정신은 우리를 속인다. 다른 모든 사람들은 아무런 의심 없이 소속감을 드러내는 인사이더처럼 보일 뿐이다. 그러나 자신이 적응을 잘하고 있다고 느끼는 사람은 보스턴 덤불에 숨어있는, 티셔츠를 입고 다니는 요정만큼이나 드물다.

우리를 다르게 만드는 것에 기분 나빠하지 말고, 그것을 기쁘게 받아들이자. 우리 모두가 조금 이상하다는 사실을 기쁘게 받아들이자. 적어도 가끔은 그럴 필요가 있다. 이를 인식하게 되면 작지만 큰 돌파구를 육성하는 길에 한 걸음 더 다가가게 된다.

올가는 휴스턴대학교의 로디카 데미안Rodica Damian 교수가 주도한 또 다른 연구를 지적한다. 데미안 교수는 특이한 경험이 창의력을 증진시킬 수 있다고 믿었다. 그래서 그녀는 간단한 실험을 했다. 무작위로 피실험자들의 그룹을 나누고, 참가자들의 절반에게 가상현실 고글을 써서 중력이 물체를 아래로 끌어내리지 않고 끌어올리는 기이한 세상을 경험하게 했다. 통제 그룹에는 그다지 재미있지 않은 것을 보여주었다. 가상현실을 체험한 후, 두 그룹은 모두 표준 창의력 테스트를 받았다. 예상대로, 거꾸로 된 세상을 경험한 그룹은 훨씬 더 높은 점수를 기록했다. 이 사례의 핵심은 모든 참가자들이 이상함을 내면에 많이 지닌 상태로 실험에 들어간다는 점이다. 피실험자들이 자신의 내면에 있는 괴짜들과 연결될 수 있도록 해주기만 하면 창의적인 결과가 증대된다는 것이다.

우리 모두가 원래 좀 이상하다는 내 믿음은 별론으로 하고, 이상한 생각을 하려고 진짜로 '이상해질' 필요는 없다. 가장 간단한 의미에서, 이상해지는 것의 의미는 명확한 답을 빨리 받아들이는 것이 아니라 별난 해결책을 모색하려는 도전에 스스로를 던지는 것이다. 올가는 더 이상해지려면 통념과 상식에 의문을 제기하고 기존 질서에 도전하라고 조언한다. "이상해지는 것은 좋은 일입니다." 그녀는 대화를 마무리하며 말했다. 그러고는 나의 이상함이 빚이 아니라 오히려 자산이라며 나를 안심시켜 주었다.

자, 왜 특이한 사고가 유익한지 알게 됐으니, 이를 끄집어내 줄 구체적인 기법을 알아볼 것이다. 이제 정말로 '또라이'가 될 차례이다!

상상 밖의 아이디어를 떠올리게 할 5가지 전략

이상함을 제멋대로 구는 것, 특이한 것, 관례에서 벗어난 것 등 뭐라고 부르든 창의적 접근법은 규범, 규칙, 기대를 거스르는 것이다. 이제 우리는 참신한 아이디어를 만들어낼 준비를 마쳤으니, 아이디어를 만들어내는 특이하지만, 매우 효과적인 기법을 기쁘게 공유할 것이다. 우리 안에는 수백 가지에 이르는 이상하고 아름다운 아이디어가 이미 있다는 것을 알고 있다. 그러면 이제 이 아이디어를 표면으로 드러낼 수 있게 해주는 재미있는 추출 기법을 알아보자.

나쁜 아이디어 브레인스토밍하기

완벽한 아이디어를 발견해야 한다는 압박감 때문에 우리는 진퇴양난의 상황에 빠지기 쉽다. 그러지 않기 위해서는 최고의 아이디어가 아니라 당신의 문제를 해결할 최악의 아이디어를 찾으려고 브레인스토밍을 해보라. 끔찍하고, 불법적이고, 부도덕하고, 비윤리적이고, 형편없기 짝이 없는 아이디어를 모두 생각해내 목록으로 만들려고 노력하라. 나쁜 아이디어를 모두 정리했다면 두 번째 단계로 들어가라. 두 번째 단계에서는 나쁜 아이디어들을 점검해 각각의 나쁜 아이디어 안에 좋은 아이디어로 뒤집을 만한 것이 있는지 알아보라. 끔찍한 아이디어는 미지의 영역으로 당신의 창의성을 밀어낼 것이다. 그런 다음에는 나쁜 아이디어들이 세상에 내놓을 만한 것이 될 때까지 수정하고 조정하고 다듬는 것이 중요하다.

스톡엑스의 그렉 슈워츠가 우리에게 말했듯이, 그의 초기 생각은 조롱을 받았고 터무니없는 것으로 치부되었다. 그러나 신발의 진품 여부를 확인해줄 물적 증거를 신발을 거래할 때 제시하자는 그의 이례적인 접근법은 충분히 다듬어진 후에 가장 막강한 경쟁력으로 자리 잡았다.

세계 최초

이를 훈련하는 법은 '세계 최초'라는 말로 시작될 수 있는 아이디어만 브레인스토밍하는 것이다. 아마도 당신은 세계 최초의 드론 보험 상품을 생각해냈을지도 모르겠다. 아니면 세계 최초의 3D 프린팅 햄버거를 생각해냈을지도 모르겠다. 도착하자마자 손님들에게 의무적으로 따뜻한 초콜릿 칩 쿠키를 제공하는 세계 최초의 호텔은 어떤가? 이 서비스는 더블트리DoubleTree라는 호텔 체인이 한 일이다. 그 간단한 아이디어 덕에 이 호텔 체인은 고도로 상업화된 호텔 산업에서 경쟁력 높은 차별성을 갖출 수 있었다. '세계 최초'를 브레인스토밍하게 되면 창의성이 새로운 수준으로 올라설 수 있을 뿐만 아니라, 과감한 가능성 또한 얻게 될 것이다.

코스 마르테는 세계 최초 감옥 테마의 피트니스 센터를 열었다. 카론 프로스찬은 세계 최초 천연 껌을 만들었다. 린마누엘 미란다는 랩 음악을 활용한 세계 최초 브로드웨이 뮤지컬을 만들었다. 작은 도전에도 불구하고 세계 최초는 강력한 돌파구를 제공해줄 수 있다.

역할 스토밍

모든 아이디어를 혼자서만 내놓는 브레인스토밍을 하지 마라. 이때 마치 자신이 다른 사람인 것처럼 역할을 부여해 브레인스토밍하는 것이 좋다. 다른 말로 하면, 감정이입을 통해 아이디어를 만들어보라는 말이다. 먼저, 영화배우에서 미친 과학자로, 악당에서 스포츠 영웅으로 넘나들며 마치 당신이 그 사람이 된 것처럼 브레인스토밍해보는 것이다. 이 기술은 당신이 완전히 새로운 관점에서 문제나 기회를 볼 수 있게 해준다. 스티브 잡스라면 당면 과제를 어떻게 처리할 것인가? 아니면 제이 지라면 당면 과제를 어떻게 처리할 것인가? 아니면 바다 마녀 어설라(Ursula the Sea Witch, 애니메이션 〈인어공주〉에 등장하는 캐릭터로, 인어들의 소원을 들어주는 역할을 함－옮긴이)처럼 브레인스토밍을 한다면 그것은 경직된 마음을 풀고 놀라운 아이디어를 만들어내는 가장 생산적이고 재미있는 접근법 중 하나가 될 것이다.

데이브 버드는 자신의 또 다른 자아인 릴 디키로 감정이입이 된 상태에서 창의적인 천재로 명성을 쌓을 수 있었다. 뱅크시는 신비로운 캐릭터를 유지한 채 파괴적인 작품을 만들어낸다. 레이디 가가는 실제로 슈퍼스타가 되기 훨씬 전부터 자신을 슈퍼스타라고 생각한 덕분에 실제로 그렇게 될 수 있었다. 그녀는 자신이 되고자 하는 스타로 자신의 역할을 브레인스토밍한 것이다.

역으로 매치기

가장 먼저, 자신이 직면한 당면 과제에 보통 대처하는 전통적인 접근 방법들을 나열해 보라. 전에는 늘 어떻게 해왔는가? 업계 베테랑들이 선호하는 접근 방식은 무엇인가? 일반적인 통념은 무엇인가? 그런 다음, 나열된 전통적인 접근 방법들 밑에 선을 긋고 그와 정반대되는 접근 방법을 활용하라. 예를 들어, 차를 팔고 이윤을 극대화하고 싶다면, 고통스러운 가격 협상을 역으로 매쳐 가격을 놓고 실랑이할 필요가 없는 가격을 제시하는 것이다. 만약 다른 모든 미용실들이 한 번에 한 번씩만 머리 깎는 요금을 내게 한다면, 이를 역으로 매쳐 당신의 미용실은 월정 금액만 내면 무제한으로 머리를 깎을 수 있게 해주는 것이다. 전통적인 접근법과는 정반대의 것을 모색하며 자신을 밀어붙이면, 창의적인 직관을 깨우는 방법이 된다. 도전, 기회, 위협을 역으로 매치면, 과감한 발명품을 낳을 수 있다.

업계의 다른 모든 이들이 소매 주택담보대출을 제공하느라 바빴기 때문에, 맷 이시비아는 이를 역으로 매쳐 도매 주택담보대출에 집중하기로 했다. 졸리프 형제는 골프를 연구한 뒤 골프의 개념을 자신에게 유리하도록 매침으로써 탑골프를 만들 수 있었다.

옵션 X

우리는 크든 작든 어떤 결정을 내릴 때, 재빨리 선택의 영역을 좁히게 된다. 우리의 마음은 무한한 가능성의 집합에서 극히 짧은 범위인 A, B, C로 옮겨간다. 그런 덕에 거의 모든 결정은 과거에 그랬던 것처럼, 결국 삼지 선다형 문제가 되고 만다. 충동적으로 A, B, C를 선택하지 말고 스스로에게 물어보라. "D가 있나? E가 있나? 더 좋은 것은 없나? 옵션 X는 없나?"라고 말이다. 옵션 X는 대담하고, 도발적이며, 예측 불가능하고, 기괴한 아이디어이다. 당신이 하려는 일의 판도를 뒤바꿔 놓을 수 있다. 이를 훈련하는 방법은 가장 안전한 아이디어가 아니라 가장 이상한 아이디어로 목록을 만들어 브레인스토밍하는 것이다.

조니 컵케이크는 가짜 빵집이라는 옵션 X를 활용해 티셔츠 사업을 성공시켰다. 칼 스위니는 권투 체육관이라는 옵션 X를 미끼로 활용해 위기에 몰린 아이들이 더 나은 학생이 되도록 도왔다. 쉐이크쉑은 시험 주방에서 옵션 X에 해당하는 신메뉴를 개발해 수백만에 달하는 고객들의 입맛을 사로잡았다.

이마트가 바나나를 파는 독특한 방법

전 세계를 잠시 둘러보며, 이상한 것에 손을 뻗는 것이 어떻게 일상의 혁신가들에게 승리를 안겨준 전략이 되었는지 알아보자. 다음의 기발한 옵션 X 접근 방식을 확인해보자.

위치	아이슬란드 이사피에르뒤르
문제	보행자 관련 교통사고가 지난 10년 동안 41퍼센트 증가했다. 그중 상당수는 무분별한 운전자들이 건널목을 무시했기 때문에 일어났다.
명백한 해답	벌금 인상, 비싼 가로등 추가, 경찰 인력 충원
이상한 해결책	건널목을 3D 착시를 일으키는 물질로 다시 칠해, 시멘트 건널목이 1미터 정도 상공에 떠 있는 것처럼 보이게 만든다. 그렇게 함으로써 운전자들의 주의를 사로잡고 보행자 충돌 사고를 크게 줄일 수 있다. 게다가, 멋진 셀카를 찍을 기회까지 준다!

위치	네덜란드 암스테르담
문제	자전거 제조 회사인 반무프VanMoof는 고객들에게 자전거를 배송할 때 자전거 파손율이 높아 애를 먹고 있었다. 문제가 더 악화되면서 처리 비용은 치솟았고 고객 만족도는 곤두박질쳤다.
명백한 해답	포장 사양을 더 비싸고 안전한 사양으로 교체한다. 아니면 배송 중 파손 없이 배송해 줄 것을 보장하는 고급 배송 업체를 활용한다.
이상한 해결책	포장된 자전거가 LED TV와 거의 같은 크기와 무게라는 것을 깨달은 반무프 팀은 자전거가 아니라 LED TV가 포장되어 있는 것처럼 위장했다. 상자를 약간 바꿈으로 인해, 파손율이 65퍼센트나 감소했다.

위치	일본 교토
문제	소는 말처럼 성가신 곤충을 쫓아낼 수 없다. 때문에 파리는 오랫동안 축산업계를 괴롭혀온 골칫거리였다. 파리는 사료 주기, 방목, 취침을 방해한다. 이로 인해 목장주들은 상당한 경제적 피해를 보고 있다.
명백한 해답	값비싼 첨단 곤충 퇴치기, 그게 여의치 않으면 독성이 있는 살충제를 살포한다.
이상한 해결책	얼룩말의 흑백 줄무늬는 파리가 깊이를 제대로 인지하지 못하게 해 얼룩말은 파리에게 물리지 않는다. 이를 깨달은 연구자들은 무해 유기 페인트를 활용해 소들에게 얼룩말 같은 줄무늬를 칠했다. 그러자 소가 파리에게 물리는 현상이 50퍼센트 이상 감소했다. 이 해결책이 전 세계 축산업계에 받아들여진다면 전 세계적으로 22억 달러를 절감할 수 있다.

위치	싱가포르 싱가포르
문제	붐비는 이 대도시의 주유소에서는, 시간이 지체되는 일이 빈번히 벌어진다. 운전자들이 주유기 반대편에 자신의 차를 잘못 주자하기 때문이다. 이도 저도 하지 못하게 된 운전자는 차 위치를 바꿔 주차해야 한다.
명백한 해답	주유기를 추가하고, 운전자들에게 주차 위치를 안내해 줄 직원을 추가로 고용한다.
이상한 해결책	주차된 차량의 양쪽에 닿을 수 있는 유연한 걸이형 호스가 장착된 공중 거치형 주유기를 설치하여 문제를 완전히 해결한다.

위치	대한민국 서울
문제	마트에서 바나나를 사게 되면 딜레마에 봉착하게 된다. 잘 익은 노란 바나나 한 다발은 오늘은 맛있지만, 금방 상하게 될 것이다. 녹색 바나나는 다음 주에는 맛있지만, 며칠 동안은 먹을 수 없다.
명백한 해답	많은 바나나를 버리게 될 것에 대비해 바나나를 두 다발 산다.
이상한 해결책	한국의 유통 대기업 이마트는 숙성도가 다른 7개의 바나나를 한 묶음으로 포장해 시판했다. "하루에 바나나 하나" 포장은 소비자들을 즐겁게 하고 낭비를 줄이는 동시에 판매량과 수익을 극적으로 증가시켰다.

위치	미국 미주리주 캔자스시티
문제	프랭크 세라노Frank Serano는 자신의 집 바로 바깥 도로에 있는 커다란 구멍 때문에 골머리를 앓고 있었다. 그가 수차례 민원을 넣었음에도 불구하고, 도로에 난 구멍은 수리되지 않고 있는 상태였다. 프랭크는 누군가가 다치거나 차량에 손상을 주지 않을까 걱정했다.
명백한 해답	계속 불평하고, 이웃들을 설득해 같이 민원을 제기한다.
이상한 해결책	프랭크는 구멍이 생긴 지 3개월이 되는 것을 기념해 파티를 열었다. 구멍 위에 화려한 케이크 조각을 올려놓았고, 촛불을 켜고, 구멍 난 도로를 향해 "축하해요!"라고 외쳤다. 프랭크는 이 장면을 녹화해 동영상을 올렸다. 이 동영상은 수십만 명의 사람들에게 빠르게 퍼졌고 도시 도로 위원회의 관심을 끌었다. 구멍은 24시간도 안 돼 수리되었다.

위치	독일 프랑크푸르트
문제	데이트 웹사이트 노이NEU는 사업을 성장시키고자 미혼남녀를 대상으로 마케팅을 하기를 원했다. 하지만 그렇게 하기에는 마케팅 예산이 너무 적었다.
명백한 해답	예산을 초과해 비용을 지출하거나, 비용이 많이 드는 댄스파티를 연다. 다 포기하고 천천히 성장한다.
이상한 해결책	'그쪽도 미혼?'이라는 말과 회사 웹사이트 주소를 굵은 빨간색 글씨로 새긴 수백 개의 흰색 짝짝이 양말을 제작한다. 인턴을 시켜 지역 빨래방을 돌며 짝짝이 양말을 세탁기에 몰래 넣는다. 잠재적인 미혼 고객들이 그 양말을 나중에 발견할 수 있도록 한다.

챕터1의 연구가 분명히 보여주었듯이, 창의적이고 예상치 못한 아이디어들은 세상으로 나가기만을 기다리며 우리의 내면에 숨겨져 있다. 때문에 창의적이 되는 것은 아주 자연스러운 일이다. 이제까지 우리는 창의적인 아이디어를 끄집어낼 새로운 추출 기술을 배웠다. 이로써 많은 작지만 큰 돌파구를 끄집어낼 준비를 마친 것이다.

이상한 아이디어로 만든 더 이상한 제품들

받는이: 더스틴 개리스
보낸이: 프록터 & 갬블 인사팀
제목: 위반 사항 발견

더스틴 개리스 귀하,
P&G 사무실 건물, 제조 시설, 물류센터 내에서는 세그웨이를 타는 것을

즉시 중단해주셔야 합니다. 사무실에서 세그웨이를 타는 것을 규제하는 정책은 없습니다. 그래도 제발 그렇게 하지 마시길 바랍니다.

더스틴은 격분했다. "잠깐, 뭐라고? 그렇게 해본 전례도 없고 정책도 없으니까 그렇게 하지 말아야 한다는 건가? 나는 새로운 것을 시도하면 안 된다고?!" P&G의 글로벌 혁신리더이자 수석 트러블 메이커 더스틴 개리스가 한 말이다.

더스틴은 몇 년에 걸쳐 인사부서에서 받은 다량의 경고 편지를 가리키며 자부심에 환하게 웃는다. 편지들은 받기가 무섭게 모두 액자에 넣어 사무실 벽면에 잘 보이게 걸어둔다. 그는 오페라 가수들의 공연과 함께 회의를 시작하고, 자신의 사무실을 엘리베이터 안으로 옮기고, 근무 시간 중에 800킬로그램이 넘는 황소를 탔다는 이유로 인사부서로부터 경고를 받았다. 싱가포르에서 눈을 가린 채 식사하기에서부터 인도에서 양동이로 목욕하기에 이르기까지, 더스틴은 말썽을 부리는 것을 두려워하지 않는다. '트러블 메이커'는 처음에는 동료들이 그를 부르는 별명이었다. 그러다 결국에는 183년의 역사를 자랑하는 이 대기업은 회사 역사상 최초로 수석 트러블 메이커라는 공식 직함을 더스틴에게 부여했다.

더스틴은 2년 동안 마케팅을 담당한 후, P&G 퓨처 워크스P&G Future Works라고 불리는 새롭게 결성된 혁신 팀에 합류했고 결국 그는 혁신 팀의 팀장이 되었다. 이 팀의 임무는 전통적인 제품에 초점이 맞춰진 R&D를 훨씬 뛰어넘는 일을 하는 것이었다. 퓨처 워크스는 회사의 미래를 완전히 새롭게 정의하고 새로운 비즈니스, 새로운 시장, 새로운 고객을 발굴하는 업무를 담당했다.

더스틴은 다음과 같이 설명했다. "퓨처 워크스는 새로운 비즈니스를 추구하는 회사의 엔진 같은 곳입니다. 말썽꾼들이 득실대고 모이는 곳이죠. 비즈니스 모델, 신제품의 개념, 신제품에 대한 기대를 확장하는 역할을 하는 팀입니다. 창의성을 발휘해 다른 분야를 모색하는 것뿐만 아니라 P&G의 전통적인 접근 방식이나 기존의 관습에서 자유롭게 벗어나 회사를 새로운 시각으로 바라보는 것이 저희의 임무였습니다."

P&G가 보수적이고 680억 달러에 달하는 거대 규모의 기업이라는 점에서 더스틴과 그의 팀은 이상했다. P&G 브랜드를 각각 검토해 예상치 못한 혁신 방안을 모색해야 했기 때문이다. 수백만 명에 달하는 소비자들이 집에서 타이드Tide 세제로 옷을 세탁한다는 것을 깨달은 퓨처 워크스는 P&G 최초의 독립 소매 서비스인 타이드 세탁 서비스를 출시했다. 일반적인 구멍가게 운영 방식을 완전히 재정의한 타이드 세탁 서비스는 '세탁을 위한 ATM'으로 가장 잘 묘사되는 기술을 통해 24시간 연중무휴 세탁물 픽업 서비스를 제공한다. 첨단 기술 기반의 전문 서비스는 탁월한 선택이었다. 경쟁업체들을 공포로 몰아넣으며 고객들의 사랑을 받기 시작했고 현재 22개 주에 125개의 지점을 거느리고 있다. 이는 74년의 역사를 자랑하는 타이드 브랜드를 매우 성공적으로 확장시킨 사례로 자리 잡았다.

타이드 세탁 서비스의 성공을 발판으로 더스틴과 그 팀은 미스터 클린Mr. Clean이라는 브랜드로 세차장 체인 사업도 개시했다. 아시아에서는 P&G의 최고급 화장품 브랜드 SK-II를 활용해 스파 서비스를 개시했다. 인도 전역에서 깨끗한 물과 원격 의료 센터를 개발하는 프로젝트도 진행했다. 공통된 점은 창의성의 한계를 확장한 결과, 처음에는 다소 이상하게 보였던 일을 실행한다는 것이었다. "인지 기반의 자동 장치 관련 분야에서는 사람들이 쓸데없이 그리고 자동적으로 상상력을 꺼버리는 경우가 너무도 많습니다. 꺼진 상상력을 반대로 돌려 켜는 것이 훌륭한 아이디어를 내놓는 열쇠입니다." 더스틴은 내게 설명했다.

더스틴은 P&G에 합류하기 훨씬 전부터 말썽꾼이었다. 그는 대학을 졸업한 직후 다녔던 코카콜라에서의 일을 다음과 같이 회상한다. "코카콜라의 CEO가 발표자로 나선 회의에 들어가게 되었습니다. 사장님의 발표가 끝난 후, 저는 복도까지 사장님을 쫓아갔고 제 자신을 사장님의 후임자라고 소개했습니다. 저는 20대였지만 대담하게도 사장님의 관심을 끄는 말을 했던 것이죠. 그 후로 사장님과 계속 연락을 주고받았습니다. 서로에 대해 알게 되면서, 저는 제가 꿈꿔왔던 새로운 일을 하고 싶다고 사장님께 말씀드렸습니다. 그 일은 바로 제가 세계를 돌아다니며 글로벌 혁신 프로젝트를 주관하는 일이었습니다. 사장님께서 이를 승인해주셨고, 저는 정말로 떠나버렸죠!"

"완전히 실현 가능성이 떨어져 보이는 일을 해야 하는 경우, 우리는 그것을 회피해버릴 때가 너무도 많습니다." 더스틴은 말을 이어나갔다. "하지만 그런 상황에 막상 처하게 되면, 어떻게든 해결할 수 있게 됩니다." 그럴 때를 대비해 더스틴은 자신이 이상한 전략을 채택할 수밖에 없도록 만드는 불확실하고 복잡한 상황으로 스스로 뛰어들려 한다. 더스틴은 이렇게 이상한 아이디어로 승리를 거둔다.

더스틴은 전설적인 혁신기업에서 자신의 창의성을 표현할 기회를 누리게 됐다는 점에서 황홀했다. P&G는 최초의 일회용 기저귀 팸퍼스Pampers, 최초의 불소 치약 크레스트Crest, 최초의 합성세제 타이드 같은 획기적인 발명품들을 수도 없이 출시한 혁신기업으로 유명하다. 스위퍼Swiffer라는 청소용 밀대를 만든 것도 P&G이다. 솔직히, 내 아내와 나는 스위퍼로 우리 쌍둥이를 따라다니지 않고 어떻게 하루를 버텨낼 수 있을지 확신이 잘 가지 않는다.

하지만 더스틴이 2010년 퓨처 워크스 팀에 합류했을 당시는, P&G가 창의성을 일신할 필요성이 절실했던 때였다. 2000년대 초에는 회사가 추진한 혁신 프로젝트 중 15퍼센트만이 성공 목표를 달성하던 상황이었다. 당시 CEO였던 A. G. 라플리A. G. Lafley의 리더십 아래 P&G는 근본적인 혁신을 추구함으로써 운명을 바꾸려 노력했다. 라플리는 이 혁신 작업에 막대한 돈을 투자한 것은 물론이고, P&G 전체에 혁신 문화를 조성하려 많은 애를 썼다. 라플리는 전체 직원 12만 7,000명이 이상한 아이디어를 더 많이 생각하기를 원했던 것이다.

P&G의 리더들은 더 이상 과거의 모델에 의존할 수 없다는 것을 알았다. 그래서 엄청난 수의 작지만 큰 돌파구를 개발하기 위해 기존의 접근 방식을 바꾸고자 했다. 예를 들어, 타이드 브랜드는 하나의 거대한 변화가 아니라 일련의 작은 승리를 통해 10년도 채 되지 않아 120억 달러에서 240억 달러로 매출을 증가시켰다. 앞서 언급한 세탁 서비스 외에도, 소비자들은 이제 타이드 투 고Tide to Go라는 초고속 얼룩 제거제, 타이드 와이프스Tide Wipes라는 얼룩 제거 티슈, 타이드 항균 섬유 탈취제 스프레이, 타이드 팟Tide Pod이라는 종합 세제 등을 누리고 있다. 출시 당시에 각각의 신제품은 이상한 것으로 여겨졌다. 하지만 그중 어떤 제품도 세탁이라는 브랜드의 핵심에서 급진적으로 이탈된 것은 아니었다. 이 이상한 작은 아이디어들은 이 유명한 브랜드의 거대한 성장 스토리 속으로 통합되었다.

"우리는 승진은 분기 간 지속되는 승리, 혁신은 10년 이상 지속되는 승리라는 사실을 역사를 통해 알고 있습니다." 라플리를 대신해 2009년 CEO가 된 밥 맥도널드Bob McDonald는 말했다. 그는 전임자의 혁신 노력을 바탕으로 퓨처 워크스를 비롯해 많은 연구 개발 프로그램에 계속 투자했다. 그의 노력은 주목할 만한 결과로 이어졌다. 그 덕에 P&G는 앞서 언급한 15퍼센트에서 업계에서 전례를 찾아볼 수 없는 수준인 50퍼센트까지 혁신 성공률을 3배로 끌어올렸다. 10년 동안 P&G의 매출은 두 배 증가했고, 이윤은 다섯 배 증가했다.

P&G는 혁신의 유산을 바탕으로 여전히 새로운 기반을 구축해나가고 있다. 예를 들어, 새로운 루미 바이 팜퍼스Lumi by Pampers라는 아기 모니터링 시스템은 센서를 활용해, 부모들에게 신뢰할 수 있는 비디오와 수면 모니터링을 제공할 뿐만 아니라, 실내 온도, 습도, 심지어 아기의 기저귀가 습한 상태인지 건조한 상태인지까지 추적한다. 오랄비 아이오Oal-B iO라는 새로운 전동칫솔은 휴대폰과 연동되어 양치질을 너무 심하게 할 경우 경고를 해주는 등 치아 건강을 유지할 수 있도록 알려주는 제품이다. 질레트 트레오Gillette TREO라는 면도기는 간병인이 면도를 대신 해줄 수 있도록 고안된 최초의 면도기이다. 이 면도기에는 면도용 젤, 안전 빗이 장착된 면도날, 면도해주는 이를 위한 전용 손잡이가 함께 내장되어 있다.

더스틴이 P&G에서 말썽을 피우기 훨씬 전에, P&G는 제품을 넘어서는 이상한 개념을 개척해왔다. P&G는 공장 근로자들에게 이익을 공유하는 프로그램을 도입한 최초의 소비재 기업이었다. 제품 샘플을 제공하는 최초의 회사였고, 자체 시장 조사 부서를 만든 최초의 기업이었다. 심지어 주간 텔레비전 드라마를 가장 먼저 후원한 회사 중 하나였다. 드라마가 '소프 오페라Soap operas'라고 불리게 된 이유가 여기에 있다. 지금은 이런 전략들이 흔해 보이지만, 그 당시에는 더스틴의 기행만큼이나 이상한 것들이었다.

독일의 철학자 쇼펜하우어는 진실이 세 단계를 거치게 된다고 말했다. 1단계, 진실은 조롱거리가 된다. 2단계, 진실은 격렬하게 반대된다. 3단계, 진실은 자명한 것으로 받아들여진다. 우리에게 중요한 점은 일찍 그리고 자주 이상한 것을 추구할 용기를 가진 사람들이 역사를 만드는 사람들이라는 것이다.

이제는 없는 것이 상상이 안 되는 발명품들이 발명되기 10년 전에 살았던 사람의 시각으로 잠시 생각해보라. 1997년 당시의 사람에게는 아이폰 이야기를 하면 얼마나 터무니없게 들렸을지 상상해보라. 1989년 당시의 사람에게 구글 이야기를 한다면, 병원에 가서 치료나 받으라는 말을 들었을 것이다. TV가 나오기 전인 1930년 당시의 누군가에게 넷플릭스 이야기를 한다면, 터무니없는 소리로 들렸을 것이다.

이상한 행보는 사회를 발전시킨다. 이상한 것은 성공을 이끈다. 이상한 것은 필요한 변화를 만든다. 이상한 것은 혁신을 가능하게 한다. 이상한 것은 성공을 보장한다.

이제 이 장을 마치고 일상의 혁신가들의 다음 DNA, '최소 비용으로 최대 효과를 달성하라'를 알아볼 차례이다. 우리는 전기 오토바이 신생기업, 주요 연구 대학, 로봇 예술가, 케냐의 장거리 육상선수가 자원 제약에도 불구하고 어떻게 자원을 아끼고 재활용하며, 더 적은 것으로 더 많은 것을 이루고, 엄청난 성과까지 달성했는지 알아볼 것이다.

Chapter

10 최소 비용으로 최대 효과를 달성하라: 효율성

음악의 신기를 선보이는 전기 쇼가 한창이었다. 베를린의 한 야외 축제, 펑크 메탈 밴드는 비명을 지르는 수천 명의 팬들 앞에서 연주 솜씨를 뽐내고 있었다. 베이스 연주자는 몸을 구부리고 리듬에 맞춰 머리를 흔들며 굵은 베이스 줄을 불처럼 강렬하게 그리고 정확하게 튕겼다. 드럼 연주자는 눈과 입을 크게 벌린 채 쿵쾅거리는 베이스 드럼에 맞춰 심벌즈를 내리치고 있었다. 이 밴드의 음악은 좋았다. 하지만 관중들을 매료시킨 것은 그것만이 아니었다. 아니, 딴 데 있었다. 놀랍게도, 이 활기찬 뮤지션들은 고물 부품으로 만들어진 로봇이었다.

이 연주하는 금속 조각상들은 베를린의 예술가 콜자 쿠글러Kolja Kugler가 고안한 것이다. 그는 25년 동안 잡동사니를 예술로 재탄생시켜 왔다. 그는 해체된 군용 장비를 활용해 조각품을 만드는 예술가들의 모임인 무토이드 폐기물 조합에 합류하면서 90년대 초부터 고철로 조각을 만들기 시작했다. 그래서 그는 금속을 용접하고 고정하는 법을 배웠다. 그는 고철을 가지고 작업을 하면서 다른 사람들이 쓸모없다고 믿는 고물에서 아름다움을 찾아내는 법을 알게 되었다.

"저는 처음에는 고물로 조각상을 만들었습니다. 그러다가 움직이는 기계 부품을 활용하게 되었고 그런 덕에 조각상에 생동감을 불어넣을 수 있었습니다." 콜자는 자신의 창작물에 움직임을 주고 싶어 기체 역학을 공부하기 시작했다. 기체 역학이란, 압축 공기를 활용해 기계적인 움직임을 만들어내는 공학의 한 분야이다. 이 덕에 콜자는 스위치를 조작해 펜치로 된 입을 여닫을 수 있었을 뿐만 아니라, 창의적인 표현의 가능성까지 넓힐 수 있었다.

기체 역학에 대한 그의 열정이 고철 부품과 만나자, 사랑스러운 아이가 태어났다. 그의 이름은 가수 엘튼 존 경의 이름을 딴 엘튼 정크 경(Sir Elton Junk)이다. 콜자는 엘튼의 팔다리, 손, 머리를 만드는 작업에 10년을 쏟아 부었다. 그 덕에 엘튼은 사람처럼 움직이는 로봇으로 재탄생할 수 있었다. 이후 그는 쓸모없는 쓰레기를 예술로, 결국엔 음악으로 바꾸는 일에 몰두하게 되었다. 버려진 고철을 활용해 순회공연을 하는 로봇 금속 밴드를 만들 수 있을까? 그의 모험은 계속되었다.

콜자는 빠른 속도로 진전을 보였다. 움직일 수 있는 조각에 인격과 개성까지 불어넣을 수 있는 수준에 도달한 것이다. 현재 엘튼 정크 경은 밴드의 리더이다. 망가진 쇼핑 카트에 앉아 음악 활동을 감독하는 일을 한다. 엘튼이 완성되자, 콜자는 밴드의 첫 번째 밴드 연주 주자를 만드는 작업에 돌입했다. "기체 역학과 로봇 조각의 개성 사이에 균형을 바로 잡는 법을 배우는 데 꼬박 4년이 걸렸습니다. 겁을 집어먹을 때가 여러 번 있었죠." 그가 수도 없이 겁을 집어먹은 것을 잊지 않기 위해, 콜자는 이 로봇을 '기겁하게 하는 베이스 주자(Afreakin' Bass Player)'라고 이름 지었다. 드럼 주자는 러블 아인트호벤Rubble Eindhoven이다. 전임자였던 붐 차크Boom Tschak를 최근 대신하게 되었다. "그는 현재 제가 만든 로봇 중 가장 정교한 로봇입니다." 콜자는 자랑스럽게 말했다.

콜자 쿠글러는 전 세계 미술 감정가들과 공학 마니아들의 마음까지 사로잡았다. 그의 작품은 전 세계의 언론을 통해 기사화되기도 했다. 그의 '원 러브 머신 밴드One Love Machine Band'는 대부분의 전문 음악 밴드보다 더 많은 소녀팬을 거느리고 있다. 콜자가 이렇게 창의성을 표출하고 놀라운 성공을 이룰 수 있었던 비결은 일상의 혁신가의 여섯 번째 DNA, '최소 비용으로 최대 효과를 달성하라' 덕에 가능했다.

없으면 없는 대로

혁신이라고 하면 우리 대부분은 우리에게 부족한 자원이 뭔지 머릿속으로 떠올린다. 시간, 비용, 원자재, 지원, 지식, 컴퓨터 실력, 교육, 인력 등이 부족하다고 생각하기 마련이다. 우리는 자원이 부족해 앞으로 나갈 수 없다고 생각해버린다. 하지만 더 적은 것으로 더 많은 것을 해내는 것이 바로 창의성이다. 일상의 혁신가들은 외부 자원의 부족을 보완하기 위해 상상력이라는 내부 자원을 활용해 자원을 아끼고 재활용할 필요성을 인식한다. 일상의 혁신가들은 제한된 자원이 돌파구를 만들어낼 때가 더 많다는 점을 잘 알고 있다. 배가 고픈 상태에서 속담처럼 '치약을 마지막 한 방울까지 아껴 씀'으로써 배부른 경쟁자들을 앞지른다.

나사NASA처럼 풍부한 예산과 무한대에 가까운 가용 자원을 콜자가 거느리고 있었다면, 그의 로봇 펑크 메탈 밴드는 이토록 특별하진 않았을 것이다. 아니, 로봇밴드를 만들 일도 없었을 것이다. 가장 주목할 만한 혁신은 희소성에서 탄생하는 일이 반복된다. 신탁 기금도 없고, 안전장치도 없고, 돈 많은 보스도 없는 우리에게 위안이 되는 것은 무엇일까? 작지만 큰 돌파구에서부터 세상을 바꾸는 혁신에 이르기까지, 혁신가들은 자원을 최대한 활용함으로써 성과를 만들어낸다는 점이다.

당신의 부모님은 데이트 앱 없이도 연락을 주고받을 수 있었다. 나는 1년이라는 시간이 더 걸리긴 했지만 휴대폰, 노트북, 심지어 이메일조차 없이 대학을 졸업했다. 헤밍웨이Hemingway는 마이크로소프트 워드 없이도 훌륭한 소설을 집필해냈다. 〈라이온 킹Lion King〉은 10억 달러 이상의 흥행 수익을 올린 대작이지만, 대부분 수작업으로 그린 그림으로 제작됐다. JP 모건JP Morgan은 마이크로소프트 엑셀 없이도 은행계의 전설이 되었다. 록펠러 센터Rockefeller Center는 CAD 같은 설계 프로그램 없이도 건축되었다. 루이스 클라크 탐험대(Lewis and Clark, 미국을 가로지르는 탐험을 한 19세기 미국의 탐험대 – 옮긴이)는 구글맵 없이도 성공적으로 탐험을 마치는 기염을 토해냈다.

치약 한 방울까지 아껴 쓰라는 것은 자원 부족이 발전에 방해되도록 놔두라는 의미가 아니다. 현재 거느린 자원을 최대한 활용해 뭔가를 해내려고 노력하라는 의미이다. 15세기에 탄생한 '필요는 발명의 어머니'라는 격언은 오늘날에도 일리가 있다. 사실, 제한된 자원으로 해결책을 창의적으로 만들어내야 한다는 원칙은 막대기 두 개로 인류 최초로 불을 만들어낸 이래 혁신의 기반이 되었다. 칼리 스위니가 적은 예산으로 디트로이트 도심에 복싱 체육관을 일으킨 것처럼, 카론 프로스찬이 한정된 자원을 모두 동원해가며 심플리 껌을 일으켜 세운 것처럼.

맥가이버는 재료를 탓하지 않는다

맥가이버가 촛대, 전선, 고무 매트를 활용해 즉석에서 임시 심장 제세동기를 만들고는 한 남자의 목숨을 구하는 것을 본 순간부터 나는 드라마 〈맥가이버MacGyver〉의 열렬한 팬이 되었다. 자동차 머플러, 기어 변속 손잡이, 자동차 시트 쿠션, 담배 라이터로 임시 바주카를 만들어내고, 돋보기, 손목시계 유리, 신문지로 망원경을 만들어낸 맥가이버는 내가 좋아하는 영웅으로 오래 남아 있었다.

맥가이버는 영화 〈람보Rambo〉의 분노에 찬 병사나 영화 〈다이하드Die Hard〉의 터프가이와는 달랐다. 맥가이버는 무리한 힘보다는 창의력에 의존해 위기에서 탈출했다. 껌, 고무줄, 손전등 같은 것들만 있으면 위기를 탈출할 수 있는데 군용 폭발물이 왜 필요하겠는가? 총을 소지하지 않고, 양질의 스위스 군용 나이프와 덕트 테이프만 있으면 집을 나설 수 있었다. 맥가이버는 "어떤 문제든 약간의 독창성만 있으면 해결될 수 있습니다"라는 명언을 남겼다. 아무리 힘든 일이 있어도 그는 항상 한정된 자원을 활용해 활로를 찾아 나갔다.

그의 뛰어난 지략 덕에 옥스포드 영어 사전은 'MacGyver'라는 단어를 동사로 등재시켰다. 이는 '주변의 물건들을 활용해 즉흥적이거나 창의적으로 무언가를 만들거나 수리하는 것'을 뜻한다. 예를 들어, "그는 차를 들어올리는 임시 잭을 통나무로 맥가이버했다(He MacGyvered a makeshift jack with a log)"라고 할 수 있다. 내가 개인적으로 가장 좋아하는 어반 사전(Urban Dictionary)은 맥가이버를 '선인장으로 트럭 시동을 걸 수 있는 사람'이라는 명사로 정의한다.

맥가이버한다는 것은 자원을 아끼고 재활용하는 정신과 직결된다. 일상의 혁신가는 당면 과제, 위협, 기회를 맥가이버한다. 창의력을 무기로 활용해 적은 것으로 더 많은 것을 해내는 방법 또한 알아낸다. 다음에 우리가 어려운 상황에 직면했을 때, 맥가이버하여 곤경에서 빠져나오자. 치약 한 방울도, 아니 종이 클립 하나도 아껴서 승리를 거머쥐자.

나는 맥가이버해야 하는 상황을 수년간 겪으면서 내 창의력이 줄어든 것이 아니라 증대되는 경험을 할 수 있었다. 내가 버클리 음대에서 재즈 기타를 공부할 때, 기타 줄을 없애라고 한 교수님이 있었다. 그래서 하나, 둘, 때로는 세 개의 줄을 떼고서야 무대에 서서 공연을 할 수 있었다. 기타 줄을 제거하자 내가 극도의 불안감에 휩싸이고, 심지어는 메스꺼움까지 느껴야 했던 것은 분명하다. 그동안 열심히 공부해 기타 실력을 많이 끌어올렸지만, 막상 그렇게 되고 보니 게을러지게 되었다. 난 이미 잘하고 있는데 굳이 왜 창의성을 발휘하려 애써야 하는가?

그런데 기타 줄을 제거하자, 나는 혼란스러웠고 균형감각마저 잃었다. 처음에는 연주하는 게 어색하기까지 했다. 그런데 직관에 반하는 일이 벌어졌다. 내 창의력은 오히려 확장되었다. 내가 알고 있는 패턴에 더 이상 의존할 수 없었기 때문에 나는 완전히 다른 방식으로 연주해야 했다. 내가 가진 것에 만족하며 즉흥적으로 연주해야만 했다. 그야말로 '맥가이버'해야 했다.

이전에는 보이지 않던 새로운 조합이 보이기 시작했다. 나는 새로운 음계 연주법과 코드 파지법을 개발해야 했다. 내가 수년간 연습해 왔던 연주법과 파지법은 더 이상 활용할 수 없었기 때문이다. 속도가 빨라지고, 낡디 낡은 기타 지판을 누르며 내 손가락이 뭉툭한 망치를 닮아 가자, 나의 손놀림과 창의력은 둘 다 향상되었다. 새로운 여건이 생기자, 참신한 아이디어가 나오면서 다양한 접근 방식을 시도할 수 있었다.

연습이 완성되는 단계로 접어들 때쯤에는 내가 창의성의 한계를 극복했다는 것을 깨닫고 통쾌함을 느꼈다. 이를 계기로 나는 음악적으로 더 큰 자신감을 가질 수 있게 되었다. 내가 실수도 많이 하고 잘못된 시도까지 많이 했음에도 불구하고, 나는 나에게 주어진 도전 과제를 이겨낼 수 있었다. 맥가이버 전략 덕에 나는 새로운 창의적인 아이디어를 발견할 수 있었을 뿐만 아니라, 음악적으로 더 용감해질 수 있었다.

다국적 대기업에서 일하든, 자영업을 운영하든, 자원이 부족하다고 느낄 가능성이 크다. 돈, 소셜 미디어 팔로워, 땅, 재고, 원자재 등 자원을 많이 보유하고 있더라도, 더 많이 갖고 싶어질 것이다. 하지만 우리가 어쩔 수 없이 자원이 제한된 상황에 놓이게 되면, 내가 기타 줄 세 개로 기타를 쳤듯이 그 상황을 회피하고 모면하려고만 해서는 안 된다.

더 많은 자원이 더 많은 창의성을 의미하는 것이라면, 정부는 지구상에서 가장 상상력이 풍부한 조직이 될 것이고, 신생기업들은 가장 경직되고 가장 관료적인 조직일 것이다. 제한된 자원이 창의성을 촉진하는 촉매 역할을 한다는 점에서 오히려 정반대의 현상이 발생한다. 자금이 너무 풍부해서 망하는 벤처기업이 자금이 부족해서는 망하는 벤처기업보다 더 많다는 것이 벤처 캐피털 업계의 공공연한 사실이다. 그렇게 생각하는 데는 다 그럴만한 이유가 있다. 따라서 이전의 패턴을 깨고 갖고 있는 자원을 최대한 활용함으로써 수많은 작은 돌파구를 찾아 나가야 한다.

케냐는 어떻게 육상 강국이 될 수 있었을까

1968년 멕시코시티. 전 세계의 다른 수백만 명과 마찬가지로, 장거리 경주 챔피언 짐 륜Jim Ryun은 방금 일어난 일을 믿을 수가 없었다. 륜은 올림픽 금메달 획득이 유력한 선수였다. 47연승을 거두고, 3년 동안 무패 행진을 해왔기 때문이다. 1,500미터 경주는 그의 주 종목이었다. 최근에 1,500미터 세계 기록까지 깼다. 이 종목의 우승은 그의 차지인 것처럼 보였다. 상상할 수 없는 일이 일어나기 전까지는 그랬다.

금메달이 유력했던 짐 륜과 정반대 편에는 킵초게 "킵" 케이노Kipchoge "Kip" Keino가 서 있었다. 그는 케냐의 작은 마을에서 자랐다. 그는 공식적인 훈련도 받지 못했고, 변변한 육상 훈련 장비도 없었고, 전문 코치도 없었다. 킵은 낮에는 경찰로 근무해야 하는 처지였지만, 늘 고국에 메달을 안겨주고 싶다는 꿈을 꿨다. 그런데 킵은 이틀 전 경기 도중 쓰러지는 일을 당했고 그의 꿈은 불가능해 보였다.

킵은 1만 미터 경기를 뛰고 있을 때 참을 수 없을 정도로 극심한 통증에 시달리기 시작했다. 통증으로 끝내 쓰러졌을 때, 그는 선두로 달리고 있었다. 의사들은 그에게 달려들어 경기를 포기하라고 했지만, 킵은 그가 넘어졌음에도 불구하고 2위로라도 경기를 마치고자 남은 경기를 마무리해야 한다고 우겼다.

의사들이 포기하라는 진단을 내렸음에도 킵은 그가 차지한 은메달에 만족하지 않았다. 여러 가지 검사 끝에 의사들은 그가 심각한 담낭 질환을 앓고 있다고 알려주었고, 남은 모든 경기를 포기하고 즉시 치료를 시작해야 한다고 충고했다. 의사들은 그가 뛰면 죽을 수도 있다고까지 말했다. 그를 아는 사람들에게는 놀라운 일도 아니었지만, 킵은 의료진이 병상을 떠나기가 무섭게 강력한 경고를 무시하고 재빨리 옷을 입고 예정된 경기가 있는 스타디움으로 향하는 버스에 몸을 실었다. 교통 체증으로 버스가 멈춰 섰을 때, 킵은 교통 체증이 자신의 앞길을 막도록 놔두려 하지 않았다. "늦었다는 것을 이미 알고 있었습니다." 킵은 나중에 인터뷰에서 말했다. "그래서 버스에서 뛰어내려 경기장까지 2킬로미터 정도 달려갔습니다."

우리였다면 비명을 지르며 경련에 시달렸을 극심한 고통에도 불구하고, 킵은 여전히 냉정함을 잃지 않았다. 경기가 시작돼 선수들이 맹렬한 속도로 달려 나가기 시작하자 관중들은 그 젊은 선수가 머지않아 체력 소진으로 처질 것이라고 확신했다. 하지만 킵은 흔들리지 않고 페이스를 굳건히 유지하며 전 세계 관중들과 세계 챔피언 짐 륜을 충격에 빠뜨렸다. 그는 1,500미터 종목 역사상 가장 큰 격차인 20미터 이상 격차로 1,500미터 경기에서 우승했다. 킵은 세계 기록까지 수립했다. 그런데 그의 페이스가 얼마나 빨랐던지, 2위로 결승선을 넘은 짐 륜의 기록도 세계 기록에 해당하는 것이었다.

킵은 어떻게 극심한 고통에 시달리면서도 전설적인 챔피언 짐 륜을 그토록 큰 격차로 이길 수 있었을까? 국제 스포츠 언론들이 해답을 찾을 틈도 주지 않고, 킵의 동포인 케냐 선수들은 경기가 열리는 족족 우승을 차지하기 시작했다. 그 후 30년 동안 세계 인구의 0.06퍼센트에 불과한 케냐의 대표선수들은 70퍼센트에 가까운 장거리 경기에서 우승하며 장거리 육상을 지배했다. 기록상 남자 마라톤 최고 기록 10개 중 6개는 케냐의 기록이다. 여자 마라톤 최고 기록 10개 중 4개도 케냐의 기록이다. 최근에 열린 베를린 마라톤에서, 케냐 남자 선수들은 상위 5위를 전부 휩쓸었고, 케냐 여성 선수들은 1, 2, 4위를 차지했다.

〈스포츠 일러스트레이티드Sports Illustrated〉 수석 편집인 데이비드 엡스타인David Epstein은 케냐가 어떻게 "전 세계 어떤 국가보다, 그 어떤 종목보다 엘리트 선수들이 가장 많이 몰린 국가"가 됐는지 조사하는 작업에 착수했다. 그는 이 조사를 토대로 《스포츠 유전자: 탁월한 운동 능력은 어디에서 나오는가The Sports Gene: Inside the Science of Extraordinary Athletic Performance》라는 저서를 2014년 출간했다. 엡스타인은 케냐 출신의 장거리 육상 챔피언들에게 어떤 배경이 있는지 조사했다. 조사 결과, 케냐 선수들 대다수가 칼렌진Kalenjin이라는 특정 부족 출신이라는 것을 알아냈다.

장거리 경기의 역사를 통틀어 2시간 10분보다 빠른 기록으로 마라톤을 완주한 미국 남성 선수는 17명에 불과하다. 한편, 2시간 10분보다 빠른 기록으로 마라톤을 완주한 칼렌진 남성 선수는 한 달(2011년 10월)에만 32명에 달한다. 이 이상한 점은 너무나도 극명해 가장 위대한 미국 체스 선수의 98퍼센트가 캔자스주 위치타 출신이라는 것만큼이나 당황스러운 차이었다. 엡스타인은 칼렌진 부족에서 대체 어떤 일이 있길래 그런 차이를 보이는지 알아내려고 노력했다.

그는 가장 먼저 유전적인 요인을 들여다보았다. 칼렌진 원주민들이 긴 팔다리, 얇은 발목, 거대한 폐활량을 가졌다는 것은 사실이었지만, 단 한 번의 경기에서 우승한 적이 없는 근처의 다른 수백만 명의 아프리카인들도 그런 특성이 있기는 마찬가지였다. 그런 뒤 그는 칼렌진 부족의 환경적 여건을 연구했다. 아이들은 어린 나이에 먼 거리를 뛰어 등교해야 했고, 생계를 위해 동물들을 쫓아다녀야 할 때가 많았다. 그런데 이 또한 칼렌진 부족에서만 찾아볼 수 있는 특징은 아니었다.

끝내 엡스타인은 답을 찾아냈다. 칼렌진이 육상에서 성공을 거둔 비결은 역경을 뚫고 앞으로 나가는 능력에 있었다. 공복 상태에서 달리는 능력에 있었다. 고통에도 불구하고 승리를 거머쥐는 능력에 있었다. 자신의 자원을 마지막까지 아껴 쓰는 능력에 있었던 것이다.

칼렌진 부족은 어린 나이부터 고통을 견뎌내도록 배운다. 그들의 문화는 굴하지 않는 용기를 높이는 사는 동시에 어려움에 굴복하는 사람을 악마로 취급한다. 칼렌진 부족은 어릴 때부터 극도로 적대적인 여건을 이겨내고 강인해지도록 교육받는다.

칼렌진 부족의 강인함은 10대 남녀들의 인내력을 시험하는 통과의례 때 시험대에 올려진다. 10대 아이들은 벌거벗은 채 침이 있는 아프리카 쐐기풀 터널을 기어 다녀야 한다. 그러는 과정에서 아이들은 매를 맞고 불에 데고 피부가 찢겨나간다. 엡스타인에 따르면, 그 의식을 치르는 동안 10대 아이들은 절대적으로 냉정함을 유지해야 하고, 고요해야 하며, 굴하는 모습을 보여도 안 된다. "얼굴에 흙을 묻힌 뒤 마르게 놔둔다. 그런 뒤 얼굴에 묻은 진흙에 갈라진 틈 하나가 생기면, 뺨은 욱실거리고, 이마는 쪼그라들 수 있다. 그걸 견뎌내지 못하면 겁쟁이라는 낙인이 붙는다." 이 이상한 의식을 견디지 못하는 사람들은 따돌림을 당하고, 부족 전체로부터 낙인이 찍히며, 사회적 지위도 결코 회복할 수 없게 된다.

엡스타인은 고통을 견뎌내는 칼렌진 부족의 능력이 이들이 놀라운 육상 성적을 기록하는 원동력이라고 주장한다. 인내심을 가진 육상선수라면 누구나 뛰면서 고통이 따를 거라는 사실을 알고 있다. 하지만 칼렌진 부족은 그 같은 고통에도 불구하고 앞서 나갈 수 있다. 그들은 역경을 저주가 아니라 축복으로 여긴다. 분명히 말해두지만, 나는 고통이 따르는 의식을 지지하는 사람도 아니고, 업적을 이루려면 고통을 받아야 한다고 생각하는 사람도 아니다. 그러나 역경을 이겨내는 칼렌진 부족의 능력은 우리 모두에게 영감을 줄 수 있다. 우리가 압도당하거나, 변화가 부족하다고 느낄 때 특히 그렇다.

킵 케이노는 자신의 인내력을 마지막까지 짜냄으로써 역사를 만들었다. 그가 성공한 이유는 너무 편해서가 아니다. 오히려 편안하지 않았기 때문에 가능했다. 경쟁자들 대부분이 고통과 체력 소진 때문에 무너져 내려간 그 순간에, 킵은 세계 기록을 깼다. 그는 투지, 끈기, 인내 같은 자신의 내부 자원을 활용했다. 첨단 육상 장비, 전문가의 가르침, 심지어 통증을 못 느끼는 육체 같은 외적인 능력은 필요하지 않았다. 킵을 비롯한 칼렌진 부족의 선수들은 가진 게 적었지만, 더 많은 성과를 이룬다. 고통의 신호를 무시하고, 자신이 가진 것이 어떤 것이든 이를 십분 활용해 과업을 완수한다.

부족함을 채우기 위해

희소성은 혁신을 완수해내려는 우리의 의지를 방해할 때가 너무도 많다. 훈련, 시간, 재료, 돈, 재능, 재고, 기술, 토지, 창고 공간, 책상, 장비, 규제로부터의 자유, 승인 등이 우리에게는 부족할 수 있다. 심지어 우리 중 가장 나은 사람까지도 좌절하게 만드는 다른 부족 현상을 겪기도 한다. 하지만 희소성이 장애물이라는 탈을 쓰고 있을 뿐 우리가 찾고 있던 해결책의 열쇠일 수도 있지 않을까?

제프 시티Jeff Citty는 그렇다고 생각한다. 제프는 플로리다대학교의 혁신 아카데미(UF Innovation Academy)의 이사이며 전통에 적극적으로 맞서는 드문 학자이기도 하다. 대학교에서 그렇게 하는 것은 쉬운 일이 아니다. 보수적 학풍의 명문대학이라는 점을 고려하면 특히 어려운 일이다. 사람들은 어떤 고등 교육 기관이든 이름에 '플로리다'가 붙어 있으면, 검게 탄 학생들이 도서관보다는 해변에서 더 많은 시간을 보낼 거라고 생각한다. 그러나 플로리다대학교는 〈유에스 뉴스 앤 월드 리포트U.S. News & World Report〉가 선정한 최고의 주립대학에서 7위를 차지한 학교이다. 이 학교는 사립 아이비리그 학교들과 비슷한 수준의 교육을 제공하는 몇 안 되는 대학 중 하나인 '퍼블릭 아이비Public Ivy'로 알려져 있다. 플로리다대학교의 졸업생인 나는 이 학교의 교과과정이 질적으로 높고 엄격하다는 점을 증명하는 산 증인이다. 800만 제곱미터에 달하는 캠퍼스와 연간 21억 달러의 예산을 가진 이 학교는 140개국에서 온 5만 6,000명의 학생들이 수학하는 터전이다. 하지만 이 대학이 남긴 엄청난 발자취와 그동안 모아온 엄청난 기부금에도 불구하고, 제프는 몇 가지 부족한 점을 예리하게 인식하게 되었다.

여느 대학과 마찬가지로 플로리다대학교는 효율성 문제가 있었다. 가을 학기에는 너무 많은 지원서가 몰리는데 봄과 여름 학기에는 지원자가 너무 적다는 것이다. 매년 12월에는 2,000명의 학생들이 졸업을 하는 덕에 신입생들이 입학하기에 충분한 결원이 생기지만, 지원자 수는 가을 학기가 끝난 후 급격히 떨어진다. 1년 중 몇 달 동안은 교직원, 시설, 자원 등이 모자라지만, 다른 시기에는 남아돈다. 비용은 연중 일정하게 유지된다는 점을 고려할 때, 이 같은 상황은 예산을 관리하기 매우 어렵다. 게다가 가을 학기에는 자원에 제약이 생기기 때문에 지원자의 39퍼센트밖에 합격시킬 수 없다. 따라서 많은 자격을 갖춘 훌륭한 학생들이 시기상의 불일치 때문에 입학할 수 없게 되는 문제가 발생한다.

제프는 심지어 플로리라대학교 같은 대형 대학에서도 부족한 것들이 그 외에도 많다는 사실을 알아냈다. 플로리다대학교는 다양성 순위에서 전국 평균보다 높은 점수를 받기는 했지만, 순위로 따지고 보면 이 중요한 지표에서 2,718개 대학 중 473위에 불과했다. 주립대학 7위이기는 했지만, 채워야 할 부분이 아직 많았다. 졸업생들이 직장에서 성공하기 위해서는 창의적 문제 해결, 추상적 사고, 복잡한 의사결정이 가장 중요해졌지만, 전통적인 대학 교과과정에는 이 같은 중요한 역량을 가르치는 교과과정이 없었다. 훌륭한 재원인 졸업생들은 졸업하자마자 플로리다대학교가 있는 플로리다주 게인즈빌을 떠난다는 사실 또한 알게 되었다. 그는 학생들이 이 도시에 머물게 할 설득력 있는 이유가 생기면 지역이 어떻게 바뀔지 상상했다.

플로리다대학교가 전반적으로 괜찮은 학교이기는 했지만, 제프는 많은 게 부족하다는 결론을 내렸다. 가을 지원자들이 지원하기에 충분한 결원이 없었고, 겨울 학기에는 지원할 학생들이 없었다. 학생들의 다양성이 부족했고 졸업과 동시에 게인즈빌에 남는 졸업생은 너무 적었다. 고용주들이 좋아할 만한 21세기형 직업 역량이 졸업생들에게 부족했다. 희소한 게 아주 많았다.

제프는 상아탑에 숨지 않고, 노력을 기울이기 시작했다. 2013년에 출범한 플로리다대학교 혁신 아카데미라는 획기적이고 새로운 프로그램에 투자하도록 학교의 총장과 교무처장을 설득했다. 이 프로그램은 30개 이상의 다른 전공을 공부하는 학생들에게 "혁신"으로 부전공을 취득할 기회를 준다. 중요한 것은 이 프로그램은 학습과 생활을 병행하며 겨울 학기에 시작해 여름까지 지속되기 때문에 계절에 따른 난제를 해결해줄 해결책이 될 수 있다는 것이었다.

이 프로그램은 다양성을 늘리기 위해 고안되었다. 때문에 프로그램에 참여하는 학생들의 인종과 성별은 학부 전체 학생들보다 훨씬 더 다양하다. 아카데미는 지역 기술 인큐베이터와 협력하고, 실제 기업 프로젝트에 참여할 기회를 제공한다. 이렇게 하면, 산학 간의 격차를 해소해, 학생들이 졸업 후에도 게인즈빌에 정착하여 사업을 시작하도록 장려할 수 있다. 그리고 학생들은 아이디어를 제시하는 방법, 새로운 해결책을 고안하는 방법, 어려운 문제에 대처하기 위해 창의력을 활용하는 방법 등 중요한 역량까지 배울 수 있다.

혁신 아카데미의 교과과정에는 창의성 실무, 기업가정신 원론, 리더십을 통한 혁신 육성 등이 포함되어 있다. 이론보다 직접 학습과 실습에 중점을 둔 이 프로그램은 학생들이 직접 창업 아이디어를 만든 후, 투자 희망자 패널에 그 아이디어를 선보여야 하는 시니어 프로젝트로 절정을 이룬다. 창의성의 표출을 중시하는 환경에 몰입하는 것 외에도 학생들은 협업 기술과 프레젠테이션 기술까지 키울 수 있다.

이런 종류로는 유일한 프로그램인 혁신 아카데미는 엄청난 성공을 거두었다. 이 프로그램은 1,038명의 적극적인 학생들을 거느리고 있는데, 이는 전체 학부생의 3퍼센트를 차지한다. 플로리다대학교는 1853년에 설립되었다. 때문에 160년 전에 개교했다는 점을 감안하면 3퍼센트라는 수치는 엄청난 수치이다. 또한 혁신 아카데미 학생들은 학부생들보다 졸업 직후에 더 높은 취업 실적을 자랑한다. 구글, 시티은행, NBC 유니버설NBC Universal 같은 고용주들은 이 프로그램을 졸업한 학생들을 적극적으로 채용한다. "고용주들은 우리 아카데미에서 학생들에게 가르친 기업가적 사고를 받아들이고 있습니다"라고 제프는 설명했다.

현재 이 프로그램은 "우리에게 부족한 게 무엇인가?"라는 개방형 질문에 뿌리를 둔 아이디어들의 융합체이다. 풍족함이 아니라 희소성이라는 요소 덕에 혁신 아카데미는 탄생할 수 있었다. 혁신 아카데미는 이제 무엇이 부족한지를 스스로에게 물어봄으로써 기회를 발견하도록 다음 세대를 책임질 학생들을 가르친다. 제프는 가진 자원을 최대로 활용해 자신의 최첨단 프로그램을 출범시킬 수 있었다. 그뿐만 아니라, 새로운 졸업생들이 똑같이 아끼고 재활용하라는 정신을 받아들이도록 만들 수도 있었다.

마감 기한이 열어주는 창의성의 세계

시간은 창의성의 라이벌로 가장 자주 언급되는 제약 조건이다. 아이러니하게도, 역사상 가장 위대한 창의적 업적 중 일부에 영감을 준 것은 '시간의 부족'이다. 린마누엘 미란다는 이렇게 설명했다. "저는 항상 마감 기한에 맞춰 글을 씁니다. 그렇게 하지 않으면 아무

것도 끝낼 수 없을 거예요. 매일 밤 8시에 어디론가 가야 할 때, 저는 시간을 잘 분배해야 할 수밖에 없습니다." 린마누엘은 일하는 과정에서 많은 돈과 지원을 현재 받고 있긴 하지만, 우리 모두를 괴롭게 하는 24시간이라는 시간 제약에서 자유로운 것은 아니다. 하지만 그는 제한된 시간을 최대한 활용해 아껴 쓰며 자신의 최고 작품을 만들어낸다.

당신이 좋아하는지, 싫어하는 모르겠지만, 풍자적이고 선정적인 TV 애니메이션 〈사우스 파크South Park〉는 1997년 시작된 이래 큰 인기를 끌었다. 이제 300편 이상의 에피소드가 방영되며 24번째 시즌에 접어든 이 프로그램은 텔레비전 역사상 가장 오래 방영됐을 뿐만 아니라 경제적으로도 가장 성공한 시리즈 중 하나이다. 이 드라마가 성공을 거둘 수 있었던 열쇠는 창작자 트레이 파커Trey Parker와 맷 스톤Matt Stone이 시간을 관리하는 방식에 있다. 대부분의 애니메이션 드라마는 길게는 10개월 전부터 미리 기획되지만, 파커와 스톤은 단 6일 만에 하나의 에피소드를 쓰고 완성할 뿐만 아니라 방송 시간을 불과 몇 시간 앞두고 최종 버전을 방송국에 넘겨준다.

다가오는 마감 기한은 작가들 대부분을 심장마비로 몰아넣지만, 이 창의적인 두 작가는 일부러 마감 기한을 아껴 쓴다. 마감 기한 덕에 그들은 드라마에 아주 최근에 나왔던 내용과 주제를 포함시킬 수 있다. 그뿐만 아니라, 마감 기한 덕에 어떤 것이 최상의 아이디어인지 지나치게 저울질하지 않을 수 있고, 애써 생각해낸 최상의 아이디어를 희석시키는 우를 범하지 않을 수도 있게 된다.

넷플릭스 다큐멘터리 시리즈 〈식스 데이즈 투 에어Six Days to Air〉에서 파커는 짧은 마감 기한 때문에 자신의 창의성을 독려할 여유와 모든 결정을 재평가할 여유가 없다고 설명한다. 결국, 그들은 시간이 제한되는 것이 창의성의 한계를 확장하는 가장 좋은 방법이라고 믿는다.

다가오는 시간과 싸우고자 한다면, 작지만 큰 돌파구에서 '작은'이라는 말에 초점을 맞춰라. 당신은 6일 안에 수상의 영예까지 안은 TV 드라마 에피소드 한 편을 쓰며 더 적은 것으로 더 많은 것을 이룰 필요까진 없다. 대신 짧은 시간을 상상력을 키울 기회로 생각해보라. 러시아워 때 차가 막혀 날아가 버리는 11분간의 시간을 화를 내면서 보낼 것이 아니라 창의성의 나래를 펼칠 시간으로 활용할 수 있다. 미팅 중간 중간에 남는 시간은 작은 아이디어 하나를 떠올리기에 충분한 시간이다. 일상의 혁신가들의 사고방식은 희소성을 최대한 활용하는 것이다.

자원이 부족하다면, 그 부족한 자원을 잘 활용할 방법을 따질 차례이다.

할리데이비슨을 따돌린 오토바이 계의 테슬라

검은색의 몸에 착 붙는 가죽 복장을 한 그는 마치 아이언맨 영화 세트장에 있어야 할 것처럼 보였다. 그의 경주용 헬멧에 달린 검은색 보호경 덕에 비밀스러운 자신의 정체를 숨기려는 비밀요원처럼 보이기도 한다. 날렵한 몸매의 그는 자신의 고성능 이륜 모터사이클에 올라타더니 곧바로 모터사이클 전용 경주 트랙을 향해 시동을 걸었다. 얼마 지나지 않아 그는 U자형 커브를 틀고는 관중들 앞을 휙 지나쳐갔다. 이내 트랙의 직선 구간에 다다르자 시속 150킬로미터까지

속도를 올렸다. 더운 6월 어느 날, 이 비밀스러운 모터사이클 운전자 타라스 크라브추크Taras Kravtchouk는 쏜살같이 앞으로 나아갔다. 하지만 중요한 뭔가가 없었다.

경주 트랙에서 고성능 모터사이클을 보는 것은 특별한 광경은 아니었다. 하지만 이 행사는 놀라울 정도로 참신했다. 이런 행사에 참석하면 늘 그렇듯이, 내연기관이 돌아가며 내는 굉음과 함께 기름, 가솔린, 배기가스가 뒤섞여 풍기는 독특한 냄새까지도 들이마시기 마련이다. 하지만 오늘 행사에는 그런 소리나 냄새가 전혀 없었다. 누군가가 넋이 나간 관중의 후각과 청각을 완전히 마비시킨 것 같았을 정도였다. 그 더운 날에 들을 수 있었던 것은 흥분한 심장들에서 나는 요란하고 쿵쿵거리는 박동 소리가 전부였다.

친환경이 목표인 타르폼 루나는 재활용 알루미늄, 자연 분해가 가능한 가죽을 사용해 만들어졌다.
출처_tarform.com

국제 모터사이클 팬과 업계를 모두 놀라게 한 공학적 경이 그 자체인 이 오토바이는 '타르폼 루나Tarform Luna'이다. 100퍼센트 전기로 구동되는 관계로 탄소 배출량이 제로다. 그리고 그 탄생 스토리는 모터사이클 자체만큼이나 매혹적이다.

루나는 오토바이 업계의 강자 할리데이비슨Harley-Davidson, 두카티Ducati, 야마하Yamaha, 가와사키Kawasaki가 설계한 오토바이가 아니다. BMW의 특별 프로젝트도 아니고, 스즈키Suzuki 자회사의 작품도 아니다. 이 혁명적인 오토바이는 사실 브루클린에 본사를 둔 한 신생기업의 작품이다. 그 회사의 창업자는 치약 한 방울까지 아껴 쓰며 10억 달러에 달하는 경쟁자들에 맞섰다.

타라스 크라브추크는 러시아 태생이었지만 스웨덴에서 자랐다. 영상 통신, 인터페이스 설계, 3D 모델링, 컴퓨터 프로그래밍을 공부한 뒤 웹디자이너로 직업의 세계로 발을 들여놓았다. 설계에서부터 환경보호에 이르기까지 그의 관심사는 다양했다. 그래서 희미한 불빛의 오토바이 차고에서 문신이 있는 고객을 위해 녹슨 오토바이를 수리하는 일을 할 거라고는 상상조차 하기 힘들었다. 하지만 스무 살 때 그는 이 바퀴 달린 짐승과 사랑에 빠졌다. 오토바이를 모는 경험은 왠지 모르게 자유와 아름다움을 상징하는 것 같았기 때문이다.

"제 인생 첫 번째 오토바이는 스웨덴에서 산 야마하 XS400이라는 모델이었습니다. 그때만 해도 오토바이란 게 대체 어떤 것인지조차 전혀 몰랐었죠." 타라스는 대화를 시작하며 내게 말했다. 타라스는 스웨덴에서 낮에는 디자인 스튜디오를 운영하고 저녁에는 오토바이 정비공으로 일하다가 미국으로 아예 건너왔다. 그가 스웨덴에서 했던 두 가지 일이 시너지를 발하게 되면서 완전히 새로운 종류의 오토바이를 꿈꾸기 시작했다. 전기 자동차 제조기업 테슬라Tesla의 성공에서 영감을 받은 그는 고성능 전기 오토바이에 끌렸다. 가격이 저렴하면서도 품질이 좋다면 어떨까? 첨단 기술과 첨단 디자인 두 가지가 모두 가능하다면 어떨까? 오토바이 업계의 테슬라를 만들겠다고 그는 생각했다.

2017년 10월, 타라스는 공식적으로 창업을 위한 작업에 착수했다. 경험이 적은 스타트업들은 대부분 벤처 자본을 많이 끌어 모으려 애쓴다. 그러나 타라스는 훨씬 더 자원을 아껴 쓰는 접근법을 시도했다. "저는 아주 기본적인 도구들만 갖춰진 작은 점포를 가지고 있었습니다. 저는 혼잣말로 이렇게 말했죠. '음, 좋아, 그냥 해보자고. 시제품을 만든 다음 어떻게 되는지 보자. 자원도 없고, 돈도 없고, 팀도 없다'."

"설계의 핵심 원칙은 제약이 있어야 가장 창의적인 아이디어가 나온다는 것입니다"라고 타라스는 말을 이었다. "제약 조건이 없다면, 현실에 안주해버리기 매우 쉽습니다. 하지만 자원이 한정되면, 진정으로 한계를 넘어서게 만듭니다." 타라스는 치약을 한 방울까지 아껴 쓰듯 자신이 가진 자원을 십분 활용해 얼마나 멀리까지 갈 수 있는지 알아보는 일에 착수했다.

처음 몇 달 동안은 자신의 비전을 다듬었다. 아이디어에 대해서는 타협을 허용하지 않았지만, 접근 방식에 대해서는 비용이 저렴한 편을 선호했다. 그래서 그는 엔지니어링 회사, 첨단 제조 회사, 재료 전문가, 설계 전문가들에게 자신의 아이디어를 공유하고 도움을 구했다. 그러는 과정에서 멋진 사례 연구가 될 수 있을 정도로 자신의 프로젝트가 매력적이라는 것을 알게 되었다. 이에 그는 다양한 협력업체와 전문가들에게 지원을 요청했다. 3D 프린팅 회사에서부터 원형 LED 디스플레이 전문 회사에 이르기까지 그의 협력업체들은 전문 기술, 장비, 부품을 무료로 제공해주기로 합의했다.

"우리는 원자재뿐만 아니라 기술, 엔지니어링, 연구 측면에서도 도움을 받았습니다. 한 협력사에서 온 세 명의 엔지니어가 우리 회사에 있습니다. 모터용 소프트웨어 시제품을 개발하는 것을 도와주고 있죠. 그들이 그렇게까지 하는 이유는 이 일이 멋지다고 생각하기 때문입니다. 이런 프로젝트에 동참하는 것은 엔지니어라면 모두가 꿈꾸는 멋진 일이니까요. '그래, 대단한데. 어떻게 도와주면 돼? 우리도 동참하고 싶은데'라고 생각하는 사람들을 모아 공동체를 만들 수 있었습니다. 덕분에 큰 보탬이 되었고, 비용도 크게 절감할 수 있었습니다."

18개월도 채 되지 않아, 타라스는 두 가지의 시제품을 만들 수 있었다. 이 시제품은 인터넷에서 찾아 알게 된 기계 엔지니어, 전기 엔지니어와 함께 비좁은 차고에서 5만 달러(약 5,900만 원)도 안 되는 돈을 들여 만든 것이다.

이와는 대조적으로 할리데이비슨은 2010년 초, 전기 오토바이 시장으로의 진출을 선언했다. 보도에 따르면 이 프로젝트에 1억 달러 이상을 투자한다고 했다. 9년 후 할리데이비슨은 할리 라이브와이어 Harley LiveWire라는 전기 오토바이를 생산하기 시작했지만, 기계적인 결함으로 한 달 만에 생산을 중단하고 말았다. 타라스는 이 비유가 너무 거창하다며 싫어한다. 그래도 나는 이 비유를 소개하려 한다. 할리데이비슨은 치약으로 창고를 다 채울 정도로 많은 치약을 보유하고 있고, 치과 전문의까지 보유한 기업인 데 반해, 타라스는 여행용 치약 하나만 달랑 보유한 기업이다. 그런데 타라스는 할리데이비슨보다 더 짧은 시간에 더 많은 성과를 이루었다.

자본을 아끼고 원자재에 드는 비용을 절감한 것 외에도, 타라스는 시간을 아끼는 데도 능숙함을 보였다. 한 번은 자동차 시각 인지에 조예가 깊은 기계 학습 전문가를 2시간 만에 찾아내 45분 만에 이 프로젝트에 동참하게 만든 적도 있었다. 생체모방(Biomimicry)을 전공한 환경 전문가를 찾아내 고성능 친환경 소재를 개발하는 업무에 48시간 만에 동참하게 만든 적도 있다. 시제품은 나스카의 피트 크루들처럼 전광석화 같은 속도로 수정되고 업그레이드되어 갔다. 그런 식으로 정식 완제품 출시를 향해 달려 나갔다.

다음 해에는 직원을 추가로 고용하고, 저가 장비를 구비하고, 약간의 자본을 조달해 본격적인 생산체제로 들어갔다. 그가 이처럼 치열한 시기를 겪으면서도 매력적인 브랜드로 만들 수 있던 것은 일련의 작지만 큰 돌파구 덕이었다.

제한된 자원이 창의성을 폭발시킨다

타라스는 지속가능성을 최우선 과제로 선정했고 그에 따라 자신의 오토바이를 모듈 방식으로 설계했다. 오토바이 차체 같은 핵심 부품들은 50년이 가도 끄떡없게 만들었고, 배터리 팩 같은 부품들은 필요에 따라 쉽게 교체하거나 업그레이드할 수 있게 만들었다. 이와는 대조적으로, 자동차는 보증 기간이 지나면 불과 한두 달 더 사용하고 버려지기 일쑤이다. 일반적인 내연기관 오토바이의 구동 시스템에는 2,000개 이상의 부품이 들어간다. 때문에 타르폼 팀은 20개 미만의 부품이 들어가도록 설계했다.

이 오토바이는 배기가스를 전혀 배출하지 않는다. 오일 교환도 할 필요가 없고 친환경 소재를 사용한다. 타라스는 이렇게 설명했다. "부품은 아마섬유(아마식물로 만든 섬유로 '리넨'이라고도 한다), 재활용 알루미늄, 자연 해체가 가능한 가죽으로 만들어집니다. 우리의 임무는 지속 가능한 모터사이클을 만드는 데 타협하지 않는다는 것입니다."

디자인적인 면에서 이 오토바이는 놀라울 정도로 아름답다. 바퀴가 달린 토스터처럼 보이는 초기의 전기 자동차들과는 달리, 타르폼은 현대적인 요소와 복고적 요소를 혼합해 시각적으로 정교한 오토바이로 탄생했다.

센서, 카메라, 인공지능을 포함한 첨단 기술 덕에 성능과 안전을 모두 구현할 수 있었다. 예를 들어, 타르폼 루나를 타고 있는데 다른 차량이 뒤에서 너무 빨리 접근하면 좌석이 미세한 진동을 일으켜 운전자에게 알려준다. 동시에 후방 카메라 모니터는 고화질 화면으로 후방 장면을 자동으로 보여준다. 충전과 관련해서는, 일반 전기 소켓에 플러그를 꽂으면 50분 만에 배터리 용량의 80퍼센트가 충전된다. 기어박스나 클러치가 없는 타르폼 모터사이클은 3.8초 만에 시속 90킬로미터로 질주할 수 있고, 최대 속력은 시속 180킬로미터를 자랑한다.

회사가 공식 출범한 뒤, 타르폼 루나를 일반에 공개하자, 오토바이 업계는 깜짝 놀랐다. 언론으로부터 인터뷰 세례가 이어졌다. 그런 다음 타라스는 타르폼 루나를 로스엔젤레스의 유명 자동차 박물관 피터슨 자동차 박물관(Petersen Automotive Museum)에 전시해달라는 초청을 받았다. 그는 이렇게 설명했다. "그 일은 정말 놀라운 일이었습니다. 왜냐하면 세계에서 가장 명성이 높은 자동차 박물관이 브루클린의 한 가게 뒤편에서 3D 프린팅으로 만든 오토바이를 초청한 것이기 때문입니다. 셸비 코브라Shelby Cobra(2004년에 공개된 포드사의 콘셉트카-옮긴이) 옆에 제 오토바이가 놓여있는 것은 놀라움 그 자체였습니다. 불과 두 달 전만 해도 이 오토바이를 조립하고 있던 제 모습이 떠올랐습니다."

앞서 언급한 경주 트랙 행사가 있었던 2020년 6월까지, 타르폼은 1,100건 이상의 주문을 받았다. 놀라운 것은, 3년 전 설립된 이래 그가 투자받은 자금은 130만 달러(약 15억 5,000만 원)에 불과하다는 것이다. 비교하자면, 테슬라는 같은 지점에 도달하는 데 시간은 6년, 투자금은 1억 8,700만 달러(약 2,231억 8,000만 원)가 들었다. 세계 5대 오토바이 회사들은 엄청난 자원을 거느리고 있음에도 아직도 전기 오토바이를 출시하지 못하고 있다. 35세에 불과한 타라스는 돈과 시간을 모두 아껴 쓰는 능력 덕에 자신의 독창성을 활용해 자원 부족이

친환경 전기 오토바이 기업 타르폼에서 공개한 타르폼 루나. 출처_tarform.com

라는 공백을 메우고, 무시무시한 경쟁자들까지 물리칠 수 있었다.

우리가 논의를 이어나가는 과정에서 나는 더 많은 것을 알고 싶었다. 아니, 더 많은 것을 알아야 했다. 타라스는 어떻게 그토록 적은 돈으로 그렇게 많은 것을 성취할 수 있었을까? "시작하기 전에, 저는 전기 오토바이 생산에 관한 《유체의 힘Power in Flux》이라는 책을 읽었습니다. 양산 품질의 전기 오토바이를 만들려고 시도했지만, 완전히 실패한 10개 업체에 관한 이야기였습니다. 어디서 잘못됐는지, 어디서 과소비를 했는지, 어떻게 하면 같은 함정을 피할 수 있는지 하나하나 꼼꼼히 살펴봤습니다."

그보다 앞서 전기 오토바이 생산에 뛰어들었던 업체들은 죄다 부품을 자체 개발하는 데 집중했고, 이로 인해 비용이 증가하고 시간이 낭비되었다. 그런 실패 사례를 교훈으로 삼은 타라스는 가능한 한 기성 부품과 기성 소재를 활용해 전기 오토바이를 훨씬 더 빠르고 저렴하게 시장에 출시할 수 있었다.

대화를 마무리하며 나는 그가 성공한 가장 큰 요인은 무엇인지 타라스에게 물었다. 나는 작지만 큰 돌파구 정신에 공감하는 그의 말을 듣고 기뻤다. "작지만 큰 돌파구는 한 개만 있는 것이 아니었습니다. 원형 LED 디스플레이가, 브루클린에 있는 우리의 작은 가게가, 지속 가능성과 디자인을 혼합한 것이 작지만 큰 돌파구였습니다. 수백, 수천 개의 작은 발전이 모여 큰 승리를 만들어낸 거죠."

작별 인사를 나누며 타라스는 "저는 원래 오토바이를 무서워하는 편이었습니다. 엄마는 일찍부터 내가 하고 싶은 대로 하라고 하셨지만, 제발 오토바이만은 절대 타지 말라고 하셨습니다." 아이러니하지 않은가? 그를 가장 두렵게 했던 바로 그 일을 추구한 것이 성공으로

가는 길이었다니? 타라스는 자신감, 돈, 경험, 훈련, 인맥, 자원이 부족한 상태에서 시작했다. 하지만 그는 자신이 가진 자원을 절묘하게 아껴 쓴 덕에 놀라운 사업, 놀라운 삶, 놀라운 유산을 만들어낼 수 있었다.

이제까지 최소 비용으로 최대 효과를 달성하라는 접근법에 대해 알아보았다. 이제 일상의 혁신가의 다음 DNA를 알아볼 차례이다. '예상치 못한 지점을 공략하라'이다. 우리는 함께 미슐랭으로부터 별을 받은 고급 레스토랑, 업계를 뒤흔든 의료용 의류 업체, 운동화를 생산하는 신생기업이 경쟁자들에게 압도당했음에도 불구하고 놀라움과 기쁨을 활용해 어떻게 두각을 나타내고 승리까지 할 수 있었는지 살펴볼 것이다.

Chapter

11 예상치 못한 지점을 공략하라: 만족감

4미터가 넘는 높은 창문 밖에 눈이 내리기 시작하자, 아이들은 흥분을 감추지 못했다. 세계적 명성의 레스토랑에서 부모님과 함께 앉아 있는 이 순간에 두 아이는 난생처음으로 눈이 내리는 광경을 보게 되었다. 스페인에서 온 이 가족은 뉴욕에 위치한 레스토랑인 일레븐 메디슨 파크Eleven Madison Park에서 식사를 하는 이 순간을 간절히 고대하고 있었다. 종업원은 아이들이 기뻐한다는 것을 확인한 후 잊을 수 없는 경험을 선사하기 위한 준비에 착수했다.

"고객들의 기쁨이 우리에게 영감을 주었습니다." 이 레스토랑의 공동 주인인 윌 귀다라Will Guidara는 설명했다. "우리는 '어떻게 하면 고객들에게 가장 매혹적인 경험을 선사하고 그들의 눈을 즐겁게 할 수 있을까?'라고 자문했습니다. 우리는 화려한 썰매 네 대를 구입하기로 결정했습니다. 고객들이 식사를 마치면, SUV 기사가 고객들을 맞이합니다. 그런 뒤 고객을 차에 태우고 센트럴 파크로 모십니다.

거기서 고객들은 썰매를 타며 즐거운 밤을 보냅니다. 아이들의 얼굴에 기쁨의 빛을 본 그 순간, 우리의 노력이 가치 있다는 것을 알게 됩니다."

일레븐 메디슨 파크의 세련되고 현대적인 실내장식은 가장 정교하고 가장 값비싼 음식을 즐길 줄 아는 분별 있는 요리 애호가들을 환영한다. 권위 있는 산 펠레그리노S.Pellegrino가 선정한 세계 50대 레스토랑에 지난 9년 동안 여덟 차례 이름을 올린 일레븐 메디슨 파크는 미국 레스토랑으로는 두 번째로 2017년 세계 최고의 레스토랑에 선정되었다. 제임스 비어드 재단 상(James Beard Foundation Awards)을 4회 수상하기도 했다. 제임스 비어드 재단은 이 레스토랑의 수석 쉐프이자 공동 소유주 대니얼 험Daniel Humm까지 세계 최고의 요리사로 선정했다. 〈뉴욕 타임스〉, 〈미슐랭 가이드Michelin Guide〉, 〈포브스 트레블 가이드Forbes Travel Guide〉, 〈저갯 서베이Zagat Survey〉 등이 일레븐 메디슨 파크에 부여한 별의 수는 미국 국기의 별보다 훨씬 더 많을 지경이다. 하지만 이 레스토랑을 진정으로 돋보이게 하는 것은 음식도 아니고, 분위기도 아니다.

경쟁이 치열한 고급 레스토랑 업계에서 일레븐 메디슨 파크는 일상의 혁신가들의 일곱 번째 DNA를 받아들임으로써 두각을 나타내기 시작했다. 바로 '예상치 못한 지점을 공략하라'이다.

멋진 레스토랑에서 식사를 마치고 작은 초콜릿을 먹거나 수제 그라파Grappa(포도로 만든 독한 이탈리아 술-옮긴이)를 한 모금 마셔본 적이 있을 것이다. 메뉴에 있는 요리를 주문했다면, 식사는 그다지 특별하지 않았을지 모른다. 대신, 예상치 못한 놀라움과 기쁨을 주는 식후 디저트가 특별한 역할을 할 수 있다. 계산대 위에 놓인 '입가심용 민트'처럼 예상치 못한 서비스는 기대보다 더 큰 효과를 가져다준다. 우리의 논의에 맞춰 말하자면, 입가심용 민트는 예상치 못한 작고 창의적인 선물로, 평범할 수 있었던 결과물을 탁월한 결과물로 격상시키는 역할을 한다.

일레븐 메디슨 파크에는 음식을 준비하지도 않고 부엌 청소를 하지도 않는 '드림위버스Dreamweavers'라는 소규모 팀이 있다. 썰매 타기를 즐겼던 스페인 가족에게 잊지 못할 놀랍고 신나는 경험을 선사했던 것처럼, 이 팀은 식후 입가심용 민트의 개념에 집중한다. "음악 팬들을 위해서는 식당을 록 콘서트장으로 바꾸어 놓고, 섬으로의 휴가가 갑자기 취소된 커플을 위해서는 어린이용 풀장과 비치 의자가 준비된 가짜 해변을 마련했습니다."윌은 설명했다. "이런 순간들은 사람들의 기억에 평생 남습니다. 이런 경험을 한 사람들은 아마도 자신의 친구들에게 이 경험을 말할 것입니다. 그리고 이 같은 순간들은 우리 팀이 영감을 얻는 순간입니다."

드림위버스는 사전 조사와 실시간 대화를 통해 단서를 찾고 그런 다음 재빨리 행동을 취해 환상을 실현할 책임이 있다. 기념일을 축하하기 위해 예약을 한 커플이 있다면, 드림위버스는 그 커플에 대해 조사를 시작한다. 조사를 통해 그 커플이 첫 데이트 때 빙수를 먹으며 연인이 되었다는 사실을 파악한다. 그런 뒤 그 커플은 일레븐 메디슨 파크에서 기념일 식사를 즐기고 나면 주방의 엘리트 요리사가 만든 수제 빙수를 선물로 받게 된다.

윌과 다니엘은 '예상치 못한 지점을 공략하라' 접근법을 공식화해 '95-5원칙'이라는 핵심 운영 방침을 만들었다. 윌은 이렇게 설명했다. "95퍼센트의 돈과 시간에 대해서는 철저히 관리하고, 나머지 5퍼센트의 돈과 시간에 대해서는 어리석게 쓰는 것을 허용한다는 의미입니다. 팀이 운영과 예산을 '터미네이터급의 효율성'이라는 기준으로 관리한 덕에 지출의 5퍼센트는 놀라운 성과를 만드는 창의적인 일에 투자할 수 있습니다"라고 윌은 내게 알려주었다.

예상치 못한 고객 서비스는 한 손님이 뉴욕에 있는 동안 뉴욕 핫도그를 맛볼 시간이 없다고 불평하는 걸 우연히 듣게 된다면 드림위버스는 밖으로 뛰쳐나가 노점상에서 핫도그를 사 온다. 그런 뒤 고급 주방으로 가져와 반짝이는 은 접시에 담고는 영문도 모르는 손님들에게 제공한다. 때로 음식과는 아무런 상관이 없을 때도 있다. 예를 들어, 95-5원칙은 광란의 회식, 팀워크를 위한 야유회 등 예기치 못한 즐거움으로 제공돼 고객들로부터 적극적인 지지를 받는다.

"95-5원칙의 비밀을 알려드리겠습니다." 윌은 고백했다. "제가 마지막 5퍼센트를 어리석게 쓴다고 말하는 것은 진심이 아닙니다. 바보같이 보일지 모르지만 실제로는 의도적인 것이죠. 사실 그 돈은 우리가 쓰는 가장 현명한 돈 중 일부입니다. 왜냐하면 그것은 비록 측정할 수 없을지라도 상당한 투자 수익을 제공하기 때문입니다. 사람들이 우리를 격찬하고 기억하고 격려하는 이유는 바로 그 5퍼센트에서 비롯됩니다. 그 5퍼센트 덕에 우리 식당과 우리 회사는 직원들이 열심히 일하고 손님들이 찾는 재미있는 장소가 될 수 있는 것입니다."

작고 창의적이고 사려 깊은 배려는 눈에 띄지 않는 부분에까지 적용된다. 음식 접시는 손님들 앞에 살포시 놓여야 한다. 식당 손님 수에 따라 배경음악의 볼륨도 조절된다. 저녁이 시작되어 빈자리가 채워지기 시작하면 생동감 넘치는 분위기를 조성하고자 음악 소리는 커진다. 허기에 찬 손님들이 더 많이 도착해 빈자리가 거의 없어질 때가 되면 대화를 위해 소리 지를 필요가 없도록 음악 소리는 작아진다. 고객들이 접시를 부드럽게 내려 놓아달라거나, 음악 볼륨이 높다거나 낮다거나 하는 말을 할 가능성은 적지만, 이런 작지만 큰 돌파구들은 모두 고객의 특별한 경험을 더 끌어올리는 요인으로 작용한다.

일레븐 메디슨 파크가 거둔 위대한 성공은 작지만 특별한 경험이 엄청난 효과를 가져다줄 수 있다는 사실을 잘 보여주는 예이다. 예상치 못한 창의적인 덤을 얹어 주기만 해도 그에 따른 투자 수익은 상상을 초월하는 수준으로 커질 수 있다. 윌과 다니엘의 5퍼센트 투자는 레스토랑의 성장, 매출, 수상, 인지도 면에서 엄청난 이득을 가져다주었다. 놀라움과 즐거움을 가져다주기 위한 그들의 조그만 노력은 일레븐 메디슨 파크가 최고의 레스토랑에 이름을 올릴 수 있게 하는 데 막중한 기여를 해주었다.

이 원칙은 우리에게 무수히 많은 방법으로 적용될 수 있다. 추가적인 아이디어에서부터 시간 절약, 물리적 이득에 이르기까지 예상치 못한 추가 이득을 의미할 수 있다. 상위 5개 경쟁사를 조사해 보고서를 만들어 제출하라는 요청을 받는다면 7대 경쟁사에 관한 보고서를 만들기 위해 노력을 기울이는 것을 말한다. 또는 칙칙한 흑백 문서 대신 멋있고 잘 디자인된 프레젠테이션으로 보고서 양식을 바꾸는 것이 될 수도 있다. 데이브 버드가 음악을 시작할 수 있게 해준 것은 랩 음악의 기존 행태에 관한 재밌는 보고서였다는 사실을 기억하라.

고객이 목요일 오후까지 당신의 답변을 기다리고 있다면, 하루 앞당겨 수요일 아침에 답변을 보내는 것이 작지만 큰 만족감을 준다. 작지만 특별한 경험은 물리적인 것일 수도 있지만, 기대를 넘어서 뭔가를 추가적으로 준다는 개념이다. 창의성을 5퍼센트 더 기울여 결과물을 업그레이드하면 당신이 목표했던 것보다 높은 성과가 되어 당신에게 돌아올 수 있다.

평생 단골을 만드는 아주 작은 차이

한 세기 전 캐러멜을 입힌 팝콘 크래커 잭Cracker Jack에 무료 경품이 들어가기 시작한 이래로, 우리는 자신도 모르는 사이에 별거 아닌 그 무료 상품에 빠져들었다. 어렸을 때, 나는 시리얼 봉지 안에 든 비밀 해독기 반지를 찾으려고 시리얼 봉지를 통째로 바닥에 쏟아보고 싶어 안달이 난 적이 있었다. 또 해피밀에 포함된 경품을 받기 위해, 나중에는 더 많은 경품을 받을 기회를 약속하는 맥도날드 모노폴리 게임을 하기 위해 엄청난 양의 해피밀을 먹어치웠다. 성인이 되어서는 무료 시식을 마음껏 하기 위해 코스트코를 방문하는 것이 내가 가장 좋아하는 여가활동 중 하나이다. 내가 이렇게 하는 것은 단지 내가 공짜를 좋아하기 때문만은 아니다… 추가로 뭔가를 받을 수 있다는 유혹은 거부할 수 없다.

베스트셀러 작가 제이 베어Jay Baer는 2018년 저서 《토크 트리거Talk Triggers》에서 공짜 경품이 제품에 들어있다는 자체가 어떤 결과를 불러일으킬 수 있는지 파헤쳤다. 이 책의 전제는 사람들의 입에 오르내리려면 핵심적인 제품이나 서비스 그 이상의 무언가를 브랜드가 제공할 필요가 있다는 것이다. 창의적인 소규모의 투자가 엄청난 입소문을 만들어낼 수 있다고 주장한다. 제이는 가장 효과적이고 효율적인 마케팅 투자로 기능할 수 있는 다양한 유형의 작지만 특별한 경험을 소개해준다. 그가 공유하는 몇 가지 예는 다음과 같다.

플로리다 올랜도에 있는 매직 캐슬 호텔Magic Castle Hotel은 겉으로 봐서는 같은 지역에 있는 수십 개의 호텔들과 크게 달라 보이지 않는다. 하지만 매직 캐슬 호텔에는 막대 아이스크림을 나눠주는 '팝시클 핫라인Popsicle hotline'이라는 전화기 부스가 수영장 옆에 있다. 손님들은 아이스크림이 먹고 싶으면 선홍색 벽걸이 전화기로 걸어가 어떤 맛의 아이스크림이 먹고 싶은지 수화기에 대고 알려주기만 하면 된다. 몇 분 안에 직원이 나타나 손님에게 은 접시에 담긴 아이스크림을 건네준다.

팝시클 핫라인은 독특하고 흥미로운 경험을 선사하며 공짜 아이스크림 그 이상의 효과를 가져다준다. 그 덕에 이 호텔은 비슷한 가격대의 다른 호텔로부터 자신을 차별화할 수 있었다. 한 고객은 옐프Yelp에 이런 후기를 남겼다. "백만성급 호텔. 8살 난 내 딸은 이 호텔이 '백만성급 호텔' 등급을 받을 만한 곳이라고 말했다. 어떤 기업이라도 고객이 기대하는 것 이상의 경험을 만들어주는 방법을 이 호텔로부터 배울 수 있다."

마이크 다이아몬드 배관 회사(Mike Diamond Plumbing Company)는 수많은 다른 회사들처럼 캘리포니아 남부에서 배관, 에어컨, 전기 서비스를 제공하는 회사이다. 배관 수리는 상당히 일반적인 서비스이다. 때문에 마이크는 "좋은 냄새를 풍기는 배관 전문 회사"라고 홍보함으로써 자신의 회사를 차별화한다. 이 회사는 배관공과 전기 기술자 모두에게서 좋은 냄새가 날 것이라고 보장한다. 이는 경쟁사의 직원들이 들고 다니는 가방에서는 고약한 냄새가 난다는 것을 교묘하게 암시해주는 효과가 있다. 이때 작지만 특별한 경험은 청결한 서비스를 제공하겠다는 회사의 약속이다. 이로 인해 사람들은 웃을 수 있고, 더 중요한 것은 회사에 관심을 기울이게 된다는 것이다.

디즈니 월드나 식스 플래그Six Flags 같은 놀이공원에 가본 적이 있다면, 부수적 비용이 얼마나 추가되는지 기억할 것이다. 너무 비싼 주차비, 너무 비싼 음료수, 너무 비싼 선크림 덕에 추가 비용을 많이 지출해야 한다. 그런 관계로 나는 내년에는 무료 주립 공원이 훨씬 더 재미있을 거라고 아이들을 설득해야 하는 신세를 면하지 못한다. 그러나 인디애나에 본사를 둔 홀리데이 월드Holiday World는 다른 접근법을 취한다. 그들의 작지만 특별한 경험은 공원 곳곳에 무료 주차, 무제한 무료 음료수, 무료 선크림을 나눠주는 부스를 운영하는 것이다. 놀이공원 산업에서 경쟁을 벌이는 이 회사는 거대 경쟁기업들보다 더 양호한 실적을 자랑한다. 막대한 광고 예산 대신 이 회사는 무료 서비스가 스스로 소문을 퍼뜨리도록 만든다.

로스앤젤레스 시내 인터콘티넨탈 호텔Intercontinental Hotel의 71층에 있는 라 부셰리 스테이크 하우스La Boucherie steakhouse는 요리도 맛있고 분위기도 좋다. 하지만 LA에 있는 수십 개의 다른 식당들도 마찬가지다. 라 부셰리를 주목할 만한 곳으로 만드는 것은 스테이크를 자를 나이프를 직접 고를 수 있다는 데 있다. 그것도 예복을 차려입은 나이프 전문가가 들고 있는 우아한 가방에서 나이프를 고를 수 있으니 금상첨화다. 손님들은 자신이 쓸 나이프를 사서 가지고 다니지 않기 때문에 어차피 스테이크용 나이프를 구비해 둬야 하는 레스토랑 입장에서는 이런 서비스로 인해 추가 비용이 많이 들지 않는다. 그러나 다양한 나이프 중에서 자신이 원하는 대로 고를 수 있게 해주는 작지만 특별한 경험은 고객들이 소문을 퍼뜨린 요인일 뿐만 아니라, 고객들이 레스토랑을 더 자주 찾게 만드는 요인으로도 작용한다.

몬태나주 그레이트폴스에 있는 십 앤 딥 라운지Sip 'N Dip Lounge도 잊지 말아야 한다. 이곳의 지하 바 바로 뒤에는 전면이 유리로 덮인

수족관이 있다. 그 덕에 직원들은 매일 밤 9시부터 자정까지 영화관 스타일의 커튼을 젖히고 인어공주 쇼를 고객들에게 선보일 수 있다. 인어공주와 인어왕자 차림을 한 수중 근무 직원들은 술집 손님들에게 즐거움을 선사하고자 수영 훈련에 매진한다. 이 이상하고 특별한 경험은 〈GQ〉의 관심을 끌었다. 이 잡지는 이 바를 방문할 가치가 있는 미국 바 1위로 선정했다. 이 창의적인 추가 서비스는 GQ의 직원들이 몬태나주 그레이트폴스까지 오도록 만들 정도로 대단히 효과적이었다.

이 예들은 어떻게 예상치 못한 지점을 공략할 수 있는지를 잘 보여준다. 각각의 경우, 놀랍고 즐거운 경험은 고객이 직접 홍보를 돕고 창의적인 기업들이 경쟁이 매우 치열한 분야에서 승리할 수 있게 만든다. 산업용 화학제품 제조업체를 운영하든, 개인 상해 법률 회사를 운영하든, 팟캐스트 제작 회사를 운영하든, 고객이 스스로 소문을 낼 수 있도록 하는 창의적인 아이디어를 어떻게 추가할 수 있을지 생각해보라. 어떤 일을 하든, 어떤 분야에서 일하든, 작지만 특별한 경험의 힘을 과소평가하지 말기 바란다.

비행기 전체에 낙하산을 달 수 있다면?!

물리적 실체가 있든, 없든 입가심용 민트는 실제 민트 맛만큼이나 다양하다. 여러분이 안데스 크림 드 멘테Andes Crème de Menthe의 민트향 초콜릿을 먹을지, 아니면 베르테르Werther의 캐러멜을 먹을지, 카론 프로스찬의 심플리 민트(진저는 내가 가장 좋아하는 맛이다)를 먹을지 선택할 수 있는 것처럼, 선택의 여지는 너무도 많다. 한 번에 한 초점씩 분리시키고 그런 다음 어떤 특별한 경험을 추가해 성과를 끌어올릴지 모색하는 것이 비결이다.

우리가 하는 일도 마찬가지다. 분리할 수 있는 개별 요소들이 수십 가지에 이른다. 건축 자재 공급업체는 구인, 현장 판매, 내부 커뮤니케이션, 조달, 물류, 마케팅, 고객 서비스를 분리시킬 수 있다. 그리고 한 가지 영역에만 적용된 입가심용 민트가 엄청난 이득을 가져다줄 수 있다. 다시 말해 사업, 경력, 삶의 모든 측면에 특별한 요소가 필요한 것은 아니라는 말이다.

우리 중 상당수는 비행기 조종사라는 꿈을 가지고 있다. 그렇다고 아마추어가 비행 조정에 나섰다가 실수라도 저지르면 생사의 기로에 서게 된다. 미국 연방교통안전위원회(NTSB, National Transportation Safety Board)에 따르면, 전체 항공 사고 사망자 중 97퍼센트가 개인 소유 비행기와 관련 있다고 한다.

1984년이었다. 소형 항공기의 안전성을 높여야 한다는 인식은 앨런 크랩마이어Alan Klapmeier와 데일 크랩마이어Dale Klapmeier 형제가 소형 항공기 제작 회사를 설립하도록 영감을 주었다. 이 형제는 위스콘신주 바라부에 있는 부모님의 헛간 지하에서 '사이러스 에어크래프트Cirrus Aircraft'를 설립했다. 그들의 꿈은 차를 운전하는 것만큼 안전하게 운전할 수 비행기를 만드는 것이었다. 하지만 그들이 보잉Boeing, 레이시언Raytheon, 세스나Cessna 같은 거대 항공기회사들을 어떻게 이길 수 있었을까?

형제는 본인이 직접 조립할 수 있는 키트형 항공기를 제작했다. 하지만 창업 초기에는 허둥지둥하며 어떻게든 살아남기 바빴다. 조종사들에게 더 안전한 비행을 선사하겠다는 꿈을 포기하고 싶지 않았던 앨런과 데일은 항공 안전에 관한 최신의 연구라면 뭐든 가리지 않고 탐독해나갔다. 학술 보고서를 연구하고, 모든 관련 저널을 읽고, 기술 발전 동향을 파악해 나갔다.

개인 비행기를 소유하고 직접 조종도 하는 사람들을 인터뷰한 결과, 구매 결정에 가장 큰 영향을 미치는 요인이 '안전성'인 것을 확인했다. 이 형제는 안전이라는 단일 요소를 분리시켰다. 왜냐하면 안전은 자신의 회사가 두각을 나타낼 유일한 기회 요인이었을 뿐만 아니라, 자신의 고객들도 간절히 바라는 것이었기 때문이다.

업계 동향을 더 많이 알게 된 형제는 미네소타주 세인트 폴에서 개발 중인 신규 항공 안전 기술을 알게 되었다. 발리스틱 리커버리 시스템즈Ballistic Recovery Systems는 행글라이더 사고에서 살아남은 것을 계기로 항공 안전 향상에 힘써온 보리스 포포프Boris Popov가 4년 전에 설립한 회사였다. 보리스는 조종사를 보호할 낙하산이 아니라 항공기 전체를 보호하기 위한 새로운 종류의 낙하산 시스템을 개발하고 있었다. 앨런과 데일은 차로 3시간을 달려가 보리스를 만났다. 결국 이 만남은 그들의 말대로 역사가 되었다.

초콜릿과 땅콩버터가 만나 최고의 캔디 리세스Reese's가 탄생한 이래 가장 위대한 만남 중 하나인 사이러스 에어크래프트와 발리스틱 리커버리 시스템즈의 만남은 사상 최초의 완전무결한 항공기 낙하산 시스템의 개발로 이어졌다. 그 후 10년 동안, 두 회사는 함께 협력했고 각자의 사업을 성장시키기 위한 분투를 이어나갔다. 사이러스 에어크래프트는 생존을 위해 키트형 항공기 사업을 포기하고 완성형 프로펠러 단발기를 제작했다. 발리스틱 리커버리 시스템즈도 생존을 위해 군에 특허 사용을 허용하는 라이선스 계약을 체결했다.

1998년에 이르러서 드디어 시험과 인증이 완료되었다. 이에 따라 사이러스 에어크래프트 낙하산 시스템(CAPS, Cirrus Aircraft Parachute System)은 모든 새로운 사이러스 항공기에 기본 장착되는 표준 장비가 되었다. 공식 웹사이트에 따르면, "CAPS 시스템은 연방항공국(FAA, Federal Aviation Administration) 인증 항공기로 제작되었으며, 업계 최초의 항공기용 낙하산 시스템이다. 현재까지 사이러스는 공인된 모든 항공기 모델의 표준 장비인 기체 낙하산을 제공하는 유일한 회사이다."

아마추어 조종사들이 낙하산이 장착된 유일한 비행기에 열광하기 시작하면서, 사이러스의 매출은 빠르게 증가했다. 위스콘신 시골 출신으로 벼락 성공을 거둔 이 회사는 자신들보다 말도 안 되게 큰 대

사이러스 에어크래프트의 낙하산 시스템 CAPS. 기체 전체에 작동하는 낙하산을 장착하는 것이 기술의 핵심이다. 출처_cirrusapproach.com

기업들에 맞서 시장 점유율을 크게 늘려나가며 시장을 좌지우지할 수 있게 되었다. 현재 이 회사의 SR22라는 항공기는 시중에서 가장 인기 있는 비행기 중 하나이다. 호주 출신의 내 친구 라이언 캠벨Ryan Campbell은 사이러스의 항공기를 타고 세계를 일주했다. CAPS 시스템은 출시된 이래 150명의 이상의 생명을 구한 것으로 인정받고 있다.

사이러스 에어크래프트가 항공기 시장에 출범해 결국 성공할 수 있었던 것은 속도, 항속거리, 적재 공간 같은 전통적인 비교 우위 요소 때문이 아니었다. 낙하산이라는 식후 입가심용 민트 덕이었다. CAPS 시스템의 제조 비용은 여전히 전체 비행기 제조 비용의 5퍼센트에도 미치지 못한다. 자신들만의 차별화 요소로 시작된 항공기용 낙하산은 이 회사의 경쟁 전략의 기반으로 발전에 발전을 거듭하고 있다.

사이러스 비전 제트Cirrus Vision Jet라는 제트기를 출시할 때도 항공기 안전에 대한 혁신을 이어나갔다. SF50으로도 알려진 이 제트기는 단발 엔진을 활용한다. 그 덕에 연료 효율성이 세계에서 가장 높은 제트기가 될 수 있었다. 다른 사이러스 항공기와 마찬가지로, 이 제트기는 기체 낙하산이 기본 제공된다. 비전 제트기를 구매하고자 한다면 대기자가 많아 7년을 기다려야 한다. 이는 전혀 놀랄 일이 아니다.

사이러스는 조종사가 의식 불능 상태에 빠지면 비행기를 자동 착륙시킬 수 있는 시스템도 개발했다. 내 네 살배기 쌍둥이 딸도 쉽게 조작할 수 있는 커다란 빨간 버튼을 누르면, 최첨단 자동 착륙 시스템이 작동되며 항공기를 자동으로 착륙시킨다. 이 시스템이 작동되면 네비게이션 시스템은 가장 가까운 공항의 위치를 표시해주고, 통신 시스템은 항공 교통 관제탑, 연방 항공국, 지역 당국에 이 사실을 통보한다. 최첨단의 소프트웨어, 센서, 제어 시스템은 손에 든 음료를 엎지르지도 않을 정도로 부드럽고 안전한 착륙을 유도한다.

사이러스 에어크래프트의 핵심 교훈은, 이들이 항공 비즈니스의 단 한 가지 측면인 안전을 분리했다는 것이다. 창의성을 발휘할 하나의 영역을 분리한 다음 모든 창의성을 안전을 차별하는 데 쏟아 부었다. 사람들이 이들의 항공기를 사려고 문전성시를 이루는 것은 안전이라는 식후 입가심용 민트를 소비자들이 원했기 때문이다. 그 영역에 어떤 끝내주는 식후 입가심용 민트를 추가할지 미친 듯이 집중하는 데에서 그들의 성공이 비롯됐다.

신발 한 켤레 사면 3켤레 보내주는 곳이 있다?

무덥고 건조한 도시 파키스탄의 오카라는 제당과 낙농을 주업으로 하는 도시였다. 시드라 카심Sidra Qasim과 와카스 알리Waqas Ali가 아무도 예측할 수 없는 일을 벌이기 전까지는 그랬다. 경제적으로 선택의 여지가 많지 않았던 이 부부는 함께 회사를 설립하려는 꿈을 꿨다. 하지만 그들은 공식적인 훈련도 받지 못했고, 자원도 부족했다. 꿈만 꾸고 마는 사람들이 부지기수지만 시드라와 와카스는 한 문제와 사랑에 빠지게 되면서 꿈을 구체화하기 시작했다. 바로 두 발에 꼭 맞는 신발이 없다는 문제였다.

사람들 대부분은 양발 사이즈가 약간씩 다르다고 한다. 70퍼센트는 사실 양발 사이즈가 최소 2.5밀리 정도 다르다. 왼쪽 신발은 항상 오른쪽 신발보다 더 꽉 조인다거나, 한쪽 발은 아프지만 다른 쪽 발은 아프지 않다거나 하는 느낌을 느껴본 적이 있을지도 모른다. 이 부부는 양발 사이즈가 서로 다른데도 왜 신발을 한 사이즈로만 파는지 의아했다.

시드라와 와카스는 작지만 큰 아이디어를 가지고 있었다. 착용감에 주력하는 신발 회사를 창업하면 어떨까? 하지만 파키스탄에서 신발 회사를 창업하는 것은 수영으로 아라비아해를 횡단하는 것만큼 불가능해 보였다. 시드라와 와카스가 은행 통장에 5,000만 달러라는 거금이 있고 하버드대학교 MBA 정도의 학력이 있다고 하더라도, 이미 업계를 장악하고 있는 대기업 나이키Nike, 리복Reebok, 아디다스Adidas와 경쟁한다는 발상은 위험했다. 그런데 자원도 없고, 경험도 없고, 훈련도 받지 못한 파키스탄 오카라 출신의 이 부부가 대기업에 맞서서 이길 확률은, 우리 집 강아지가 국토안보부를 감독하는 자리에 임명될 확률에 맞먹을 정도로 거의 제로에 가까웠다.

그러나 이번에도 창의성이라는 평등 실현 장치가 제몫을 해주었다. 창의력 덕에 나나 당신이나 시드라와 와카스 같은 일반인들은 기울어진 운동장을 평평하게 만들 수 있을 뿐만 아니라, 일상의 혁신가들의 DNA를 적용해 우위까지 점할 수 있다. 이 부부는 자신들의 아이디어를 가다듬고, 평생 모은 돈을 투자해 목표를 향해 달려갔다.

영역을 분리하라는 원칙에 따라, 이 부부는 전체 비즈니스를 운동화 착용감에 초점을 맞추었다. 이 회사는 단 한 개의 신발 모델인 '모델 000'만 제공한다. 이 제품은 로고도 없이 몇 가지 단색 색상으로만 출시된다. 연예인 광고도 없고, 화려한 그래픽도 없고, 화려한 끈도 없다. 이 신발은 소비자에게 직접 판매된다. 때문에 유통 전략은 아예 존재하지도 않는다. 이 신발은 사실 특별할 게 없다… 한 가지 중요한 점만 빼고. 그것은 바로 신발 사이즈를 2.5밀리 단위로 제공

아톰스의 공동 CEO 시드라 카심(왼쪽), 와카스 알리(오른쪽). 출처_atoms.com

한다는 것이다. '아톰스Atoms'라는 이름의 이 회사는 신발 사이즈를 약간만 조정하면 착용감이 개선된다는 믿음에 기반을 둔 회사다. 이 회사는 신발 업계의 작지만 큰 돌파구 같은 회사다.

신발 구매 방식은 이렇다. 나는 보통 260밀리를 신는다. 아톰스 홈페이지에 들어가, 원하는 색상을 선택한다. 그러면 회사는 내게 총 6개의 신발(3켤레의 신발)을 배송해 준다. 260밀리를 주문한 나는 257.5밀리, 260밀리, 262.5밀리, 이렇게 3켤레를 받게 된다. 집에서 신어보고 각각의 발에 맞는 사이즈를 고른다. 예를 들어, 오른발은 257.5밀리, 왼발은 262.5밀리를 고르는 식이다. 남은 4개의 신발(2켤레의 신발)은 회사로 반송한다(배송은 모두 무료). 그러면 나는 내게 딱 맞는 신발 한 켤레를 갖게 된다.

아톰스는 완벽한 착용감이라는 작지만 특별한 전략을 차별화 요인으로 활용했다. 이 회사는 2.5밀리 단위로 신발을 판매하는 유일한 회사다. 오른발과 왼발에 맞는 신발을 따로 파는 유일한 회사라는 말이다. 경쟁이 치열한 신발 시장에서, 아톰스는 현재 별 다섯 개의 고평가 리뷰가 2,500개가 넘는다. 2018년 이 회사가 출범한 이래 매출은 끊임없는 증가세를 기록하고 있다. 현재, 이 회사는 역경을 딛고 이룬 성공을 만끽하면서도, 수요를 따라잡기에 여념이 없는 날들을 보내고 있다. 2.5밀리 단위로 신발을 판다는 식후 입가심용 민트를 활용하고 착용감이라는 요소를 분리함으로써 이 회사는 메이저 시장으로 돌격해 나가고 있다.

최악의 상황으로 브레인스토밍 하기

이 시점에 이르러, 당신은 어떻게 당신의 사업, 직장, 지역 사회에서 매력적인 경험을 제공할 수 있을지 궁금할 것이다. 여기 당신만의 솔루션을 개발할 수 있도록 고안된 간단한 브레인스토밍 기법이 있다. 앞서 언급한 바와 같이, 일반적인 브레인스토밍은 점진적이고 다소 지루한 아이디어를 양산해내는 경향이 있다. 반면, 극단의 아이디어 브레인스토밍 기법은 상상력을 완전히 새로운 수준으로 끌어올려 준다.

단일 기회 요인을 분리하는 작업부터 시작하라. 사이러스 에어크래프트는 안전이었다. 아톰스는 신발 착용감이었다. 당신은 제조 효율성, 고객 서비스, 데이터 마이닝 등 광범위한 사업 요소를 생각해볼 수 있다. 또한 "어떻게 하면 직원 이직률을 줄일 수 있을까?" 혹은

"밀워키 지역에서 옥수수 토르티야 판매를 늘리기 위해 무엇을 할 수 있을까?" 같은 구체적인 문제나 기회 요인을 극단의 아이디어 브레인스토밍에 적용할 수도 있다.

목표가 설정되면 아이디어를 만드는 데 주력한다. 단 공유할 수 있는 유일한 아이디어만 극단으로 끌고 간다. 아이디어를 극단으로 끌고 가는 단계에서는 실행 요소, 비용 요소, 위험 요소를 모두 제쳐두고 창의성을 최대한 발휘하는 데에만 집중한다. 간단히 말해 아이디어가 극단적이지 않은 한 아이디어를 공유하는 것은 허용되지 않는다는 말이다.

직원 이직률을 줄이기 위한 극단의 아이디어로는 모든 사람의 급여를 두 배로 늘린다거나, 유명 쉐프를 고용해 무료로 식사를 제공한다거나, 재무부서 내에 비치발리볼 코트를 건설한다거나 하는 것들이 있을 수 있다. 밀워키에 적용할 수 있는 극단의 아이디어로는 유명한 라틴 밴드가 거대한 토르티야 차림을 하고 히트곡을 공연하는 여름 콘서트 시리즈를 시작한다거나, 행운의 우승자에게 1,100만 개의 토르티야를 주는 대회를 개최한다거나, 유명 요리사들이 매주 무료 요리 수업을 하게 하는 것이 될 수 있다.

분명한 것은 이 아이디어 중 어느 것도 전혀 실용적이지 않다는 것이다. 비용이 너무 많이 들고, 너무 터무니없다. 하지만 처음부터 극단으로 밀어붙였다가 나중에 현실로 끌어내는 것이 훨씬 더 쉽다. 극단적이지 않은 아이디로 시작하면 나중에 끌어올리기 어렵다.

비치발리볼 코트 아이디어는 직원들이 경품과 자긍심을 놓고 경쟁을 펼치는 연례 사내 체육대회로 조정될 수 있다. 토르티야 복장을 입은 라틴 밴드의 여름 콘서트 아이디어는 한 명의 음악가가 노래를 녹음해 소셜 미디어에 발표하는 것으로 축소할 수 있다. 작게 시작해 실용이 없는 이유로 포기하는 것보다 미쳤다 싶을 정도로 크게 시작해 극단에 치우친 면을 조정해나가는 것이 훨씬 더 생산적이다. 큰 혁신보다는 작은 혁신을 추구하더라도, 극단의 아이디어 브레인스토밍 기법을 활용해 극단적인 상상력을 발휘한 다음 나중에 극단에 치우친 아이디어를 현실성 있게 조정해 이 아이디어를 실행해보라.

매혹적인 경험을 만드는 5가지 비밀

당신이 활용할 식후 입가심용 민트를 아직도 찾고 있는가? 앞서 언급한 회사들이 어떤 전략을 활용해 경쟁이 치열한 분야에서 두각을 나타냈는지 생각해보라.

다양성

베네수엘라 메리다에 있는 전설적인 아이스크림 가게인 코로모토Coromoto는 가장 다양한 맛의 아이스크림을 제공하는 것으로 세계 기록을 보유하고 있다. 정확히는 860가지 맛이다. 칠리, 토마토, 오이 피클, 마늘, 적포도주, 크림 등의 맛을 제공한다. 그 가게에는 확실히 괜찮은 아이스크림도 있지만, 그렇지 않은 수백 가지의 아이스크림도 있다. 코로모토를 세계적으로 유명하게 만드는 요인은 막대한 다양성이라는 식후 입가심용 민트이다(이 아이스크림 가게는 저녁 민트(Dinner mint) 맛 아이스크림도 팔고 있을 거라고 확신한다).

선택의 폭을 넓힌다는 것은 검증된 식후 입가심용 민트 전략이다. 예를 들어 토마스 출판(Thomas Publishing)은 600만 개의 공산품, 천만 개의 CAD 도면, 50만 개 이상의 상세한 공급업체 프로필을 카탈

로그로 만든다. 이런 것들을 찾고 있다면, 이토록 큰 선택의 폭을 제공하는 회사는 어디에도 없을 것이다. 아니, 이에 근접하는 회사도 없을 것이다.

속도

칠면조 샌드위치는 아무 데서나 살 수 있다. 하지만 급하게 먹어야 한다면 지미 존스Jimmy John's(샌드위치 배달을 전문으로 하는 미국의 레스토랑 체인-옮긴이)로 눈을 돌릴 가능성이 크다. 신속한 샌드위치 배달을 보장하는 이 회사의 약속은 수백 개의 다른 샌드위치 가게들과 자신을 차별화하는 요소이다. 바쁜 사회에서 가장 빠르다는 것은 어느 분야에서나 엄청난 차별화 요소가 될 수 있다. 당신이 어떻게 업계에서 가장 빠른 총잡이가 될 수 있을지 생각해보라.

유머

등산복, 텐트, 등산화 같은 아웃도어 장비를 제공하는 소매업체 무스조Moosejaw는 레이REI, 베이스 프로 샵Bass Pro Shops과 경쟁을 펼친다. 심지어는 아마존 같은 대기업과도 경쟁을 펼친다. 상품 구색은 다를 게 없다. 가격도 다른 업체보다 싸다고 할 수 없다. 그 대신 무스조는 식후 입가심용 민트로 고약한 유머를 활용한다. 회사의 홈페이지에 가보면, 눈을 끄는 것은 특가 행사 안내가 아니라, 우스꽝스러운 문장들이다. "'어이!(boo)'가 단지 '안녕(hello)'이라는 뜻의 유령들의 언어일 뿐인데 우리 모두가 과민반응 한다고 생각해본 적 없나요?" 그게 아니면 내가 가장 좋아하는 유머 중 하나도 있다. "우리 진지하게 생각해봅시다… 쓰레기통은 어떻게 버려야 할까요?" 혹은 "저희를 팔로우해주세요. 싫으면 안 그러셔도 됩니다. 하지만 엄마가 친구들에게 자랑하실만한 멋진 사진, 증정품, 강아지 사진, 감성 문구를 저희 인스타그램에서 확인할 수 있어요"라며 소셜 미디어에서 회사를 팔로우해달라고 한다. 피드백 페이지에는 이렇게 적혀 있다. "이 바보 같은 양식을 작성해야 하긴 하지만, 무스조는 개인적 답변을 보내드리는 회사로는 하키스 용 인형(Hokey's Stuffed Dragons)을 제외한 유일한 회사입니다. 광기를 사랑합시다!"

무스조는 경쟁이 치열한 분야에서 기발함을 무기로 두각을 나타낸다. 방수 후드티를 찾고 있다면, 무스조에서 배꼽 잡을 정도로 즐거운 경험을 할 수 있다. "할인 행사를 놓치지 마세요!" 같은 뻔한 문구 대신 무스조는 이렇게 말한다. "귀하께서는 많은 돈을 절약해 아낀 돈으로 돈 접기 놀이를 할 수 있습니다." 재미 요소를 더한 카피를 쓰는 일은 회사의 비용 구조에 아무런 영향을 끼치지 않는다는 점을 명심하라.

기능성

제품이나 서비스에 어떤 사항을 추가해 기능상 이점을 창출할 수 있는가? 아이스크림 이야기로 돌아가 보자. 내 큰딸 클로이Chloe는 막 21살이 되었다. 우리 부부는 큰딸의 생일 선물로 팁시 스쿱Tipsy Scoop이라는 브랜드의 아이스크림 4파인트를 그녀에게 보냈다. 다크 초콜릿 위스키 소금 캐러멜, 라즈베리 리몬첼로 소르베, 케이크 반죽 보드카 마티니 같은 맛이 나는 이 아이스크림에는 알코올이 함유되어 있다. 우리가 생일 선물로 이것을 고른 이유는 술이 첨가되었기 때문이다. 그리고 클로이가 생일날 처음으로 술을 마신 것을 즐겼을 거라고 확신한다. 이때 고려되는 것은 완전히 새로운 제품이나 서비스를 개발하는 것이 아니라, 상상력을 활용해 상품에 작은 것을 덤으로 추가하는 것이다. 그에 비하면, 망고 마르가리타 소르베에 추가된 약간의 테킬라는 전체 비용에서 작은 부분을 차지하지만, 세상을 변화시키는 원동력이 된다.

파급력

탐스 슈즈Tom's Shoes의 엄청난 성공의 비밀은 그 회사가 만드는 신발과는 전혀 상관이 없다. 이 회사는 손님이 신발을 살 때마다 신발이 필요한 이들에게 기부하는 '하나 사면 하나 무료' 판매 정책을 개척한 회사이다. 이 회사는 16년 전에 설립된 이래로 1억 켤레의 신발 판매고를 올리며 '하나 사면 하나 무료' 판매 정책에 따라 개발도상국의 어린이들에게 1억 켤레 이상의 신발을 나눠주었다. 탐스 슈즈는 기부되는 신발 생산 비용을 소매가격에 이미 포함시켰다. 때문에 이 정책은 고객들이 회사의 자선 사업에 돈을 보태도록 하는 정말 현명한 방법이었다. 이 정책 덕에 탐스 슈즈는 다른 어떤 회사보다 돋보일 수 있다.

입가심용 민트 전략은 모두 습관적인 본능을 기르는 것이다. 제안서를 보내기 전에, 이메일을 보내기 전에, 프레젠테이션을 하기 전에, 제품을 발송하기 전에, 새로운 웹사이트를 개설하기 전에, 배심원들에게 주장을 펼치기 전에, 잠시 멈추고 다음과 같이 자문해보라. "현 상황을 한 단계 끌어올리려면 뭘 더 할 수 있을까?" 5퍼센트만 더 노력하고, 5퍼센트만 시간을 더 투자하고, 5퍼센트만 더 돈을 투자하면 된다. 그렇게 작은 것을 덤으로 추가하면 그 추가된 창의적 덤은 당신이 막대한 이득을 얻도록 만드는 발판이 될 것이다.

의사들은 왜 하늘색 수술복만 입을까?

접시가 부딪히는 소리와 떠들썩한 대화 소리가 붐비는 식당의 탁한 공기를 가득 채웠다. 전직 의과대 학생이었던 헤더 해슨은 옛 친구를 만나고 있었다. 이 친구는 길 건너편 병원에서 간호사로 일한다. 두 사람이 옛날을 회상하고 있을 때 헤더는 대화에 집중하기가 어려웠다. 그녀를 산만하게 만든 것은 감자튀김 냄새도, 바쁜 웨이트리스들의 모습도, 손에 든 금이 간 커피잔의 감촉도 아니었다. 친구의 모습이 얼마나 안 좋아 보이는지 확인하는 것을 멈출 수 없었기 때문이었다.

헤더의 친구는 아프거나 지저분한 것은 아니었지만, 그녀가 입고 있는 칙칙하고 헐렁한 병원 수술복은 끔찍해 보였다. 수술복은 그녀와 잘 맞지 않았고 거슬릴 정도로 불편해 보였다. 설상가상으로 이 유명한 수술복 브랜드는 친구의 사이즈를 전 세계에 대놓고 알려주는 것 같았다. 헤더는 수술복이 왜 그토록 끔찍한지 의아해지자 가슴이 두근거렸다. 룰루레몬이나 나이키 같은 브랜드들은 최신 유행의 운동복을 만드는데, 왜 이 수술복은 여전히 암흑의 시대에 머물러있는 것일까?

친구를 만난 후 헤더는 더 알아보기로 마음먹었다. 그녀는 의료용 의류 시장이 600억 달러(약 71조 4,000억 원) 규모의 산업이며, 미국에서만 100억 달러(약 11조 9,000억 원)에 달하는 산업이라는 사실을 곧 알게 되었다. 고용주들이 유니폼을 제공하는 제조업과는 반대로 의료용 의류는 90퍼센트가 의사나 간호사가 직접 구매한다는 사실도 알게 되었다.

보기 흉한 옷만큼이나 구매 경험도 나쁘다는 것을 알게 되었다. 간호사들은 지팡이, 휠체어, 산소 탱크 바로 옆에 진열된 헐렁한 수술복을 어두침침한 의료용품 가게에서 구매한다. 온라인으로 산다고 해도 사정은 크게 다르지 않았다. 온라인에서도 마찬가지로 칙칙하고, 피부를 자극하고, 어색한 천편일률적인 수술복 중에서 고르거나, 불쾌한 정도로 이상한 꽃무늬가 들어간 수술복이나, 추악한 야자나무가 그려진 수술복처럼 과장되고 우스꽝스러운 것 중에서 골라야 한다.

헤더는 자신이 뭔가를 알아냈다는 것을 깨달았다. 미국에만 끔찍한 의료용 수술복을 입는 의료 종사자가 거의 2,000만 명에 달하기 때문이었다. 이 시장을 목표로 삼은 그녀와 그녀의 친구 트리나 스피어는 2013년 'FIGS'를 설립했다. 이 회사는 애플, 룰루레몬, 블랙베리Blackberry, 키위 항공Kiwi Airlines처럼 과일 이름을 가진 브랜드를 따라 헤더가 가장 좋아하는 과일인 무화과(Fig)의 이름을 따서 명명되었다. 이 두 사람은 기존의 수술복보다 더 멋져 보이고 기능성도 훨씬 더 좋은 세련된 수술복을 만들기 시작했다.

FIGS의 공동 CEO 트리나 스피어(왼쪽), 헤더 헨슨(오른쪽).
출처_wearfigs.com

실과 천을 주문하기 전에, 두 사람은 문제와 사랑에 빠졌다. 전통적인 수술복의 문제를 더 잘 이해하자는 차원에서 보건 전문가들을 인터뷰하는 데 수십 시간을 투자한 결과였다. 시술 중에 결혼반지를 보관하기에 적당한 데가 없기 때문에 여의사들이 결혼반지를 브래지어 끈에 묶어둘 때가 많다는 사실을 알게 되었다. 그들이 인터뷰한 한 의사가 밝히기를, 일하면서 결혼반지를 여러 번 잃어버려 다섯 번째에는 반지 대신에 팔찌로 바꾸기까지 했다고 말했다.

기능성 주머니가 부족한 것 외에도, 이 지저분한 수술복은 잘 맞지 않아서 환자 회진 때나 심지어 수술하는 도중에도 찢어질 때가 있었다. 공동 창업자인 트리나 스피어는 이렇게 말했다, "바지가 흘러내리는데 어떻게 생명을 구하고, 병을 고치고, 환자를 돌보는 데 집중할 수 있을까요?" 게다가, 거친 천은 간호사들의 피부에 너무 자극적이었고, 많은 병원 직원들 사이에서 농담거리로 전락한 지 오래였다.

일상의 혁신가들의 두 번째 DNA를 따라 헤더와 트리나는 준비를 마치기 전에 시작했다. 두 사람은 퇴직연금을 현금화하고 신용카드 한도를 최대로 늘려 시제품 제작에 들어갔고 소량의 시제품 제작에 성공했다. 그간의 연구 결과를 바탕으로, 그들은 FIGS 수술복이 모양새 나고, 멋지고, 편안할 뿐만 아니라 고도의 기능성까지 갖추도록 디자인했다.

치약 한 방울까지 아껴 쓰듯 자원을 아끼고 재활용한 그들은 의료진들이 교대 시간에 들를 수 있도록 병원 주차장에 커피 가판대를 설치했다. 이 둘은 멋진 FIGS 수술복을 차려입고 의료진들에게 신선한 커피를 나눠주었다. 무료 커피에 이끌려 커피 가판대까지 오게 된 병원 직원들은 즉시 멋있고 잘 만들어진 수술복을 알아보았다. 헤더와 트리나는 수술복을 근처에 주차해둔 자신의 차 트렁크에서 기꺼이 팔았다. 몇 주 만에 그들은 공짜 커피를 나눠주는 것을 포기해야 했다. 트렁크에 수술복을 가득 싣고 올라올 때마다 그들을 기다리는 극성 고객들이 너무 많았기 때문이다. 얼마 지나지 않아 수요는 폭발했다. 디자인과 기능성을 겸비한 덕에 소문이 급속도로 퍼지며 손님들은 장사진을 이루었다.

헤더와 트리나는 사업을 공식화했다. 디자인도 다듬고, 신규 자본을 끌어들여 대량 생산 체제도 갖췄다. 초기에는 고객 수요가 없었던 것은 아니지만, 성장은 순탄하지 않았다. "얼마 전 우리는 생산에 관련된 문제에 봉착했어요. 바지의 솔기가 바뀐 겁니다. 그러니깐 남성용 바지에 여성용 솔기 길이가 적용됐던 거였죠." 트리나는 회상했다. "저희는 남성 고객들로부터 '제 제품이…'라는 제목의 이메일을 여러 통 받고서야 그 사실을 알았어요. 지금은 웃으며 얘기하지만, 그 당시에는 정말 충격적이었죠. 그 바지는 첫 번째로 생산된 것이었거든요. 우리는 이 회사에 우리의 모든 돈을 쏟아 부었습니다. 첫 생산에서 이런 일이 벌어지니, 사기가 많이 꺾였었죠."

두 친구는 배우고 인내했다. "불행 중 다행으로 이런 일이 일찍 일어난 덕에 다시는 이 같은 일이 반복되지 않았을 수 있었어요. 그래서 지금은 기쁜 일로 받아들이고 있습니다"라고 트리나는 설명했다. "게다가 이 일은 좋은 이야깃거리입니다. 뒤돌아보지 않고 앞으로 나아갈 수도 있게 해주기도 하고요. 유연하면서도 끈기 있는 사람으로도 만들어줍니다."

생산 문제를 겪은 후 이 회사는 무서운 속도로 성장해나가기 시작했다. 세상을 뒤집어놓은 이 공동 창업자들은 언론의 관심을 끌었다. 그 덕에 배우 윌 스미스Will Smith와 룰루레몬의 전 CEO 크리스틴 맥코믹 데이Christine McCormick Day를 비롯해 유명 투자자들로부터 7,500

만 달러(약 882억 원)의 투자를 유치할 수 있었다.

자동차 트렁크에서 제품을 팔기 시작한 지 7년 만에 FIGS의 매출은 2018년에는 1억 달러를 기록했고, 2020년에는 2억 5,000만 달러(약 2,984억 원)에 이를 것으로 예측된다, 2014년 기준으로 매출이 9,938퍼센트 증가한 것이다. 헤더와 트리나는 언스트앤영 올해의 최우수 기업가상(Ernst&Young Entrepreneur of the Year)을 수상했다. 그뿐만 아니라, 〈패스트 컴퍼니〉는 FIGS를 세계에서 가장 혁신적인 기업 중 하나로 선정하기까지 했다.

헤더와 트리나의 의료 의류 산업으로의 진출은 단순한 식후 입가심용 민트에서 비롯되었다는 점을 명심하라. 그것은 바로 멋져 보이는 수술복이다. "우리는 현대 의료 전문가들을 위한 혁신적이고 편

FIGS는 의료용 의류에 소재, 컬러, 기능성 등 다양한 요소들을 추가하며 기존에 없던 혁신을 일궈냈다.

출처_figs facebook

안할 뿐만 아니라 최고의 기능성까지 갖춘 의료용 의류를 개발함으로써 의료 분야를 변화시키고 있습니다." 헤더는 설명했다. "우리는 여러분이 입는 것이 여러분이 어떻게 느끼고 궁극적으로 어떻게 행동하는지에 영향을 준다고 믿습니다. 우리가 FIGS를 만든 이유는 어떤 일이 있어도 여러분이 멋져 보이고, 기분 좋고, 업무 성과를 최대로 올릴 수 있도록 하는 데 있습니다."

혁신을 이어나간 이 회사는 '끊임없이 실험하라' 원칙도 채택했다. FIGS는 현재 대만에서 혁신 센터를 운영하고 있고, 로스앤젤레스 본사에서는 185제곱미터가 넘는 디자인 연구소를 운영하고 있다. 현재 디자인 팀에는 랄프로렌과 룰루레몬 출신의 노련한 패션 전문가들은 물론이고 스키복 전문 회사와 스포츠 의류 전문 회사 출신의 소재 전문가까지 포진해 있다. FIGS는 매주 공개되는 새로운 스타일과 함께 매월 새로운 색상까지 출시한다. 유행의 트렌드를 반영해 한정판 컬렉션 또한 제작하고 있다. FIGS는 최근 뉴발란스New Balance와 제휴하여 한 번에 최대 14시간 동안 서 있는 의료직 종사자들의 수요에 맞춰 특별 디자인했을 뿐만 아니라 고급스러움, 기능성, 착용감까지 고루 갖춘 신발을 공동 개발했다.

47개의 제조 공장과 매년 8~12세트의 수술복을 구매하는 100만 명에 가까운 고객을 거느린 FIGS는 그 누구도 막을 수 없을 것처럼 보인다. 헤더와 트리나는 패션을 자신의 첫 번째 식후 입가심용 민트로 분리함으로써 지겹고 고리타분한 의료용 의류를 완전히 새로운 차원으로 끌어올렸다. 모양새 나고 예쁜 수술복에 편안함이라는 식후 입가심용 민트가 추가되었고, 그다음에는 고도의 기능성을 갖춘 수술복이라는 식후 입가심용 민트가 또 추가되었다. 헤더는 번개처럼 떠오른 단일한 영감을 통해 완벽한 수술복을 만든 것이 아니다. 단순한 상품에 불과했을 수술복에 조그마한 무언가(패션)를 추가함으로써 완벽한 수술복을 만드는 길로 접어들 수 있었다. 이 회사는 한 번에 한 가지의 식후 입가심용 민트, 즉 작지만 특별한 경험을 의료용 의류에 추가함으로써 시장을 선도하는 업체로 성장했다.

이제 일상의 혁신가들의 여덟 번째이자 마지막 DNA를 알아볼 차례이다. 그것은 바로 '어떤 실패도 두려워하지 마라'이다. 우리는 끈기와 회복력이 창의적 프로세스에 얼마나 중요한지 살펴볼 것이다. 굉장히 웃긴 실패 사례들을 살펴보고 활활 타오르는 불길이 어떻게 눈부신 재탄생을 일으키는지, 창의성과 끈기가 만나 레이싱 드론의 세계에 어떤 일이 벌어지게 했는지 함께 볼 것이다.

Chapter

12 어떤 실패도 두려워하지 마라: 회복력

격렬한 화염이 벽을 이루며 밤하늘로 높이 치솟자 마치 화산 폭발처럼 보였다. 엄청난 파괴의 흔적을 남긴 격렬한 불길을 잡는 데 115명의 소방관들이 동원되고, 7시간 이상이 걸렸다. 뉴욕주 피시킬의 의류 브랜드 갭Gap 물류센터에서 발생한 2016년 화재는 설비, 재고, 창고 공간을 수용하고 있던 약 18만 제곱미터가 넘는 면적을 잿더미로 만들고 말았다. 다행히 인명피해는 없었지만 이 화재로 갭은 사업에 큰 타격을 입으며 앞날을 장담할 수 없는 처지가 되었다. 갭에서 두 번째로 큰 규모의 물류시설이었던 이곳은 중대한 연휴 쇼핑 시즌을 불과 3개월 앞두고 전소되었다. 이로 인해 갭은 고객 주문 처리 불능이라는 초유의 사태에 빠지게 되었다.

비유적으로나 혹은 실제로 그랬거나 우리는 모두 살아오면서 불길을 만나봤을 것이다. '실패의 영광'이라는 판에 박힌 말들이 난무하지만, 그런 간단한 말 한마디로는 큰 좌절에 따른 고통을 덜 수는 없다. 현실을 직시하자. 좌절에 굴복하는 것은 누구도 원치 않는 고통스러운 경험이다. 격자무늬 재킷을 입은 동기부여 연사가 실패를 사랑하라고 말하는 것은 별개의 문제이다. 그 케케묵은 이야기는 우리가 고통스러운 패배를 극복하는 데 큰 도움이 되지 않는다. 나는 개인적으로 정말 많이 실패해봤다. 단언컨대 그 순간에 우리가 절대 듣고 싶지 않은 말은 바로 뻔하고 가식적인 말들이다. 바닥에서 피를 흘리고 있을 때 필요한 것은 포옹이 아니라 계획이다.

화재와의 사투 이야기로 돌아가보자. 갭은 일상의 혁신가들의 여덟 번째 DNA를 받아들여야 했다. '어떤 실패도 두려워하지 마라'이다. 7번 넘어져도 8번 일어나라, 즉 '7전 8기'는 일본말인 '七転び八起き(나나코로비야오키)'를 번역한 것이다. 이 문구는 선禪(불교의 한 종파)에서 유래한 속담으로 회복력을 나타내는 말이다. 암울한 전망에도 불구하고 패배를 인정하지 않고 역경을 극복하기란 쉬운 일이 아니다. 이 말이 우리에게 주는 가르침은 감정이 고조될 때에도 냉철함을 유지하고, 체계적인 방법을 통해 다음 단계에만 집중하고, 변화하는 상황에 적응할 수 있는 유연성을 갖추라는 것이다.

갭의 리더들은 굳은 결의로 1,300명의 해고 직원들을 어떻게 하면 업무로 복귀시킬 수 있을지 그 방법을 찾아내야 했다. 고객들이 제품을 제때에 받을 수 있도록 하기 위함이었다. "정말 힘든 시기였습니다." 갭의 세계 물류 사업부 수석 부사장 케빈 쿤츠Kevin Kuntz는 말했다. "우리는 그날 밤 내슈빌에 원격 지휘 센터를 세웠습니다."

쿤츠와 그의 팀은 창의력을 활용해 가능한 한 빨리 회복하고자 실용적인 조치에 초점을 맞췄다. 팀은 인근 창고에 '임시(Pop-up)' 물류센터를 구축했다. 그렇게 함으로써 수작업으로라도 주문을 제때

처리할 수 있게 되었고, 대규모 재건 계획도 구체화될 수 있었다. 임시 물류센터는 효율적이지는 않았지만, 다행히 제 기능은 해주었다. 그래서 갭, 올드 네이비Old Navy, 바나나 리퍼블릭Banana Republic, 애슬리티카Athletica의 고객들은 자신이 주문한 옷을 제때에 받을 수 있게 되었다. 그러자 팀은 문제 해결 단계로 돌입해 반등과 재건을 위한 일련의 도전 과제와 맞서 싸웠다.

급했던 문제들이 안정을 찾아가자 팀은 불에 탄 잔해에서 기회를 보기 시작했다. 어차피 재건 작업을 할 수밖에 없는 이 상황을 혁신의 발판으로 삼기로 결정했다. 이전 물류센터는 잘 돌아가고 있었다. 그래서 운영 방식을 재정의하고 바꿀 필요가 없었다. 하지만 백지상태에서 시작하면 장비에서부터 직원 채용, 안전 수칙에 이르기까지 모든 것을 완전히 재설계할 수 있었다. 이는 미래형 운영 체제를 구축할 좋은 기회일 뿐만 아니라 생산성과 효율성까지 새로운 수준으로 끌어올릴 기회였다. 이 팀은 타 물류센터의 모범이 될 물류센터로 재탄생시키기로 결정했다. 실제로 이 물류센터는 효율성이 매우 커 전 세계에 있는 다른 갭 운영 센터의 모범으로 자리 잡았다.

"백지상태였기 때문에 내일, 내년, 향후 10년을 내다보는 물류센터를 어떻게 구축할 수 있는지가 가장 중요했습니다." 당시 CEO였던 아트 펙Art Peck은 단정적으로 말했다. "혁신이 필요한 순간이었습니다." 펙이 말한 대로 백지상태였던 덕에 회사는 로봇을 활용한 배송물 분류, 기계 학습, 광범위한 센서 네트워크 같은 신기술을 활용해 운영을 최적화할 수 있었다. 이 팀은 인력 배치, 물류, 입출고 관리, 환경보호 조치에 대해서도 동일하게 백지상태 접근 방식을 취했다. 화재로 인해 그 팀은 업무의 모든 면을 혁신해야 했다.

화마가 휩쓸고 지나간 지 2년째에 접어들어, 이 물류센터는 전 세계 물류센터 중 가장 효율적인 곳이 되었다. 하루에 100만 건 이상의 주문을 처리할 수 있는 능력도 갖추게 되었다. 회사 성명에 따르면 "새로 구축된 물류센터는 화재 전에 비해 두 배에 가까운 일일 배송물 분류 능력을 갖추게 되었다."

"위기의 시기에는 본색을 드러내게 됩니다. 이를 계기로 갭은 최상으로 거듭났습니다." 글로벌 공급망과 제품 사업부의 부사장 숀 쿠란Shawn Curran은 말했다. 갭은 이번 화재를 전체 접근 방식을 재고하는 기회로 활용했다. 그 덕에 혁신의 물결은 갭의 다른 분야로 확산되었다. 뉴욕 피시킬에서 발생한 화재 덕에 새로운 불길이 갭을 휩쓸었다. 새로운 불길이란, 바로 조직 전체에 창의성이 퍼져나가는 것이었다.

7전 8기의 정신은 창의성과 회복력이 만나는 교차점이라는 말로 가장 잘 설명된다. 이는 '못할 게 없다'라는 근거 없는 낙관주의에서 나온 것이 아니라 역경에 대한 신중한 반응에 근거한 것이다. 일상의 혁신가들은 불굴의 끈기 대신에 매번 접근 방식을 바꿔가며 좌절을 반등의 기회로 활용하고, 창의적인 사고를 활용해 길을 열어간다. 옳고 그름을 판단하지 않는 혁신가들은 좌절을 차후에 창의적 시도를 할 때를 위한 참고 데이터로 본다. 집념을 상상력과 융합시키고 아이디어를 창의적으로 수정하고 조정하며 싸움에서 승리한다.

구글의 243가지 실패

영화를 보면 창의적인 돌파구는 순식간에 구상되고 완성된다. 재간이 넘치는 주인공은 아하! 순간을 맞이하기가 무섭게, 아이디어를 몇 초 만에 완성하고 실행한다. 영화에 등장하는 혁신은 경찰 드라마나 아침 드라마만큼이나 극적이다. 문제는 우리가 이 신화에 매료되어 터무니없이 비현실적인 기준을 고수하고 있다는 것이다. 우리의 아이디어가 뒤죽박죽이고, 허술하고, 다듬어지지 않은 채로 떠오를 때면 우리는 이 아이디어를 완전히 실패한 것으로 치부해버린다. 설상가상 우리는 스스로 매우 창의적이지 못하다고 믿거나 다른 이들의 기대에 미치지 못한다고 믿어버린다. 판타지와는 정반대로 어째서 혁신은 일련의 좌절과 실수를 통해 나타날 때가 가장 많은 건지 알아보자.

첫째, 새로운 아이디어는 깔끔하지 못하다고 생각한다는 것이다. 아기가 갓 태어나면 스스로 먹고 잘 거라고 기대하지 않는 것처럼, 우리는 새로 태어난 아이디어에 대해 비현실적인 기준을 세워서는 안 된다. 초기의 아이디어들은 결점이 있기 마련이다. 예술가들이 할 일은 작품을 창작하는 것이기는 하지만, 작품이 제대로 완성될 때까지 작품을 시험하고, 검토하고, 다듬는 과정 또한 중요하다. 예술가(우리 모두가 예술가라는 사실을 잊지 말자)는 좌절과 실수가 창작 과정의 일부라고 생각할 뿐만 아니라, 첫 번째 시도가 실패로 돌아갔다고 해서 관두고 마는 것은 상대가 첫수를 두자마자 체스판을 뒤집어엎는 것과 같다고 본다.

둘째, 모든 아이디어가 실현되는 것은 아니라고 생각하는 것이다. 실패 없이는 성공한 발명가도 없고, 졸작 없이는 전설적인 시인도 없고, 잘못된 음표 없이는 훌륭한 음악가도 없다. 실수가 없다는 것은 우리가 충분히 노력하지 않는다는 뜻이다. 일상의 혁신가들은 실패 자체가 좋아서 실패하는 것이 아니다. 실패를 창작 과정의 중요한 일부분으로 받아들일 뿐이다. 최악의 작품을 만들며 얻은 지식과 통찰은 다음에 태어날 걸작의 밑거름이 된다.

혁신가들은 창의적 발견을 하려면 7전 8기 정신을 발휘해야 할 때가 있다는 사실을 잘 알고 있다. 가장 성공적인 조직들도 마찬가지이다. 예를 들어, 구글은 놀라울 정도로 큰 성공을 일궜지만 구글이 모든 것을 성공한 것은 아니다. 실패도 많았다. 웹사이트 'killedbygoogle.com'은 거대 테크 기업 구글이 무덤으로 보낸 243가지의 작품들을 열거하고 있다. 찬사를 받는 구글의 서비스나 앱 옆에 있는 묘비 아이콘은 구글이 얼마나 실패했는지 시각적으로 잘 보여준다.

각 묘비 옆에는 구글의 해당 서비스나 앱이 무엇인지, 얼마나 오랫동안 지구를 빛냈는지 설명하는 글귀가 있다. 구글 리더들은 작별 인사를 하고 손실을 감수하는 것을 두려워하지 않는다. 단 몇 달 만에 유명을 달리한 서비스나 앱도 있다. 예를 들면, 구글 릴레이티드Google Related는 사람들이 인터넷 서핑을 할 때 유용하고 흥미로운 정보를 찾을 수 있도록 도와주는 길잡이가 되려 했던 서비스이다. 이 서비스의 결점을 인지한 구글의 리더들은 눈 하나 깜짝하지 않고 8개월 만에 사망시켰다. 구글 핫팟Google Hotpot도 있다. 옐프처럼 근처 레스토랑을 추천하고 평가하는 서비스이다. 구글은 이 서비스를 출시한 지 5개월 만에 사망시켰다.

미래를 내다보고 야심차게 내놓은 서비스를 중단한 사례도 있다. 수년 동안 지속해온 서비스를 중단하려면 막대한 투자 손실도 감수해야 하고 조직도 재배치해야 한다. 하지만 구글은 앞으로 나아가기 위해 기꺼이 이런 서비스를 중단시킨다. 온라인상에서 인기를 끄는 장소들을 분류해 열거하는 서비스인 구글 디렉토리Google Directory는 11년 동안이나 운영되었다. 하지만 구글은 이 서비스 또한 사망시켰다. 기업 고객용 검색 솔루션을 제공하는 하드웨어 장치였던 구글 서치 어플라이언스Google Search Appliance는 17년이라는 긴 세월 동안 유지되다가 이내 사라지고 말았다.

디지털 사진 정리 및 저장 서비스였던 피카사Picasa에서부터 화상 채팅과 메시지를 위한 통신 플랫폼인 구글 행아웃Google Hangouts에 이르기까지, 구글은 실패를 숨기려 하지 않는다. 실패를 환영한다. 구글은 실패가 만들어주는 아름다움과 통찰력을 인식하고, 남겨진 빈 공간을 창의성의 표출을 위한 새로운 공간으로 활용한다.

P&G의 신시내티 글로벌 본부에서도 비슷한 접근 방식을 활용한다. P&G의 '실패의 벽'은 1837년 회사가 설립된 이래로 존재했던 실패작들을 보여준다. 실패의 벽 전시와 P&G의 역사를 담당하는 리사 멀바니Lisa Mulvaney는 "실패의 벽보다 더 나쁜 것은 실패의 벽 같은 전시가 없어서 왜 제품이 별 효과가 없었는지 잊어버리고는 같은 실수를 반복하는 것입니다"라고 설명했다.

전시된 것 중 리사가 가장 좋아하는 실패작 중 하나는 페브리즈 센트스토리즈Febreze Scentstories이다. 향기 목록을 만들어내는 CD 플레이어처럼 생긴 기계로 15분마다 새로운 향기가 방출되어 방의 상쾌함을 유지해준다. 왜 그 기계로 음악을 재생할 수 없는지 의아해하며 혼란스러웠던 소비자들은 이 제품을 재빨리 거부했다. 우아하게 전시된 또 다른 실패작으로는 차민 스페이스 메이커Charmin Space Maker라는 두루마리 화장지도 있다. 마트 진열대나 가정 창고의 공간을 절약할 수 있도록 설계된 두루마리 화장지였다. 이 두루마리 화장지는 두루마리를 납작하게 찌그러뜨려 더 작게 밀봉 포장한 두루마리 화장지였다. 하지만 포장을 열면 찌그러진 상태가 유지되는 이 두루마리 화장지를 고객들은 반기지 않았다.

구글과 마찬가지로 P&G도 자신의 실패를 환영하는 기업이다. P&G는 좌절을 가감 없이 공개하고 그로부터 배울 수 있다고 자신한다. 혁신가의 모든 유산이 창의적인 성공의 기반이 될 수도 있고 실패의 기반이 될 수 있다는 사실 또한 잘 알고 있다. 실패의 벽이 P&G에서 일하는 수천 명의 잠재적 혁신가들에게 보내는 메시지가 무엇인지 생각해보라. 책임감 있는 리스크 감수는 괜찮다는 메시지이다. 자신이 일하는 공간이 창의성을 표출하기에 안전한 곳이라는 메시지이다. 리스크 감수 자체가 위험천만한 것이라고 생각하는 사람이 있다면 나는 이들에게 정중하게 묻고 싶다. 아무것도 하지 않으면 리스크는 없어지게 되는 것인가? 내 말이 엉뚱한가? 내 말이 잘 믿기지 않는가?

억만장자에서부터 유명 기업가나 그래미상을 받은 가수에 이르기까지, 최고 중의 최고는 승리는 말할 것도 없고 실패도 더 많이 한다. 이들은 자신의 실패를 불명예가 아니라 명예로운 훈장으로 여긴다. 이들은 배우고, 적응하고, 발전하기 위해 패배의 짧은 고통을 견뎌낸다. 장기적인 승리는 끝없이 많은 단기적 실패들이 쌓여 만들어 낸 직접적인 결과물일 때가 많다.

스웨덴의 실패 박물관

새뮤얼 웨스트Samuel West 박사는 실패를 좋아한다. 혁신을 위한 최적의 조건을 어떻게 하면 만들 수 있을지 고민하는 조직 심리학자이다. 그는 실패가 조직의 창의성을 장려하는 역할을 한 사례와 방해하는 역할을 한 사례 모두를 연구했다. 그는 실험 정신과 탐구 정신을 장려하자는 차원에서 2017년 스웨덴 헬싱보리에 '실패 박물관'을 열었다. 이름에서부터 알 수 있듯이 이 곳은 세계에서 가장 큰 성공을 거둔 기업이나 단체가 만들어낸 실패작들을 전시한 곳이다.

시장으로부터 거부당한 선의의 아이디어들이 전시돼있는 이곳의 대표작은 미래형 자동차로 유명했던 포드 에드젤Ford Edsel이다. 포드는 이 차를 위해 디자인과 마케팅에 많은 돈을 투자했다. 하지만 이 비싼 자동차는 상업적으로는 완전한 실패작이었다. 반스 앤 노블Barnes & Noble의 눅Nook은 아마존의 킨들Kindle을 모방한 전자책 단말기였다. 멋진 새로운 기능들이 없는 것은 아니었지만, 눅은 유리한 고지를 선점한 아마존의 킨들을 끝내 극복하지 못했다. 코카콜라는 2년이라는 시간을 투자해 코크 블랙Coke BlaK을 개발했지만 콜라와 커피를 혼합한 코크 블랙은 소비자들의 관심을 끌지 못하며 서둘러 사라지고 말았다.

그리고 출시되지 말았어야 했던 동떨어진 제품들도 있다. 애완동물용 식수 목마른 개와 목마른 고양이(Thirsty Dog and Thirsty Cat)는 기존의 애완동물용 식수를 대체하는 새로운 식수였다. 맛이 첨가되고, 비타민 강화 성분이 들어간 샘물이었다. 이 물은 개에게는 바삭한 쇠고기 맛, 고양이에게는 톡 쏘는 생선 맛으로 출시되었다. 이 물은 상품을 개발한 이에게만 충격을 안겨주며, 1년도 채 되지 않아 사라지고 말았다. 유로클럽UroClub을 누가 잊을 수 있겠는가? 유로클럽은 평범한 골프채처럼 보이지만 사실 교묘하게 위장된 소변기이다. 세트로 구성된 수건으로 골프채 손잡이 부분을 가린 채 뚜껑을 열고 사용한다. 이 상품을 사용할 때 가장 중요한 것은 다음에 어떤 샷을 칠건지 고민하는 것처럼 보이도록 노력해야 한다는 점이다.

9홀을 도는 동안 소변을 참아야 하는 골퍼가 얼마나 될지 생각해 보면, 시장 규모는 분명히 그다지 크지 않은 것 같다. 그런데 반전은 플로이드 세스킨Floyd Seskin이라는 비뇨기과 의사가 심야 광고를 보고 30만 달러를 투자해 아직도 손해를 보고 있지 않다는 것이다. 유로클럽은 여전히 기발한 선물로 잘 팔려나가고 있기 때문이다.

"혁신에는 실패가 필요하다"라는 실패 박물관의 슬로건은 성공을 거두지 못한 창의적인 시도를 축하한다. 웨스트 박사는 이렇게 설명했다. "혁신과 진보는 실패를 받아들여야 합니다. 박물관은 실패에 대한 생산적인 논의를 촉진하고 의미 있는 위험을 감수하도록 장려하는 것을 목표로 합니다." 이 전시는 최근 로스앤젤레스에 전시 공간을 확보해 상설 박물관으로 거듭나게 되었다. 상하이와 파리, 서울에서도 임시 전시회를 개최한 바 있다.

웨스트 박사는 혁신을 추구하는 더 많은 조직들이 창의적 작업의 필수적 동반자인 실패에 대한 내성을 높여야 한다는 점을 잘 보여준다. 아이러니하게도 박물관을 개관할 때 실패 전도사인 본인조차도 실수를 저질렀다. 박물관의 도메인 이름을 등록할 때 '박물관'이라는 단어의 철자를 잘못 쓴 것이었다. 그 때문에 실패를 기리는 박물관을 열기도 전에 실패부터 한 것이다. 서투른 철자법에도 불구하고 웨스트 박사는 실패가 창의적 과정의 중요한 일부분이라는 점을 몸소 보여줌으로써 실패의 오명을 씻고 있다. 그 덕에 우리는 실패가 나쁜 것이 아니라는 점을 알 수 있었다. 물론 그가 실수로 그런 식으로 스펠링을 잘못 쓰지 않았다면 우리는 그 점을 몰랐을 것이다.

실패를 극복하게 만드는 슬립 기법

톰 리파이Tom Rifai 박사는 나처럼 자칭 '피자홀릭'이다(그는 '초콜릿 과자 킷캣KitKat 해부학'으로 박사학위를 취득하기도 했다). 그는 피자 애호가이자 음식 애호가이자 친애하는 친구일 뿐만 아니라, 웰빙 전문 회사 리얼리티 미츠 사이언스Reality Meets Science의 설립자이다. 톰 박사는 하버드대학교가 인정한 최적의 건강을 위한 생활습관 시스템을 개발했다. 이 시스템은 내 '나쁜' 콜레스테롤을 약 없이 거의 절반으로 줄이고, 심장마비 위험을 50퍼센트 이상 줄일 수 있도록 도와준 프로그램이기도 하다. 그 여정에서 그가 내게 공유한 많은 도구 중 하나인 '슬립SLIP 기법'은 건강에 좋은 식단을 위한 효과적인 인지 행동 치료('마음가짐'이라고 생각하면 된다) 기법일 뿐만 아니라, 어떤 장애가 찾아왔을 때도 생산적인 접근법이다.

슬립은 멈춤(Stop), 보기(Look), 조사(Investigate), 계획(Plan)의 약자이다. 슬립은 우리의 사고방식을 위기에서 기회로 바꿔준다. 슬립은 단순하고 객관적인 기술로서 우리에게 얼마나 큰 좌절이 닥쳐도 다시 마음을 가다듬고 회복할 수 있도록 도와준다. 예를 들어, 금요일 밤에 소시지 하나, 페페로니 피자, 레드 와인이 미치도록 먹고 싶다면 슬립 기법을 작동시켜 식욕을 극복할 수 있다. 슬립이 없었다면 많이 먹게 된 책임을 다른 데로 돌리려 했을 것이다. 우리가 재정비해 이성을 되찾으려 하지 않을 때, 좌절과 수치심은 소용돌이치며 쓸모없는 행동과 선택으로 재빨리 번지게 된다.

그런 이유로, 슬립 기법의 첫 단계는 다음 행동을 취하기 전에 멈추는 것(Stop)이다. 나는 글루텐이 지나치게 많이 함유된 저녁 식사를 마친 후라면 내 고통을 마비시킬 '빠른 해결책'을 작동시킨다. 그래서 메이플 시럽 도넛을 먹고 싶다는 핑계로 잠에서 깨어나야 할지도 모른다. 하지만 내가 느끼는 고통은 바로 죄책감이다. 멈춤 단계는 "이성을 찾고", 이미 일어난 일을 학습의 순간이자 더 나아질 기회로 정직하게 받아들이는 단계이다. 스스로에게 이렇게 말할지도 모른다. "그만해, 괜찮아. 나는 인간이고 죽지 않았으니 계속 한계를 초월해야 할 이유가 없어."

두 번째 단계로 넘어가 객관적이고 현실적이며 균형 잡힌 시각으로 상황을 바라본다(Look). "모 아니면 도"라는 자포자기에서 벗어나는 것이다. "그래, 필요 이상으로 너무 많이 먹고 마셨다. 그렇기는 했지만, 결코 내가 정말 나쁜 놈이나 망나니는 아니다. 그렇게 된 것은 내 책임이다. 하지만 나는 다음에 일어날 내 행동을 스스로 결정할 수 있다. 앞으로는 더 잘 할 것이다."

세 번째 단계에서 상황을 조사한다(Investigate). 이때 나는 어떤 일이 일어났는지 객관적이고 동정적으로 평가할 것이다. "좋아, 친구들과 있는 바람에 음식과 술을 너무 많이 먹어버렸네. 되돌아보면(즉, 조사하면) 행동을 조금 바꾼다 해도 여전히 즐거운 시간을 보낼 수 있어. 다음번에는 와인 한 잔과 탄산수 한 잔만 마실 거야"처럼 말이다. 그렇게 하면 적게 먹게 될 뿐만 아니라 상실감까지 없앨 수 있다. 그리고 슬립 기법이 작동하면 피자를 마음껏 먹게 될지도 모르는 상황에도 그에 앞서 건강에 좋은 샐러드로 시작할 수 있게 될지도 모른다. 그렇게 되면 결국 피자 두 조각을 흡입하는 일을 쉽게 피할 수 있게 된다.

나는 계획 단계(Plan)로 넘어가 다음에 무엇을 할지 신중하게 선택한다. 이때 나는 앞으로 3일 동안 건강에 좋은 것들을 먹기로 결정한다거나, 열량 소모를 위해 유산소 운동을 추가할 수도 있다. 나는 미래를 위해 신중한 접근 방식을 계획하기도 한다. 그래서 다음에 피자와 와인을 마시며 친구들과 어울리게 될 때, 내 자신이 그 순간에 망가지지 않기 위해 전략을 미리 짜놓을 수도 있다. 멈추고, 보고, 조사하고, 계획하는 것이다.

간단한 이 슬립 기법은 뼈아픈 패배를 당한 후에 취할 수 있는 이상적인 접근법이 된다. 중요한 프레젠테이션을 망쳤거나, 부정적인 업무 평가에 시달렸거나, 투자자가 투자를 취소하거나 했을 때, 잠시 시간을 갖고 슬립 기법으로 문제에 대처하면 실패로부터 배우는 데 도움이 된다. 우리는 한 가지 나쁜 상황이 더 이상 여러 가지로 확산되는 것을 원치 않기 때문에 실수를 빨리 막는 것이 상황을 정상으로 되돌리는 데 도움이 될 것이다. 리파이 박사는 지금 당장은 패배한 것처럼 느껴지더라도 슬립 기법을 받아들이고 패배로 생각하지 말라고 격려한다. 슬립 기법은 얼마나 많이 실패했든지 상관없이 다시 당당하게 일어설 수 있게 하는 강력한 기법이다.

처참한 실패가 만든 드론 레이싱 리그

조종간을 꽉 쥐자 또 다른 비행선이 충돌을 불과 몇 센티미터 남긴 지점까지 따라붙는다. 그리고는 그 비행선은 확 지나가고 형광 핑크색 터널 속으로 들어간다. 최고 속도로 비행을 하고 있을 때, 다른 비행선이 또 나타나 근처 벽에 충돌한다. 뭔가 불타며 폭발하는 것을 간신히 발견한다. 보라색 장애물이었다. 이 장애물에 가까워지는 바람에 길을 찾으려면 거꾸로 비행선을 선회해야 한다. 헤비메탈 음악이 헤드폰에 크게 울린다. 덕분에 고성능 엔진이 내뿜는 굉음은 들리지 않는다. 마치 미래형 전투기 함대가 반란군 연합을 보호하기 위해 항공 곡예를 하는 영화 〈스타워즈: 에피소드 1 – 보이지 않는 위험Star Wars: Episode I The Phantom Menace〉에 나오는 치열한 전투 속에 들어가 있는 느낌이 들 것이다.

하지만 내가 말하고자 하는 것은 공상 과학 영화가 아니다.

"드론 레이싱 리그Drone Racing League는 드론 경주를 위한 세계적인 전문 서킷입니다." 이 리그의 설립자이자 CEO인 니콜라스 호바체프스키Nicholas Horbaczewski는 대화를 시작하며 말했다. "우리는 매우 새롭고, 빠르고, 흥미롭고, 기술 집약적인 이 스포츠 대회를 전 세계에 수천 명의 관중 앞에서 개최하고, 90개국 이상, 수천만 명의 팬들에게 중계합니다."

드론계의 F1 경주로 묘사되는 드론 레이싱 리그는 속도, 드라마, 경쟁, 기술의 총화이다. 이 스포츠는 현재 성공 가도를 달리고 있다. 하지만 이 스포츠를 출범하기란 경주 자체만큼이나 무척 어려운 일이었다. 니콜라스는 자신의 비전을 현실로 만들기는 했지만, 영광과 추락, 승리와 참패를 모두 경험한 인물이다. 이제 니콜라스와 함께 우리는 그의 인생사가 어떻게 7전 8기를 잘 보여주는 예인지, 그리고 왜 그가 일상의 혁신가들의 여덟 번째 DNA까지도 잘 보여주는 사례인지 알아볼 것이다.

드론 경주는 호주의 아마추어 조종사들이 무인항공기를 수리하다가 2010년에 시작되었다. 그러다 드론에 카메라를 설치하기 시작했고 그 덕에 자신이 조종하는 대로 드론을 실내에서도 비행시킬 수 있게 되었다. 그리고 드론을 취미로 하는 사람들이 서로 경주하기에 이르렀다. 처음에는 아마추어들이 단지 자신의 조종 능력을 뽐내기 위해 펼치는 경쟁에 지나지 않았다. 그래서 조잡한 경주 코스와 조잡한 유튜브 영상들이 만들어졌다. 드론 레이싱은 곧 비주류 스포츠로 자리 잡으며 선풍적인 인기를 끌게 되었다.

2014년에 이르러 드론 경주는 전 세계로 퍼져나갔다. 그 여파로 니콜라스는 난생처음 드론 경주를 현장에서 볼 수 있었다. "뉴욕 외곽의 롱아일랜드였습니다. 정확히는 홈 디포Home Depot 뒤 들판이었습니다." 그는 내게 말했다. "출입문은 스티로폼 막대기로 만들어져 있었습니다. 집에서 만든 드론을 가지고 경주를 했고 경주 수준이 너무 아마추어 같아 뒷마당에서 뛰어노는 수준이었습니다. 그래도 멋진 순간들이 꽤 있었습니다. 지금까지 본 것 중 가장 멋있다고 생각했습니다."

그때 니콜라스는 문제와 사랑에 빠졌다. 그는 드론 경주가 고품격의 프로 스포츠가 되는 것을 상상했다. 하지만 얼마나 많은 장애물이 그를 가로막고 있는지 알기까지는 그리 오랜 시간이 걸리지 않았다. 니콜라스는 이렇게 설명했다. "우리가 사랑하는 이 취미를 어떻게 세상과 공유할 수 있을지 의아해하는 사람들이 많았습니다. 제 생각에는 한 발짝 물러서서 근본적인 문제가 무엇인지를 묻느냐, 아니냐 하는 게 차이였던 것 같습니다. 드론 경주가 우리가 생각하는 것만큼 멋지다면, 주류 스포츠로 더 자리 잡았어야 했습니다. 그런데 그렇지 못했습니다. 그래서 그걸 막는 게 무엇인지 생각하게 됐습니다."

산업용 카메라, 제어 장치, 자체 진단기, 득점 판독 장치, 센서 등을 공급할 수 있는 플랫폼이 존재하지 않는다는 점에서 관련 기술력이 많이 부족했다. 스포츠로 자리 잡으려면, 스폰서, 투자자, 프로 선수, 언론, 경기장 소유주, 팬들이 필요하다. 각각의 이해 당사자들은 다른 이해 당사자가 나서지 않는 한 먼저 선뜻 나서기를 망설였다. 때문에 이는 다차원적인 문제였다. 니콜라스는 점점 커지는 도전 과제 목록을 놓고 특정한 해결책에 시선을 고정하지 않았다. 열린 마음을 유지하고, 상황에 따라 변화에 기꺼이 적응해 나가려 했다.

니콜라스는 투자받은 자본도 없고 구체적인 복안도 없었지만, 준비를 마치기 전에 시작했다. "우리는 뒤로 물러서지 않고, 잘못된 방향으로 몇 달간 전속력으로 질주해나갔습니다." 수많은 난관 중 첫 번째 난관이 찾아왔다. 기술력 부족이라는 문제를 맞닥뜨린 것이다. 그에게 필요한 산업용 기술은 그야말로 존재하지도 않았다. "드론은 취미 수준의 기술력만 있었습니다. 스포츠로서 성장할 수 있도록 돌진해나가자 우리는 기초적인 기술력조차 없다는 것을 알게 되었죠. 우리는 잠시 멈추고 완전히 재정비해야 했습니다. 회사도 기술 전문 회사로 전환해야 했습니다. 현재 드론 레이싱 리그의 핵심은 공학 그 자체입니다. 우리 팀의 절반 이상이 엔지니어일 정도입니다."

자금 조달은 또 다른 골칫거리였다. 그의 아이디어가 말도 안 된다며 비웃고 그를 문전박대하는 투자자들도 있었다. 투자를 하려는 마음이 없지는 않았지만 터무니없는 기대를 품는 투자자들도 있었다. 투자자들은 스타워즈 전투 장면을 상상했지만 드론 레이싱 리그가 아직 그 수준은 아니라는 것을 알고는 실망했다. "우리의 아이디어가 너무 말도 안 된다고 생각하는 사람들이 있다는 사실과 가장 완벽한 버전의 아이디어를 이미 상정하는 사람들이 있다는 사실 사이에서 갈팡질팡 했습니다"라고 니콜라스는 회상했다.

한정적으로나마 창업 자금을 모으게 되자 니콜라스는 실험을 시작했다. 빠른 실험을 통해 팀은 첫 번째 버전의 기술 플랫폼을 만들어냈다. 드론, 드론 조작 방법, 코스 자체를 손보는 일을 빠르게 진행한 결과 드론 경주를 시작할 수 있는 수준에 이르게 되었다. 하지만 상황이 유망해 보이기 시작하자, 니콜라스는 다시 한 번 처참한 실패를 맞닥뜨렸다. "우리의 첫 번째 시험 행사는 완전 실패로 돌아갔습니다." 그는 고통스러운 목소리로 말했다, "예비 투자자들을 전부 초대했지만, 아무것도 하지 못했습니다. 정신이 번쩍 들었죠."

회사가 모양새를 갖춰가자 니콜라스는 7전 8기 정신, 즉 회복력이 필요했다. 참사로 끝난 행사를 두 달 앞두고, 기술적 성능이 너무 나빠서 드론을 모두 폐기해야만 했다. 그래서 드론을 처음부터 다시 제작해야 했다. 그런데 니콜라스는 이미 투자자들과 파트너들에게 큰 기대를 심어준 상태였다. 최악의 상황이 발생할지도 모른다는 그의 우려는 행사가 시작되자 현실이 되고 말았다. 초대받은 손님들은 120대의 드론을 기대하고 있었지만 드론 레이싱 리그는 12대만 들고 나타났다. 그마저도 대다수는 부품이 없는 상태였다. 하지만 그 행사 덕에 그는 겸손을 배웠고 그와 회사는 더 강해질 수 있었다. 팀은 수치심에 괴로워하기보다는 자리에서 박차고 일어나 시험 주방으로 복귀했다.

드론 레이싱 리그가 마이애미의 돌핀 스타디움에서 첫 번째 실제 경주를 한 2015년 12월, 끊임없는 실험은 마침내 진가를 발휘했다. "우리는 코스를 만들고, 집에서 만든 무선 통신 시스템을 켜고, 처음으로 경주 코스에서 드론을 날렸습니다. 정말 특별한 순간이었습니다. 드론이 그토록 복잡한 코스를 그토록 빠르게 비행하는 것을 본 세계 최초의 사람이 바로 우리라는 것을 깨달았기 때문이었어요. 우리가 새로운 영역을 개척하고 있다는 것을 일깨워준 기회가 되었습니다." 1년도 채 되지 않아 마이애미 행사 비디오는 4,300만 건의 조회수를 기록했다.

'기존 방식을 완전히 깨부숴라' 정신과 관련해 니콜라스는 둘째가라면 서러워할 인물이다. 스포츠 대부분은 아이젠하워 행정부 이후로 경기 규칙을 실질적으로 개정해본 적이 없다. 하지만 드론 레이싱리그는 전반적인 득점 체계를 매년 개정한다. "우리보고 미쳤다고 말하고 어떤 스포츠도 득점 체계를 새로 만들어서는 안 된다고 말하는 이들이 대부분입니다. 파일럿들도 훨씬 더 나아지고, 기술도 훨씬 더 나아지고, 가능성도 무한히 넓어지고 있기 때문에 저는 가능한 한 흥미를 끌 수 있도록 득점 체계를 조정할 필요가 있다고 생각합니다. 낡은 생각에 사로잡혀서는 안 됩니다."

팀은 자신들의 낡은 접근 방식을 약간 수정하고 마는 것이 아니다. 휘발유를 뿌려 태워버리듯 완전히 싹 다 갈아엎는다. "낡은 방식을 완전히 날려버립니다. 우리는 모든 것을 폐기하고 처음부터 시작합니다"라고 말하며 니콜라스는 환하게 웃었다. "과거에 했던 모든 것과 결별할 수 있어야 합니다. 과거의 경험들을 잊고 백지상태에서 시작하세요."

"드론 경주의 가장 좋은 점 중 하나는 우리에게 걸림돌이 되는 유산이 없다는 것입니다." 니콜라스는 자신만의 '부숴서 고쳐라' 접근 방식을 내게 계속 알려주며 신나서 말했다. "우리는 드론 경주를 발전시키는 일을 멈추지 않을 것입니다. 발전하는 기술 덕에 새로운 것을 시도해 볼 수 있기 때문이죠. 가상현실 드론을 통해 원격으로 프로들끼리 경기를 펼치는 것에서부터 드론에 공격 능력과 방어 능력을 장착해 공중전을 하는 것에 이르기까지, 상상할 수 있는 것이라면 뭐든지 가능합니다. 우리는 비디오 게임에서 경험한 모든 것을 스포츠에 도입하고 싶습니다. 드론 경주는 발전을 거듭해 나갈 것이며, 그에 더불어 더 흥미진진해질 것이라고 팬들에게 약속드립니다."

니콜라스와 그의 팀은 사람이 드론을 조정하는 것이 아니라 인공지능 기술을 활용해 드론을 조정한다면 멋진 일이 될 거라고 생각했다. 이 회사는 군용기 제조기업 록히드마틴Lockheed Martin과 제휴를 맺고 자율주행 드론을 만들어냈다. 자율주행 드론 경주는 프로들이 참여하는 본 경기에 앞서 선보이는 시범경기로 펼쳐지고 있다.

니콜라스가 남들과 다른 길을 선택한 또 다른 예가 있다. 니콜라스는 팬들 가운데 차세대 프로 선수를 직접 영입하기로 결정했다. "우리는 드론 경주가 디지털과 현실 세계 중간 애매한 곳에 놓여있다는 사실에 대해 많이 이야기합니다. 왜냐하면 드론 경주는 로봇 원격 기술을 활용하는 스포츠이기 때문입니다. 로봇을 움직이듯 실제 드론 대신 시뮬레이션을 활용해 모의 조종을 해볼 수 있습니다. 우리는 드론 레이싱 리그 시뮬레이터를 만들어 누구나 레이싱 드론을 조종하는 법을 배울 수 있게 하고 있습니다. 그런 다음 1년에 한 번 프로 선발전을 치릅니다. 시뮬레이터를 사용하는 사람이라면 누구나 경기에 참여할 수 있습니다. 우승하면 드론 레이싱 리그와 계약도 체결할 수 있습니다."

NFL이나 NBA 경기에서 프로 선수들과 어울리며 경기할 기회를 버리고 떠날 팬들은 없을 거라고 확신한다. "드론 레이싱은 시뮬레이션을 통해 실력을 쌓은 뒤 시뮬레이션 경기에서 우승하고, 프로 리그로 직행할 수 있는 유일한 스포츠입니다." 니콜라스는 자랑스럽게 내게 말했다.

드론 레이싱 리그는 창업 자본을 모으는 데는 성공했지만, 엄청난 자금을 지원받지는 못했다. 안 그래도 돈이 많이 드는 관계로 드론 레이싱 리그는 자원을 최대한 아껴 쓸 수밖에 없었다. 가장 가치가 낮은 것으로 알려진 NFL 팀 버팔로 빌스Buffalo Bills의 가치는 19억 달러인 데 반해, 가치가 가장 높은 편에 속하는 댈러스 카우보이스Dallas Cowboys는 55억 달러에 달한다. 프로 스포츠팀 하나를 인수하는 것이 터무니없이 비싸다고 생각한다면, 완전히 새로운 스포츠 리그를 출범하는 데 얼마나 많이 돈이 들지 생각해보라.

수십억 달러짜리가 필요할 것처럼 보이지만 니콜라스는 훨씬 적은 비용으로 프로 리그를 출범할 방법을 찾아냈다. 이를 위해 그는 NBC 스포츠NBC Sports, 스카이 스포츠Sky Sports 등의 미디어와 초기에 제휴 관계를 맺고자 노력했다. 알리안츠Allianz 보험 등 주요 스폰서도 초기에 확보하려고 했다. 현재까지도 전체 리그의 직원은 100명에 지나지 않는데 그렇게 할 수 있었던 것은 니콜라스가 자원을 아껴 썼기 때문이다.

당연히 드론 레이싱 리그는 작지만 특별한 경험을 공략하는 전략 또한 잊지 않았다. 내가 그 개념을 설명할 때, 니콜라스는 이렇게 말했다. "매혹적인 경험을 선사하려는 노력은 안주하려는 생각을 극복하는 데 결정적으로 중요합니다. 예를 들어, 매년 선수권 경주 때마다 코스에 뭔가를 심어놓습니다. 전에는 볼 수 없었던 것이죠. 그것은 팬과 파일럿 모두에게 특별한 경험을 만들어주죠. 그 덕에 우리 대회는 정말 흥미진진해질 수 있습니다."

또 다른 작지만 특별한 경험 전략은 팬들이 경주를 경험하는 방식에 있다. 드론에 장착된 카메라 덕에 선수들은 가상현실 고글을 통해 영상을 볼 수 있다. 때문에 선수들은 비행할 때 마치 드론 안에 앉아 있는 것처럼 느낀다. 그 영상은 청중들에게도 공유된다. 드론 경주는 관중들이 선수들과 같은 경험을 즐길 수 있는 유일한 스포츠이다. "그 덕에 우리는 관전할 목적으로 만들어진 이 스포츠를 단지 보기만 하는 것이 아니라 실제로 경기장 안에 들어가는 경험을 하게 됩니다. 빠른 제트기 안에 앉아 공기를 가르며 윙윙 나는 것 같은 느낌을 줍니다. 관객들에게는 독특하고 감동적인 경험이 되죠."

믿을 수 없는 꿈을 현실로 만든 과정에서 니콜라스는 드론만큼이나 추락할 때가 많았다. 그러나 7번 넘어져도 8번 일어난 덕에 그는 자금 부족, 기술적 결함, 파일럿 부족은 물론이고, 지금은 코로나 바이러스 위기까지 이겨내며 견뎌낼 수 있었다. 드론 경주가 발전함에 따라 필연적으로 더 많이 실패를 하게 될 것이다. 그의 실패작 중 일부는 언젠가 실패 박물관에 전시될지도 모르겠다. "드론이 이리저리 날아다닐 때, 충돌 사고가 자주 발생합니다. 경주 때마다 드론의 절반 정도가 충돌합니다. 시속 130킬로미터가 넘는 속도로 비행하는 드론이 벽을 부수고 수백만 조각으로 폭발하는 멋진 추락 사고가 벌어집니다."

그는 표면적으로는 드론에 대해 말하고 있지만, 자신이 실패할 수 있다는 사실도 이미 잘 알고 있다고 나는 확신한다. 결승선을 통과하는 아이디어들도 있고, 시도만 하다가 끝내 최후를 맞게 되는 아이디어들도 있다. 창의적인 아이디어가 보여주는 신속함과 복잡성 때문에 성공과 실패가 모두 발생한다. 그리고 창의성의 회복은 가치 있는 노력을 개시하고 지속하는 데 필요하다.

니콜라스는 일상적 혁신의 화신이다. 그는 창의성을 일상의 습관이나 훈련으로 보고 있다. 새로운 프로 스포츠 리그의 대규모 혁신은 수십 개의 중규모 혁신과 수천 개의 소규모 혁신(일명 작지만 큰 돌파구)을 통해 실현되었다. 여덟가지의 혁신가들의 DNA를 모두 활용함으로써 그는 경쟁자도 없고 성장 잠재력도 무한한 최강 기업을 일으킬 수 있었다.

니콜라스는 추상적이고 검증되지 않은 말을 하는 걸 좋아하지 않는다. 대신 그는 놀라운 드론 경주장으로 늘 돌아옴으로써 행동으로 보여준다. "경주가 펼쳐지는 곳에 오게 되면 드론이 정교하고, 3차원적이고, 밝은 빛을 비추는 코스를 휘젓고 다니는 광경을 가장 먼저 보게 됩니다. 저희는 전통적인 스포츠 스타디움에서부터 런던 외곽의 궁전과 뮌헨의 BMW 본사에 이르기까지 각지에서 경주를 펼쳐왔습니다. 우리가 경주를 펼치는 곳마다, 이 네온 불빛을 보게 됩니다. 그래서 팬들은 마치 공상과학 영화 속에 들어와 있는 것 같은 느낌을 받게 됩니다."

대화를 마치며 니콜라스는 미소를 지었다. "드론 레이싱 리그는 3D 경주입니다. 자동차가 아니라 로봇과 경주하는 것입니다. 이 선수들이 보여주는 기량은 포뮬러 원이나 나스카 드라이버와 맞먹습니다. 경주들이 저마다 다르지만, 궁극적으로는 누가 결승선에 먼저 도착하느냐를 놓고 경쟁하는 것입니다."

니콜라스의 창의적인 리더십 덕에 드론 레이싱 리그는 결승점에 먼저 도달한 회사가 될 수 있었다. 그리고 우리가 복잡한 경쟁의 장을 헤쳐 나가며 노력하고 살아가는 과정에서 우리 역시 똑같은 흥미를 발견할 수 있다.

빠른 속도로 벽을 들이받는 고통스러운 순간도 있을 것이다. 어려운 항로는 우리가 날아가는 도중에 바뀔 수도 있다. 그리고 하늘에서 우리를 쓰러뜨리려고 하는 경쟁자들도 분명히 있을 것이다. 영광스러운 성공을 안겨주는 행복감 넘치는 아하! 순간은 뼈아픈 추락 사고로 이어질지도 모른다. 그런 일이 있더라도 우리는 그 잿더미에서 다시 일어나야 한다.

이제 우리는 창의적 역량이 무엇인지 진정으로 이해하게 되었으니, 최신 장비로 싸울 준비를 마친 것이나 다름없다. 이제 일상에서 습관을 통해 창의성에 능숙해지기 위한 연습을 시작해야 할 때이다. 아마추어 드론 선수들이 시뮬레이션을 통해 프로 선수가 되는 것처럼 말이다. 엄격한 훈련을 통해 기량이 발전하는 것처럼, 우리가 함께 이제까지 배워온 원칙과 전략을 수용한다면 우리는 창의적 DNA를 갖게 될 것이다.

혁신은 환경, 신체적 속성, 지역적 배경, 관점, 생각이 저마다 다른 모든 사람에게 열려있다. 혁신은 드론 레이싱 리그처럼 우리가 모두 능히 할 수 있는 스포츠이다.

자, 그럼 이제 우리의 창의성을 세상에 공유할 때이다.

이제 당신의 시간이 왔다!

긴 여정을 함께한 끝에 우리는 여기까지 왔다. 인간의 창의성에 관한 최근 연구들을 살펴보며 우리 안에 엄청난 창의력이 잠재해 있다는 사실과 이를 활용하기 위해 잠재된 능력을 깨워야 한다는 사실을 밝혀냈다. 또한 우리가 직장이나 지역 사회에서 혁신을 일으키는 것이 얼마나 중요한지 알 수 있었다. 조그만 창의성을 업그레이드해나가면 그런 노력이 쌓여 어떻게 막대한 경쟁우위를 확보하는 원천이 될 수 있는지도 알아보았다. 뱅크시, 스티븐 스필버그, 레이디 가가 같은 각계각층의 창의적인 사람들을 만나 그들의 습관도 들여다보았다. 창의적 습관을 들이고 매일 조금씩 올바른 방향으로 실천해나가면 우리의 역량을 끌어올릴 밑거름이 될 수 있다는 사실도 알았다. 각자의 배경에 상관없이 인간의 창의력이라는 보편적 힘이 어떻게 우리가 남들보다 더 큰 두각을 나타나게 해줄 수 있는지도 확인했다.

린마누엘 미란다의 뮤지컬 〈해밀턴〉에서 가장 돋보이는 노래는

'나의 기회(My Shot)'라는 노래이다. 젊은 해밀턴의 야망을 노래한 이 곡은 자신의 기회를 살리려는 그의 단호한 의지를 말해주는 노래이다. 그의 잠재력을 최대한 발휘하고, 소명을 끈질기게 추구하고, 기회를 날려버리는 것을 거부한다는 내용이다. 그는 본인이 한 것처럼 다른 이들도 일어나 기회를 살려야 한다고 주장한다. 누구에게나 기회는 있으며, 기회를 살리는 것은 우리의 몫이라고도 주장한다.

해밀턴은 자신의 기회를 날려버리기를 거부했다. 이제 당신도 필요한 도구와 사고방식을 가졌으니 당신의 기회를 살릴 차례다. 그렇게 하려면 알렉산더 해밀턴처럼 용기와 헌신이 필요할 것이다. 목표를 빗나간 기회라도 기회를 살리려 하지 않는 것보다는 낫다. 작가 니도 큐베인Nido Qubein은 이를 아름답게 표현했다. "훈육의 대가는 항상 후회의 고통보다 적다"라고 인정한 것이다.

마코 메디컬의 채드 프라이스는 문제와 사랑에 빠지는 것이 창의성이 필요한 부분을 찾아내고 참신한 해결책을 찾아내는 데 얼마나 큰 도움이 되는지를 보여주는 예였다. 캐서린 호크가 재범률 문제와 깊이 인연을 맺은 덕에 수백 명에 달하는 수감자들은 범죄자라는 굴레에서 벗어날 수 있던 것처럼 말이다.

그렉 슈워츠는 자신의 성공을 달성하기 위한 준비를 마치기 전에 시작했다. 그가 설립한 스톡엑스의 괄목할 만한 성공은 그가 빠르게 착수하고 문제를 바로잡아 나가는 그의 능력이 만들어낸 결과이다.

참신한 햄버거를 발명하는 데 초점을 맞추든, 아니면 감자튀김의 바삭함을 개선하는 데 초점을 맞추든, 쉐이크쉑의 리더들은 시험 주방을 열어 혁신과 세련미를 모두 잡을 수 있었다. 보험회사 매스 뮤추얼에서부터 소프트웨어 개발 회사 멘로 이노베이션, 뉴질랜드의 요트팀에 이르기까지 신속한 실험은 놀라운 결과를 만들어냈다.

마크 웰리스의 목제 기타에서부터 살 칸의 글로벌 교육 혁신에 이르기까지, 기존 방식을 철저히 부수고 새롭게 만들어내는 전략을 받아들인 사람들은 엄청난 보상을 누릴 수 있었다. 세계 최대의 장난감 제조업체로 올라선 레고 그룹의 믿기 힘든 여정은 재창조하고 상상하는 일을 멈추지 않으려는 의지의 산물이었다.

연구자 올가 카잔과 말썽꾼 조니 컵케이크는 이상함을 강력하게 활용하는 법을 보여주었다. P&G의 수석 트러블 메이커 더스틴 개리스는 괴짜 전술이 어떤 조직에서든 의미 있는 발전을 이끌어낼 수 있다는 사실을 우리에게 보여주었다.

길거리 예술가 콜자 쿠글러는 말 그대로 고철로만 로봇밴드를 만듦으로써 자원을 아껴 써야 한다는 교훈을 우리에게 주었다. 케냐의 킵 케이노, 플로리다대학교의 제프 시트, 전기 모터사이클의 선구자 타라스 크라브추크는 가진 자원을 최대한 아껴 쓰면 더 적은 것으로 더 많은 것을 성취할 수 있음을 보여주었다.

니콜라스 호바체프스키는 추락을 거듭했지만, 결국 끈질긴 회복력을 통해 드론 레이싱 리그를 믿을 수 없는 글로벌 스포츠로 성장시켰다. 실패 박물관에 전시된 전시물들은 지금까지는 당신의 버킷 리스트에 없었던 것들이다.

기회를 살리고자 준비하는 과정에서 세상을 가장 많이 바꾸는 혁신조차도 작은 창의적 행동들이 모여 이루어진 결과라는 것을 잊지 마라. 우리가 가야 할 가장 성공적인 길은 거대한 것이 아니다. 창의력을 기르려는 시도를 조금씩 매일 한 뒤, 이를 모아 의미 있는 결과로 엮어 나가는 것이 우리가 가야 할 가장 성공적인 길이다. 우리가 습관을 들이고 역량을 키우면, 우리의 리스크는 더 적어지고, 파급력은 더 커진다.

당신의 능력을 마음껏 펼쳐라

2016년 큰 인기를 끈 디즈니 애니메이션 〈모아나〉에서 주인공 모아나는 하와이의 고요한 섬에서 살고있다. 대대로 그곳에서 살아온 그녀의 가족은 절대 이 섬을 떠나서는 안 된다고 모아나에게 말했다. 아름다운 이 섬은 모든 것이 편안했지만, 그녀는 더 많은 것을 갈망했다. 바다가 그녀를 불렀고, 그녀는 자신의 꿈을 위해 아늑한 이 섬을 떠날 수밖에 없는 운명이라는 것을 알았다. 수평선 너머의 도전과 기회들은 그녀에게 불분명해 보였고, 그녀는 자신이 어디까지 갈지 완전히 확신하지 못했다. 하지만 그녀의 마음은 자신의 운명을 이루기 위해 외딴 이 섬의 안전한 해변을 떠나야 한다는 것을 알고 있었다.

나는 우리 섬들이 얼마나 우리에게 안전하게 느껴지는지 충분히 잘 알고 있다. 하지만 약간의 용기만 있으면 우리가 배를 타고 미지의 바다로 항해할 수 있음에 감사한다. 우리가 함께 배운 역량은 당신의 목적지에 도달하는 데 필요한 모든 도구를 제공하기 때문에 당신의 여정을 훨씬 더 안전하게 만들어 줄 것이다. 새롭게 키운 기량으로 무장한 지금이 당신의 창의적 잠재력을 최대한 발휘할 적절한 때이다. 이제 당신이 어디까지 갈지 지켜볼 시간이다.

'나 언젠가 떠날 거야(How Far I'll Go)'는 린마누엘 미란다가 쓴 곡이다. 모아나가 목적과 모험을 찾아 안전한 섬을 떠나며 불렀던 노래이다. 가사에서 모아나는 세상 끝을 탐험하고, 다른 사람들의 기대를 뛰어넘으려는 그녀의 깊은 열망을 노래한다. 모든 길은 그녀가 자유롭게 항해하고 가능성을 발견할 수 있는 바다로 다시 이어지는 것처럼 보였다. 먼 곳을 바라보면서 그녀는 바다뿐만 아니라 한 사람으로서 얼마나 멀리 갈 수 있는지, 그곳이 얼마나 멀리 있는지 궁금해 한다. 내면의 목소리는 새로운 곳으로 여행하고, 새로운 높이에 도달하고, 그녀 주변의 세상을 바꾸라고 그녀에게 소리친다. 그녀는 자신이 어디까지 갈 수 있을지 알기 위해 미지의 바다로 항해해야 한다는 것을 깨닫는다. 나는 우리 모두가 공유하는 소명을 묘사하기에 이 장면보다 적합하고 영감을 주는 장면은 없다고 생각한다. 우리의 소명이란, 바로 세상에 없던 방식으로 성공을 거머쥐는 '아웃사이더'가 되어 세상에 자신의 이름을 남기는 것이다.

우리가 함께 나눈 시간을 마무리하면서 지평선으로 항해해 나아가 자신의 창의적 역량을 펼치려는 당신의 여정에 성공과 성취가 함께 하기를 기원한다.

이제 당신 차례다!

이제 당신이 어디까지 갈지 알아볼 시간이다.

감사의 글

책을 집필하는 작업은 혼자 하는 것처럼 보일지 모르지만, 사실 이만한 팀 스포츠도 없다. 이 책을 집필하는 작업은 내 동료들의 끊임없는 지지가 없었다면 불가능했을 것이다. 진심으로 감사의 말을 전한다.

놀라운 범죄 파트너이자, 동지이자, 친구이자, 아내이자, 나의 영웅 티아 링크너Tia Linkner에게 우선 감사의 말을 전한다. 그녀는 내게 영감을 주었을 뿐만 아니라 내가 최고가 되도록 늘 뒤에서 성원을 아끼지 않았다. 아내의 절대적인 지지가 없었다면 이 책은 세상의 빛을 보지 못했을 것이다. 나를 위해 뮤즈와 편집자를 자처하고, 늘 위안과 영감을 준 그녀에게 감사의 말을 전한다. 사랑해, 여보!

플래티푸스 랩스Platypus Labs의 나의 동료들에게도 감사의 말을 전한다. 나의 오랜 사업파트너 조던 브로드Jordan Broad, 미치도록 웃긴 맷 시콘Matt Ciccone, 비범하고 늠름한 코너 트롬블리Connor Trombley, 신비로운 카이저 양Kaiser Yang, 조용한 암살자 리나 크사르Lina Ksar. 여러분과 함께 일할 수 있어 영광이다. 세상을 더 창의적인 곳으로 만들려는 여러분의 헌신에 감사드린다. 토리 앤더만Tori Anderman에게도 감사의 말을 전한다. 그의 연구는 이 책을 집필하는 데 큰 도움이 되었다.

이 책이 완성된 후 내가 아는 사람 중 가장 똑똑한 사람 일부에게 출간도 안 된 이 책을 읽어달라고 부탁을 했고, 이들은 그 부탁에 흔쾌히 응해주었다. 이들은 이 졸고를 끝까지 읽어주는 수고를 아끼지 않았고, 최종 원고의 질을 높여주는 귀중한 피드백까지 제공해주었다. 뎀프Demp 씨, 감사합니다. 도움에 진정으로 감사의 말을 전한다.

이 책이 출간되기까지 뒤에서 묵묵히 힘 써준 출판사 관계자들에게도 감사의 말을 전한다. 그들은 다음과 같다. 포스트 힐 출판사(Post Hill Press)의 앤서니 지카디Anthony Ziccardi, 매디 스터전Maddie Sturgeon, 메러디스 디디에Meredith Didier. 포티에 홍보(Fortier Public Relations)의 마크 포티에Mark Fortier와 메건 포스코Megan Posco. 듀프리 밀러Dupree Miller의 섀넌 마빈Shannon Marvin. 소셜 미디어의 달인 크리스 필드Chris Field.

인터뷰 요청에 흔쾌히 응해준 많은 혁신가들에게도 감사의 말을 전한다. 그들은 다음과 같다. 유나이티드 쇼어 모기지United Shore Mortgage의 CEO 맷 이시비아Mat Ishbia, 콘바디CONBODY의 설립자 코스 마르테Coss Marte, 사바나 바나나Savannah Bananas의 CEO 제스 콜Jesse Cole, 월리스 디트로이트 기타Wallace Detroit Guitars의 마크 월리스Mark Wallace. 조니 컵케익스Johnny Cupcakes의 창업자 조니 컵케이크Johnny Cupcake, 심플리 껌Simply Gum의 CEO 카론 프로스찬Caron Proschan, 마코 메디컬Mako Medical의 채드 프라이스Chad Price, 스톡엑스StockX의 공동 설립자 그렉 슈워츠Greg Schwartz, 플로리다대학교 혁신

센터(Innovation Academy, University of Florida)의 이사 제프 시티Jeff Citty, 활동가, 영화 제작자, 워크어마일Walk-a-Mile의 설립자 맬러리 브라운Mallory Brown, 디즈니Disney의 전 혁신부문 부문장(former head of innovation) 던컨 워들Duncan Wardle, 마인 카폰Mine Kafon의 CEO 마수드 하사니Massoud Hassani, 멘로 이노베이션Menlo Innovations의 CEO 리치 셰리든Rich Sheridan, P&G의 전 수석 트러블 메이커(former Chief Troublemaker) 더스틴 개리스Dustin Garis, 드론 레이싱 리그Drone Racing League의 설립자 니콜라스 호바체프스키Nicholas Horbaczewski, 타르폼Tarform 설립자 타라스 크라브추크Taras Kravtchouk, 책 《이상함Weird》의 작가 올가 카잔Olga Khazan, 나노베베nanobébé의 공동설립자 아사프 케하트Asaf Kehat와 아얄 랜터나리Ayal Lanternar, 허버브Hubbub의 설립자 트레윈 레스토릭Trewin Restorick.

산업계에서 일하는 동료와 친구로부터 전문적인 지도와 조언을 받을 수 있었다. 그들은 다음과 같다. 닉 모건Nick Morgan, 피터 셰한Peter Sheahan, 팀 샌더스Tim Sanders, 존 리드Jon Reede, 마크 리드Marc Reede, 알렉 멜맨Alec Melman, 대니얼 이마르Daniel Ymar, 배럿 코르데로Barrett Cordero, 켄 스털링Ken Sterling, 낸시 보글Nancy Vogl, 두안 워드Duane Ward, 숀 행크스Shawn Hanks, 브라이언 로드Brian Lord, 앤젤라 쉘프Angela Schelp, 리처드 쉘프Richard Schelp, 리치 깁슨Rich Gibbons, 켈리 에거Kelly Eger, 크리스틴 패럴Christine Farrell, 마틴 펴레무터Martin Perlemuter, 마크 카스텔Mark Castel, 고든 알레스Gordon Alles, 닐 파쉬리차Neil Pashricha, 존 폴리John Foley, 짐 케플러Jim Keppler, 워렌 존스Warren Jones, 켈리 스키베Kelly Skibbe, 맷 존스Matt Jones, 크리스틴 다우니Kristin Downey, 빅토리아 라발미Victoria Labalme, 브리타니 크로처Brittanny Kreutzer, 제니퍼 라이어Jennifer Lier. 이들에게도 큰 감사의 말을 전한다.

이상하지만 창의적인 우리 가족들에게도 감사의 말을 전한다. 나의 네 자녀, 노아, 클로이, 아비, 탈리아. 나는 너희가 정말 자랑스럽다. 사랑한다. 다음의 사람들에게도 깊은 감사의 말을 전한다. 레니타 링크너Renita Linkner, 래리 워렌Larry Warren, 콘스탄틴 쿠차리와 마르셀 쿠차리Constantin and Marcelle Kouchary, 이단 링크너와 타라 링크너Ethan and Tara Linkner, 사라 자가와 닉 자가Sara and Nick Zagar, 라이언 데이젠로스와 칼라 데이젠로스Ryan and Carla Deisenroth, 마이클 패리스Michael Farris와 조 워트Joe Wert, 그리고 우리 사촌과 조카들. 1.8킬로그램이나 나가는 나의 강아지 다빈치에게도 감사의 말을 전한다. 이 글을 쓰는 내내 나와 함께 있어 준 착한 강아지이다. 그리고 지금은 고인이 됐지만, 이 책에 담긴 아이디어가 탄생하도록 도움을 주신 분들에게도 감사의 말을 전한다. 레너드 링크너Leonard Linkner, 로니 링크너Ronnie Linkner, 로버트 링크너Robert Linkner, 벤저민 패리스Benjamin Farris, 미키 패리스Mickey Farris, 모니카 패리스 링크너Monica Farris Linkner.

마지막으로, 바쁜 와중에도 자신의 창의성을 위해 시간을 내어 이 책을 읽어주신 독자 여러분께도 감사의 말을 전한다. 나는 독자 여러분이 배움도 얻고 즐거움도 얻었기를 바라며, 앞으로 창의적 성공을 일구기를 기원한다. 가서 말썽 좀 피워보세요!

미시간 주 디트로이트

조시 링크너

옮긴이 | 이종호

서강대학교 경제학과를 졸업하고 국제금융, 해외 자본유치, 해외 IR업무를 담당하며 직장 생활을 했다. 현재는 독일에 거주하며 자동차 업계에 몸담고 있고, 번역가 모임인 바른 번역의 회원으로도 활동하고 있다. 옮긴 책으로는《레이 달리오의 금융 위기 템플릿》,《모든 악마가 여기에 있다》,《또래압력은 어떻게 세상을 치유하는가》 등이 있다.

아웃사이더

초판 1쇄 인쇄 2022년 2월 20일
초판 1쇄 발행 2022년 2월 25일

지은이 | 조시 링크너
옮긴이 | 이종호

발행인 | 유영준
편집팀 | 오향림 한주희
디자인 | 김윤남
인쇄 | 두성P&L
발행처 | 와이즈맵
출판신고 | 제2017-000130호(2017년 1월 11일)

주소 | 서울 강남구 봉은사로16길 14, 나우빌딩 4층 쉐어원오피스 (우편번호 06124)
전화 | (02)554-2948
팩스 | (02)554-2949
홈페이지 | www.wisemap.co.kr

ISBN 979-11-89328-56-6 (03190)